Filmsprache

Alice Bienk

für meine Kinder und meinen Mann;
für meine Mutter

Alice Bienk

# FILMSPRACHE

## Einführung in die interaktive Filmanalyse

SCHÜREN

Bibliografische Information der Deutschen Bibliothek
Die Deutsche Bibliothek verzeichnet diese Publikation in der
Deutschen Nationalbibliografie; detaillierte bibliografische Daten sind im
Internet über http://dnb.ddb.de abrufbar.

5. Auflage, 9.–10. Tausend
Schüren-Verlag GmbH
Universitätsstraße 55 • D-35037 Marburg
www.schueren-verlag.de
Info@schueren-verlag.de

Gestaltung: Erik Schüßler
Umschlaggestaltung: Wolfgang Diemer unter Verwendung von Videostills aus
dem Film North by Northwest (Regie: Alfred Hitchcock; Warner Bros.)
Druck: Wir machen Druck
Printed in Germany
ISBN: 978-3-7410-0325-7

# Inhalt

# Vorwort

Der Bereich von Sprache und Literatur, für den einst die Philologie in einem einigermaßen überschaubaren Rahmen zuständig war, hat sich in den letzten Jahren so sehr erweitert, dass fachliche Grenzen kaum noch zu ziehen sind. Das große Stichwort heißt heute «Medien», womit gemeint ist: die Produktion von Sinn jenseits der überkommenen Möglichkeiten von Stimme und Schrift.

Eines der bedeutendsten Felder dieser Erweiterung ist mit dem Film gegeben, der das einstige Schauspiel als technisches Verfahren ergänzt und mittlerweile längst zumindest im quantitativen Sinne überboten hat. Wer sich das Ziel setzt, Schülerinnen und Schüler an die Sinnproduktion seiner Zeit heranzuführen, kann sich auf Literatur im Sinne der alten *litterae* nicht mehr beschränken. Neben dem sprachlichen Kunstwerk will die Filmkunst angeeignet, analysiert und kritisch bewertet werden. Dazu bedarf es allerdings Voraussetzungen, die mit den alten Mitteln nicht zu leisten sind. Alle Medien haben ihre eigenen Verfahren, basieren nicht nur auf ihnen, sondern wollen von ihnen her erschlossen werden. Dem dient das Buch von Alice Bienk. Es entwickelt das terminologische Handwerkszeug als Voraussetzung der Analyse der Bild- und Tonebene des Films und stellt sich auf dieser Grundlage der Frage des spezifisch filmischen Erzählens. Die Analogie zum sprachlichen Kunstwerk ist klar, aber die Unterschiede sind entscheidend, um über Unverbindlichkeit und Plattitüde hinwegzukommen. Bei der Zeitgestaltung etwa wird die alte philologische Unterscheidung von Erzählzeit versus erzählte Zeit aufgenommen und dem neuen Medium angepasst. Arbeitsbeispiele und weiterführende Anregungen bzw. Literatur runden die Betrachtung ab.

Es ist sehr zu wünschen, dass dieses Arbeitsheft zu einer Professionalisierung des Unterrichts beiträgt, der die philologischen Methoden der Literaturwissenschaft am Fall des Mediums Film ergänzt und weiterführt.

*Prof. Dr. Karl-Heinz Göttert*
*Institut für deutsche Sprache und Literatur der Universität Köln*

Die **Filmbeispiele** können unter https://bit.ly/2TZyqDw abgerufen werden. Geben Sie bitte folgendes Passwort ein: F1lmsprach3.

# I Einführung

Ein Film ist schwer zu erklären, da er leicht zu verstehen ist.
*Christian Metz*

Das zentrale Anliegen der vorliegenden Einführung in die interaktive Filmanalyse ist die Initiierung des «bewussten Sehens» beim Zuschauer, denn dieses ist die Grundlage eines vertieften Verständnisses davon, wie ein Film funktioniert – wie er Wirkung erzeugt, Meinungen beeinflusst, ob er dem jeweiligen Betrachter gefällt oder nicht.

Die gängige Auffassung, dass man nichts gelernt zu haben braucht, um einen Film zu sehen, kann nur für eine eher unreflektierte Filmrezeption gelten.[1] Am Filmbild – ob nun im Kinofilm, im Fernsehfilm, in Nachrichten, Dokumentationen oder Musikvideos – ist nichts zufällig, jede Einstellung wird minutiös geplant; selbst die scheinbare Zufälligkeit einer Aufnahme stellt immer ein bewusst gewähltes Gestaltungsmittel dar. Also müssen wir Filme «lesen» lernen, um die scheinbare Unmittelbarkeit des audiovisuellen Bildes als vermittelt und absichtsvoll gestaltet wahrzunehmen, um Suggestionen und Intentionen zu durchschauen[2] und damit Souveränität gegenüber einer zunehmend inflationären Bilderflut zu entwickeln.[3] Die Entwicklung des «bewussten Sehens», des «kritischen Blicks» auf Produkte für Kino, Fernsehen und Videothek muss angesichts der medialen Wirklichkeit, in der wir alle leben, im Zentrum stehen. Diese visuelle Alphabetisierung soll v.a. in Bezug auf die Erweiterung der sprachlichen Kompetenz hinsichtlich der spezifischen Sprache des Films geschehen, und zwar beginnend mit dem Vorschulalter.

Denn soweit ist sich die aktuelle Forschung einig: Die Grundlage jeder vertieften, von der ersten oberflächlichen Rezeption eines Films abweichenden Beschäftigung mit audiovisuellen Texten ist die Kenntnis des Instrumentariums, mit dem diese Medien arbeiten,[4] ob die Beschäftigung mit ihnen analytischer, produktions-

1 Vgl. Werner Kamp, Manfred Rüsel: *Vom Umgang mit Film.* Berlin 1998, S. 8.

2 Vgl. Knut Hickethier: *Film- und Fernsehanalyse.* Stuttgart, Weimar 1993, S. 28.

3 Vgl. Wolfgang Fehr: Grundprobleme der Filmanalyse im Deutschunterricht. In: *Der Deutschunterricht* (Velber), Heft 3 (1997), S. 86–92, S. 86.

4 Hier eine Auswahl der Forschungsliteratur zu diesem Thema: Vgl. Fehr 1997, S. 86 f., vgl. Wolfgang Gast: Filmanalyse. In: *Praxis Deutsch* 140 (1996), S. 14–25, S. 17 ff.; vgl. Wolfgang Gast: *Grundbuch. Einführung in Begriffe und Methoden der Filmanalyse.* Frankfurt am Main 1993 [Film und Literatur. Analysen, Materialien, Unterrichtsvorschläge], S. 8.; vgl. Petra Josting: Medienkompetenz im Literaturunterricht. In: Heidi Rösch (Hg.): *Kompetenzen im Deutschunterricht. Beiträge zur Literatur-, Sprach- und Mediendidaktik.* Frankfurt am Main 2005, S. 71–90, S. 79 ff.; vgl. Jürgen Kreft: Die pragmatische Dimension der Textinterpretation. In: *Diskussion Deutsch* 15 (1974), S. 82–95., S. 83; vgl. Thomas Kuchenbuch: *Filmanalyse. Theorien, Modelle, Kritik.* Wien 2005[2], S. 12; vgl. Günther Lange: Film und Fernsehspiel im Unterricht. In: Günther Lange (Hg.): *Taschenbuch des Deutschunterrichts*

orientierter, medienkritischer oder ästhetischer Art ist.[5] Dabei darf natürlich das Vergnügen der Betrachter an (unterhaltenden) Filmen auf keinen Fall zerstört werden.[6] Vielmehr sollen die im Bereich der Filmsprache gewonnenen Erkenntnisse den Genuss steigern, weil mit einem erweiterten Wahrnehmungsinstrumentarium noch andere, verborgene Bedeutungspotenziale und intertextuelle Bezüge erschlossen werden können.[7]

## I.1 Film als mehrfach kodierter Text

Die vorliegende Einführung in die Filmsprache geht davon aus, dass *Film* eine Form von Sprache ist und audiovisuelle Formate als Texte aufgefasst werden können. Dies ist die Basisthese des Buches. Natürlich gibt es auch andere Interpretationsansätze sowie eine lange und bis heute geführte Diskussion, ob Film Kunst ist oder nicht. Eine ausführliche Erörterung, ob Film eher als Ware, als Medium oder als Kunst begriffen werden muss, kann diese Einführung nicht leisten. Ebenso werden ökonomische Filmtheorien sowie filmtheoretische Ansätze, die z. B. den Akzent auf die Filmproduktion legen, nicht erörtert. Im Sinne der eingangs genannten Zielsetzung bietet die Auffassung, dass Filme als Texte zu verstehen sind, die Möglichkeit, sich dem Thema pragmatisch zu nähern und Einblicke in eine mögliche Form der Filmanalyse zu gewinnen. In Bezug auf die verschiedenen Analyse- und Interpretationsansätze sei auf die einführende Fachliteratur verwiesen, mit Hilfe derer sich ein erster Überblick verschaffen lässt, der nach Bedarf vertieft werden kann.[8] Auch die verschiedenen Positionen bedeutender Filmtheoretiker können hier nicht erschöpfend behandelt werden. Im Sinne der bereits erwähnten Pragmatik wird bewusst ein Ansatz fokussiert, wie Christian Metz ihn vertritt, wobei klar ist, dass die Forschung durchaus auch andere Annäherungen an die Thematik bietet.

Bd. 2., Baltmannsweiler 1994, S. 683 ff.; vgl. Christiane Möllers: Analyse von Spielfilmen. In: *Praxis Schulfernsehen* 235 (1996), S. 23–29, S. 25; vgl. Alphons Silbermann, Michael Schaaf, Gerhard Adam: *Filmanalyse: Grundlagen, Methoden, Didaktik*. München 1989, S. 46 f.; vgl. Wolf-Rüdiger Wagner: Kommunikationskultur und Allgemeinbildung – Plädoyer für eine integrative Medienpädagogik. In: Wolfgang Schill, Gerhard Tulodziecki, Wolf-Rüdiger Wagner (Hrsg.): *Medienpädagogisches Handeln in der Schule*. Opladen 1992, S. 135–150, S. 138.

5 Vgl. Alice Bienk: Wahre Liebe, edle Abenteuer – reflexive Koedukation im medienintegrativen Deutschunterricht am Beispiel von William Goldmans Brautprinzessin. In: Heidrun Hoppe, Petra Josting (Hrsg.): *Medienkompetenz und Geschlecht*. München 2006,

6 Vgl. Fehr 1997, S. 86.

7 Vgl. Hickethier 1993, S. 28.

8 Diesbezüglich sei auf eine Auswahl verwiesen: Franz-Josef Albersmaier: *Texte zur Theorie des Films*, Stuttgart 1999[5]; Béla Balázs: *Der sichtbare Mensch* (1924), Frankfurt am Main 2001; André Bazin: *Was ist Film?* Berlin 2002; Jürgen Felix: *Moderne Film-Theorie*, Mainz 2002; Siegfried Kracauer: *Theorie des Films*, Frankfurt am Main 2001; James Monaco: *Film verstehen. Kunst, Technik, Sprache, Geschichte und Theorie des Films und der Medien. Mit einer Einführung in Multimedia*. Hamburg 2000[3]; Silbermann 1980.

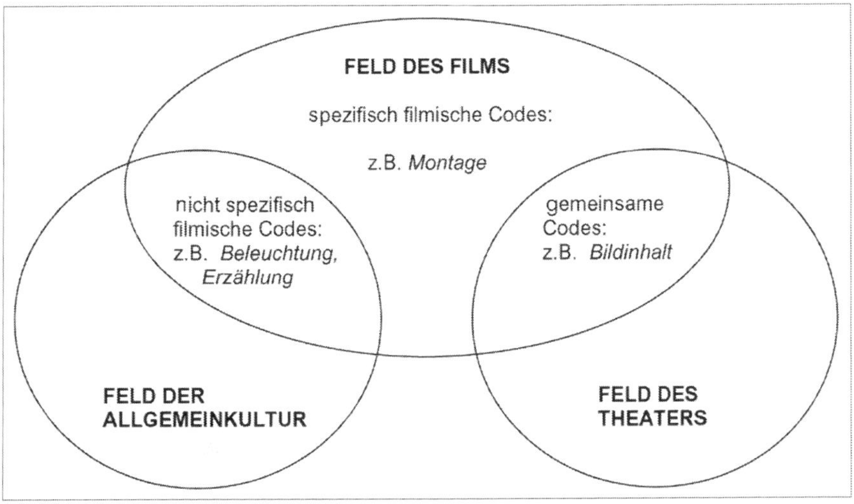


**1** Filmische Codes nach Christian Metz

Da Filme mit Bildern erzählen, die semiotisch gesehen Bedeutung tragende und damit komplexe Zeichengebilde sind, lassen sie sich als Zeichenverknüpfungen und damit als Texte auffassen.[9] Nach Metz stellen Filme keine Sprache wie Englisch oder Französisch dar, weil es keine Grammatik und kein Vokabular im Sinne einer Fremdsprache gibt. Allerdings üben Filme wie eine Sprache Kommunikationsfunktionen mittels Codes und Zeichen aus. Daraus folgt, dass das Medium Film als Sprache, nicht aber als Sprachsystem betrachtet werden kann.[10] Außerdem postuliert Metz, dass durch ein weitreichendes System von Codes festgelegt wird, wie der Zuschauer zu einer Bedeutung gelangt (vgl. Abb.1).[11]

Der filmspezifische **Code der Montage** legt z. B. fest, welche Einstellungen aufeinander folgen, wodurch sich – vereinfacht gesagt – für den Zuschauer eine Geschichte ergibt. Der nicht filmspezifische, dem Feld der Allgemeinkultur entstammende **Code der Beleuchtung** erzeugt eine bestimmte Atmosphäre von mehreren möglichen und verleiht dem Szenario dadurch Bedeutung; das Gleiche gilt für den dem Feld des Theaters entstammenden **Code des Bildinhalts**, der festlegt, wer und was an welchem Ort gezeigt wird, wodurch ebenfalls Bedeutung entsteht. Durch die Verknüpfung bzw. das Zusammenspiel einer großen Vielzahl möglicher Codes – hier ist natürlich nur eine exemplarische Auswahl genannt – entsteht das Wirkung hervorrufende und Bedeutung enthaltende Endprodukt, der Film.[12] So spricht man von *Filmen* als *mehrfach codierten Texten*, die Gegenstand von Literaturunterricht in Schule und

9 Vgl. Fehr 1997, S. 87.
10 Vgl. Christian Metz: *Semiologie des Films*, zitiert nach Monaco Film verstehen $2000^3$, S. 158.
11 Vgl. Christian Metz: *Semiologie des Films*, zitiert nach Monaco Film verstehen $2000^3$, S. 180
12 Vgl. Christian Metz: *Semiologie des Films*, zitiert nach Monaco Film verstehen $2000^3$, S. 448 f.

Universität sein können. Die für diese Textsorte konstitutive Komplexität besteht zum einen in der Verknüpfung einer Vielzahl von Codes (Bildkomposition, Montage, Licht, Ton usw.), zum anderen kommt sie durch den geringen Formalisierungs- und Konventionalisierungsgrad der Code-Strukturen zustande.[13] Dieser schlägt sich u. a. in der verschiedenen Verwendung von Fachtermini durch die Forschung nieder.

Wirkung und Bedeutung eines Films können analysiert werden durch die Betrachtung einzelner Codes im Rahmen ihres Zusammenspiels mit anderen. Codes können nicht einzeln und isoliert betrachtet werden, weil sie immer erst im Miteinander mit anderen Wirkung erzeugen[14] und ein Bedeutungskontinuum schaffen.[15]

Die in der Übersicht in Kapitel II zusammengefassten Elemente der Filmsprache können zum besseren Verständnis mit den Metzschen Codes gleich gesetzt werden. In den einzelnen Kapiteln des Aufgabenteils wird die Aufmerksamkeit auf jeweils ein besonderes filmsprachliches Mittel/Code gelenkt. Bei der Betrachtung des exemplarischen Filmausschnitts wird jedoch deutlich, dass sich die volle Wirkung erst im Zusammenspiel mit den anderen filmsprachlichen Mitteln/Codes entfaltet. Diese werden teilweise auch in die Lösung miteinbezogen, obwohl auf ihnen nicht das Hauptaugenmerk liegt.

Wird der analytische Blick auf einen bestimmten Code wie z. B. den der Beleuchtung gelenkt, muss die zentrale Frage lauten: Welche Rolle spielt ein bestimmter Code (im Zusammenspiel mit anderen) für die individuell empfundene Wirkung eines Films und damit für die Bedeutungsfindung?

## I.2 Filmanalyse, Filmsprache und Filmtext – Eingrenzung von Begrifflichkeiten

Wenn also im Folgenden von **Filmanalyse** gesprochen wird, so bezeichnet der Begriff im Rahmen dieser Einführung die Textanalyse audiovisueller Texte in Bezug auf ihre Code-Struktur und deren Einfluss auf den Betrachter. Auf die Interdependenz von Filmtext und Rezipient wird im Folgenden noch detailliert eingegangen. Es ist natürlich klar, dass Filmtexte Massenmedien sind und als solche gesellschaftliche Phänomene, die eigentlich nur im Kontext der gesellschaftlichen Realität und ihrer Komplexität betrachtet werden können. Eine Auseinandersetzung mit den Medienprodukten allein bzw. ausschließlich mit ihrer filmästhetischen Struktur, die die wichtigen Aspekte der Produktion und der Rezeption auch im politisch-historisch-ökonomischen Rahmen[16] außer Acht lässt, greift zu kurz und wird den Filmtexten nicht gerecht.[17] Um zu untersuchen, wie der Film als Massenkommunikationsmittel für die Meinungsbildung innerhalb der Gesellschaft verantwortlich ist und inwie-

13 Vgl. Hickethier 1993, S. 24.

14 Vgl. Hickethier 1993, S. 26 ff.

15 Vgl. François Truffaut: *Mr. Hitchcock, wie haben Sie das gemacht?* München 1995[18], S. 211.

16 Vgl. Gast 1993, S. 8.

17 Vgl. Lange 1994, S. 683.

weit sich Film und Gesellschaft gegenseitig beeinflussen,[18] muss zunächst eine grundlegende Alphabetisierung im Bereich Filmsprache erfolgen. Insofern versteht sich diese Einführung in ihrer Beschränkung auf die Behandlung der Filmsprache als Basis weiterführender Analysen.

Filmanalyse ist im Sinne der eingangs bereits ausgeführten Bewusstmachung des «kritischen Blicks» keine Beschäftigung filmbegeisterter Fans, auch keine allein der Filmkunst oder der Filmindustrie dienliche Feststellung über den rechten Gebrauch der filmkünstlerischen Mittel. Sie dient vielmehr der Bewusstmachung ästhetischer Werte, die keineswegs die Verbesserung von Filmen oder ihres geschäftlichen Erfolges zum Ziel haben,[19] sondern vor allem die Stärkung der individuellen Autonomie des Betrachters angesichts der allgegenwärtigen Präsenz audiovisueller Medien in der heutigen Lebenswelt.

Der Begriff **Filmsprache** in filmanalytischer Sicht bezeichnet im Rahmen dieser Einführung Kategorien, die größtenteils der Filmproduktion entstammen und die sich auf die Kamera, die Aufnahmetechnik und die Postproduktion beziehen (vgl. Kapitel II Elemente der Filmsprache).[20]

Wenn im Folgenden von **Filmtexten** die Rede ist, dann sind gleichermaßen Kino- und Fernsehtexte gemeint. Film und Fernsehen sind zwar unterschiedliche Medien, sie besitzen jedoch zwei entscheidende Gemeinsamkeiten: Zum einen sind sie beide Kommunikationsphänomene, deren Texte erst in der Interaktion mit den Rezipienten ihre Bedeutung entfalten. Zum anderen sind beide audiovisuelle Medien, die ihr Potenzial über ein gemeinsames, diskursives und präsentatives Code-System entfalten.[21]

## I.3 Die Situation der Rezipienten

Die vorliegende Einführung richtet sich an alle, die sich für eine bewusste Wahrnehmung der Texte ihres alltäglichen Lebens interessieren. Denn Film und Fernsehen sind allgegenwärtig in unserer Lebenswelt: Kino-, Fernsehfilme und Serien leben davon, dass sie die Alltagserfahrungen, Träume und Konflikte der Zuschauer aufgreifen und dramatisieren. Auf der Leinwand finden sich daher sowohl Jugendliche als auch Erwachsene in ihren Lebensproblemen wieder. Sie entdecken Anknüpfungspunkte zwischen dem Schicksal der vorgeführten Personen und der eigenen Realität bzw. ihrer individuellen Träume und Vorstellungen. Der Film gewinnt in diesem Horizont mehr und mehr an Bedeutung für die Beurteilung der sozialen Realität, für die lebensweltliche Orientierung und die Identitätsbildung von uns allen; auch

18 Weitere Ausführungen hierzu vgl. Gerhard Albrecht: Die Filmanalyse – Ziele und Methoden. In: F. Everschor (Hg.): *Filmanalyse.* Bd. 2. Düsseldorf 1964, S. 230–259, S. 233.

19 Vgl. Werner Faulstich: *Einführung in die Filmanalyse.* Tübingen 1994, S. 18.

20 Vgl. Lange 1994, S. 678.

21 Vgl. Lothar Mikos: Bilderfaszination und Kommunikation. Struktur-funktionale Film- und Fernsehanalyse Teil 1. In: *Medien praktisch. Zeitschrift für Medienpädagogik.* Heft 3 (1996), S. 52–56, S. 54f.

das Geschichtsbewusstsein, das nationale Selbstverständnis und das Verständnis fremder Kulturen werden in Zukunft mehr und mehr vom Medium Film bestimmt. Insofern dürfen **audiovisuelle Medien** als **lebenslängliche Sozialisationsinstanz** für uns alle nicht unterschätzt werden.[22]

Diese medienbedingte Sozialisation durch Filme vollzieht sich auf zwei Ebenen: Zum einen werden *Meinungen*, Fantasien, Gefühle, Wünsche und persönliche Beziehungen in der Interaktion mit den Medien *verändert*. Zum anderen *verfestigen* sich *Sehgewohnheiten*: Kinder und Jugendliche, die ihre Sozialisation durch Wahrnehmung von Film- und Fernsehbilder erfahren haben, können der zunehmenden Montagegeschwindigkeit der heutigen Filme und Videos leichter folgen als die ältere, ungeübtere Generation, weil sie schneller sehen können als Erwachsene.

Es lässt sich jedoch feststellen, dass unsere kommunikative Kompetenz im Bereich der audiovisuellen Texte im Verhältnis zu ihrer Dominanz in unserem Alltag viel zu gering ist. Der Grund hierfür liegt zum einen in den Versäumnissen eines Bildungssystems, das auch langfristig nicht in der Lage zu sein scheint, auf aktuelle Bedürfnisse der Gesellschaft zu reagieren. Zum anderen wird die Stigmatisierung von Film und Fernsehen nur langsam von der Gesellschaft abgebaut. Diese resultiert aus der weit verbreiteten Annahme des monokausalen Sender-Empfänger-Modells, das das Publikum als passive, von Medieninhalten direkt beeinflusste Masse konstruiert.[23] Im Gegensatz zum Kulturpessimismus Postmanscher Prägung ist man heute zu der Erkenntnis gelangt, dass die meist naive und unreflektierte Rezeption audiovisueller Texte nicht gleichbedeutend mit der Tatsache ist, dass der Konsum von Filmen das Denken verlernen lässt; vielmehr trainiert er das Lesen besonders komplexer Texte.[24] Der selbstständige Medienbenutzer ist vor allem durch vielfältige kulturelle Interessen und kreative Fähigkeiten gekennzeichnet. Man geht von einem Zuschauer aus, der den Konsum von AV-Medien aktiv so gestaltet, dass seine Bedürfnisse befriedigt werden.[25]

Die Auseinandersetzung mit den Medien stellt insofern einen Teil der Lebensbewältigung in der Postmoderne dar. Die Beschäftigung z. B. von Heranwachsenden mit den in der Regel von den Ansprechpartnern in Bildungsinstitutionen abgelehnten oder als bloße Unterhaltung abgetanen Produkten der Kulturindustrie dient auch der Abgrenzung der Jugendlichen von der Welt der Erwachsenen und ihren ästhetischen Kriterien.[26] Es ist unabdingbar, in diesem Bereich die Bildungslücke zu schließen.

22 Vgl. Iris Dähnike: Cultural Studies und ihre Bedeutung für eine geschlechterbewusste Medienforschung. In: Renate Luca (Hg.): *Medien. Sozialisation. Geschlecht. Fallstudien aus der sozialwissenschaftlichen Forschungspraxis.* München 2003, S. 27–38, S. 33; vgl. Lange 1994, S. 683.

23 Vgl. Dähnike 2003, S. 31.

24 Vgl. Heinz Blumensath, Stephan Lohr: Verfilmte Literatur – literarischer Film. In: *Praxis Deutsch* 57 (1983), S. 10–19, S. 10.

25 Vgl. Barbara Eschenauer: Deutschunterricht – ein Kernfach für Medienpädagogik in der Schule? In: *Diskussion Deutsch* 140 (1994), S. 374–379, S. 378.

26 Vgl. Rainer Winter: Faszination Video. Die Aneignungspraktiken von Jugendlichen. In: *Der Deutschunterricht* (Velber), Heft 3 (1997), S. 48–55, S. 54.

## I.4 Interaktion von Filmtext und Rezipient

Um den Stellenwert des «kritischen Blicks», des «bewussten Sehens» einzuschätzen, ist es nicht nur wichtig zu wissen, dass Filme als mehrfach codierte Texte aufgefasst werden können, sondern auch, wie das Verhältnis von Filmbetrachter und Filmtext beschaffen ist. Einen möglichen Ansatz, dieses Verhältnis zu beschreiben, bietet die struktur-funktionale Analyse unter Einbezug der Rezeptionsanalyse; bei diesen Ansätzen wird die Medienrezeption als «Wechselspiel» zwischen Betrachter und Medium aufgefasst.[27]

### Aktive Textrezeption

Nach der **struktur-funktionalen Analyse** strukturieren Film- und Fernsehtexte die Aktivitäten, die sie beim Betrachter auslösen, indem die in diesen Texten zum Einsatz kommende Filmsprache ein bestimmtes inhaltliches Verständnis beim Betrachter fördert.[28] Der Rezipient setzt seinerseits die filmsprachlichen Strukturen der Film- und Fernsehtexte auf der Basis kognitiver und emotionaler Aktivitäten in eigenes Erleben um, wobei bei diesem Prozess Faktoren wie die soziale Situation, das Geschlecht, die Erfahrungen mit dem Medium (z.B. die Kenntnis von Genre-Strukturen), die Erwartungen an den Filmtext,[29] das vom Alter abhängige Allgemein- oder Weltwissen usw. eine große Rolle spielen. Kinder mit geringem Alltagswissen können beispielsweise die in dem Film FINDET NEMO von Andrew Stanton und Lee Unkrich (USA 2003) angelegten Filmzitate von Alfred Hitchcocks PSYCHO (USA 1960) nicht erkennen und nehmen nur die vordergründige Geschichte der Bedrohung durch die Zahnarztnichte Darla wahr *(vgl. Kapitel E. Filmzitat)*. Erwachsene mit entsprechendem Alltagswissen hingegen erkennen das Zitat zusätzlich zu der Grundgeschichte. Das Alltagswissen ist also die entscheidende Schnittstelle zwischen der Kodierung einer Information durch den Text und der Dekodierung der Information durch den Rezipienten. Wenn der Betrachter eine durch den Filmtext transportierte Nachricht nicht in Bezug zu seinem Alltagswissen setzen kann, nimmt er sie nicht wahr; damit hat sie keinen Wert für ihn.[30] Je mehr oder weniger Anknüpfungspunkte das Publikum in einem Filmtext finden kann – sei es, dass dieser den Betrachtern erlaubt in individuelle Fantasiewelten abzutauchen oder aber, dass er Probleme der täglichen Lebenswelt des Rezipienten aufgreift und dramatisiert – desto mehr oder weniger gefällt letztendlich der Film den Zuschauern.[31]

Es lässt sich also festhalten, dass aus der Interaktion zwischen Text und Zuschauer ein gemeinsames Drittes entsteht: der rezipierte Text. Der Betrachter ist nicht

27 Vgl. Renate Luca: Mediensozialisation. Weiblichkeits- und Männlichkeitsentwürfe in der Adoleszenz. In: Renate Luca (Hg.): *Medien. Sozialisation. Geschlecht. Fallstudien aus der sozialwissenschaftlichen Forschungspraxis.* München 2003, S. 39–54, S. 41.

28 Vgl. Mikos 1 1996, S. 52.

29 Vgl. Gast 1993, S. 14.

30 Vgl. Dähnike 2003, S. 30.

31 Vgl. Faulstich 1994, S. 100f.

einfach den präsentierten Reizen im Sinne der als nicht mehr gültig zu betrachtenden Stimulus-Response-Theorie ausgeliefert,[32] sondern er nimmt einen Film aktiv wahr, indem er das Gesehene auf sich und seine Erfahrung bezieht und für sein alltägliches Leben verfügbar macht. Der Zuschauer ist sozusagen der «zweite Schöpfer» eines Films neben dem Regisseur, indem er die gezeigten Bilder seinem Bewusstsein und seiner Erfahrung entsprechend zu einer individuellen Wirklichkeit rekonstruiert.[33] Die **Rezeptionsforschung** beschäftigt sich mit dem, was die Zuschauer mit Filmen oder Fernsehsendungen machen; denn dieses «Endprodukt» ist nicht mehr unbedingt identisch mit dem «Originaltext» und von Betrachter zu Betrachter individuell verschieden. Die zentrale Frage also lautet: Wie strukturiert der audiovisuelle Text die emotionalen und kognitiven Aktivitäten der Zuschauer und welche Grundlage bildet er damit für den rezipierten Text?[34]

## Wirkung ist nicht gleich Bedeutung

Die Klärung der Frage nach dem Einfluss der Struktur audiovisueller Texte auf die Aktivitäten der Rezipienten und damit auf das «Endprodukt» verlangt eine Definition und Abgrenzung der Begriffe **Wirkung** eines Filmtextes auf den Betrachter und **Bedeutung** eines Filmtextes für den Betrachter.

Grundvoraussetzung aller die «Wirkung eines Filmtextes» betreffenden Beobachtungen ist die Erkenntnis, dass der Rezeptions- und Wirkungsprozess von Filmtexten ein Wechselverhältnis zwischen Film und Rezipienten darstellt.

Der Begriff der «Wirkung eines Filmtextes» grenzt sich von dem der «Bedeutung» ab durch den Grad der ihm innewohnenden Bewusstheit: Auf der Wirkungsebene geschieht die Entschlüsselung der filmsprachlichen Angebote selten auf der bewussten, sondern eher auf der vorbewussten, rein emotionalen Ebene. Damit «wirkt» ein Filmtext immer schon, noch ehe eine Chance für den Betrachter besteht sich von ihm zu distanzieren.[35] Die Identifikation, Projektion oder Distanzierung in Bezug auf Filmfiguren z. B. stellen eine wichtige Ebene dar, das Interesse für die im Text enthaltenen Wirkungsstrategien beim Rezipienten zu wecken. Aufgrund der geringen Bewusstheit lassen sich Wirkungen von Filmtexten weniger analytisch, sondern eher empirisch ermitteln.[36]

Die Begriffe **Wirkungsintention, Wirkungspotenzial** und **Wirkung in Bezug auf den individuellen Rezipienten** eines AV-Textes sollten nie vermischt werden.[37] Die Wirkungsintention eines Filmtextes lässt sich mit Hilfe von Absichtserklärungen der Produzenten, des Regisseurs oder des Drehbuchautors relativ eindeutig feststellen. Das Wirkungspotenzial hingegen muss nicht mit der erklärten Wirkungsintention

32 Vgl. Gast 1993, S. 14; vgl. Gast Filmanalyse 1996, S. 14, S. 20.
33 Vgl. Lange 1994, S. 679.
34 Vgl. Mikos 1 1996, S. 53.
35 Vgl. Luca 2003, S. 41.
36 Vgl. Gast 1993, S. 15.
37 Vgl. Gast Filmanalyse 1996, S. 20.

identisch sein; mehr oder weniger absichtlich können zusätzliche oder komplementäre Wirkungsangebote im Filmtext entstehen. Für unterschiedliche Rezipientengruppen mit unterschiedlichen Voraussetzungen (Stichwort: Allgemeinwissen) sind dementsprechend auch unterschiedliche und zunächst unbewusst wahrgenommene Wirkungsangebote im Text enthalten.[38]

Bewusst vom Betrachter herausgearbeitete **Textbedeutungen** dürfen dementsprechend nicht mit der unbewusst erfahrenen Wirkung des Filmtextes gleichgesetzt werden.[39] Die Bedeutungsfindung entspricht der kognitiven Verarbeitung von emotional erfahrener Wirkung eines Filmtextes. Gemeinsam ist den Begriffen, dass sowohl die emotionale als auch die kognitive Verarbeitung eines Filmtextes vom Weltwissen des Betrachters abhängt. Jeder Rezipient empfindet die Wirkung bzw. konstruiert die Bedeutung eines Textes im Rahmen seines Fragehorizonts selbst und verhält sich dementsprechend gegenüber dem Textangebot selektiv. Bei der struktur-funktionalen Filmanalyse wird versucht, das in den Strukturen eines Film- oder Fernsehtextes enthaltene Interaktionsangebot herauszuarbeiten, durch das sich über emotionale und kognitive Aktivitäten Bedeutung als bewusst gemachte Wirkung erschließt.[40]

Es kann festgehalten werden, dass Filme und Fernsehsendungen keine abgeschlossene Bedeutung enthalten, die objektiv freigelegt werden könnte, sondern dass sie ihre Bedeutung erst in der Rezeption durch die individuellen Betrachter entfalten. Der Versuch, einen Film erschöpfend analysieren und interpretieren zu wollen, erweist sich als Illusion; es können nur Resultate erzielt werden dahingehend, dass die objektiv feststellbaren filmsprachlichen Strukturen eines Films im Blick auf bestimmte Rezipienten in einer bestimmten Zeit mit bestimmten Präferenzen, mit bestimmten, historisch sich wandelnden Bedeutungen in Zusammenhang gebracht werden.[41] Dies schiebt dem Vorwurf der Beliebigkeit von Filminterpretationen einen Riegel vor und verweist gleichzeitig auf die Unzulässigkeit der Dogmatisierung von Festlegungen.

Um das eingangs genannte Thema noch einmal in den Blick zu rücken, stellt sich die Frage nach dem Ziel von Filmanalyse im Sinne dieser Einführung: Dieses muss sein, filmsprachliche Elemente und Strukturen stärker als Mittel der Wahrnehmungslenkung, der bewussten Inszenierung und damit der gezielten Wirkungs- und Bedeutungsschaffung zu interpretieren. Es ergeben sich die Anschlussfragen: Wie werden Rezipientenrollen der Identifikation, Sinn-Produktion und Distanzierung schon im filmischen Text entworfen? Wie werden die Zuschauer auf den verschiedenen Ebenen dazu gebracht, diese Rollen einzunehmen?[42] Diese Fragestellungen lenken den Blick auf eine mögliche Manipulation des Rezipienten durch das Medium Film und den daraus resultierenden Zielen der Filmanalyse bzw. der Medienerziehung allgemein.

38 Vgl. Gast 1993, S. 13.
39 Vgl. Gast Filmanalyse 1996, S. 14.
40 Vgl. Mikos 1 1996, S. 54.
41 Vgl. Faulstich 1994, S. 114.
42 Vgl. Gast Filmanalyse 1996, S. 14.

## Medienerziehung und Manipulation

Manipulation der Rezipienten durch Filmtexte meint die Herstellung eines falschen Bewusstseins durch eine verzerrte Darstellung der Realität. Ein wesentlicher Kritikpunkt dieser These ist, dass man die «Realität» als solche nicht einwandfrei definieren kann. Insofern muss sich der Begriff der Manipulation eher auf eine mehr oder weniger gezielte Desinformation des Rezipienten durch das Interaktionsangebot des Medientextes beziehen.[43] Filmtexte bilden das, was ist, nicht einfach ab, sondern sie reproduzieren und konstruieren scheinbare gesellschaftliche Konsense und Wahrheiten. Medienrealität transportiert Vorstellungen und Fantasien einer Gesellschaft. Die Frage an einen Filmtext ist also nicht, ob eine Darstellung realistisch oder manipulativ-verfälschend ist, sondern welche Vorstellungen und Fantasien transportiert werden und welchen Zweck diese Vorstellungen und Fantasien im gesamtgesellschaftlichen Kontext erfüllen.[44]

Ein Film ist eine Form der visuellen Repräsentation, die dazu tendiert, sich selbst als das Repräsentierte auszugeben; die Apparatur der Vermittlung tritt nämlich so weit zurück, dass die Affinitäten des Visuellen zur «Realität» noch einmal verstärkt werden.[45] Die z. B. durch die Kameraeinstellung entstandene Perspektivität setzt den Zuschauer in ein bestimmtes Verhältnis zum Aufgenommenen,[46] das Filmbild soll damit beim Rezipienten eine «innere Haltung zum Abgebildeten» bewirken.[47] Außerdem sprechen Filme – wie bereits ausgeführt – gerade die Emotionen der Zuschauerinnen und Zuschauer an. Sie zielen zunächst weniger auf kognitive Durchdringung im Sinne einer Bedeutungsfindung als auf ein emotionales Erleben der Wirkung ab.[48] Diese Tatsachen bergen gewisse Gefahren, den es in einer medial bestimmten Lebenswelt wie der unseren zu begegnen gilt.

Generell sollten Kompetenzen in den Bereichen Medienanalyse, Medienkritik, Mediennutzung und Mediengestaltung erlangt werden.[49] Dabei ist das Ziel einer fundierten Medienanalyse die Medienkompetenz des Rezipienten u. a. im Bereich der Filmsprache. Die Basis einer solchen Kompetenz ist die Befähigung zum «bewussten Sehen», für das vor allem die Kenntnis filmsprachlicher Strukturen obligat ist. Der Betrachter – und damit sind junge und alte Erwachsene, Kinder und Heranwachsende jeden sozialen Status' gemeint – soll das Gemachte und Absichtsvolle audiovisueller Medien durch visuelle Alphabetisierung erkennen und in sein Bewusstsein rücken.[50] Die Entwicklung einer solchen Reflexionsfähigkeit in Bezug auf das Medium Film ermöglicht es dem Rezipienten, eigenständig Interpretationen der Texte seiner Le-

43 Vgl. Hickethier 1993, S. 18.
44 Vgl. Dähnike 2003, S. 30.
45 Vgl. Hickethier 1993, S. 84 ff.
46 Vgl. Fehr 1997, S. 87.
47 Hickethier 1993, S. 57.
48 Vgl. Luca 2003, S. 43.
49 Vgl. ausführlich dazu Josting 2005, S. 79 f.
50 Vgl. Mikos 1 1996, S. 52.

benswelt vorzunehmen, unbewusst erlebte Wirkungen ins Bewusstsein zur rücken und zu einer begründeten individuellen Bedeutungsfindung bezüglich der subjektiv ausgewählten Filmtexte zu gelangen. Die eigene Rezeptionssituation und die damit verbundene Eingebundenheit in Beeinflussungs- und Wirkungsmechanismen wird in den Blick gerückt und damit eine Möglichkeit zur Selbstbestimmung in einer zunehmend durch visuelle Medien bestimmten Welt eröffnet.[51] Der Betrachter erlangt die Befähigung zu kommunikativem Handeln in der Gesellschaft, indem er durch das «bewusste Sehen» in die Lage versetzt wird, auf die Informations- und Bilderflut kritisch und kreativ zu reagieren. Dies steigert die Aktivität im Rezeptionsprozess und dynamisiert das Kommunikator-Rezipienten-Verhältnis zunehmend.[52] Dieser selbstbestimmte Medienumgang regt die Rezipienten an, die Mediennutzung daraufhin zu überprüfen, ob sie auf einer selbstbewussten Entscheidung fußt oder auf einer Konvention, der unreflektiert gefolgt wird. Es gilt, selbstbewusste Entscheidungen durch Kompetenzerweiterung im filmsprachlichen Bereich zu unterstützen und zu stärken.[53]

Die in diesem Sinne skizzierte Medienanalyse hat zunächst nicht die Beeinflussung oder Veränderung der Filmwahl der Betrachter zum Ziel. Niemand soll dazu gezwungen werden, aufgrund der Kenntnis der filmsprachlichen Struktur seine Filmauswahl in Frage zu stellen. Das Ziel der Herausbildung einer ästhetischen Kompetenz durch das «bewusste Sehen» kann es nicht sein, dem Rezipienten seine Vorlieben auszutreiben, sondern es geht darum, dass er seine Seh-Erfahrung in einen Bewusstwerdungsprozess einbindet, sodass er Neues erkennt und kennen lernt und seine Wahrnehmungskompetenzen am Vertrauten wie am Unbekannten ausbaut.[54] Denn ein Großteil der Rezipienten liest audiovisuelle Texte, um Bedürfnisse zu befriedigen, die nicht primär ästhetischer Art sind. Die fiktionale Wirklichkeit des Films bietet uns die Möglichkeit des identifizierenden Auslebens von Emotionen und Ängsten wie auch die Projektion von unerfüllten Wünschen. Das Ziel des «bewussten Sehens» ist demzufolge nicht primär eine veränderte Auswahl von Filmen und Serien, sondern eine kritische Auseinandersetzung mit dem, was man sich ansieht. Im Verständnis, warum man einen Film wertschätzt oder ablehnt, in der Erkenntnis, dass eine Serie filmästhetisch nicht hochwertig ist, man sie sich aber dennoch gerne aufgrund der individuellen Bedürfnislage anschaut, wird deutlich, dass die Bewertung eines Films für den Betrachter zunächst einmal eine subjektive Entscheidung ist. V. a. bei Heranwachsenden wird sich die Auswahl der rezipierten Filme nicht zwingend mit der Befähigung zur ästhetischen Beurteilung ändern, sondern allein im Rahmen einer veränderten Bedürfnislage. Die Bewusstwerdung und Reflexion einer solchen Bedürfnislage ist nichtsdestotrotz eine wichtige Fähigkeit nicht nur des heranwachsenden Individuums.

51 Vgl. Wagner 1992, S. 141.

52 Vgl. Blumensath/Lohr 1983, S. 10; vgl. Lange 1994, S. 684.

53 Vgl. Helga Theunert: Geschlecht und Medien – der Umgang von Jungen und Mädchen mit Medien. In: Günther Anfang (Hg.): *Von Jungen, Mädchen und Medien. Theorie und Praxis einer geschlechtsbewussten und -sensiblen Medienarbeit.* München 2005 [Materialien zur Medienpädagogik 6], S. 11–22, S. 21.

54 Vgl. Josting 2005, S. 82.

## I.5 Konzeption der Einführung

Die vorliegende Einführung gibt dem Leser eine erste Übersicht über filmsprachliche Mittel. Es ist klar, dass eine solche Zusammenstellung, die ganz pragmatisch dem Erwerb von Basiswissen dient, immer auch Reduktion erzwingt. Jeder Leser kann sich mit den vorliegenden Kapiteln auf der Basis der angegebenen weiterführenden Fachliteratur und natürlich auch darüber hinaus vertieft auseinandersetzen und ggf. Zuordnungen und Festlegungen in Frage stellen. Die Einführung stellt keinen Absolutheitsanspruch, vielmehr soll ein praktikables Grundraster der Filmsprache vorgestellt werden, damit Basiswissen angelegt werden und im Weiteren eine Grundlage bilden kann für die Vernetzung zusätzlicher Informationen.

Die einzelnen Kapitel des Buches sind voneinander unabhängige Module eines Selbstlernprogramms. In der Übersicht *Elemente der Filmsprache* werden diese in Kapitel geordnet und zueinander in Beziehung gesetzt. Natürlich handelt es sich bei einem Medium mit einer so hohen Dynamik um den Versuch einer Systematik; es zeigt sich an den Kapiteln *A.1.2.3 Split Screen* und *D. Filmzitat*, dass sich die Kategorien durchaus überschneiden und auch eine andere Zuordnung hätte erfolgen können. Dennoch erscheint eine erste Festlegung sinnvoll, um eine Ausgangsbasis für den Wissenserwerb zu schaffen. Innerhalb dieser Struktur können Subkategorien sukzessive vom Leser vernetzt und erweitert werden.

Das *interaktive Konzept* der vorliegenden Einführung basiert auf der Idee des Stationenlernens. Die Grundidee dieser Lernform ist, dass man Arbeitsaufgaben angeboten bekommt, die man in beliebiger Reihenfolge und in beliebiger Sozialform – also entweder alleine in Stillarbeit, in Partnerarbeit oder in (Klein)Gruppen – unter Berücksichtigung verschiedener Lerneingangskanäle bearbeiten kann.[55] Die Einführung bietet für jedes Kapitel einen Informationsteil, eine Aufgabenstellung, einen Filmausschnitt und eine Musterlösung. Im Unterschied zum herkömmlichen Stationenlernen spielt hier der PC/Fernseher eine zentrale Rolle, da durch diese Medien die auf der DVD enthaltenen Filmausschnitte präsentiert werden und der Benutzer den Filmtext anhalten bzw. in ihm vor- und zurücknavigieren kann, wie es seinen individuellen Bedürfnissen entspricht.[56]

Die *Nutzungsmöglichkeiten* dieses Selbstlernprogramms sind verschieden: Es kann zur selbstständigen Erarbeitung neuer Inhalte genutzt werden, neue Inhalte können mit den Teilaufgaben mehr oder weniger vertieft bearbeitet werden und man kann es als Übungszirkel einsetzen.[57] Der Benutzer soll dem eigenen Vorwissen, den Interessen und Neigungen gemäß eine Auswahl bezüglich der Kapitel treffen und sich diese in beliebiger Reihenfolge in einer individuell festgelegten Zeitspan-

55 Synonym dafür können die Begriffe «Lernzirkel», «Lernen an Stationen», im Zusammenhang mit intelligentem und mechanischem Üben auch «Übungszirkel» verwendet werden.

56 Vgl. Roland Bauer: *Schülergerechtes Arbeiten in der Sekundarstufe I: Lernen an Stationen.* Berlin 2005, S. 68 ff., S. 95 ff.

57 Vgl. Bauer 2005, S. 103 ff., S. 125 ff.

ne erarbeiten. Selbstverständlich muss der Benutzer nicht alle (Teil)Aufgaben für jedes Kapitel vollständig erarbeiten, er kann auch «quer lesen», die Lösungen dabei miteinbeziehen und die Filmausschnitte auf der DVD als Beispiel ansehen. Bei der Erstellung von Lösungen ist zu beachten, dass der vorliegende Filmausschnitt ein spezielles filmsprachliches Mittel exemplarisch in den Blick rückt, dass aber natürlich auch andere filmische Codes darin vorkommen und in der Lösung berücksichtigt werden; zur Problematik des Zusammenspiels verschiedener filmsprachlicher Codes und der Fokussierung eines einzelnen *(vgl. auch Kapitel I.1 Film als mehrfach codierter Text)*. Alle Musterlösungen sind als Vorschlag anzusehen und nicht absolut zu setzen. Jeder Rezipient konstituiert seine eigene Bedeutung angesichts des Filmtextes und entwickelt seinen eigenen Wahrnehmungsstil. Gewisse Fakten sind zwar gegeben, wie sie aber zueinander in Beziehung gesetzt werden, kann aus den in *Kapitel I.4 Interaktion von Filmtext und Rezipient* aufgeführten Gründen in den Musterlösungen nicht ausschöpfend antizipiert werden. Damit die Filmausschnitte leichter zu finden sind, weist die DVD die gleiche Ordnungsstruktur wie die Übersicht in *Kapitel II Elemente der Filmsprache* auf.

Berücksichtigt werden in der vorliegenden Sammlung Elemente sowohl der **Mikro-** als auch der **Makroanalyse**. Die Makroanalyse betreffend wurden die Kapitel «Segmentierung eines Films» und «Handlungsdramaturgie» ausgelassen, da die Länge der dafür benötigten Filmausschnitte den Rahmen der DVD sprengt.

Da vor allem *Fachbegriffe* eingeführt werden, gibt es keine separate Fachbegriffsliste; Fachbegriffe finden sich entsprechend im Register. Hierbei ist zu berücksichtigen, dass die Fachbegriffe in der Literatur zum Teil verschieden benutzt werden. So heißt beispielsweise die Amerikanische Einstellung in den USA Italienische Einstellung und teilweise herrscht in der Literatur Dissens darüber, wie die einzelnen Einstellungsgrößen zu definieren sind. Die vorliegende Einführung legt sich im Sinne der o. g. pragmatischen Vermittlung von Basiswissen auf bestimmte Termini fest, wobei unter Verweis auf weitere Fachliteratur deutlich gemacht wird, dass es Abweichungen gibt.

Kamp/Rüsel ordnen die **Spezialeffekte** als weiteren Unterpunkt der Bildebene zu.[58] Im technisch Machbaren liegt eine Qualität des Films[59] – man denke nur an die Spezialeffekte von Fritz Langs METROPOLIS (D 1927): Hier sind künstliche Menschen, futuristische Städte und Bildtelefon schon 1927 effektvoll in Szene gesetzt worden und wirken bis heute genreprägend *(vgl. Kapitel D. Filmzitat)*. Spezialeffekte machen einen Film zu einer Attraktion, die eine bestimmte Zuschauergruppe ins Kino zieht. Die Machart der Spezialeffekte weist über das konkrete Filmerlebnis hinaus und eröffnet Möglichkeiten für die kommunikative Aneignung von Filmen. Insbesondere in Fan-Kreisen wird die technische Machart von Filmen und Effekten diskutiert. Spezialeffekte besitzen einen Eigenwert, der wichtiger als die Geschich-

58 Vgl. Kamp/Rüsel 1998, S. 11.

59 Vgl. Lothar Mikos: Monster und Mutanten im CinemaScope. Struktur-funktionale Film- und Fernsehanalyse Teil 5. In: *Medien praktisch. Zeitschrift für Medienpädagogik.* Heft 3 (1997), S. 53–56, S. 53.

te oder die Schauspieler sein kann. In Fanzines zeigt sich die Produktivität der Fans, die die Filme mit ihren Spezialeffekten nicht einfach nur passiv konsumieren, sondern sich diese im Konsum und mit eigener Produktivität aktiv aneignen.[60]

Die vorliegende Einführung berücksichtigt die Spezialeffekte nicht als eigenes Kapitel, und zwar aus zwei Gründen: Zum einen dienen sie als Mittel zur Erzeugung des Realitätseindrucks im Film, indem mit ihrer Hilfe eine zumeist fiktionale Realität für die Zuschauer den Charakter einer möglichen realen Welt erhält, wie beispielsweise im Science Fiction. Spezialeffekte stehen oft im Dienst des Continuity-Systems und werden überwiegend in dieser Funktion wahrgenommen. Zum anderen entwickelt sich die Technik diesbezüglich so rasant weiter, dass mögliche Beispielsequenzen bereits mit der Veröffentlichung des nächsten Blockbusters veraltet wären. Für den aktuellen Augenschmaus wird also auf die Großleinwand des nächstgelegenen Kinos verwiesen.[61]

Die *Filmauswahl* ist ausgerichtet auf Filme mit einem hohen Bekanntheitsgrad. Zum einen wird durch die Verknüpfung des Wiedererkennungseffektes (Filmtext) mit neuen Fakten (Filmsprache) die Wahrscheinlichkeit erhöht, dass das Neue sich einprägt. Zum anderen wird versucht, die von den Betrachtern mitgebrachte Ästhetik zu berücksichtigen und nicht eine normative, scheinbar höherwertige Ästhetik zu propagieren. Beim Erlernen des filmsprachlichen Instrumentariums ist das Ziel, das bewusste Sehen zu schulen. Dies impliziert nicht automatisch die Lenkung der Filmauswahl der Betrachter; vielmehr gilt es, die Rezipienten zu befähigen, eine bewusstere und reflektiertere Auswahl zu treffen. Was natürlich nicht bedeutet, dass sofort alle Daily Soaps ignoriert und ausschließlich Autorenfilme angesehen werden. Insofern kann und muss also mit Klassikern der Filmgeschichte genauso gearbeitet werden wie mit aktuellen Blockbustern oder Literaturverfilmungen.[62] Letztendlich erfolgt die individuelle Auswahl dessen, was Begeisterung erzeugt, danach, ob in dem Medium etwas gefunden wird, was einen beschäftigt, ob das darin Kommunizierte ein handlungsleitendes Thema des jeweiligen Lebensabschnittes aufgreift oder nicht.[63] Dies gilt natürlich auch für die subjektive Filmauswahl der Autorin; so bleibt zu hoffen, dass der Leser die Möglichkeit nutzt, sowohl Bekanntes zu genießen als auch Filme kennen zu lernen, die nicht unbedingt zum eigenen Rezeptionskontext gehören.

60 Vgl. Mikos 5 1997, S. 56.

61 Eine Zusammenstellung verschiedener Special-Effects und der Beschreibung der entsprechenden Technik sowie weiterführender Literatur bieten u. a.: Elmar Biebl: *Hinter den Kulissen.* Hamburg 1987; Dirk Manthey (Hg.): *«Making of...» – wie ein Film entsteht*, Bd. 2. Hamburg 1996; James Monaco: *Film und neue Medien. Lexikon der Fachbegriffe.* Hamburg 2000; Rainer Rother (Hg.): *Sachlexikon Film.* Hamburg 1997. In *Kapitel A.2.2.2 Überblende* wird kurz auf den Special Effect Morphing eingegangen.

62 Vgl. Kamp/Rüsel 1998, S. 8.

63 Vgl. Reinhard Winter: Wenn Jungen fernsehn tun... Was bedeutet Gender für die pädagogische Arbeit mit Jungen? In: Günther Anfang (Hg.): *Von Jungen, Mädchen und Medien. Theorie und Praxis einer geschlechtsbewussten und -sensiblen Medienarbeit.* München 2005 [Materialien zur Medienpädagogik 6], S. 33–40, S. 38.

Im Sinne des oben ausgeführten Wiedererkennungseffektes gibt es zwei grundlegende *formale Entscheidungen*: Alle Filme werden mit deutschen Filmtiteln zitiert, die Originaltitel finden sich nur in der Filmografie und im Register. Außerdem wird in den Filmausschnitten bis auf wenige Ausnahmen die deutsche Synchronversion verwendet.

## I.6 Filmanalyse im Rahmen von Schule und Universität

Wie bereits in *Kapitel I.3 Die Situation der Rezipienten* aufgezeigt, ist es eine Tatsache, dass audiovisuelle Medien aus unserem Alltag nicht mehr wegzudenken sind, dass jedoch die Beschäftigung mit ihnen im schulischen und universitären Bereich - zumindest was die Lehrerausbildung anbelangt - nicht ausreichend ist.[64] Es besteht eine gesellschaftliche Verpflichtung, dass Schüler und Studenten den Umgang mit verschiedenen Medien und deren Produkten thematisieren können, und zwar unter Berücksichtigung analysierender und produktionsorientierter Methoden. Insbesondere Lehrer müssen die Möglichkeit erhalten, ihre eigenen Medienvorlieben - z. B. für den Printtext - zu erweitern, um die Vorgaben der Kernlehrpläne und Richtlinien erfüllen zu können.[65] Die wissenschaftliche Erforschung des *Films* und seine *Berücksichtigung im schulischen und universitären Bildungsbereich* müssen als unabdingbare Forderungen der Gesellschaft begriffen werden.[66]

Um dieser Forderung gerecht zu werden, muss besonders im Schulunterricht und im Bereich der Lehrerausbildung eine *Erweiterung des Textbegriffs* stattfinden. Printmedien sind erzieherisch gesehen nicht höherwertige, dem Film überlegene Medien. Sinnvoll in Dialog und Diskussion eingebettet übernehmen Film- und Fernsehtexte durchaus die Rolle eines Printtextes.[67] Die Erweiterung des Textbegriffs vollzieht sich nicht nur auf der qualitativen Ebene, auf der der Film als ein dem Buch gleichberechtigter Text angesehen wird,[68] sondern er vollzieht sich auch auf der quantitativen Ebene: sowohl unterhaltende und informierende als auch werbende Texte[69] müssen heute zwingend im Unterricht behandelt werden.

Die Berücksichtigung von Massenmedien impliziert eine *Veränderung des Deutschunterrichts* auf mehreren Ebenen. Zum einen betrifft diese *Veränderung* das traditionelle *Rollenverständnis* von *Lehrer und Schüler*, denn Medienerziehung stellt die Dominanz einer klaren Rollenverteilung zwischen Lehrern und Schülern in Frage. Schüler besitzen heute oftmals eine höhere Medienkompetenz als ihre Lehrer, und diese Chance sollte für den Unterricht fruchtbar gemacht und nicht

64 Vgl. Josting 2005, S. 83.

65 Wolfgang Gast: Medienpädagogik, Medienkompetenz, Fachdidaktik. In: *Praxis Deutsch* 140 (1996), S. 11.

66 Vgl. Faulstich 1994, S. 3.

67 Vgl. Karl W. Bauer: Mediatisierung der Gesellschaft und Perspektiven schulischer Medienpädagogik. In: *Diskussion Deutsch* 140 (1994), S. 365-373, S. 371.

68 Vgl. Lange 1994, S. 685.

69 Vgl. Gast 1993, S. 7.

als Bedrohung der Autorität des Lehrers verstanden werden.[70] Die Erlangung von Medienkompetenz impliziert im Optimalfall einen wechselseitigen Lernprozess zwischen Lehrer und Schüler. Kontraproduktiv wäre eine einseitige Definition von Medienkompetenz durch die Erwachsenen, die auf diesem Gebiet schon vorhandene Kompetenzen auf Seiten der Schülerinnen und Schüler nicht ernst nehmen.[71]

Medienintegrativer Deutschunterricht *ergänzt die traditionellen fachlichen Inhalte*, also die Kategorien und Begriffe, die traditioneller Weise bei der Analyse narrativer und dramatischer Texte Verwendung finden, um Begriffe, die der audiovisuellen Zeichenstruktur von Filmen und ihren Funktionen gerecht werden. Hierbei werden die Grenzen des Faches überschritten:[72] Gegenstände der Medienanalyse im Deutschunterricht enthalten fast immer Aspekte, die über die Form, Struktur und Bedeutung sprachlicher Zeichen hinausgehen. Zuständigkeiten u. a. der Fächer Kunst und Musik werden offensichtlich.[73] Dass Medienanalyse oftmals im Unterricht nicht stattfindet, obwohl sie zunehmend in den Lehrplänen verpflichtend eingefordert wird, liegt u. a. an der mangelhaften Ausbildung in diesem Bereich durch Universität und Referendariat. Die komplexen Sachverhalte und Strukturen einer medial bestimmten Lebenswelt sowie die Analyse ihrer Texte müssen daher verpflichtender Bestandteil des Studiums für Lehramtsanwärter zumindest des Faches Deutsch sein. Nur so wird medienintegrativer Unterricht in Schulen realisiert werden, nur so kann Schule unter kritischer Berücksichtigung der Massenmedien auf ein selbstbestimmtes Leben in Beruf, Öffentlichkeit und Freizeit vorbereiten.

Die Einbindung der audiovisuellen Medien steht der seit Veröffentlichung der PISA-Studie vehement und zu Recht geforderten Förderung der *Lesekompetenz* nicht entgegen. Wenn der Deutschunterricht immer schon zur Aufgabe hatte, die Schüler im Blick auf Geschriebenes zu alphabetisieren, so muss jetzt ein *Paradigmawechsel* erfolgen: Heute ist es Aufgabe des Deutschunterrichts, Schüler auch mit Blick auf audiovisuelle Texte lesefähig zu machen, in dem er

> «[...] das methodische Instrumentarium und die erforderlichen Kenntnisse, Strategien und Arbeitstechniken zur Verfügung stellt, um Texte zu analysieren [...].»[74]

Dies muss zunächst über die Erweiterung der sprachlichen Kompetenz in Bezug auf die spezifische Sprache des Films erfolgen: Wenn Lesen und Schreiben als zentrale Kulturtechniken des 20. Jahrhunderts begriffen werden, so ist das «kritische Schauen» die zentrale Kulturtechnik des 21. Jahrhunderts.

Medienintegrativer Deutschunterricht soll dabei natürlich nicht auf *Versprachlichung* verzichten. Filmanalyse im Deutschunterricht muss über die ästhetischen

70 Vgl. Gast Medienpädagogik 1996, S. 10.

71 Vgl. Bauer 1994, S. 371.

72 Vgl. Gast Filmanalyse 1996, S. 15.

73 Vgl. Gast Medienpädagogik 1996, S. 13.

74 Ministerium für Schule, Jugend und Kinder des Landes Nordrhein-Westfahlen (Hg.): Kernlehrplan für das Gymnasium – Sekundarstufe I in Nordrhein-Westfahlen. Deutsch. Frechen 2004, S. 11.

Strukturen von Filmen, die ja gerade in den nichtsprachlichen Mitteilungsebenen ihren Ausdruck finden, Einsichten und Erkenntnisse sprachlich formulieren, um sie auf diese Weise bewusst zu machen. Die in der sprachlichen Erfassung liegende Bewusstwerdung macht das sinnlich Überwältigende, Nicht-Rationale in seinen Strukturen begreifbar und in seiner Konstruiertheit durchschaubar.

> Gerade dem Nichtsprachlichen widmet die Film- und Fernsehanalyse besondere Aufmerksamkeit, um die sinnliche Suggestion, die emotionale Wirksamkeit, die Mehrdeutigkeit des Gezeigten aus dem Zustand des unbewusst Erfahrenen in den des bewusst Erlebten zu heben.[75]

Seit der Erweiterung des Textbegriffes um Massenmedien und sogenannte Trivialliteratur auch unter Beachtung kommunikationswissenschaftlicher Ansätze eröffnet sich die Gelegenheit, Filme im Medienunterricht zu analysieren, die aufgrund ihrer Zugehörigkeit zur Lebenswelt der Schüler eine tief greifende emotionale Wirkung auf die jungen Rezipienten ausüben.[76]

Die Voraussetzung der Wirkungsanalyse als zentralem Zugriff auf das Medium Film im medienintegrativen Deutschunterricht ist, dass er Betroffenheit erzeugen muss. Um eine fundiert medienspezifische Analyse zu gewährleisten, sollte bei der Filmauswahl diese Tatsache ebenso Berücksichtigung finden wie die, dass auch darüber hinaus Texte kennen gelernt werden, mit denen die Schüler in ihrer Freizeit wenig oder gar nicht in Berührung kommen.[77]

> Um aber einen medienintegrativen Deutschunterricht für alle Lernenden zu gewährleisten, bedarf es einerseits Mediencurricula für bestimmte Altersstufen und Schulformen, die in die Lehrpläne und Bildungsstandards einfließen, was bislang nicht oder unzureichend geschieht. Denn solange es keine verbindlichen Vorgaben gibt, wird der Deutschunterricht auch in Zukunft so konzipiert werden, wie er es jahrzehntelang war: buchdominiert. Andererseits bedarf es einer veränderten Aus- und Weiterbildung von Lehrerinnen und Lehrern. Studienordnungen und Lehrangebote in der Germanistik an den Hochschulen belegen aber, dass diese Ausbildung leider noch vorrangig buchorientiert ist. Wünschenswert wäre eine obligatorische Verankerung medienintegrativer Inhalte in der Deutschlehrerausbildung, und zwar sowohl in der ersten als auch zweiten Phase.[78]

*Alice Bienk, im Juni 2008*

75 Vgl. Hickethier 1993, S. 28.

76 Jutta Wermke: Medienpädagogik und Fachdidaktik. Teil I: Integration als Prozess. In: *Der Deutschunterricht* 49 (Berlin), Heft H. 9 (1996). S. 440–451, S. 444.

77 Vgl. Josting 2005, S. 86.

78 Josting 2005, S. 87; vgl. die beiden Stellungnahmen der AG Medien (1997) und (1998): www.lili.uni-osnabrueck.de/forschung/medienerziehung/agm/index.html (28.4.2006).

# II Elemente der Filmsprache[1]

## Mikroanalyse

**BILDEBENE**

- **Mise-en-Scène** (Gestaltung vorwiegend während der Dreharbeiten)
  - Bildinhalt
    - Ausstattung
    - Personen
    - Umgebung
    - Schrift
  - Bildgestaltung
    - Cadrage
    - Bildkomposition
    - Split Screen
    - Kamera
      - Einstellungsgrößen
      - Kameraperspektiven
      - Kamerabewegungen
      - Objektbewegungen/Achsenverhältnisse
      - Schärfeverhältnis
    - Licht
    - Farbe
- **Schnitt/Montage** (Gestaltung im Anschluss an die Dreharbeiten)
  - Grundlagen der Montagetechnik
    - Grundprinzip
    - Continuity
    - 180°-Regel und Achsensprung
  - Montagekonzepte
    - Unsichtbarer Schnitt
      - Visuelle Szene
      - Dialogische Szene
    - Sichtbarer gestaltender Schnitt
      - Intellektuelle Montage
      - Parallelmontage
      - Match Cut
      - Jump Cut
      - Short Cut
  - Einstellungskonjunktionen
    - Der harte Schnitt
    - Die Blende
      - Auf-, Abblende (s/w-Blende)
      - Überblende
      - Trickblende

**TONEBENE**

- **Herkunft**
  - On (im Bild zu sehen)
  - Off (im Bild nicht zu sehen)
    - in der Szene
    - außerhalb der Szene
- **Quelle**
  - Geräusche
  - Sprache
  - Musik
- **Ton-Bild-Montage**

# Makroanalyse

**FILMISCHES ERZÄHLEN**

- **Struktur**
  - Allgemeine Informationen: Vorspann/Abspann
  - Einführung in die Handlung
    - Handlung vor der Handlung
    - Handlungsbeginn
- **Erzähler**
  - Erzählperspektive
    - auktorial
    - personal
    - neutral
    - } Wechsel
  - Darbietungsformen des Erzählens
    - Erzählerrede
    - Figurenrede
- **Zeitgestaltung**
  - Erzählzeit versus Erzählte Zeit
    - Deckungsgleichheit
    - Raffung
    - Dehnung
  - Verschiedene Zeitebenen
    - Parallel stattfindende Ereignisse
    - Gegenwart, Vergangenheit, Zukunft

**FILMZITAT**

- Visuell
- Dialogisch
- Dialogisch-Visuell
- Auditiv
- Ironisch-Parodistisch
- Verweis auf einen anderen Kontext

1 Die Übersicht ist in Anlehnung an Kamp/Rüsel 1998, S. 11 konzipiert; mit freundlicher Genehmigung des Cornelsen-Verlags.

# III Informationen und Aufgaben

## A Bildebene

### A.1 Mise-en-Scène

#### A.1.1 Bildinhalt

«Der Filmemacher sieht sich mit drei Fragen konfrontiert: Was er filmen soll, wie er es filmen soll, wie er die Einstellungen präsentieren soll. Die Mise-en-Scène ist wichtig für die ersten zwei Bereiche, die Montage für den letzten.»[1] *(vgl. Kapitel A.2 Schnitt/Montage)* Im Folgenden wird der ersten Frage nachgegangen, was der Filmemacher filmen soll; in diesem Zusammenhang werden die Parameter Ausstattung, Personen, Ort und Schrift näher beleuchtet.

##### A.1.1.1 Ausstattung (Setting)

Das Setting beschreibt die Gestaltung der aufgebauten Drehorte (**Sets**) je nach begrifflicher Verwendung in ihrer Gesamtheit (Setting des gesamten Films/eines Filmabschnitts) oder im Einzelnen (Setting einer Szene). Das Setting erfolgt durch Auswahl und Arrangement der Drehorte sowie einer Vielzahl von Ausstattungselementen und ermöglicht, Geschehensort und – ggf. historische – Geschehenszeit weitgehend zu bestimmen. Dies beinhaltet auch die Charakterisierung des sozialen Raums oder Milieus, etwa durch Requisiten oder die **Kleidung der Protagonisten**. Da Genres häufig an charakteristische Settings gebunden sind, erweckt das Setting zu Beginn eines Films bereits eine Reihe von Zuschauererwartungen, die im weiteren Verlauf entweder bestätigt oder enttäuscht werden können. Horrorfilme etwa beginnen häufig mit einem idyllischen Setting, welches jedoch sukzessive von bedrohlichen Handlungsorten und Ausstattungselementen durchbrochen wird, bis das Setting sich gänzlich in ein Horrorszenario verwandelt.[2]

Das Setting muss nicht vollständig wirklichkeitsgetreu und historisch korrekt sein, es muss allerdings einen realistischen bzw. genrestimmigen kohärenten Eindruck vermitteln, der z. B. bei Parodien/Satiren bewusst gestört wird. Auswahl und Anordnung des Settings inklusive der Ausstattungselemente basieren auf selekti-

1 Monaco Film verstehen 2000[3], S. 187.

2 Vgl. Faulstich 1994, S. 55; vgl. Lothar Mikos: Licht und Schatten. Struktur-funktionale Film- und Fernsehanalyse Teil 4. In: *Medien Praktisch. Zeitschrift für Medienpädagogik.* Heft 2 (1997), S. 57–62, S. 57.

ven und kreativen gestalterischen Entscheidungen; **Kulissen und Requisiten des Sets** sind die Grundlage der Darstellung und schaffen den Hintergrund, auf dem durch Figuren und Objekte die Erzählung entfaltet wird.[3]

> Insofern wird durch das Setting in erheblichem Maß die Atmosphäre des Films geprägt. [...] Darüber hinaus können Setting und Ausstattungselemente symbolischen Charakter annehmen. Uneigentliche Bedeutungen von Settings und Ausstattungselementen lassen sich immer dann vermuten, wenn ihr Stellenwert für das Geschehen eigentlich gering ist, ihnen aber z. B. durch die Verwendung besonderer filmsprachlicher Mittel (Farbgestaltung, Größenverhältnisse, Schärferelationen etc.) bei der Darstellung ein besonderer Stellenwert zukommt. Der umgekehrte Fall kann bewusst zur Irreführung des Rezipienten und zur Vorbereitung von Überraschungseffekten eingesetzt werden.[4]

### A.1.1.2 Personen

Im Film werden nur ausgewählte Merkmale einer Gesamtpersönlichkeit aufgegriffen, die zusätzlich durch die Darstellung gefiltert und bewertet werden. Die im Film dargestellten Personen sind keine authentischen und vollständigen Individuen, sondern fiktive, kommentierte und reduzierte Figuren.[5] Neben Menschen können dies auch Tiere, Computer, Roboter, Außerirdische usw. sein.[6]

Faulstich unterscheidet drei Formen der Charakterisierung von Filmfiguren: Erstens die Selbstcharakterisierung durch Stimme und das, was gesagt wird, Handeln, Mimik, Gestik, äußere Erscheinung etc. So ist z. B. auch wichtig, wie sich eine Figur in einer bestimmten Situation verhält und was sie denkt – oft wird dies durch eine **Voice Over** aus dem Off enthüllt. Zweitens die Fremdcharakterisierung, wenn eine Figur durch eine andere Figur im Film vorgestellt und ggf. beurteilt wird. Drittens die Erzählercharakterisierung durch den Erzähler im Film, also die Summe aller verwendeten filmsprachlichen Mittel *(vgl. hierzu ausführlich Kapitel C. Filmisches Erzählen)*. Ein weiteres charakterisierendes Merkmal sind die sozialen Kontakte, die eine Person hat, und wie sie mit anderen Personen umgeht bzw. wie diese auf sie reagieren.[7]

Auch die **Figurenkonfiguration** im Filmbild ist wichtig für die Charakterisierung.

> Ob die im Bild dargestellten Personen einander zugewandt oder voneinander abgewandt sind, großen oder geringen Abstand einhalten, zu gleichen oder verschiedenen Teilen zu sehen sind, kann nicht nur das Verhältnis der dargestellten Personen zueinander, sondern auch die Person selbst charak-

3 Vgl. Mikos 4 1997, S. 57 f.

4 Johannes Diekhans (Hg.): *Filmanalyse im Unterricht. Zur Theorie und Praxis von Literaturverfilmungen.* Paderborn 2004, S. 25.

5 Vgl. Lothar Mikos: Helden, Versager und andere Typen. Struktur-funktionale Film- und Fernsehanalyse Teil 7. In: *Medien Praktisch. Zeitschrift für Medienpädagogik.* Heft 4 (1998), S. 48–54, S. 49 f.

6 Vgl. Mikos 7 1998, S. 48.

7 Vgl. Faulstich 1994, S. 55 f., S. 97 ff.

> terisieren. So kann eine Person, die den räumlichen Abstand zu einer anderen Person verringert, je nach Situation als zudringlich oder als einfühlsam dargestellt werden. Figuren im Bildvordergrund können dominanter, Figuren im Bildhintergrund schwächer, gleichsam aus dem Bild gedrängt erscheinen. Sind Figuren häufig gemeinsam im Bild zu sehen, kann das eine enge Verbindung ausdrücken. Erscheinen sie jedoch, obwohl sie sich gemeinsam in einem Raum aufhalten, durch die Montage jeweils getrennt voneinander, kann dies auf eine problematische Beziehung hindeuten.[8]

Bei den Figuren unterscheidet man einerseits **Funktionsrollen**, z. B. Statisten oder Zeugen eines Verbrechens, die nicht ausgestaltet oder im Laufe des Films entwickelt werden und die für die Handlung nur punktuell von Bedeutung sind (**Flat Character**). Andererseits gibt es die **Handlungsrollen**, die eine variable Ausgestaltung einer Rolle mit mehreren, komplexen Persönlichkeitsaspekten erlauben (**Round Character**); je wichtiger die Figur für den Film ist, desto differenzierter kann die Rolle ausgestaltet werden.[9] Meist sind die Funktionsrollen Nebenfiguren, während die Handlungsträger oder auch Aktanten sowohl Nebenfiguren als auch Hauptfiguren sein können. Handlungs- und Dominanzrelationen von Figuren können sowohl quantitativ anhand der Präsenz und des Redeanteils oder qualitativ anhand ihrer Bedeutung für die Handlung beschrieben werden.[10]

Die Figuren sind über ihre Handlungsrollen weitgehend auf bestimmte **soziale Rollen** und Typen festgelegt, wodurch den Zuschauern die Identifikation und Projektion erleichtert wird.[11] Bei Figuren spricht man von **offen konzipierten Typen**, wenn sich Widersprüche im Charakter auftun oder wenn eine Figur während des Films ihre soziale Rolle wechselt, z. B. vom Opfer zum Täter. Damit verändert sich dann auch das Nähe-Distanz-Verhältnis von Zuschauer und Figur. **Geschlossen konzipierte Typen** findet man überwiegend im zeitgenössischen Hollywood-Kino. Ihr Charakter ist von Anfang an klar und eindeutig bestimmt, es ist offensichtlich, wer gut und wer böse ist und mit wem sich der Rezipient identifizieren soll.[12]

### A.1.1.3 Umgebung (Location)

Die Umgebung, die im Film gezeigt wird und die den Hintergrund für die Handlung stellt, ist primär definiert durch das Filmgenre. So spielen Western in den typischen Westernstädten und Wüsten Nordamerikas des 19. Jahrhunderts, während Science Fiction-Filme mehr oder weniger abstrakt-mechanische oder mechano-organische Welten in einer fiktiven Zukunft zeigen. Dem Zuschauer werden also durch die Wahl der Location **Zeit** und **Ort** der **Filmhandlung** offenbart. Jeder Location implizit sind für die Umgebung typische **Raumelemente** – für die Wüste sind dies z. B. Felsen, Sand,

8 Diekhans 2004, S. 29.
9 Vgl. Mikos 7 1998, S. 51 f.
10 Vgl. Faulstich 1994, S. 55.
11 Vgl. Mikos 7 1998, S. 50.
12 Vgl. Faulstich 1994, S. 54 f.

Kakteen etc. Die natürlich niemals zufällige Präsenz bzw. Absenz solcher Raumelemente hat primär geschehenslogische und atmosphärische Bedeutung, kann allerdings auch durch eine **symbolische Bedeutung** erweitert werden.[13]

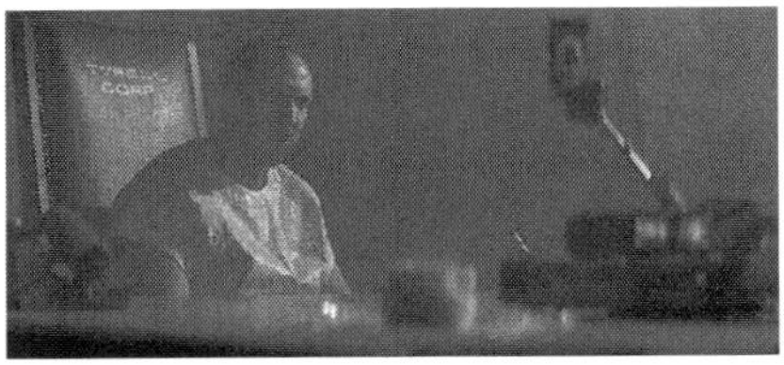

**2** Die Beschriftung des Stuhls weist den Namen der Firma aus, in deren Büro das Gespräch statt findet (Tyrell Corporation).

## A.1.1.4 Schrift

Schrift im Film kann vielfach visualisiert werden. Prinzipiell lässt sie sich problemlos in die Rubrik «Sprache im Film» einordnen *(vgl. Kapitel A.2.2.1.2 Dialogische Szene, Kapitel B.2.2 Sprache und Kapitel C. Filmisches Erzählen)*. Schrift im Film kann entweder diegetischen Ursprungs sein, d. h., dass sie Teil der Filmwelt ist, oder aber sie ist nichtdiegetischen Ursprungs. Hier ist dann ersichtlich, dass die Schrift z. B. in Form von **Inserts** gleichsam «von außen» kommt und damit eine andere Funktion erfüllt als die diegetische Schrift.

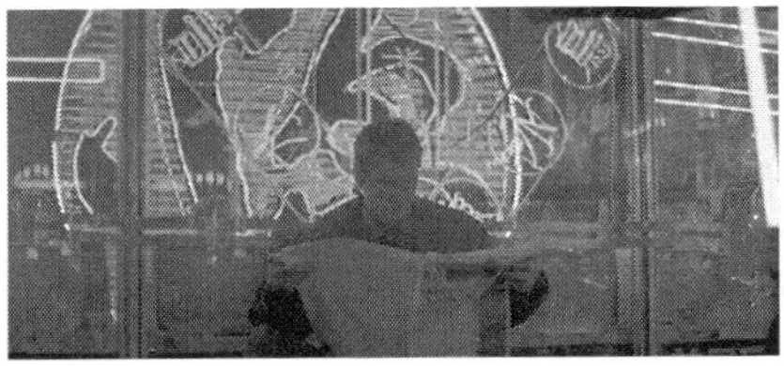

**3** Durch die asiatischen Schriftzeichen wird die Handlung im Chinatown der Zukunft verortet. Auch die Zeitung, in der der Blade Runner Rick Deckart (Harrison Ford) liest, ist diegetischer Teil des Settings.

**Diegetische Schriftelemente** im Film finden sich in Form von Straßenschildern, Werbetafeln, Beschriftungen von Gegenständen etc. Damit sind sie Teil des Settings *(vgl. Abb. 2 bis 4)* und erlauben dem Zuschauer eine lokale und/oder temporäre Verortung des Geschehens sowie die Etablierung von Atmosphäre. In Form von schriftlichen Dokumenten, Zeitungen, Telegrammen, Briefen etc. sind sie ebenfalls Teil der Ausstattung, haben dann aber auch handlungstragende Funktion, indem sie die Handlung betreffende Informationen kommunizieren *(vgl. Abb. 5)*. So kann Spannung erzeugt oder aber Geschehnisse oder Verhaltensweisen von Personen können erklärt werden.

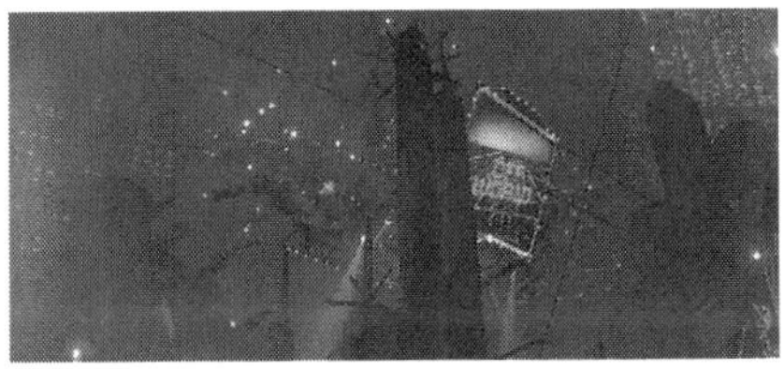

**4** Die Werbung der Zukunft preist auf an Flugobjekten befestigten Leuchttafeln das fantastische Leben in den außerirdischen Kolonien an («Off World»).

Die Möglichkeiten der **nicht-diegetischen Schriftelemente** sind noch weiter gefasst. Hierunter fällt zunächst einmal der Vorspann bzw. der Abspann eines Films *(vgl. Kapitel C.1.1. Allgemeine Informationen)*. Dann können nicht-diegetische Schriftelemente im Dienst des filmischen Erzählens stehen *(vgl. Kapitel C. Filmisches Erzählen)*: Einerseits werden sie zur Makrostrukturierung des Textes eingesetzt, z. B. indem sie den Film in Akten oder Kapiteln entsprechende Segmente unterteilen *(vgl. Abb. 6 bis 8)*.

13 Vgl. Diekhans 2004, S. 16.

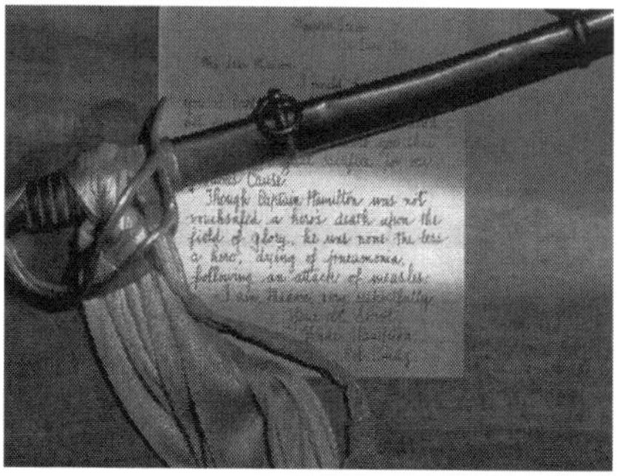

5 Der Brief hat handlungstragende Funktion: die blutjunge Scarlett O'Hara ist nach wenigen Wochen Ehe mit einem ungeliebten Mann Witwe und muss die Konsequenzen tragen.

Einleitend können solche Inserts eine für die Filmhandlung relevante Vorgeschichte gerafft präsentieren *(vgl. Abb. 9)*; sie können einen dem Film vorangestelltes Motto visualisieren *(vgl. Abb. 10)* oder aber sie liefern in kürzester Zeit entscheidende Informationen den Anfang des Films betreffend *(vgl. Abb. 11, vgl. auch Kapitel C.1.2.2 Handlungsbeginn)*. Zu Beginn, aber auch innerhalb der Filmhandlung können nicht-diegetische Schriftelemente Informationen über Zeitpunkt und Ort der Filmhandlung vermitteln, aber auch Zeitsprünge deut-

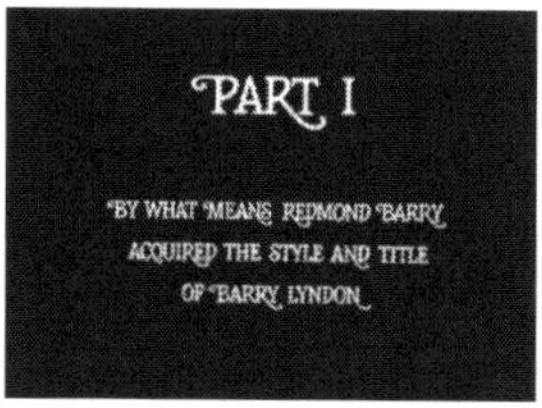


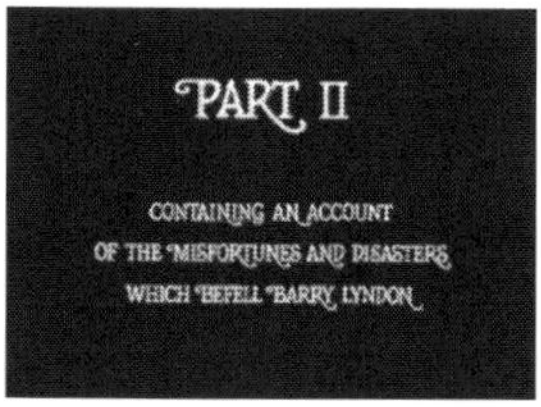


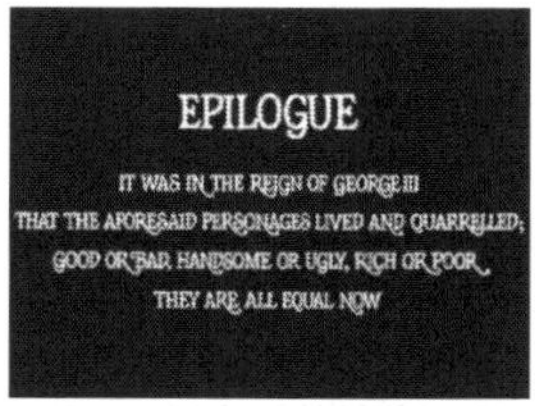


6–8 Einteilung von BARRY LYNDON (Stanley Kubrick, UK 1975) in Makrosegmente durch Inserts

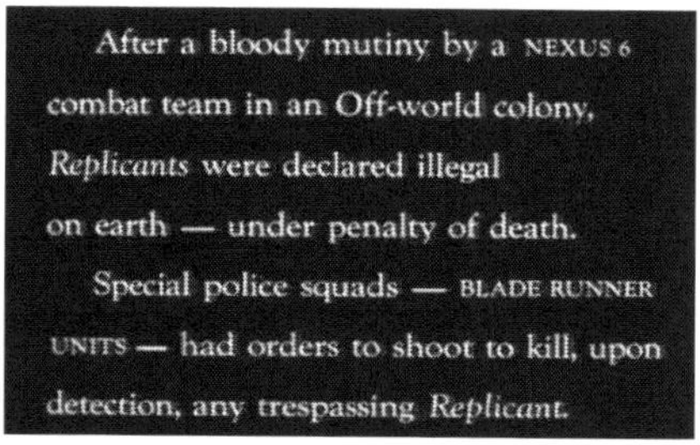


9 Auszug aus der Vorgeschichte des Films BLADE RUNNER von Ridley Scott (USA 1982)

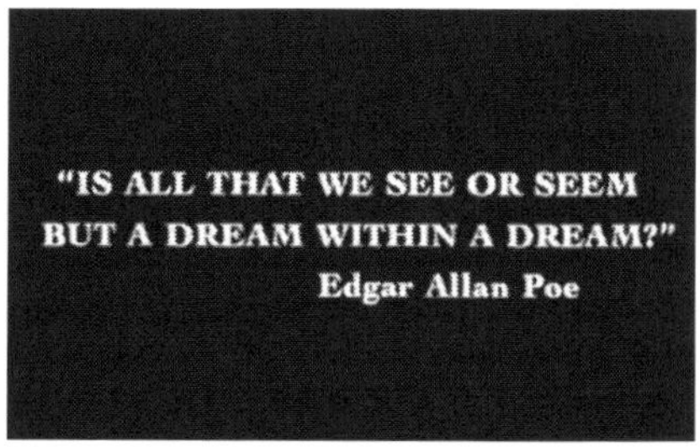


10 Das dem Film THE FOG von John Carpenter (USA 1980) vorangestellte Motto

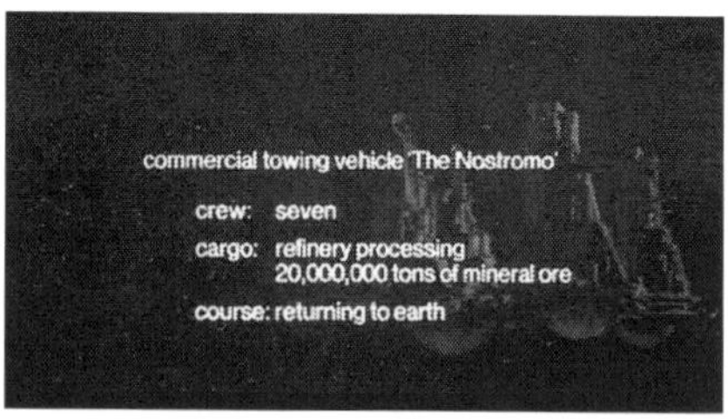


11 Handlungsrelevante Informationen werden in kürzester Zeit vermittelt: wer, was, wann, wo.

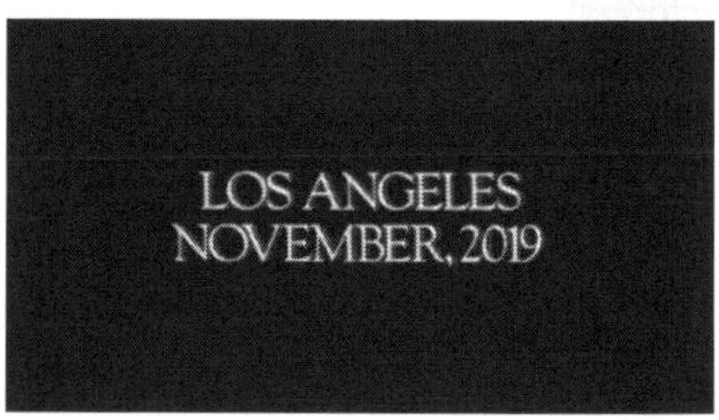


12 Ort und Zeit der folgenden Handlung werden durch das Insert deutlich.

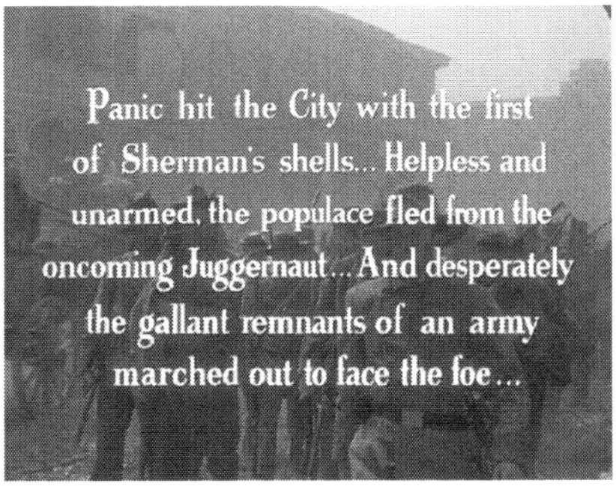


**13** Weiterführende Informationen bezüglich der Handlung werden kommuniziert.

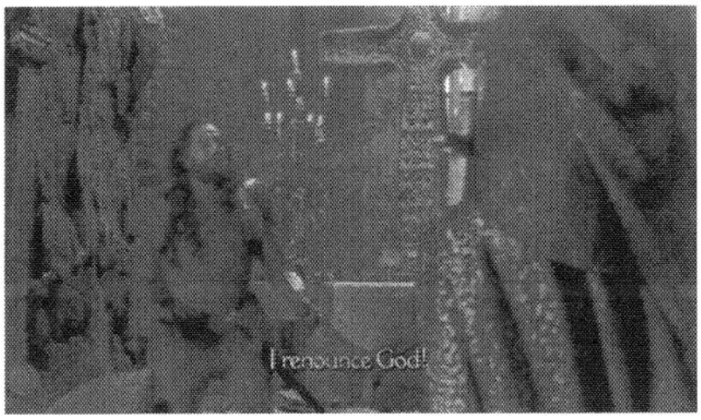


**14** Untertitel machen das Gesprochene verständlich: Graf Dracul wendet sich ab von Gott.

lich machen, im Sinne von «18 Stunden vorher» oder «zwei Jahre später» etc. *(vgl. Abb. 12)*. Die Handlung bzw. relevante, über Zeit und Ort hinausgehende Hintergrundinformationen kann/können auch an bestimmten Stellen durch Inserts gerafft werden *(vgl. Abb. 13; vgl. Kapitel C.2.2.1 Erzählerrede)*. Oder aber es wird durch Untertitel der Eindruck von Authenzität des Gezeigten evoziert, indem die Personen in einer Sprache sprechen, die durch die Handlung motiviert ist, die aber im Allgemeinen nicht vom Betrachter verstanden wird und daher durch Untertitel verständlich gemacht werden muss. So bei der Darlegung der Backstorywound Draculas, bei der einige Teile der Konversation in Altrumänisch stattfinden *(vgl. Abb. 14, vgl. Kapitel C.1.2.1 Handlung vor der Handlung)*.

Abschließend lässt sich sagen, dass die Einteilung in diegetische und nichtdiegetische Inserts insbesondere im Bereich des filmischen Erzählens nicht ganz trennscharf ist, da die erzählende Instanz im Film im Gegensatz zum Erzähler oder zur Erzählerin des Printtextes keine vom Autor eingesetzte Instanz ist, sondern die Summe aller verwendeter filmsprachlicher Mittel. Insofern sind die Schriftelemente, die die Erzählung betreffen, als Teil des bewusst konzipierten Bildinhaltes auch Teil der Erzählinstanz und damit im weitesten Sinne diegetisch. Wird diegetisch jedoch im engeren Sinne definiert als Teil des Sets und seiner Ausstattungselemente, dann gilt die oben getroffene Unterscheidung.

**Aufgabe 1**

Betrachten Sie den Filmausschnitt 001 **Rebecca – Anfang**.
Charakterisieren Sie die dargestellten Personen, indem Sie eine Analyse des Bildinhalts durchführen:

**1.** Untersuchen Sie, wo der Filmausschnitt spielt und inwiefern die Umgebung und die gezeigten Raumelemente (Bäume, Felsen etc.) symbolische Bedeutung haben könnten und die dargestellten Personen charakterisieren.

**2.** Sammeln Sie alle Informationen, die Sie über die beiden Protagonisten in Erfahrung bringen können (Kriterien s. o.). Inwiefern stützt Ausstattung und Umgebung (Setting) Ihre Deutungen?

⇨ Lösung Seite 128

## Exkurs: Ästhetische Gestaltung des Bildinhaltes in Anlehnung an den Comic-Strip

Das Medium Film und das Medium Comic sind eng miteinander verwandt. Auch der Comic kennt verschiedene **Einstellungsgrößen** *(vgl. Kapitel A.1.2.4.1 Einstellungsgrößen)*, im Gegensatz zum Filmbild kann allerdings der **Frame** *(vgl. Kapitel A.1.2.1 Cadrage)* des Comicbildes in der Größe variieren. Die gestalterischen Elemente der Bildebene wie auch die der Erzähl- und Zeitebene kommen – teilweise in Abwandlung – auch im Comic vor, der z. B. auch Formen der **Montage** *(vgl. Kapitel A.2 Schnitt/Montage)* kennt. Selbst eine Stimme aus dem Off ist dem Comic bekannt in Form eines meist in der linken oberen Bildecke befindlichen Textes, der nicht, wie die Sprechblasen, einer gezeigten Person zuzuordnen ist.[14]

Bei der Filmproduktion durchläuft das **Drehbuch**, also die Bearbeitung der Geschichte, die verfilmt werden soll, mehrere Stadien, bevor die erste Einstellung abgedreht wird. Zuerst wird ein **Exposé** der Handlung erstellt, das den Inhalt kurz zusammenfasst und Filmstoff sowie Handlungsverlauf (**Story-Line**) in groben Zügen festgelegt. Das sich anschließende **Treatment** enthält eine ausführlichere Erzählung des Handlungsablaufs mit einer Gliederung in Episoden. Die Szenen sind noch nicht detailliert ausgearbeitet, Dialoge erscheinen höchstens in Form eines Zitats. Es folgt der **Umriss der Szenen**, der als erster Versuch gelten kann, die einzelnen Szenen aneinanderzureihen. Die grobe Beschreibung der Handlung enthält keine Dialoge, allerdings werden hier Bildskizzen zur Illustration von einzelnen Aufnahmen und Sequenzen integriert.

Diese Bildskizzen nennt man **Storyboard**;[15] sie sind den Comic-Strips sehr ähnlich, weil sie eine aus Einzelbildern bestehende zeichnerische Version des Drehbuchs sind, in der die einzelnen Einstellungen entworfen werden.[16] Bei Farbfilmen können diese Skizzen koloriert sein; in jedem Fall werden hier Einstellungsgrößen, Kameraperspektiven und Positionen der Schauspieler festgelegt, auch gibt es Hinweise auf zu bauende oder auszuwählende Schauplätze. Die Bedeutung des Storyboards kann ganz unterschiedlich sein, nur wenige Regisseure behandeln es bereits als definitive Ideenskizze für den fertigen Film.[17]

**Vorschlag**

Zur Visualisierung des Verhältnisses von fertigem Film und Storyboard betrachten Sie den Filmausschnitt **002 Krieger und Kaiserin – Storyboard.**

14 Vgl. Seymour Chatman: *Narrative Structure in Fiction and Film*. Ithaca, London 1980, S. 37 ff.

15 Vgl. Terence St. John Marner: *Filmregie*. Hanau 1980, S. 56 f.

16 Vgl. Monaco Lexikon 2000, S. 156.

17 Vgl. Rother 1997, S. 280.

Es folgt in der **Ausführung** eine weitere Ausdifferenzierung der Handlung, an die sich die **endgültige Dialogbearbeitung** anschließt. Im **Master Scene Script** wird zum ersten Mal unter der Beteiligung des Regisseurs die Dialogbearbeitung in einen Film-Entwurf überführt. Master Scene Scripts sind in sich geschlossene Handlungsteile, die aber noch nicht in einzelne Einstellungen zerlegt werden. Das Master Scene Script dient als Arbeitsgrundlage für die Wahl der Besetzung, das Design z. B. der Sets, für die Zeitplanung und evtl. der Planung des Budgets etc. Erst in der **Rohfassung** und schließlich in der **endgültigen Drehbuchfassung** werden alle Episoden, Szenen und Dialoge verarbeitet. Es werden die Verbindungen der Szenen bei auftretenden Zeitsprüngen geklärt, Auslassungen und Ortswechsel erhalten flüssige Übergänge, außerdem werden Einstellungsübergänge *(vgl. Kapitel A.2.3 Einstellungskonjunktionen)* entworfen. Handlungseinheiten gliedern sich hier in durchnummerierte Einstellungen, die als Hinweis an den Regisseur allgemein als **Master Shot** oder präziser im Hinblick auf die Größe als **Specific Shot** beschrieben werden können. Außerdem gibt es Vorschläge zu Kamerabewegung, Geräuschen und Musikeffekten. Nun schließt sich die Verfilmung des Drehbuches unter der Leitung des Regisseurs an.[18]

Verfilmte Comics wie z. B. *Superman*, *Batman* oder *Spiderman* wirken wie normale Actionfilme – im Fall von Batman mit eindeutigem Verweis auf den **Film Noir**. Um die entsprechenden übermenschlichen Fähigkeiten des jeweiligen Helden zu visualisieren, wird mit ausgefeilten Special Effects gearbeitet. Die Bildgestaltung verweist durch das Setting und die Kleidung der Protagonisten auf die gezeichnete Vorlage. Im Vorspann z. B. der SPIDERMAN-Filme werden zeichnerische Elemente der Comics aufgenommen.

Eine besondere Comic-Adaption stellt die von Frank Millers Geschichten der fiktiven Stadt Basin City dar. Frank Miller zeichnet und koloriert die Originale und führt gemeinsam mit Robert Rodriguez in der Verfilmung von 2005 Regie. Dieser Film überträgt wesentliche Elemente der Ästhetik der Vorlage in das Medium Film. Sichtbar wird dies an der Gestaltung des Vorspanns, der den Namen eines jeden Schauspielers vor dem Hintergrund seines als Comicbild gezeichneten Charakters, den er im Film verkörpert, zeigt.

**Vorschlag**

Sehen Sie sich hierzu den Filmausschnitt **003 SIN CITY – Vorspann** an.

Auch das Setting weist artifizielle, zeichnerische Elemente auf. Betrachten Sie als Beispielsequenz **004 SIN CITY – Kuss**.

Es werden ebenfalls Objektbewegungen – zu sehen an den ‹springenden› Autos in dem Filmausschnitt **005 SIN CITY – Autos** – wie im Comic gestaltet.

18 Vgl. Marner 1980, S. 57 f.

Insgesamt ist die von Frank Miller geschaffene gezeichnete zweidimensionale Vorlage detailgetreu in das Medium Film übertragen worden; vom ästhetischen Standpunkt aus ein gelungenes Unterfangen; der Inhalt des Films ist sehr gewalthaltig und nicht jugendfrei.

## A.1.2 Bildgestaltung

### A.1.2.1 Cadrage

Die Kamera legt mit der Wahl der Einstellungsgröße bzw. des Bildausschnittes einen Rahmen fest, der **Frame** genannt wird.[19] Der Frame begrenzt das Bild, wählt den Ausschnitt, der von der Welt gezeigt wird, und bestimmt, was für den Zuschauer zu sehen ist *(vgl. Kapitel A.1.2.4.1 Einstellungsgrößen)*.[20]

Cadrage

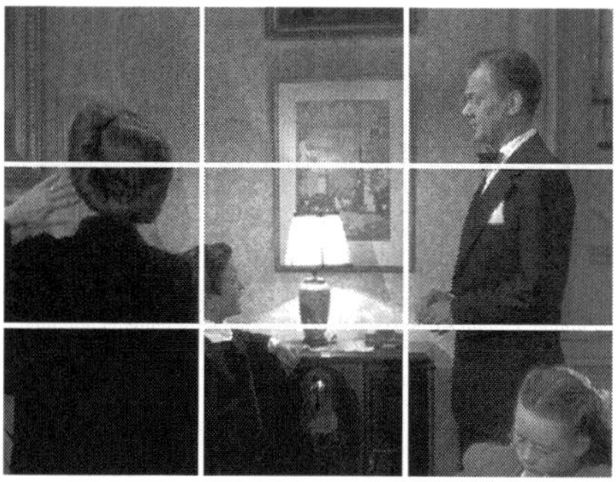

**15** Beispiel für die Figurenpräsentation bei der Cadrage

Innerhalb des von der Kamera vorgegebenen Bildrahmens ist die Position einer Figur oder eines Objektes von wesentlicher Bedeutung. Es wird nicht nur bestimmt, welchen Bildausschnitt der Zuschauer zu sehen bekommt, sondern auch, wie Objekte oder Personen angeordnet werden. Man spricht dann von der Gestaltung einer Aufnahme in Bezug auf den Frame, von **Kadrierung**, **Cadrage** oder **Framing**.[21] Üblicherweise erfolgt die Cadrage so, dass für das Filmgeschehen relevante Figuren oder Objekte im Bildzentrum (wenn auch nicht unbedingt in der Bildmitte) zu sehen sind.[22] Gewöhnlich werden die Bildinhalte in der **Mise-en-Scène**[23] so arrangiert, dass das Bild nicht in vier gleich große Teile unterteilt, sondern sowohl horizontal als auch vertikal in Drittel aufgeteilt wird, um eine dynamischere Bildkomposition zu ermöglichen.[24] Die vier Linien, die das Bild dritteln (zwei vertikal, zwei horizontal) sind Orientierungslinien für die Platzierung von Figuren und Objekten.

19 Vgl. Monaco Lexikon 2000, S. 23f.

20 Vgl. Hickethier 1993, S. 57.

21 Vgl. Monaco Lexikon 2000, S. 30.

22 Vgl. Lothar Mikos: Aus weiter Ferne so nah. Struktur-funktionale Film- und Fernsehanalyse Teil 3. In: *Medien praktisch. Zeitschrift für Medienpädagogik.* Heft 1 (1997), S. 44–49, S. 45.

23 Überbegriff für alle den Bildinhalt und die Bildgestaltung betreffenden filmsprachlichen Mittel. *Vgl. Kaptitel II Elemente der Filmsprache.*

24 Vgl. Lynne S. Gross; Larry W. Ward: *Electronic Moviemaking.* Belmont, California 1991, S. 90f.

So wird eine einzelne, stehende Person selten frontal in der Bildmitte abgebildet, sondern leicht rechts oder links versetzt im Bereich einer der das Filmbild vertikal drittelnden Linien.[25] *(vgl. Abb. 15)*

## On- und Off-Screen

Grundsätzlich wird beim Bild, wie auch beim Ton (vgl. Kapitel B.1 Herkunft des Tons), zwischen **On** und **Off** unterschieden. Gemeint ist **On the screen** und **Off the screen**; im *On* ist alles im Filmbild Sichtbare, im *Off* ist alles, was sich außerhalb des Frames befindet oder stattfindet.[26]

Der Off-Raum wird dann in Bezug auf das Filmgeschehen geöffnet, wenn z. B. Personen oder Objekte den Frame verlassen oder aber eine etwas außerhalb des Frames stehende Person betrachten.[27] Letzteres kann zur Erzeugung von Spannung und Schrecken genutzt werden. Wenn etwa im Horrorfilm das Monster hauptsächlich im Off agiert und nur Teile davon im On zu sehen sind, trägt dies zur Erhöhung des Gruseleffektes bei. Bleibt das Gesicht eines Mörders im Off, so erhöht sich die Spannung bezüglich seiner Identität.

## Leadroom

In welchem Drittel des Frame eine Person oder ein Objekt abgebildet wird, orientiert sich an ihrer/seiner Bewegungsrichtung. Eine Person, die sich bewegt, wird meist so aufgenommen, dass in der Bewegungsrichtung mehr Raum bleibt (**Leadroom, Bewegungsraum**) als in der Richtung, aus der sie kommt. Eine sich nach rechts bewegende Person wird also eher im Bereich der linken Drittelungslinie abgebildet. Andernfalls verlagert sich das Aufmerksamkeitszentrum tendenziell weg von der sich bewegenden Figur hin zum Hintergrund *(vgl. Abb. 16)*.

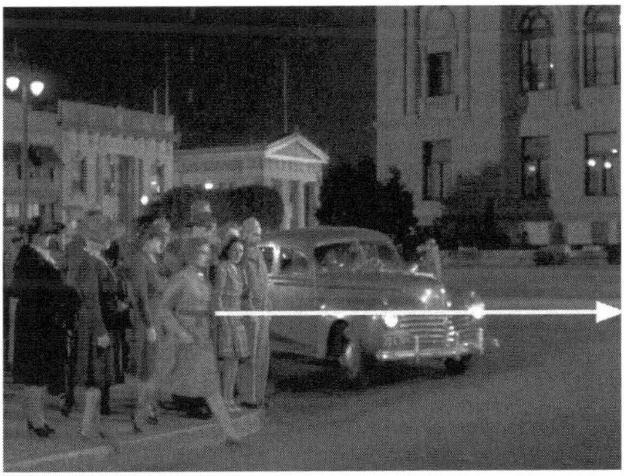

**16** Leadroom

**Vorschlag**

Betrachten Sie hierzu auch den Filmausschnitt **007 Zweifel – Leadroom.**

25 Diekhans 2004, S. 17.

26 Vgl. Hickethier 1993, S. 93.

27 Vgl. Gross/Ward 1991, S. 91.

Wird z. B. einem Flüchtenden im On nur wenig Bewegungsraum zugestanden, so ist dies zumeist ein Anzeichen dafür, dass er bald von seinen Verfolgern eingeholt werden wird.[28]

## Noseroom

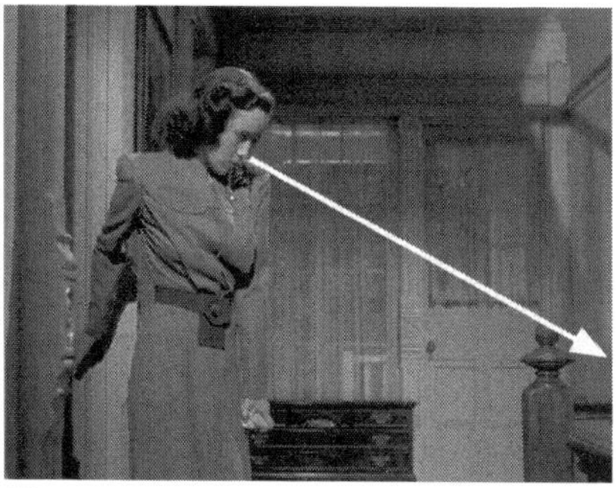

**17** Noseroom

Ähnliches wie für die Bewegungsrichtung gilt für die Blickrichtung von Figuren, die innerhalb des Frame zur Seite sehen. Sie werden gewöhnlich entgegen ihrer Blickrichtung platziert: Eine Person, die nach rechts sieht, befindet sich also im Bereich der linken Drittelungslinie, sodass ihr im On noch genügend Blickraum (**Look Space, Noseroom**) zur Verfügung steht *(vgl. Abb. 17)*. Blickt eine sich links befindende Person nach links, so lenkt dies die Aufmerksamkeit des Zuschauers weg von der Person auf den Bildraum rechts von ihr.[29]

> **Vorschlag**
> Betrachten Sie hierzu auch den Filmausschnitt **008 Zweifel – Noseroom**.

## Headroom

Eine weitere Richtlinie für die Kadrierung besteht in der Wahl des Abstands zwischen dem Kopf der dargestellten Person und dem oberen Rand des Frame (**Headroom**). Ein **großer Headroom** bewirkt, dass die dargestellte Person klein wirkt, sei

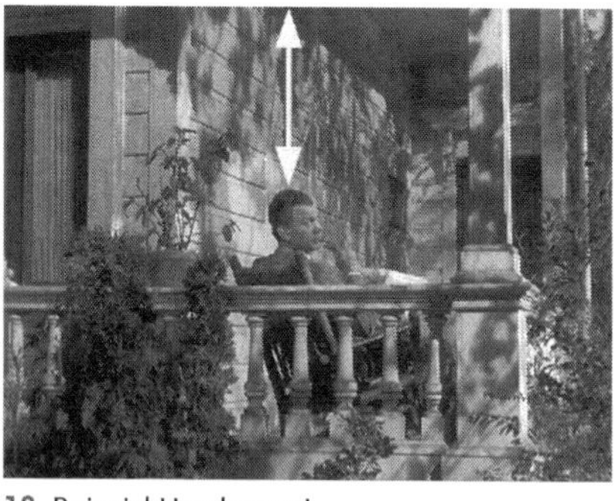

**18** Beispiel Headroom I

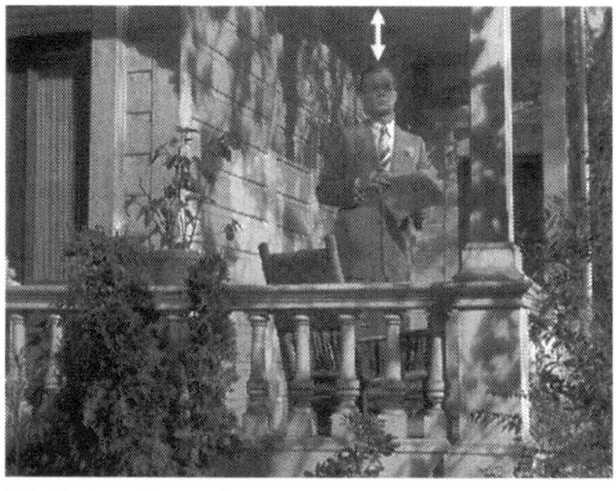

**19** Beispiel Headroom II

28 Vgl. Gross/Ward 1991, S. 92 f.
29 Vgl. Gross/Ward 1991, S. 92 f.

es, dass sie bedroht oder verlassen wirken soll oder aber dass sie sich vor jemandem verbergen will *(vgl. Abb. 18)*: In Beispiel I belauscht der Protagonist ein Gespräch, durch den großen Headroom wirkt er gleichsam klein und versteckt. Normalerweise werden Personen mit einem **geringen Headroom** abgebildet *(vgl. Abb. 19)*: In Beispiel II macht sich der Protagonist bemerkbar und wird in Kommunikation mit den Belauschten treten. Er füllt die Bildvertikale aus und ist präsent. Für den Fall, dass der Kopf abgeschnitten ist, kann hinter dem Framing eine besondere Aussageabsicht oder einfach nur Unfähigkeit stecken.[30]

Da Cadrage und die Bildkomposition eng zusammenhängen, erscheinen die Aufgabenstellungen am Ende des Kapitels *A.1.2.2 Bildkomposition*.

**Vorschlag**

Betrachten Sie hierzu auch den Filmausschnitt **009 Zweifel – Headroom**.

## A.1.2.2 Bildkomposition

Das Filmbild ist zweidimensional; die Abbildung der filmischen Realität erzeugt jedoch die Illusion eines dreidimensionalen Raumes. In der Dynamisierung des Raumes in Bezug auf Dreidimensionalität liegt also das Besondere der Komposition des Filmbildes.[31] Egal, ob ein Filmbild den Eindruck absichtlich gewählter Komposition erweckt – dies betrifft die Auswahl und Anordnung des Gezeigten – oder aber völlige Zufälligkeit suggeriert, es ist immer das Produkt eines bewusst kalkulierten Schaffensprozesses. Sei es, dass das Bild und seine Komposition in den Dienst des Continuity-Systems gestellt wird *(vgl. Kapitel A.2.1.2 Continuity)*, sei es, dass das Ziel von Abbildung und Komposition die optische Reizerneuerung ist, sei es, dass der Betrachter zu einer eigenen Denkleistung im Sinne einer Bedeutungsfindung gelangen soll: das Spektrum von der offensichtlich bewussten Gestaltung bis hin zur kalkulierten Zufälligkeit wird im Sinne der intendierten Wirkungs- und Aussageabsicht immer ausgeschöpft.

Für die Bildkomposition sind nach Monaco zwei Aspekte wichtig: Einerseits die Begrenzung des Bildkaders, die der Frame mit Leadroom, Noseroom und Headroom setzt. Andererseits die Bildkomposition innerhalb des Kaders, also die Positionierung von Objekten nach verschiedenen Kriterien, u. a. das der Drittelaufteilung *(vgl. Kapitel A.1.2.1 Cadrage)*.[32]

### Bildkomposition innerhalb des Bildkaders

Zunächst einmal gilt es, bezüglich der Visualisierung von Formen den sogenannten **positiven** und **negativen Raum** voneinander zu unterscheiden. Der positive Raum

30 Vgl. Gross/Ward 1991, S. 92.

31 Vgl. Hickethier 1993, S. 42.

32 Vgl. Monaco Film verstehen 2000$^3$, S. 187.

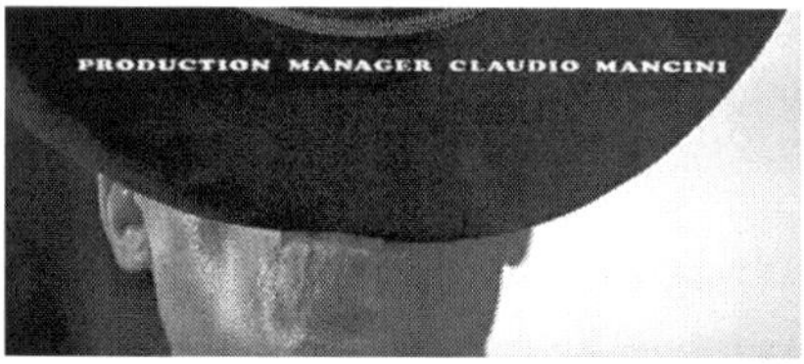


**20** Der negative Raum (schwarzer Hut) betont die Lippen des Mannes, der aus der Hutkrempe trinkt (positiver Raum).

ist der Bereich einer Komposition, der ein Objekt oder eine Figur definiert, der sozusagen die Form darstellt. Der negative Raum ist der Raum um diese Form herum, er ist gleichsam das formgebende Element der Komposition. Er wird häufig ignoriert, weil man sich auf die Form und nicht auf das sekundär erscheinende formgebende Element konzentriert. Letztendlich sind aber beide Räume gleichwertig und gleich wichtig.[33] Sergio Leone nutzt den negativen Raum in seinem Film SPIEL MIR DAS LIED VOM TOD (I/USA 1968) zur Unterbringung von Informationen des Vorspanns *(vgl. Abb. 20)*.

Ebenso wie beim Foto oder Gemälde erfolgt die Gliederung des Filmbildes nach den Regeln der Komposition von statischen Bildern. Komposition meint hier das Zusammenfügen von formalen Gestaltungselementen wie Punkten, Linien, Flächen und Körpern nach bestimmten Prinzipien. Grundsätzlich ist zu unterscheiden, ob die o. g. Gestaltungselemente eher organisch-frei gewählt sind oder ob sie sich an geometrischen Grundformen, wie z. B. der Geraden, dem Winkel oder dem Rundbogen bzw. an Dreieck, Kreis, Quadrat oder Ellipse orientieren *(vgl. Abb. 21 bis 23)*.

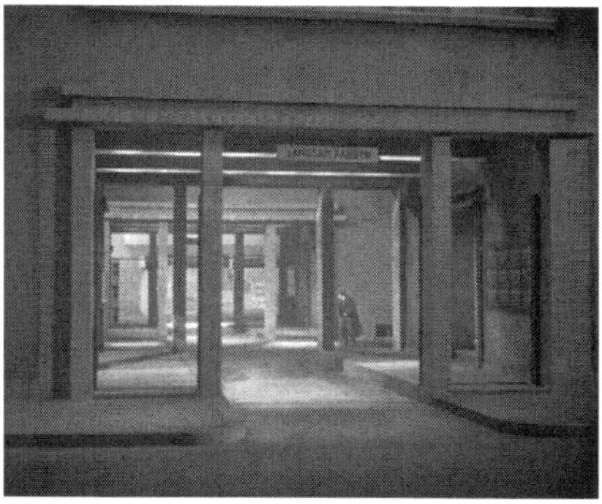

**21** Strukturierung des Bildraumes durch Rechtecke

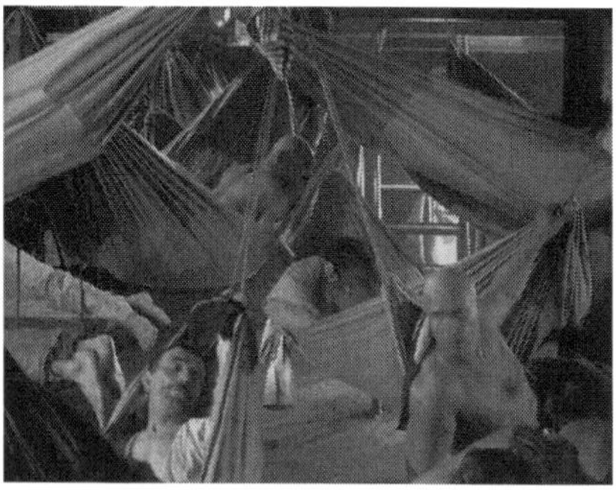

**22** Strukturierung des Bildraumes durch Dreiecke

Für realistische Abbilder kann man sich an der klassischen Dreiteilung eines Bildes in Vorder-, Mittel- und Hintergrund orientieren. Sie gibt dem Betrachter eine Orientierungshilfe für die Wahrnehmung von räumlicher Tiefe. Der Bildvordergrund dient dabei der Zuordnung von Größenrelationen im Bild. Hier werden Personen/Objekte gezeigt, die der Betrachter des Bildes zu sich selbst in Relation setzen kann. Im Bildmittelgrund werden Personen/Objekte gezeigt, die vom Auge noch

33 Vgl. Marcie Begleiter: *Storyboards. Vom Text zur Zeichnung zum Film.* Zweitausendeins 2003, S. 142 f.

relativ detailliert wahrnehmbar sind, während der Bildhintergrund oftmals weniger detailliert einen atmosphärischen Eindruck vermittelt. Die durch diese Dreiteilung bewirkte räumliche Tiefe des Filmbildes wird verstärkt durch den Einsatz von Tiefenschärfe *(vgl. dazu auch Kapitel A.1.2.4.5 Schärfeverhältnis, speziell Tiefenschärfe)*. Sie bewirkt, dass Vorder-, Mittel und Hintergrund eines Bildes gleich scharf sind und der Zuschauer alle drei Ebenen gleichzeitig wahrnehmen kann. Bei dem an der natürlichen Wahrnehmung orientierten Schärfeverteilung im Bild ist nur eine der drei Ebenen oder nur ein einzelnes Objekt mit scharfen Konturen dargestellt, der Rest des Bildes «verschwimmt» und wird nur sekundär wahrgenommen *(vgl. Abb. 24)*.

Die Objekte, die auf einem Bild dargestellt werden, stehen immer in räumlicher Beziehung zueinander. Objekte, die sich weiter weg befinden (Bildmittel-/Bildhintergrund), sind kleiner als nahe Objekte und werden häufig von diesen im Bildvordergrund verdeckt. In diesem Fall ergänzt der Betrachter mit Hilfe seines Weltwissens den nicht sichtbaren Teil des verdeckten Objektes und setzt die beiden Objekte in räumliche Relation zueinander: Das verdeckte Objekt befindet sich hinter dem verdeckenden Objekt. Überschneidung ist also eine weitere Möglichkeit, räumliche Tiefe darzustellen *(vgl. Abb. 25)*.

Die zweite Möglichkeit der Erzeugung von räumlicher Tiefe ist die Zentralperspektive. Hier führen mehrere Linien in die Raumtiefe, wobei der Fluchtpunkt nicht unbedingt in der Bildmitte sein muss. Die Linien der Zen-

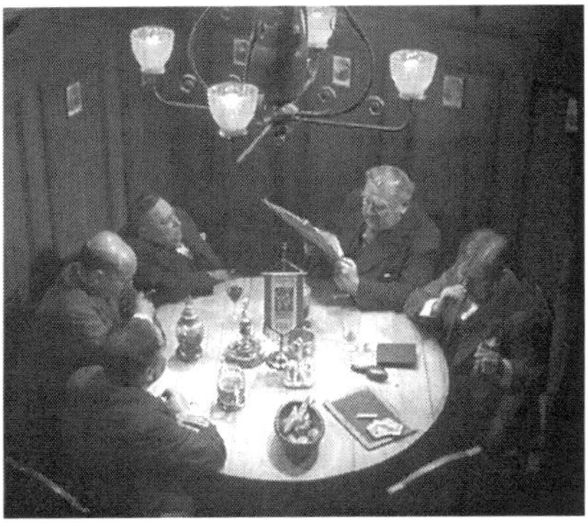

**23** Strukturierung des Bildraumes durch doppelte Kreisform (Tisch/Männerrunde)

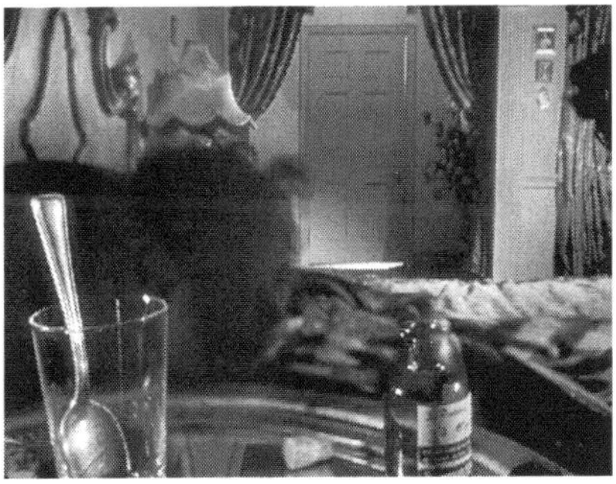

**24** Erzeugung von räumlicher Tiefe durch Dreiteilung in Vorder-, Mittel und Hintergrund sowie der Verwendung von Tiefenschärfe

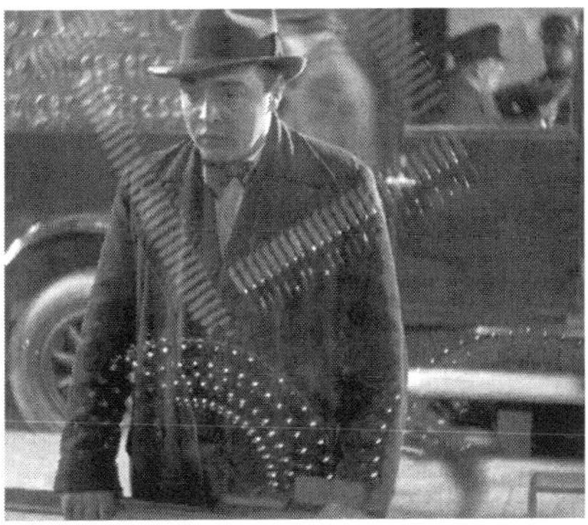

**25** Der Kindsmörder hinter der Glasscheibe und vor dem Lastwagen: räumliche Tiefe durch Überschneidung

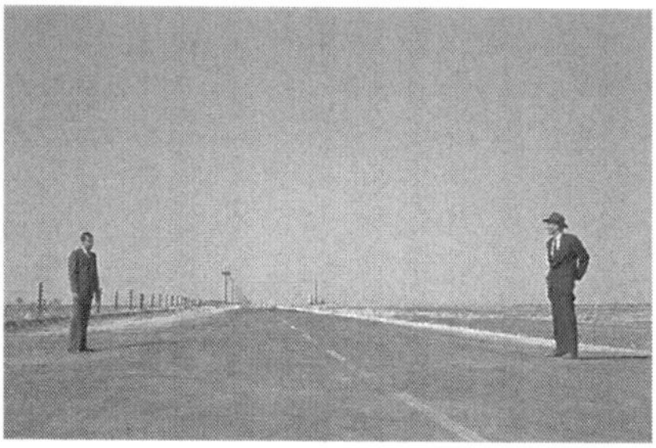

**26** Räumliche Tiefe durch Zentralperspektive

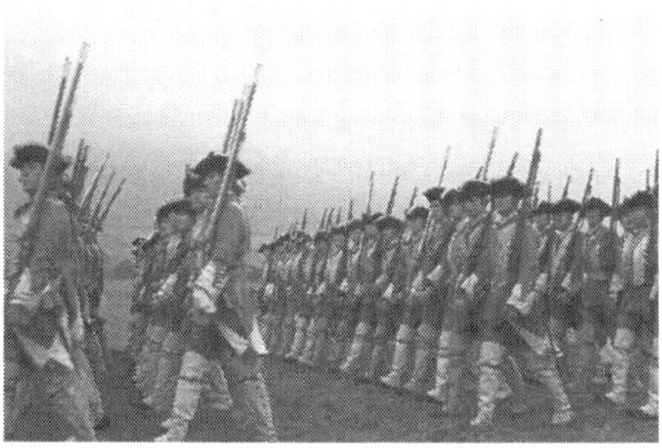

**27** Wiederholung von Formen und Linien ergeben eine Reihung.

tralperspektive verbinden den Bildvordergrund mit dem Bildmittelgrund und dem Bildhintergrund *(vgl. Abb. 26)*.

Punkte, Linien, Flächen oder Körper können sich innerhalb eines Bildes gleichmäßig aneinanderreihen (Reihung; *vgl. Abb. 27*) oder aber ihre Abstände können sich rhythmisch verdichten.

Formen können sich asymmetrisch/symme-trisch, zentral/dezentral oder geordnet/ungeordnet auf der Bildfläche verteilen (Streuung, *vgl. Abb. 28*) oder häufen (Gruppierung, *vgl. Abb. 29*).

Symmetrieachsen können sich waagerecht, senkrecht oder diagonal erstrecken (Symmetrie, *vgl. Abb. 30*), die Anordnung der Achsen kann aber auch asymmetrisch sein (Asymmetrie, *vgl. Abb. 31*).

Kleinere Formelemente lassen sich zu einem Muster oder einer Struktur (*vgl. Abb. 32*) zusammenfassen, bestimmte Formelemente können einen Schwerpunkt bilden (in der Bildmitte, im Rahmen des goldenen Schnitts oder aber in extremer Randlage, *vgl. Abb. 33*).

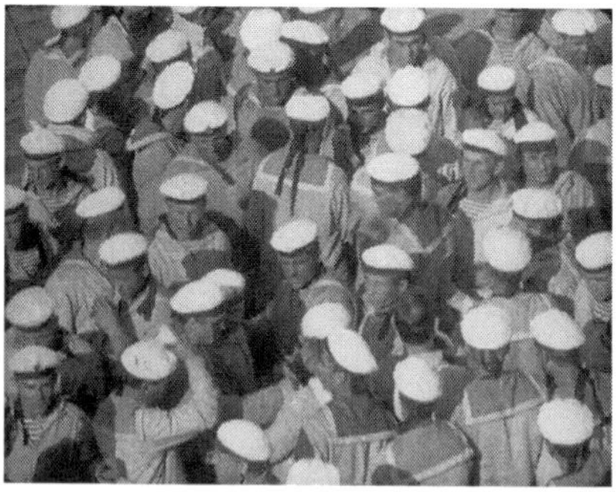

**28** Willkürlichkeit ist mehr als die Abwesenheit von Ordnung: Streuung als bewusstes Kompositionsprinzip erfordert ein Höchstmaß an Planung, um Ungeordnetheit in Szene zu setzen.

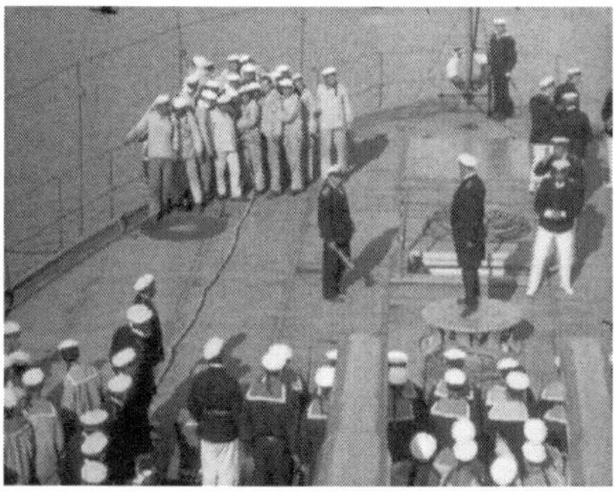

**29** An verschiedenen Stellen im Bild «häufen» sich die Matrosen; besonders signifikant ist die Gruppierung durch das visuelle Signal der weißen Mützen.

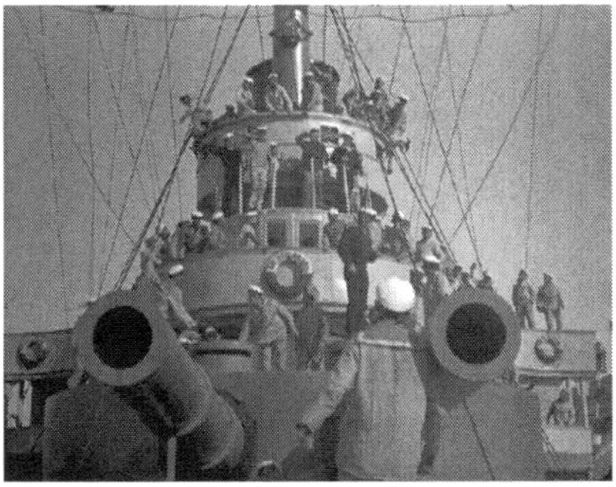

**30** Symmetrie mit senkrechter Spiegelachse

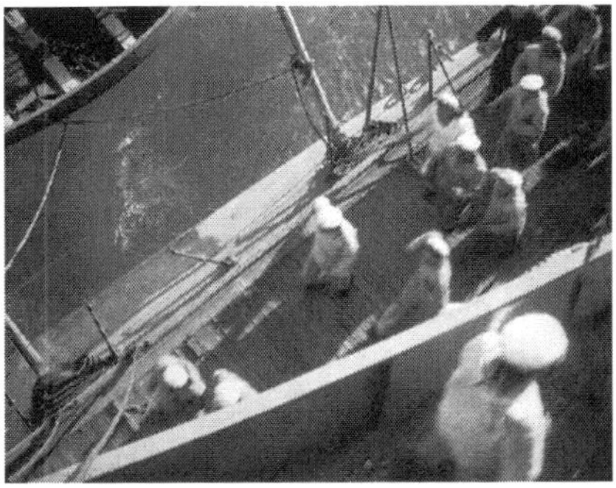

**31** Sowohl die Verteilung von Personen als auch die der Achsen ist asymmetrisch.

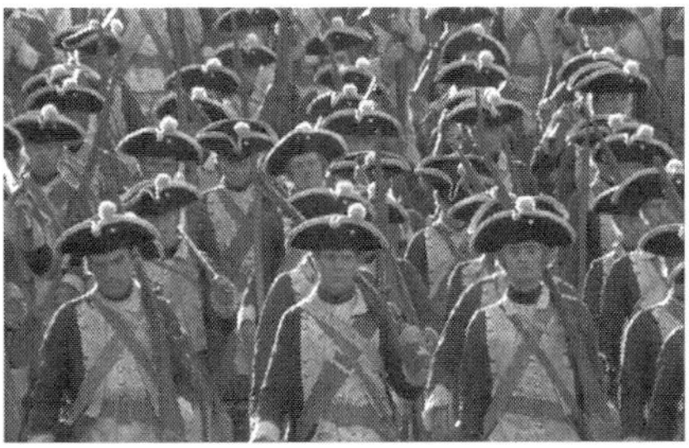

**32** Die Reihen, die sich durch die Anordnung der Dreispitze der Soldaten ergeben, strukturieren das Bild.

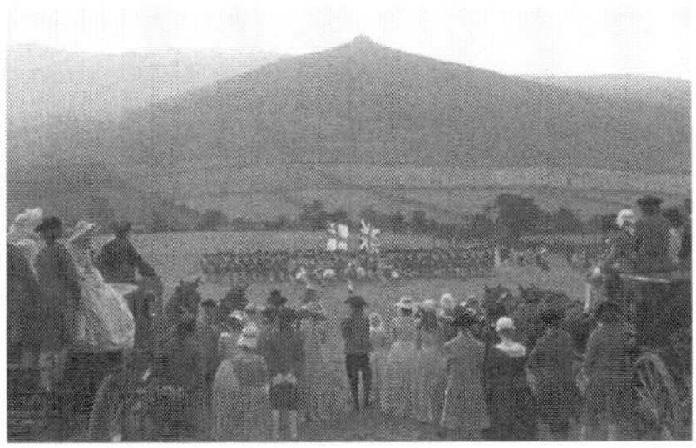

**33** Schwerpunkt in der Bildmitte durch Betonung des Formelements der Linie/ Gruppierung

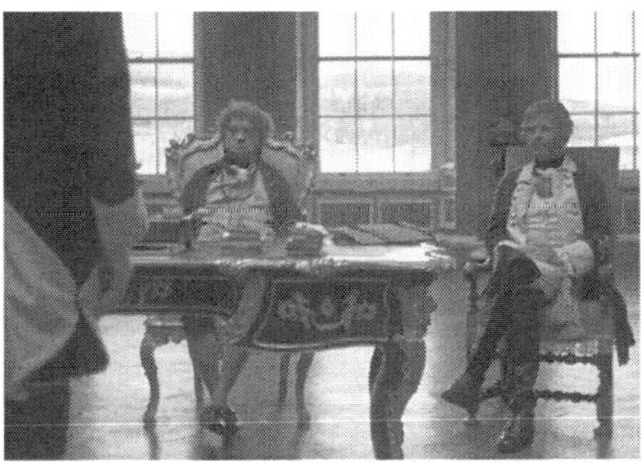

**34** Die im Vordergrund stehende Person ist so groß, dass sie nur ausschnitthaft zu sehen ist. Im Bildmittelgrund sind die Personen vollständig zu sehen: Durch die Proportion werden Nähe-Distanz-Relationen deutlich.

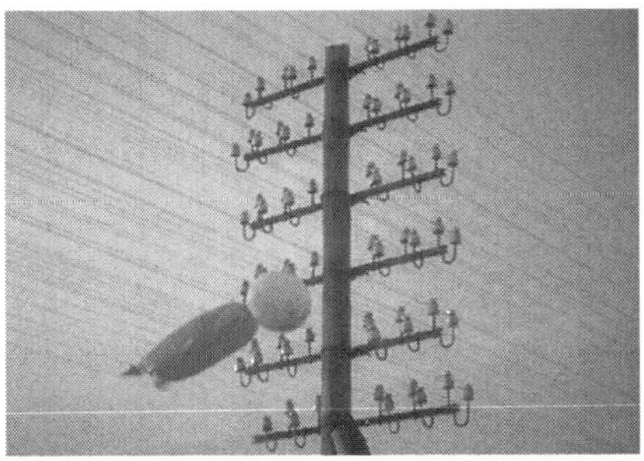

**35** Die dominierenden geraden Linien/ Diagonalen im Bild werden mittels des durch runde Formen geprägten, schräg im Bild stehenden Ballon kontrastiert.

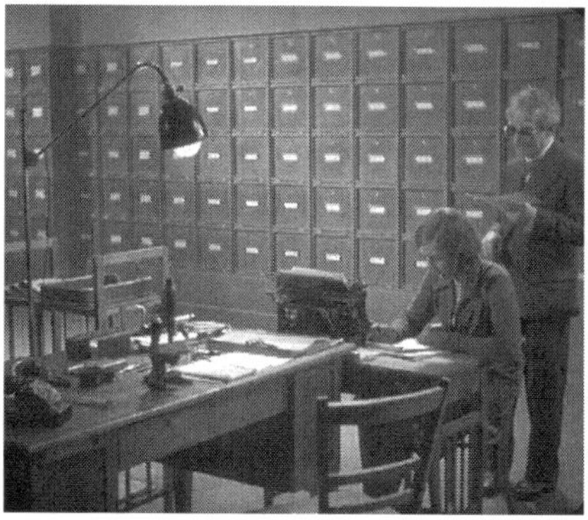

36 Der Hintergrund des Bildes wird durch die Wiederholung der gleichen Form der Karteikästen des Archivs rhythmisiert.

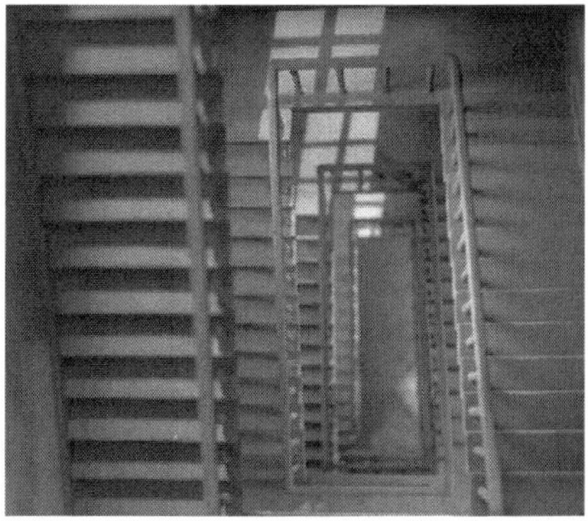

37 Statik durch die Dominanz von horizontalen und vertikalen Linien

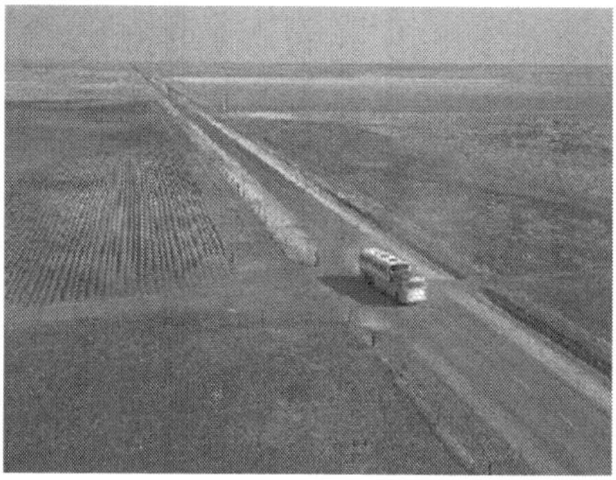

38 Diagonale Linien dynamisieren den Bildraum, verstärkt durch Asymmetrie und indem sie das Auge des Betrachters aus dem Bild heraus lenken.

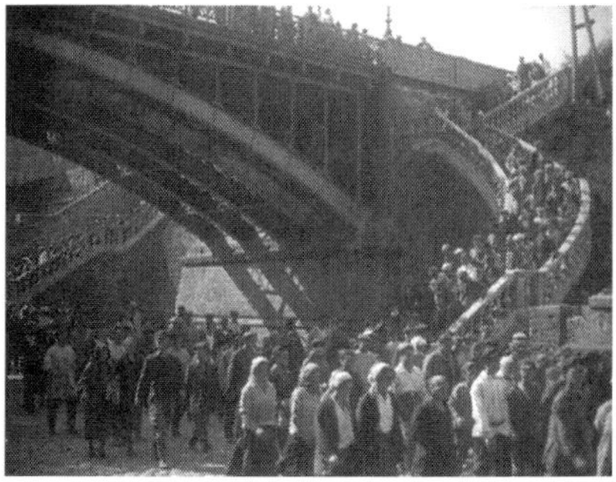

39 Dynamik durch geschwungene Linien

Außerdem stehen die Formelemente in einem bestimmten Größenverhältnis zum Ganzen (Proportion, *vgl. Abb. 34*), wobei das Idealmaß der goldene Schnitt darstellt. Spannung kann in der Komposition durch Kontraste erzeugt werden, z. B. durch den Kontrast von gerade/schräg (*vgl. Abb. 35*; *vgl. hierzu Kapitel A.1.2.5 Licht* und *Kapitel A.1.2.6 Farbe*), wobei durch die Wiederholung von gleichen oder ähnlichen Formelementen eine Rhythmisierung bewirkt wird *(vgl. Abb. 36)*. Ein statischer Aufbau ergibt sich, wenn horizontale und vertikale Linien dominieren (Statik, *vgl. Abb. 37*). Dynamik wird erzeugt durch anschwellende, sich steigernde, sich verdichtende Formen und Linien, durch Kontraste und Asymmetrien und durch den betonten Einsatz von Diagonalen und geschwungenen Linien *(vgl. Abb. 38 und 39)*.[34]

34 Vgl. Hickethier 1993, S. 51 ff. Mit freundlicher Genehmigung von Antje Häusler, Ratingen. Materia-

## Begrenzung des Bildkaders: offene versus geschlossene Form

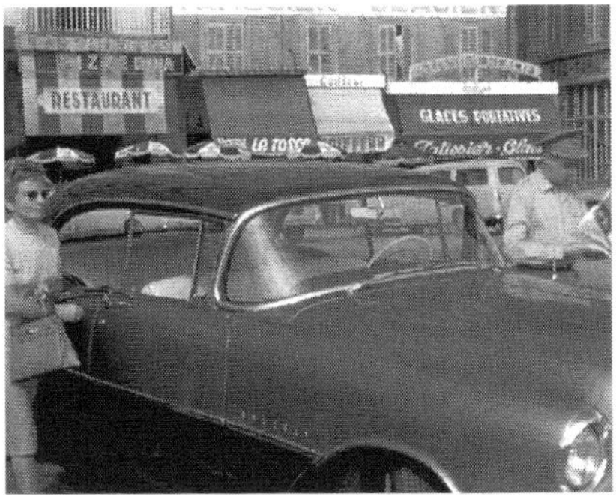


**40** Jean-Luc Godard, AUSSER ATEM (F, 1960): Beispiel für eine offene Bildkomposition

Ein weiterer Aspekt, der bei der Bildkomposition zu beachten ist, ist die Form des Bildes. Sowohl in der Malerei als auch das Filmbild betreffend können zwei Formen der Bildkomposition unterschieden werden: die offene und die geschlossene Form. Diese deskriptive Antithese liefert in der Literatur unterschiedlich definierte, allgemeine Beschreibungskategorien für Bilder. Thomas Gast zufolge spielt bei der Festlegung dieser Parameter die Bildgrenze eine zentrale Rolle:[35]

> Eine offene Form liegt vor, wenn der gezeigte Wirklichkeitsausschnitt so gewählt ist, dass der Zuschauer den Raum außerhalb des Bildes automatisch vor seinem inneren Auge mit sieht und ergänzt.[36]

Bei der folgenden Abbildung *(vgl. Abb. 40)* liegt eine offene Form vor: Das Bild scheint zufällig aufgenommen zu sein, die Frau am linken Bildrand ist noch nicht einmal vollständig erfasst, ihre rechte Schulter ist abgeschnitten, ihr Blick führt aus dem Bild hinaus in den Geschehensraum außerhalb des Bildkaders. Hierdurch ist klar, dass nur ein kleiner Ausschnitt der Straße, auf der sich die Handlung abspielt, im Filmbild zu sehen ist; der Betrachter ergänzt sich den Rest mit seinem Weltwissen und sieht das vollständige Straßenszenario vor seinem inneren Auge. Unterstützt wird dies durch die Kameraführung, die offensichtlich nicht bestrebt ist, die Personen zentral im Bild zu halten. Vielmehr «verliert» sie sie gleichsam aus dem Bildkader, um sie dann wieder «einzufangen».

**Vorschlag**

Betrachten Sie hierzu das Beispiel **010 AUSSER ATEM – Autoklau**.

> Eine geschlossene Form liegt dann vor, wenn alle wichtigen, zum gezeigten Wirklichkeitsausschnitt gehörenden Teile im Bild zu sehen sind. Der Hollywoodstil der 30er und 40er Jahre war in der Regel durch eine strenge ge-

lien für die Arbeit im Kunstunterricht in der Sekundarstufe [Fachmoderation Deutsch, Bezirksregierung Düsseldorf].

35 Vgl. Gast 1993, S. 33

36 Gast 1993, S. 33.

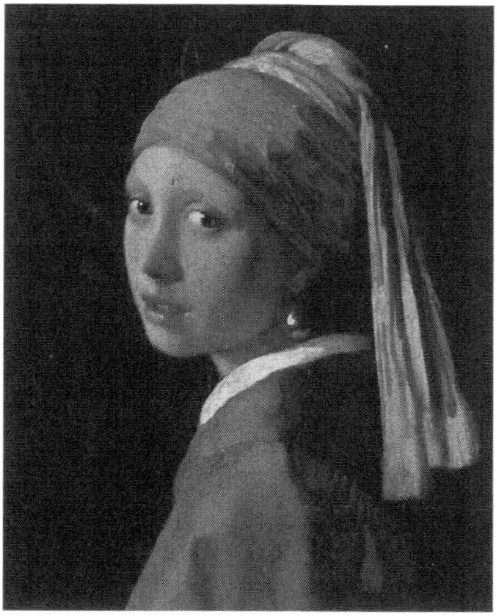

**41** Jan Vermeer (1632–1675): *Mädchen mit dem Perlenohrring*

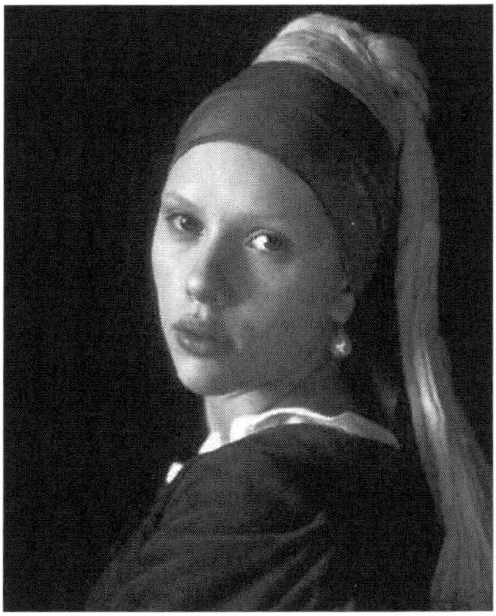

**42** Scarlett Johansson als das Mädchen mit dem Perlenohrring in dem gleichnamigen Film

> schlossene Form bestimmt: Das gezeigte Objekt musste sich sogar möglichst immer in der Mitte des Bildes befinden.[37]

Die Mise-en-Scène des Films Das Mädchen mit dem Perlenohrring von Peter Webber (GB/L, 2003) orientiert sich primär an der geschlossenen Form der Bildkomposition. Der Film kopiert die Komposition, Farbgebung und Lichtgestaltung sowie die Ausstattung, Erscheinung der Personen und die Umgebung der Bilder des holländischen Malers Jan Vermeer. Wie beim Vergleich von Standbild und Gemälde zu sehen ist, zitiert der Film die Bilder sogar direkt *(vgl. Abb. 41 und 42)*. Die Kamera folgt dem Objekt und zentriert es im Bild, der Bildraum außerhalb der Bildgrenzen ist völlig unwichtig.

**Vorschlag**

Betrachten Sie den Filmausschnitt **011 Das Mädchen mit dem Perlenohrring.**

**Aufgabe 2**

**1.** Betrachten Sie den Filmausschnitt **012 Shining – Flur 1.**

❑ Wirkt der Filmausschnitt auf Sie eher statisch oder eher dynamisch? Begründen Sie Ihren Eindruck.

37 Gast 1993, S. 33.

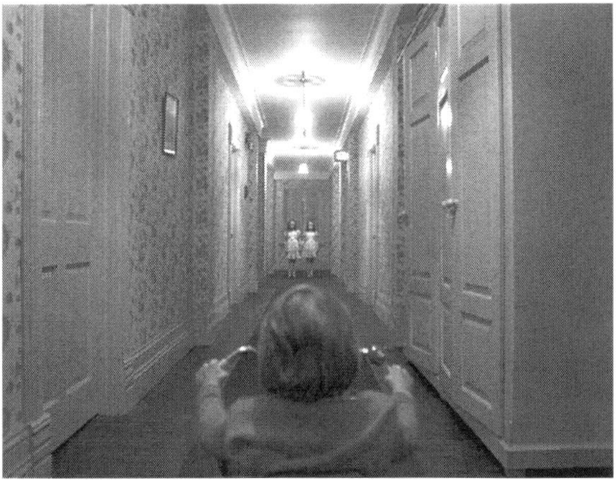

**43** Danny Torrance begegnet den Geistern ermordeter Zwillingsschwestern.

**2.** Führen Sie eine Analyse und Interpretation der Bildkomposition des oben abgebildeten Standbildes **SHINING FLUR** *(Abb. 43)* durch. Berücksichtigen Sie dabei die Aspekte Bildinhalt, Cadrage und Bildkomposition mit den jeweiligen Unterpunkten, sofern Ihnen diese relevant erscheinen. ⇨ Lösung S. 129

**Vorschlag**

Ergänzend dazu können Sie den Filmausschnitt **013 SHINING – Flur 2** miteinbeziehen.

### A.1.2.3 Split Screen

Bei der **Split Screen** setzt sich das Bild aus zwei (oder mehr) parallel gezeigten Bildern zusammen, deren Getrenntheit klar erkennbar ist. So kann ein Telefonat so wiedergegeben werden, dass im Bild gleichzeitig, aber in verschiedenen Feldern, beide Gesprächspartner zu sehen sind. Im Extrem kann das aus vielen verschiedenen Quellen entstandene Gesamtbild dabei tatsächlich zu zerfallen drohen.[38] Das **Split-Screen**-Verfahren wird primär dazu genutzt, Bilder gleichzeitig zu zeigen, die man sonst in getrennten Einstellungen hintereinander sehen würde. Es kann auch die ästhetische Gestaltung der Bildkomposition durch mehrere gleiche Aufnahmen im Vordergrund stehen. Der französische Regisseur Abel Gance schuf für mehrere Sequenzen seiner Biografie NAPOLÉON (S/I/F/CZ 1927) durch den Einsatz von bis zu drei Projektoren die Möglichkeit, drei verschiedene Bilder gleichzeitig auf die Leinwand zu projizieren und wurde damit zum Erfinder der Split Screen. Eine verwandte Technik, die mit Mehrfachprismen-Vorsatzlinsen arbeitet und ein

38 Vgl. Rother 1997, S. 275 f.

einzelnes Bild in eine sich drehende Kreisbahn vervielfacht, ist ein Symbol für Halluzinationen und Albträume.[39]

Die Zuordnung der Split Screen zu einer bestimmten filmsprachlichen Kategorie ist nicht eindeutig. Weil mehrere Einzelbilder gleichzeitig gezeigt werden, kann eine Zuordnung zur Bildgestaltung *(vgl. Kapitel A.1.2 Bildgestaltung)* erfolgen. Es können aber auch mehrere Zeitebenen oder Handlungsstränge dargestellt werden, was eine Zuordnung zur Zeitgestaltung *(vgl. Kapitel C.3.2 Verschiedene Zeitebenen)* oder zur Montage *(vgl. Kapitel A.2.2.2.2 Parallelmontage)* erfordern würde. Außerdem könnte die Split Screen auch als spezielle Form der simultanen Einstellungskonjunktion *(vgl. Kapitel A.2.3 Einstellungskonjunktionen)* verstanden werden.

*Die Split Screen findet in folgenden Bereichen Verwendung:*
In den **Nachrichten** werden bei Interviews oder Diskussionen, bei denen sich die Teilnehmer an unterschiedlichen Orten aufhalten, diese manchmal in einem Bild zusammen gezeigt (Konferenzschaltung). Eine neuere Anwendung findet die Split Screen bei Live-**Sportübertragungen**; die hier verwendete so genannte Split-Screen-Werbung zeigt zum überwiegenden Teil die Werbefilme, während in einer Ecke weiterhin die Sportsendung übertragen wird. Bei **Computerspielen** wird die Split Screen als eine Lösung eingesetzt, um mehrere Spieler an einem Gerät und einem Bildschirm spielen lassen zu können und doch jedem sein eigenes Spielfeld zur Verfügung zu stellen, in dem er agieren kann und dessen Blickwinkel er unabhängig von anderen Spielern beeinflussen kann. Dabei wird der Bildschirm meist vertikal getrennt und jede Bildschirmhälfte einem Spieler zugeteilt. Abgesehen von der künstlerischen Verwendung bezeichnet die Split Screen auch ein technisches Feature eines Gerätes: Einige Monitore, z. B. Fernsehgeräte, aber insbesondere **Überwachungsmonitore**, bieten die Möglichkeit, gleichzeitig verschiedene, ständig aktualisierte Quellen oder sequenziell die Kanäle eines Empfängers anzuzeigen. Hier erfolgt die Aufteilung meist quadratisch mit gleichem Bildseitenverhältnis.[40] Die Funktion **Bild im Bild** (*BiB*, oder *PIP* für engl. *Picture in Picture*) ermöglicht es, während des laufenden Fernsehprogramms eines bestimmten Senders oder während des Schauens eines Videos oder DVD-Films in einem kleinem Vorschaubild auf einen anderen TV-Kanal umzuschalten, ohne das laufende Programm oder den Film unterbrechen zu müssen.[41] Es gibt mehrere Möglichkeiten, den Bildschirm aufzuteilen *(vgl. Abb. 44)*.

Auch in Fernsehserien und Spielfilmen wird die Split Screen zuweilen eingesetzt. In der US-Fernsehserie «24» von und mit Kiefer Sutherland (USA 2001 ff.) ist die parallele Darstellung verschiedener Handlungsstränge notwendig, um dem Echtzeit-Konzept zu entsprechen und dem Zuschauer innerhalb des vorgegebenen

39 Vgl. Steven D. Katz: *Die richtige Einstellung. Handbuch zur Bildsprache des Films*. Frankfurt am Main 2002$^4$, S. 438f.
40 www.de.wikipedia.org/wiki/Split_Screen (28.3.06).
41 www.de.wikipedia.org/wiki/Bild_im_Bild (28.3.06).

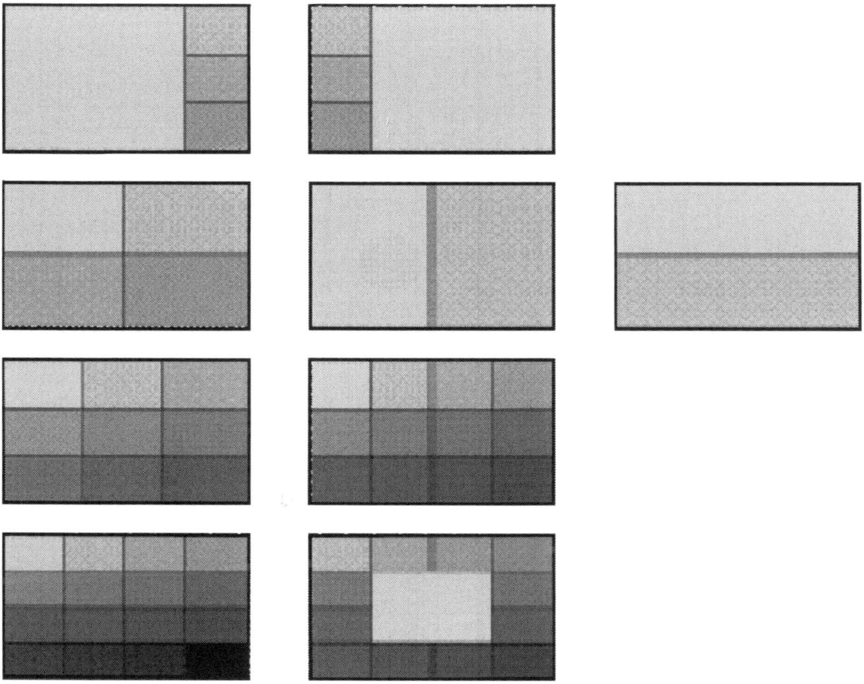

**44** Möglichkeiten der Aufteilung des Bildschirms bei der Split Screen

Zeitrahmens alle notwendigen Informationen zukommen zu lassen. In dem Spielfilm THOMAS CROWN IST NICHT ZU FASSEN von Norman Jewison (USA 1968) wird der geteilte Bildschirm als Gestaltungsmittel bereits im Vorspann eingeführt und im Abspann – gleichbedeutend einer ästhetischen Klammer – wieder aufgenommen.

**Vorschlag**

Betrachten Sie dazu auch den Filmausschnitt **014 THOMAS CROWN – Anfang-Ende.**

**Aufgabe 3**

✎ Betrachten Sie die Filmausschnitte **015 THOMAS CROWN – Überfall 1, 016 THOMAS CROWN – ÜBERFALL 2** und **017 THOMAS CROWN – Polospiel.**

- ☐ Versuchen Sie die jeweilige Funktion der Ausschnitte zu klären: Ist es die Absicht, durch die Split Screen komprimiert Informationen zu vermitteln, zwischenmenschliche Beziehungen zu charakterisieren oder liegt ein Einsatz der Split Screen als ästhetisches Gestaltungsmittel vor? ⇨ Lösung S. 131

## A.1.2.4 Kamera

Die Gestaltung des Filmbildes durch die Kamera spielt bei der Rezeptionslenkung eine entscheidende Rolle. Ihre Rolle bei der Erschaffung einer Erzählinstanz im Film wird in *Kapitel C. Filmisches Erzählen* näher ausgeführt.

### A.1.2.4.1 Einstellungsgrößen

Der «Kamerablick» organisiert das Filmbild; durch ihn wird der Ausschnitt gewählt, der dem Betrachter von der Welt des Films gezeigt wird. Es ist allein die Kamera, die bestimmt, was man sieht - und auf welche Art und Weise man es sieht. Insofern kann man sagen, dass das Filmbild nicht einfach nur abbildenden Charakter hat; es reproduziert nicht einfach nur ein Bild, sondern es produziert es, und in diesem künstlerisch-ästhetischen Produkt wird die Art und Weise sichtbar, in der der Regisseur und Kameramann die darzustellende Welt sehen und wie sie wollen, dass der Betrachter sie wahrnimmt. Insofern formuliert das Filmbild immer eine Haltung zum Abgebildeten, es zeigt nicht nur eine mögliche Wirklichkeit, sondern auch einen Standpunkt, den es dieser Wirklichkeit gegenüber bewusst einnimmt.[42]

Der Kamerablick wird von vielen Faktoren bestimmt: Vom Bildrahmen *(vgl. Kapitel A.1.2.1 Cadrage)*, vom Blickwinkel *(vgl. Kapitel A.1.2.4.2 Kameraperspektiven)* und natürlich von der Einstellungsgröße. Die **Einstellung** bezeichnet die kleinste Filmeinheit, die durch zwei Schnitte oder Blenden begrenzt wird. Eine Einstellung kann lang oder kurz sein,[43] und während der Aufnahme einer Einstellung kann sich die Einstellungsgröße wie auch die Kameraperspektive verändern, ohne dass geschnitten wird.[44]

Die **Einstellungsgröße** bezeichnet die Distanz oder Nähe, mit der der Zuschauer mit dem Filmgeschehen konfrontiert wird.[45] Mit anderen Worten: Die Einstellungsgröße bezeichnet die relative Größe, die ein Mensch oder Objekt im Verhältnis zum Frame *(vgl. Kapitel A.1.2.1 Cadrage)* während einer fortlaufenden Aufnahme einnimmt.[46]

**Aufgabe 4**

Bestimmen Sie die Einstellungsgröße des Filmausschnittes **018 Charade - Briefmarke**.
**Tipp:** Es gibt mehrere Möglichkeiten. ⇨ Lösung S. 132

**Aufgabe 5**

Betrachten Sie nun den Filmausschnitt **019 Charade - Briefumschlag**.

Bestimmen Sie die Einstellungsgröße des Filmausschnittes **018 Charade - Briefmarke** erneut, indem Sie die in dem Ausschnitt **019 Charade - Briefumschlag** zusätzlich zur Briefmarke gezeigten Objekte als Referenzgrößen nehmen. Begründen Sie Ihre Festlegung.
**Tipp:** Es gibt unter diesen Bedingungen nur noch eine Möglichkeit. ⇨ Lösung S. 132

42 Belá Balázs zitiert nach Hickethier 1993, S. 57 f.
43 Vgl. Gross/Ward 1991, S. 96.
44 Vgl. Gross/Ward 1991, S. 93.
45 Vgl. Mikos 3 1997, S. 46.
46 Vgl. Hickethier 1993, S. 58.

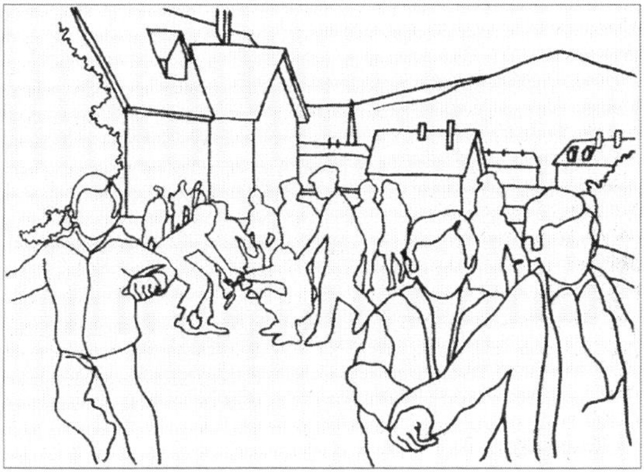

45 Basisbild, aus dem die folgenden Einstellungsgrößen entnommen sind.

Die **Festlegung der Einstellungsgröße** ist problematisch, denn nicht alle Filmbilder sind eindeutig einer bestimmten Einstellungsgröße zuzuordnen. Es existieren verschiedene Typen von Einstellungen, die nicht immer genau voneinander abgegrenzt werden können. Oft ist der Kontext des Filmes entscheidend in Bezug auf die Festlegung der Einstellungsgröße. Die Tatsache, ob z. B. die Aufmerksamkeit auf nur einer Person oder aber einer Personengruppe liegt, kann bewirken, dass man in der analytischen Bestimmung zu einer größeren oder kleineren Einstellungsgröße tendiert. Potenziell gibt es unendlich viele Einstellungsgrößen; bei der Festlegung auf einen der acht Typen sollte man sich grundsätzlich auf das wichtigste dargestellte Objekt oder die wichtigste abgebildete Person konzentrieren. Hierbei ist das Maß zur Bestimmung von Größenrelationen der menschliche Körper. Ein Manko ist, dass dies nur bedingt auf Gegenstände übertragbar ist.[47]

Aus der in *Abb. 45* abgebildeten Szene sind die in der Tabelle auf den Seiten 54 und 55 aufgeführten Einstellungen zusammengestellt *(vgl. Abb. 46 bis 53)*.

**Aufgabe 6**

Nachfolgend finden Sie eine Tabelle mit Abbildungen der acht Einstellungsgrößen in Bezug auf den menschlichen Körper (vgl. Abb. 46 bis 53) sowie getrennt davon eine Sammlung der entsprechenden Kommentare zu den jeweiligen Abbildungen.

✎ Ordnen Sie die Kommentare zu den acht Einstellungsgrößen einer bestimmten Einstellungsgröße zu und begründen Sie Ihre Zuordnung.

**Anmerkung:** Die Nummern wurden nicht dem Inhalt entsprechend vergeben, sondern sollen die Zuordnung erleichtern.

⇨ Lösung S. 133

**Aufgabe 7**

Betrachten Sie den Filmausschnitt **020 Lied vom Tod – Anfang** und klären Sie folgende Fragen:

✎ 1. Wie werden Anfang und Ende des Filmausschnitts markiert?

✎ 2. Wie wird zu Beginn des Filmausschnitts das Verhältnis von Protagonisten und Umraum definiert?

47 Vgl. Rother 1997, S. 73.

3. Lässt sich ein Zusammenhang zwischen dem Aufbau von Spannung und der Wahl der Einstellungsgrößen feststellen?

4. Welche Einstellungsgrößen werden beim Dialog/Duell gewählt?

⇨ Lösung S. 135

| Begriff | Beispiel | Abk. | Kommentar |
|---|---|---|---|
| 1. **Detail** (auch **Makro**) | 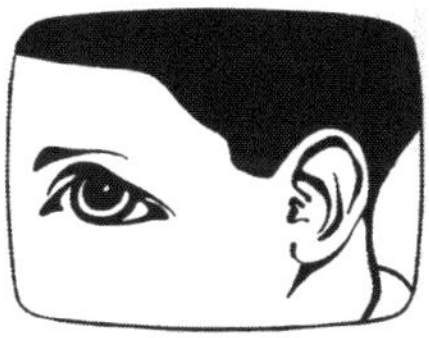 **46** | D | |
| 2. **Groß** (auch **Close-Up**) | 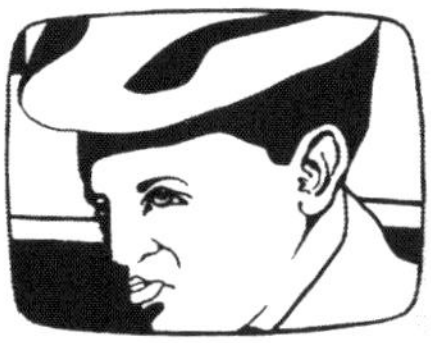 **47** | G | |
| 3. **Nah** | 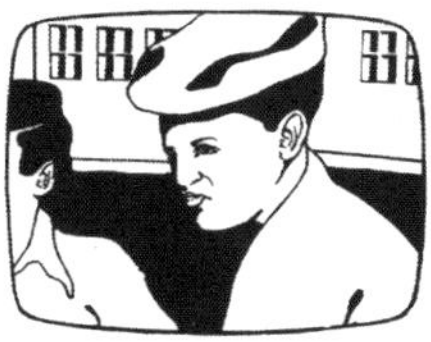 **48** | N | |
| 4. **Amerikanisch** (in den USA auch **Italienisch**) | 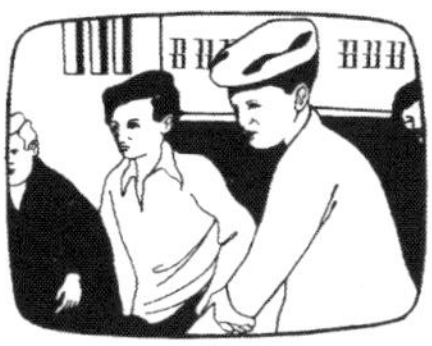 **49** | A | |
| 5. **Halbnah** | 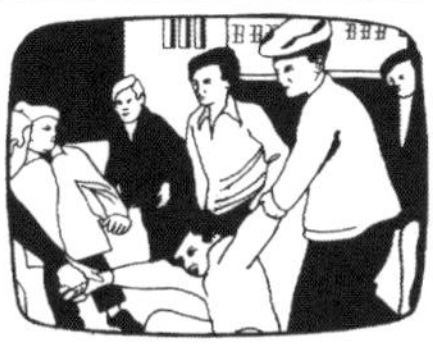 **50** | HN | |

| Begriff | Beispiel | Abk. | Kommentar |
|---|---|---|---|
| 6. **Halbtotal** | 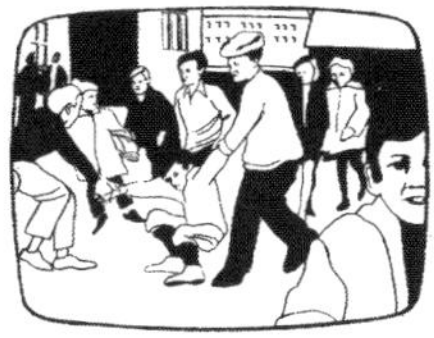 51 | HT | |
| 7. **Total** | 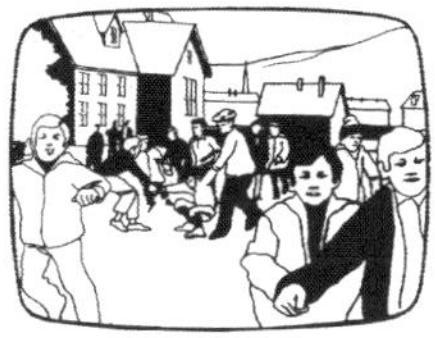 52 | T | |
| 8. **Weit** (auch **Panorama**) | 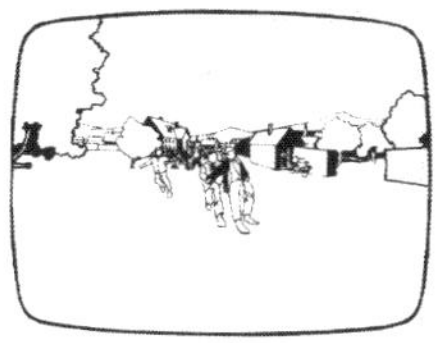 53 | W | |

## Übersicht über die Kommentare zu den Einstellungsgrößen

**1.** Diese Einstellung entstammt dem Westerngenre. Sie reicht meist vom Kopf bis knapp unterhalb der Hüfte, wo der Colt sitzt. Ohne dass von der Aktion abgelenkt wird, kann hier das Verhältnis zum Gegner, der Umraum, dargestellt werden. Die Einstellung ist charakteristisch für die individuelle Aktion, vor allem für Arme und Hände.[48]

**2.** Bei dieser Einstellung kann man nur Teile des Gesichts erkennen, entweder Mund, Augen, Nase usw. Hierdurch werden Intimität und Nähe vermittelt; Gezeigtes kann sowohl angenehm als auch abstoßend wirken.[49]

**3.** Die dargestellte Person ist vollständig von Kopf bis Fuß zu sehen. Es besteht eine Distanz

48 Vgl. Joachim Paech (Hg.): *Schülerfernsehen – Schüler machen Filme.* Didaktik der Massenkommunikation 3. Stuttgart 1977, S. 220 f.; vgl. Harald Schleicher; Alexander Urban: *Filme machen. Technik – Gestaltung – Kunst.* Frankfurt am Main 2005, S. 20.

49 Vgl. Paech 1977, S. 217; vgl. Schleicher/Urban 2005, S. 21.

des Betrachters zum Geschehen. Menschen, Menschengruppen oder Gegenstände werden in einer sie und ihre Situation charakterisierenden Umgebung gezeigt, der Fokus liegt auf körperbetonten Aktionen.[50]

**4.** Diese Einstellung konzentriert den Blick des Zuschauers auf den Kopf des Abgebildeten; sie findet häufig Verwendung in Gesprächen, weil sie die viel sagende Mimik des Sprechenden zeigt. Damit wird ein Einblick in das Gefühlsleben des Dargestellten vermittelt, was die Figur einerseits charakterisiert, andererseits die Identifikation des Zuschauers mit ihr erhöhen kann.[51]

**5.** Die Einstellung vermittelt dem Zuschauer einen räumlichen Plan des Geschehens, den er vor Augen hat, auch wenn er in den nächsten Einstellungen vom Ort der Handlung nicht mehr viel sieht. Menschen sind nur klein zu sehen, Gebäude sind in ihrem ganzen Umfang erkennbar. Dennoch können Personen und Requisiten dank dieser Einstellung jederzeit problemlos vom Betrachter in der Szene lokalisiert werden.[52]

**6.** Kopf und Oberkörper beherrschen das Bild, mimische und gestische Elemente stehen im Vordergrund und sind genau zu erfassen. Diese Einstellung wird häufig in Dialogszenen gebraucht.[53]

**7.** Die Einstellung wird häufig am Anfang/Ende eines ganzen Films oder von Filmabschnitten gezeigt um zu verdeutlichen, wo der Film/der Abschnitt daraus spielt (Beschaffenheit der Landschaft, Erdteil, Weltraum usw.); sie hat also häufig die Funktion einer Einführung, sie soll Überblick verschaffen und die Atmosphäre vermitteln.[54]

**8.** Bei dieser Einstellung sind Personen von der Hüfte an aufwärts zu sehen, im Zentrum steht der auf den Oberkörper und das Gesicht bezogene Handlungsraum. Die Einstellung

50 Vgl. Paech 1977, S. 221 f.; vgl. Hickethier 1993, S. 59; vgl. Schleicher/Urban 2005, S. 19.
51 Vgl. Hickethier 1993, S. 59.
52 Vgl. Paech 1977, S. 222.
53 Vgl. Paech 1977, S. 219.
54 Vgl. Paech 1977, S. 222.

ermöglicht es dem Zuschauer, sich im Raum zu orientieren. Es können Gespräche gezeigt werden (zwischen Personen oder Personengruppen), wobei stärker als der Dialog die Situation, in der er stattfindet, im Vordergrund steht.[55]

### A.1.2.4.2 Kameraperspektiven

Die **Perspektive** definiert sich über den Winkel, in dem die Kamera ein Objekt oder eine Person zeigt. Dies geschieht

a. über die **Horizontale**, wie etwa bei der **Kameraumfahrt** *(vgl. Kapitel A.1.2.4.3 Kamerabewegungen)*, bei der die Perspektive in der Bewegung, die die Person von vorne, seitlich und von hinten zeigt, horizontal verändert wird oder
b. über die **Vertikale**[56] und
c. über die **Kameraachse**.[57]

Im Folgenden wird auf die **Vertikalperspektiven** und die **Kameraachse** näher eingegangen.

Die Vertikalperspektiven lassen sich beschreiben wie folgt *(vgl. Abb. 54)*:

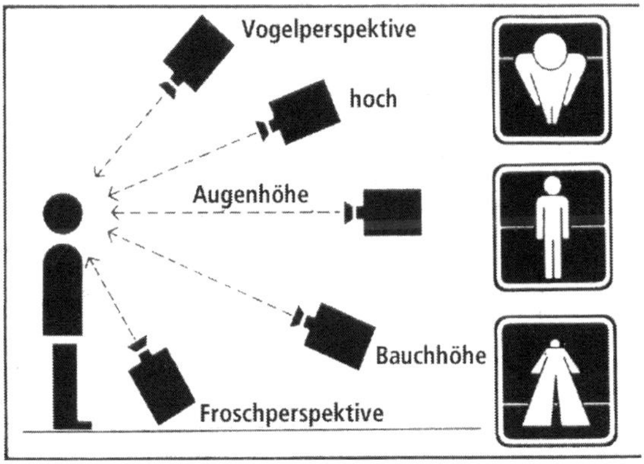


**54** Vertikalperspektiven

Bei der **Normalsicht** befindet sich die Kamera auf Augen- bzw. Hüfthöhe der abgebildeten Person oder einer entsprechenden Höhe gegenüber einem Gegenstand.[58]

Bei der **Untersicht** blickt die Kamera aus der Froschperspektive oder Bauchhöhe von unten nach schräg oben.[59]

Bei der **Obersicht** befindet sich die Kamera in einer höheren Position – also in der Vogelperspektive oder hoch – als das Dargestellte.[60]

55 Vgl. Paech 1977, S. 221; vgl. Hickethier 1993, S. 59; vgl. Schleicher/Urban 2005, S. 19.
56 Vgl. Mikos 3 1997, S. 46.
57 Vgl. Kuchenbuch 2005², S. 27.
58 Vgl. Paech 1977, S. 224; vgl. Schleicher/Urban 2005, S. 22.
59 Vgl. Paech 1977, S. 225.
60 Vgl. Paech 1977, S. 226.

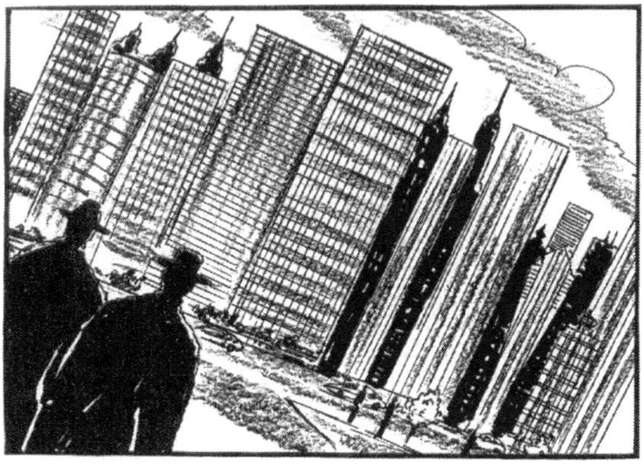

**55** Beispiel für eine gekippte Kameraachse

Die **Kameraachse** kann «natürlich» – also parallel zum oberen/unteren Bildrand – oder schräg zum oberen/unteren Bildrand sein *(vgl. Kapitel A.1.2.4.4 Objektbewegungen/Achsenverhältnisse)*.

Beim gekippten Horizont wird die Kamera einfach ein wenig zur Seite geneigt, um z.B. die Spannung zu erhöhen oder einen subjektiven Blickwinkel zu unterstreichen. Der **Dutch Angle** oder **Kipper** wirkt am stärksten, wenn es markante Vertikalen oder Horizontalen gibt, die die Abweichung der Kameraachse von der Normalstellung noch betonen. Weil sich unsere Augen an der Vertikalen ausrichten, beanspruchen die Diagonalen, die durch einen gekippten Horizont entstehen, unsere Aufmerksamkeit.[61] *(vgl. Abb. 55)*

Man kann den Horizont natürlich nicht nur kippen, sondern auch schwanken lassen. Anders als beim gekippten Horizont, bei dem der Neigungswinkel der Kamera gleich bleibt, wechselt er beim **schwankenden Horizont** ständig, sodass sich beim Betrachter ein Gefühl des Schwindels einstellen kann. Die Kamera bewegt sich fortwährend und kippt dabei nach links oder rechts oder auch nach vorne oder hinten.[62] Der Dutch Angle bzw. der schwankende Horizont ist mit dem Rollen der Kamera *(vgl. Kapitel A.1.2.4.3 Kamerabewegungen)* verwandt, weil das Rollen die Kameraachse kontinuierlich in einer durchgängigen Bewegung verändert.

**Aufgabe 8**

1. Betrachten Sie den Ausschnitt aus dem Film **021 Ferris – Krankheit**.
   - ❑ Welche verschiedenen Perspektiven lassen sich in diesem Filmausschnitt ausmachen? Welche Reaktion ruft der Ausschnitt bei Ihnen hervor? Belegen Sie Ihre Ausführungen mit Ihren Beobachtungen bezüglich der Kameraperspektive.
2. Betrachten Sie den Ausschnitt aus dem Film **022 Fargo – Gespräch**.
   - ❑ Welche verschiedenen Perspektiven lassen sich ausmachen? Inwiefern bringt die Perspektive die Gefühlslage des Protagonisten zum Ausdruck?
3. Betrachten Sie den Ausschnitt aus dem Film **023 Nosferatu – Boot**.
   - ❑ Welche Perspektiven lassen sich ausmachen? Beschreiben Sie das Verhältnis der bei-

61 Jeremy Vineyard: *Crashkurs Filmauflösung. Kameratechniken und Bildsprache des Kinos*. Frankfurt am Main 2001², S. 17.

62 Vgl. Vineyard 2001², S. 75.

den dargestellten Personen. Belegen Sie Ihre Ausführungen mit Ihren Beobachtungen bezüglich der Kameraperspektive.

4. Betrachten Sie den Ausschnitt aus dem Film **024 ALIEN 3 – Verfolgungsjagd**.
- ☐ Welche Rolle spielen Kameraperspektiven und Kameraachsen hier bei der Erzeugung von Spannung?

5. Betrachten Sie den Ausschnitt aus dem Film **025 MISSION IMPOSSIBLE – Gespräch**.
- ☐ Wie lässt sich die verwendete Kameraachse in die Interpretation des Gesprächsinhaltes einbeziehen?

**6.** Formulieren Sie möglichst in einem Satz die Wirkung, die die horizontalen und vertikalen Kameraperspektiven in Bezug auf gezeigte Personen oder Objekte erzielen können.

⇨ Lösung S. 139

## A.1.2.4.3 Kamerabewegungen

Während einer Kamerabewegung können sich die Einstellungsgrößen und Kameraperspektiven verändern, ohne dass ein Schnitt erfolgen muss *(vgl. Kapitel A.1.2.4.1 Einstellungsgrößen)*. Kamerabewegungen können langsam oder schnell oder auch jede Geschwindigkeit zwischen diesen beiden Polen haben. Häufig folgt die Bewegung der Kamera Personen und Objekten und ist durch deren Bewegung motiviert. Es kann aber auch der Erzeugung von Spannung oder von Erwartungshaltungen auf der Seite der Zuschauer dienen, wenn die Kamerabewegung sich von den dargestellten Personen oder Objekten löst.[63]

Man unterscheidet folgende Kamerabewegungen (bzw. die Abwesenheit von Bewegung):

**Stand**: Die Kamera nimmt ein und denselben Ausschnitt auf und bewegt sich dabei nicht.[64] Es finden allenfalls Objektbewegungen statt.

**Schwenk**: Entweder folgt die Kamera horizontal, vertikal, seltener diagonal Personen oder Objekten und behält sie dadurch im Blick.[65] Oder sie wird in einer Kreisbewegung um ihren festen Standpunkt (z. B. ein Stativ) bewegt; auch hier behält sie dabei

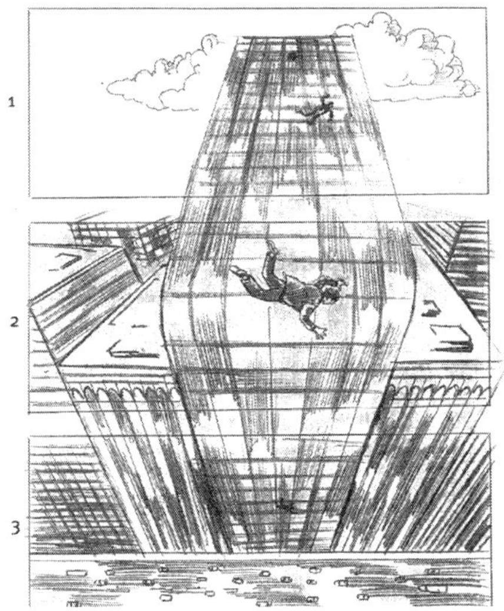


**56** Vertikalschwenk

63 Vgl. Gross/Ward 1991, S. 93 f.
64 Vgl. Paech 1977, S. 226.
65 Vgl. Mikos 3 1997, S. 46.

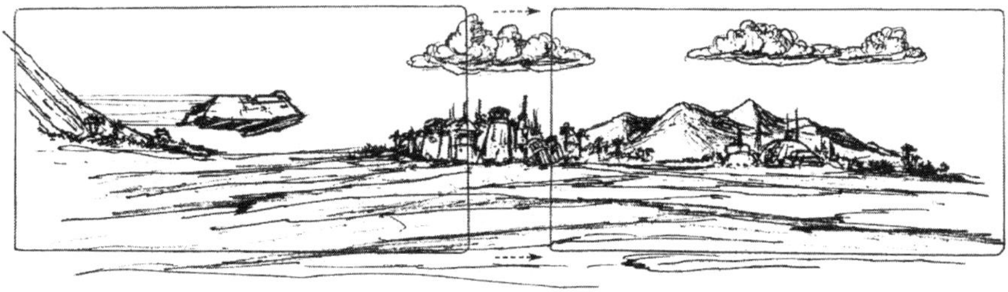

**57** Horizontalschwenk

meist das Objekt im Bild.[66] Man unterscheidet **vertikale** *(vgl. Abb. 56)* und **horizontale** *(vgl. Abb. 57)*, langsame und schnelle **Schwenks**, **Panoramaschwenks**, **360°-Schwenks**[67] und den **Reißschwenk** – bei diesem verliert die Kamera das Objekt und das Bild verwischt/verreißt.[68]

Ein Schwenk kann mehr Raum einfangen, als es mit einer feststehenden Einstellung möglich wäre. Mit ihm kann man einer sich bewegenden Aktion folgen, man kann zwei oder mehr Interessenschwerpunkte visuell miteinander verbinden oder deren logische Verbindung andeuten.[69]

**Fahrt:** Wenn der Schwenk an die Bewegung des Kopfes erinnert, ist die Fahrt mit einer Bewegung des ganzen Körpers vergleichbar. Während einer Fahrt verändert sich die Einstellungsgröße *(vgl. Kapitel A.1.2.4.1 Einstellungsgrößen)*, und auch die Perspektive kann wechseln. Die Kamera bewegt sich mittels eines fahrbaren Untersatzes (Kran, Auto, **Dolly**,[70] Hubschrauber etc.)[71] auf eine Person/einen Gegenstand zu oder von ihr/ihm weg. Man unterscheidet **langsame** und **schnelle Kamerafahrt**, **Hin-** und **Rückfahrt**.[72] Bei der vertikalen oder horizontalen **Parallelfahrt**[73] fährt die Kamera neben einem sich bewegenden Objekt her,[74] wobei sich die Kamera gleich schnell oder langsamer als das im Bild erfasste Objekt bewegen kann oder aber schneller ist als der sich bewegende Aktant. Bei der **Verfolgungsfahrt** bewegt sich die Kamera nicht auf etwas zu, sondern folgt dem sich ebenfalls bewegenden Bildsubjekt.[75] Bei der **Kreisfahrt/Umfahrt** umfährt/umkreist die Kamera das Bildobjekt, entweder 360° oder aber weniger.[76] Natürlich können alle Fahrten auch

66 Vgl. Paech 1977, S. 227.

67 Vgl. Rother 1997, S. 263 f.

68 Vgl. Paech 1977, S. 227.

69 Vgl. Katz 2002$^4$, S. 368.

70 Der Begriff bezeichnet einen fahrbaren Untersatz auf Schienen, auf den die Kamera installiert wird und auf dem der Kameramann sowie weitere Personen Platz finden. Vgl. Rother 1997, S. 64.

71 Vgl. Gross/Ward 1991, S. 74.

72 Vgl. Mikos 3 1997, S. 45 f.; vgl. Paech 1977, S. 227.

73 Die vertikale Parallelfahrt wird auch als Aufzugfahrt bezeichnet.

74 Vgl. Paech 1977, S. 227; vgl. Schleicher/Urban 2005, S. 32.

75 Vgl. Katz 2002$^4$, S. 395; Katz beschreibt in Kap. 19 und 20 ausführlich die Choreographie der Kamerafahrt.

76 Vgl. Mikos 3 1997, S. 46; vgl. Schleicher/Urban 2005, S. 32.

computeranimiert sein, wodurch sich großartige Möglichkeiten der Darstellung ergeben.[77] Eine weitere Möglichkeit der Kamerabewegung wird durch die **Handkamera** erzeugt. Die Kamera ist dabei nicht fest installiert, sondern wird vom Kameramann getragen. Dadurch entstehen wackelige Bilder bzw. ein unregelmäßiges Framing *(vgl. Kapitel A.1.2.1 Cadrage)*, was eine besondere Dynamik vermitteln kann.[78] Auch bei der **Steadycam (entfesselten Kamera)** ist diese nicht fixiert, sondern ist mit einer speziellen Vorrichtung am Kameramann befestigt. Das Framing ist dadurch ruhiger als bei der Handkamera, dennoch können sehr subjektive Bilder entstehen.[79] Der Kameramann geht mit der Kamera auf der Schulter (oder vor dem Bauch etc.), als habe er gar keine vor Augen; bei dieser Art der Aufnahme wird keine Rücksicht auf gezielt ausgewählte Einstellungsgrößen oder Perspektiven genommen.[80]

**Rollen:** Die Kamera vollzieht eine Drehbewegung um die horizontale oder vertikale Blickachse. Bei der Horizontalrolle sieht man die Welt in der Normalsicht, dann kippt die Kamera seitwärts, dann steht sie auf dem Kopf. Bei einer 360°-Rolle kippt sie dann wieder seitwärts und endet in der Normalsicht.[81] Bei der Vertikalrolle blickt die Kamera z. B. in den Himmel oder aus einer hohen oder Vogelperspektive auf die Erde hinab und rollt dann um die eigene Achse.

### Aufgabe 9

**1.** Ordnen Sie die folgenden Filmausschnitte einer Kamerabewegung zu:
**026 Citizen Kane - Schluss, 027 Matrix 1 - Duell, 028 Casino - Verhaftungen, 029 Spiderman 1 - Schluss, 030 2001 - Stewardess, 031 Ausser Atem - Les Champs Elysées, 032 Elizabeth - Lord Robert, 033 Psycho - Anfang, 034 Fenster Hof - Anfang, 035 Maverick - Postkutsche, 036 Titanic - Tanz, 037 Hide and Seek - Anfang, 038 Heiss - Kuss-Tango, 039 Matrix R - Flug, 040 MIB - Universum**

**2.** Klären Sie die folgenden Fragen:*

- ☐ Folgt die Kamerabewegung der Bewegung von Figuren und Objekten oder erfolgt sie aus eigenem Antrieb? Wenn die Kamerabewegungen nicht vom Geschehen geleitet werden, welche Intention könnte dann Ihrer Meinung nach zugrunde liegen?
- ☐ Ist die Kamerabewegung langsam oder schnell? Inwiefern wird durch die Geschwindigkeit die Wahrnehmung des Zuschauers - also was er wahrnimmt und wie er es wahrnimmt - gesteuert?
- ☐ Wo beginnt die Kamerabewegung und wo endet sie? In welchem Verhältnis stehen Anfangs- und Endpunkt zueinander (besonders interessant für den Reißschwenk)?

* Die Fragen sind in Anlehnung an Mikos 3 1997, S. 49 gestellt.

77 Eine genauere Unterscheidung verschiedener Arten von Kamerafahrten bietet Vineyard 2001², S. 35 ff.
78 Vgl. Mikos 3 1997, S. 46.
79 Vgl. Rother 1997, S. 279.
80 Vgl. Paech 1977, S. 228.
81 Vgl. Vineyard 2001², S. 74. Siehe auch *Kapitel A.1.2.4.2 Kameraperspektiven.*

- [ ] Was ist in der Bewegung selbst zu sehen? Worauf wird die Aufmerksamkeit des Zuschauers gelenkt, welche Informationen werden vermittelt? Wird das Gezeigte atmosphärisch oder symbolisch charakterisiert? ⇨ Lösung S. 141

## Exkurs: Fahrt versus Zoom

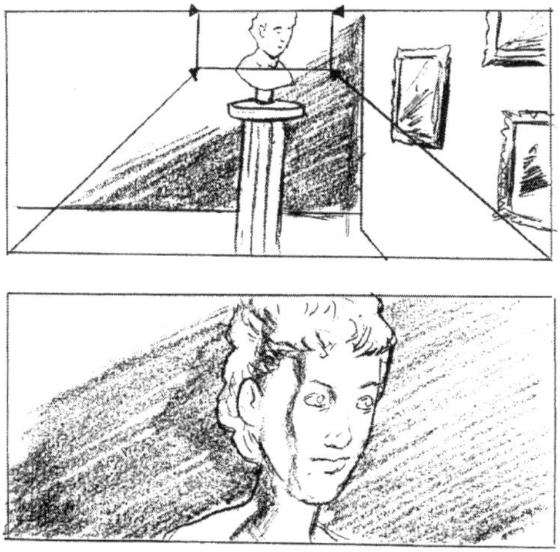

58 Beginn des Zooms (oben); Ende des Zooms (unten)

Im Gegensatz zur Kamerafahrt entsteht beim Zoom der Bewegungseindruck nicht durch die Bewegung der Kamera selbst, sondern durch den gleitenden, stufenlosen Wechsel von langen Brennweiten[82] mit einer Tele-Wirkung zu kurzen Brennweiten mit einer Weitwinkel-Wirkung. Durch diesen bruchlosen Übergang verändert sich die Nähe-Distanz-Beziehung zum Abgebildeten ohne Kamerabewegung: Mit einem Zoom kann sich der Bildausschnitt von einer Totalen zu einer Nahaufnahme verändern, ohne dass die Kamera von der Stelle bewegt wird *(vgl. Abb. 58)*.[83]

Bei Fahrt und Zoom gibt es einen Unterschied in der Beziehung von dargestellter Person und Hintergrund. Während beim Zoom auf ein Objekt/eine Person zu das Objektiv von einer Weitwinkel-Einstellung zu einer Teleobjektiv-Einstellung wechselt, verändert sich die Tiefenschärfe des Bildes *(vgl. Kapitel A.1.2.4.5 Schärfeverhältnis)* von ausgesprochen scharf zu übertrieben schwach, und die Kameraperspektive *(vgl. Kapitel A.1.2.4.2 Kameraperspektiven)* erfährt ebenfalls eine leichte Veränderung. In der Fahrt-Aufnahme bleibt die Entfernung zwischen Person und Kamera von Bild zu Bild gleich, und alles, was sich im Hintergrund befindet, ist so weit weg, dass es sich in Bezug auf die Schärfe nicht entscheidend verändert.[84]

Zooms wirken unnatürlich, da unsere Augen nicht zu einer Veränderung der Brennweite in der Lage sind. Sie werden als Alternative zur Kamerafahrt benutzt, wenn der Gebrauch eines auf Schienen laufenden Dollys nicht möglich oder zu teuer ist oder aber wenn der artifizielle Charakter des Zooms der Aufnahme eine beson-

82 Die Brennweite der Kameraoptik bestimmt die Entfernung, innerhalb derer die Kamera «sehen» kann. Vgl. Vineyard 2001, S. 7; vgl. Schleicher/Urban 2005, S. 34 f.

83 Vgl. Hickethier 1993, S. 69.

84 Vgl. Monaco Film verstehen 2000³, S. 207.

dere Bedeutung verleihen soll.[85] Konstantes Zoomen kann ein Gefühl von Unsicherheit oder Schwindel vermitteln.[86] Der Filmausschnitt *Shining – Zoom out* zeigt zwei langsame Zooms. Die durch die symmetrische Bildkomposition *(vgl. Kapitel A.1.2.2 Bildkomposition)* sowie durch die in beiden Zooms betonten Aktfotos *(vgl. Kapitel A.1.1 Bildinhalt)* erzeugte künstliche Atmosphäre wird durch das Zoomen verstärkt.

**Vorschlag**

Betrachten Sie den Filmausschnitt **041 Shining – Zoom out** als Beispiel für langsame Zooms rückwärts.

## A.1.2.4.4 Objektbewegungen/Achsenverhältnisse

### Objektbewegungen

Alle Bewegungen von Menschen, Tieren oder Objekten, die von der Kamera gefilmt werden, registriert der Zuschauer im Rahmen des Bildausschnittes/Frame *(vgl. Kapitel A.1.2.1 Cadrage)* und werden Objektbewegungen genannt. Hierzu gehören alle Aktionen wie gehen, fahren, fliegen, schießen, aber auch sprechen, blicken und schauen. Auch die Körpersprache signalisiert eine Bewegungsrichtung.

Zunächst ist es wichtig festzustellen, **wo sich im Bild etwas bewegt**, im Vordergrund oder im Hintergrund, rechts oder links vorne oder rechts oder links hinten im Bild *(vgl. Kapitel A.1.2.2 Bildkomposition)*.

Dann ist wichtig, **wie die Bewegung verläuft**: Sie kann gerade (frontal) oder diagonal ins Bild hinein und damit vom Zuschauer wegführen. Sie kann nach vorn gerade (frontal) oder diagonal aus dem Bild heraus auf den Zuschauer zu führen. Oder sie verläuft parallel zum unteren Bildrand von rechts nach links – oder umgekehrt – am Zuschauer vorbei.

Vorrangig werden Handlung tragende Bewegungen im Bild beschrieben. Das müssen nicht nur Veränderungen im Raum sein, z. B. wenn eine Person ihre Position verändert. Das können auch Blicke aus dem Bild heraus, Kopf- oder Körperdrehungen, Armbewegungen usw. von Personen sein. Deswegen heißt die Achse, auf der sich Objektbewegungen vollziehen, **Handlungsachse**.

Objektbewegungen erzeugen erst im Zusammenspiel mit der Kamerabewegung die Wirkung, die eine Einstellung auf den Zuschauer haben soll. Insofern geht es um die Zusammensetzung dieser beiden Bewegungen, also um die Frage, aus welchem Blickwinkel die Kamera ein/e Handlung tragende/s Objekt/Person aufnimmt.[87]

**Vorschlag**

Zum Unterschied von Kamerabewegung und Objektbewegung betrachten Sie auch den Filmausschnitt **037 Hide and Seek – Anfang.**

85 Vgl. Monaco *Film verstehen* 2000[3], S. 208 f. Hier finden sich ausführliche Erklärungen zu den verschiedenen Arten des Zooms, v.a. in Kombination mit Objektbewegungen.

86 Vgl. Gross/Ward 1991, S. 93.

87 Vgl. Paech 1977, S. 228 f.; vgl. Gast 1993, S.28.

Dieser Filmausschnitt visualisiert den Unterschied zwischen Kamerabewegung (Blick in den Himmel) und Objektbewegung (Blick aus der Vogelperspektive; die Kamerabewegung ist relativ gering, das Karussell dreht sich ziemlich schnell).

## Achsenverhältnisse

Der Zuschauer kann nur das direkt wahrnehmen, was die Kamera ihm zeigt. Dabei ist er auf den Blickwinkel, die Perspektive, die die Kamera einnimmt, festgelegt. Die Handlungsachse der Objektbewegung wird durch ihr Verhältnis zur Blickrichtung der Kamera, die man Kameraachse nennt, definiert. Das Sehen durch die Kamera geschieht also durch die Kameraachse *(vgl. Kapitel A.1.2.4.2 Kameraperspektiven)*, die Handlung (also die Bewegung der Objekte/Personen) verläuft auf der Handlungsachse.

Besonders wichtig ist die Tatsache, dass der Blick des Zuschauers immer mit dem Blick des Kameramanns durch die Kamera übereinstimmt; Zuschauerblick und Kameraachse sind also immer identisch.

Um das Verhältnis von Kameraachse und Handlungsachse bestimmen zu können geht man davon aus, dass zwischen Kameraachse und Bildkante immer ein rechter Winkel besteht. Eine Bewegung im Bild, die parallel zur Bildkante verläuft, verläuft immer auch rechtwinklig zur Kameraachse. Entsprechend verläuft eine Bewegung in der Diagonalen in einem Winkel von ca. 60° zur Kameraachse, und zwar entweder gegen die Blickrichtung (also auf die Kamera zu) – gegenläufig – oder mit der Blickrichtung (also von der Kamera weg) – mitläufig.

Die Rolle, die das Verhältnis von Handlungsachse und Kameraachse spielt, wird am deutlichsten, wenn beide identisch sind, also auf einer Achse verlaufen. Das ist dann der Fall, wenn die Nachrichtensprecherin den Zuschauer direkt anspricht und scheinbar Blickkontakt mit ihm aufnimmt.[88]

Die Achsenverhältnisse können natürlich beliebig variieren, lassen sich aber grob unterteilen wie folgt:

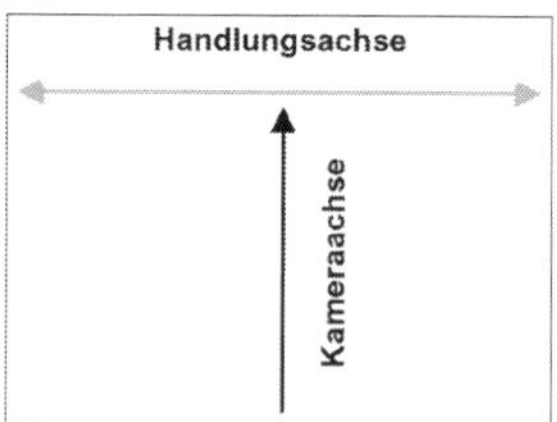

59

Kameraachse und Handlungsachse bilden einen **rechten Winkel** *(vgl. Abb. 59)*:

In diesem Fall verläuft eine Bewegung von rechts nach links oder umgekehrt parallel zur Bildfläche. Hier nimmt die Kamera – und damit der Zuschauer – am ehesten die Position eines unbeteiligten Zuschauers ein, der das Geschehen ohne emotionale Beteiligung verfolgt. Der Betrachter bleibt außerhalb der Handlung, die sich vor ihm, an ihm vorbei, aber nicht mit oder gegen ihn abspielt.[89]

Kameraachse und Handlungsachse bilden einen **spitzen Winkel von 60°** *(vgl. Abb. 60)*:

88 Vgl. Paech 1977, S. 229; vgl. Gast 1993, S. 28.
89 Vgl. Hickethier 1993, S. 65; vgl. Gast 1993, S. 29.

Hier verläuft die Bewegung in der Diagonalen.[90] So verlaufende Bewegungen haben mehr Dynamik gegenüber der Parallelbewegung, das Bild gewinnt an Tiefe. Allerdings geht die Bewegungsrichtung am Zuschauer vorbei, der in das Geschehen miteinbezogen werden soll, ohne es zu merken.[91]

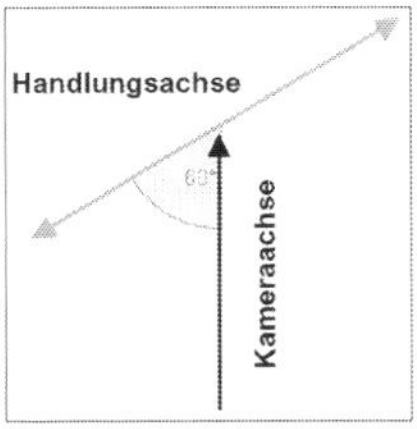

60

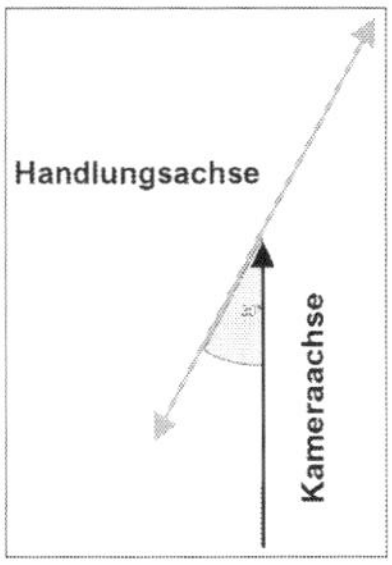

61

Kameraachse und Handlungsachse bilden einen **sehr spitzen Winkel von 30°** *(vgl. Abb. 61)*:

Die Bewegung ist noch frontaler als bei einem Achsenverhältnis von 60°, sie geht schon beinahe direkt auf den Zuschauer zu oder kommt fast unmittelbar von ihm her, er wird merklich ins Geschehen «hineingezogen».[92]

Kameraachse und Handlungsachse sind **deckungsgleich** *(vgl. Abb. 62)*:

In diesen frontalen Einstellungen steht eine Person entweder mit dem Rücken direkt vor der Kamera bzw. dem Zuschauer oder sie steht ihm gegenüber und sieht ihn direkt an, wie wir das am Beispiel des Nachrichtensprechers täglich sehen können. Die erstgenannte frontale Einstellung macht neugierig auf das Gesicht der Person oder auf das, was dahinter liegt. Die zweitgenannte frontale Einstellung wendet sich unverhohlen direkt an den Zuschauer und appelliert an ihn; Bewegungen, die direkt auf den Zuschauer zulaufen, können als Bedrohung wahrgenommen werden. Wichtig ist, dass hier – im Gegensatz zur Bewegung parallel zur Bildfläche – schnell eine große Nähe hergestellt und der Zuschauer ins Geschehen unmittelbar miteinbezogen wird.[93]

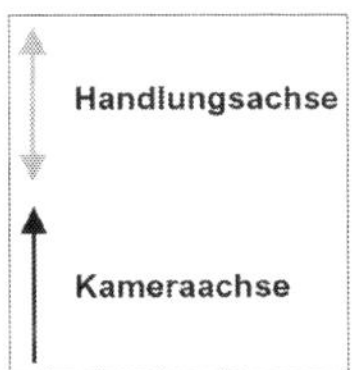

62

**Vorschlag**

Betrachten Sie als Beispiel für deckungsgleiche Achsenverhältnisse den Filmausschnitt **021 Ferris – Krankheit.**

Es ist ein gängiges filmisches Stilmittel, dass ein gleich gerichtetes Achsenverhältnis Betroffenheit durch das Gezeigte erzeugt, während die Verschiedenheit des Achsensystems verschiedene Grade der Distanzierung des Zuschauers vermittelt.

90 Der Pfeil der Abbildung zeigt eine Bewegung von links nach rechts ins Bild hinein oder aus ihm heraus. Natürlich kann diese Bewegung auch von rechts nach links ins Bild hinein- oder aus ihm herausführen. Aus Gründen der Übersichtlichkeit wird auf mehrere Pfeile verzichtet.

91 Vgl. Paech 1977, S. 230.

92 Vgl. Paech 1977, S. 231.

93 Vgl. Hickethier 1993, S. 65; vgl. Gast 1993, S. 30.

Diese psychologische Bedeutung des Achsenverhältnisses funktioniert keineswegs im Sinne eines festgelegten Lexikons, häufig folgen Achsen-Variationen nur im Sinne einer optischen Reizerneuerung aufeinander. Das psychologische Bedeutungsfeld wird in vielen Fällen z. B. zur Erzeugung von Spannung genutzt.[94]

Eine Besonderheit ergibt sich, wenn nicht nur einzelne Objekte sich bewegen, sondern ganze Bildebenen. Wenn z. B. ein besonderer Gemütszustand einer Person gezeigt werden soll – etwa abgrundtiefes Erschrecken – so scheint sich häufig der gesamte Bildhintergrund scheinbar rückwärts zu bewegen, während die Person, um die es geht, gleichsam fixiert im Vordergrund verbleibt. Zuweilen kann sie auch zusätzlich zur Bewegung des Bildhintergrunds von der Kamera herangezoomt werden. Diese gegenläufigen Bewegungen ergeben eine besonders starke Dynamik und visualisieren eindrucksvoll z. B. Gefühle wie Erschrecken oder Bestürzung. In dem Film Der weisse Hai von Steven Spielberg (USA 1975) erkennt z. B. Polizeichef Martin Brody (Roy Scheider), dass soeben unter seinen Augen ein Kind Opfer des Raubfisches geworden ist und er eine Mitschuld daran trägt, weil er den Strand nicht gesperrt hat. Sein Entsetzen über diese Tatsache wird auf die o. g. Weise visualisiert.

**Tipp**

Betrachten Sie hierzu den Filmausschnitt **042 Der weisse Hai – Schrecksekunde**.

**Aufgabe 10**

Betrachten Sie den Filmausschnitt **043 Matrix 1 – U-Bahn**.

- ☐ Zu welchem Zeitpunkt des Filmausschnittes erscheint die Gefahr für den Protagonisten durch die U-Bahn groß und wann erscheint sie weniger groß?
- ☐ Inwiefern steht dieses Empfinden der Gefahr durch den Zuschauer im Zusammenhang mit der Objektbewegung der U-Bahn und den Achsenverhältnissen in den einzelnen Einstellungen? ⇨ Lösung S. 145

### A.1.2.4.5 Schärfeverhältnis

> Weil das Filmbild im Gegensatz zur Bühne des Theaters zweidimensional ist und keine wirkliche Tiefe besitzt, müssen alle räumlichen Relationen durch Größen- und Schärfeverhältnisse im Bild verdeutlicht werden.[95]

**Scharfziehen** ist eine Kameratechnik, die den natürlichen Sehgewohnheiten sehr nahe kommt,[96] da wir den Nah- und Fernbereich nicht zugleich scharf sehen können: Wenn wir einen Gegenstand in der Nähe scharf sehen, sehen wir Dinge weiter weg unscharf und umgekehrt. Beim Wechsel von der Nah- in die Fernsicht (und

94 Vgl. Kuchenbuch 2005², S. 28.
95 Kamp/Rüsel 1998, S. 47.
96 Vgl. Gross/Ward 1991, S. 88.

umgekehrt) müssen sich unsere Augen jeweils neu einstellen *(vgl. Abb. 63)*.[97]

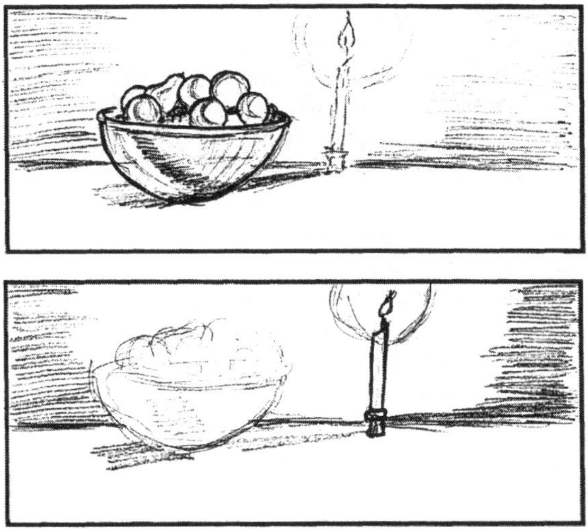

**63** Beispiel für die Lenkung der Aufmerksamkeit durch Scharfziehen

Beim Film kann mit der Schärfe verschieden umgegangen werden. Zum einen ist ein unseren Sehverhältnissen entsprechender «natürlicher» Schärfegebrauch möglich, der jeweils ein Objekt im Bild scharf erfasst. Bewegt sich die Kamera, wird die Schärfe nachgestellt, je nachdem, wo das Objekt oder die Person sich befinden. Oder aber die Aufmerksamkeit des Zuschauers wird zunächst auf die – scharf erfasste – Person A gelenkt; soll sich der Zuschauer auf die ebenfalls im Bild zu sehende Person B konzentrieren, wird A unscharf und B scharf fokussiert. Schärfeverlagerungen lenken also – für den Betrachter mehr oder weniger offensichtlich – die Wahrnehmung der Zuschauer.[98] Im Kamerateam gibt es gewöhnlich einen «Schärfezieher», der bei Kamerabewegungen ständig die Schärfe nachstellt, je nachdem, worauf der Blick gelenkt werden soll.[99] Zum anderen ist die Verwendung von **Tiefenschärfe** möglich, wobei Bildvordergrund und Bildhintergrund *(vgl. Kapitel A.1.2.2 Bildkomposition)* die gleiche Schärfe haben. Dies bewirkt, dass der Zuschauer zwei oder mehr Handlungsebenen gleichzeitig im Filmbild wahrnimmt bzw. sein Interesse auf eine davon bündeln muss. Tiefenschärfe ermöglicht so auch teilweise den Verzicht auf Montage *(vgl. Kapitel A.2 Schnitt/Montage)*. Regisseure wie William Wyler, Orson Welles und Jean Renoir sind bekannt für die Verwendung von Tiefenschärfe in ihren Filmen.[100]

**Aufgabe 11**

Betrachten Sie die Filmausschnitte **044 Zweifel – Suppe**, **045 Citizen Kane – Glas**, **046 Lied vom Tod – Frank** und **047 Thomas Crown – Kuss**.

- ☐ Was lässt sich über die Schärfeverhältnisse im Bildvorder- und Bildhintergrund sagen?
- ☐ Wie wird der Bildraum vom Zuschauer wahrgenommen?
- ☐ Was bedeutet dies für die Wahrnehmung der Handlung? ⇨ Lösung S. 146

97 Vgl. Vineyard 2001², S. 6.
98 Vgl. Gross/Ward 1991, S. 88.
99 Vgl. Vineyard 2001², S. 6.
100 Vgl. Gross/Ward 1991, S. 87; vgl. Rother 1997, S. 258.

### A.1.2.5 Licht

> Jede Raumdarstellung ist durch das Licht geprägt. Ohne Licht entsteht keine Plastitzität des Gezeigten. Auch für die Darstellung von Menschen im Raum spielt das Licht eine entscheidende Rolle, weil die Beleuchtung unterschiedliche Stimmungen erzeugt und diese als Eigenschaften einer Situation oder auch eines Charakters verstanden werden. Die Ausleuchtung des Raums [und von Personen] setzt Stimmungen, schafft Atmosphäre. Sie gibt vor, was wir von diesem Raum [bzw. dieser Person] sehen [...]. Sie verändert [und] modifiziert den Raum.[101]

Licht erzeugt genauso wie z. B. der Ton und das Setting eine ganz bestimmte, absichtsvoll geschaffene Stimmung. Die Lichtgestaltung einer Szene steuert bewusst die Emotion des Betrachters, der im Optimalfall das Geschehen vor seinen Augen so aufnimmt, wie der Regisseur es wünscht. Hierbei greifen Filmschaffende genauso wie bei der Farbwahl *(vgl. Kapitel A.1.2.6 Farbe)* häufig auf allgemeine Konventionen der Wahrnehmung zurück: Nicht umsonst wird es im Horrorfilm dunkel, wenn die Bedrohung steigt und der Zuschauer Angst empfinden soll. Dieser bewusste Einsatz von Licht im Dienst von Wirkung und Effekt wird allerdings nur in den seltensten Fällen vom Rezipienten aktiv wahrgenommen. Die Lichtgestaltung ist abhängig von der Entstehungszeit eines Films und der künstlerischen Ausrichtung der an der Umsetzung des Drehbuchs Beteiligten, und so haben sich im Laufe der Filmgeschichte epochenspezifische Lichtdramaturgien herausgebildet.[102]

Die Analyse der filmischen Lichtgestaltung sollte fünf Faktoren berücksichtigen: **Lichtmenge**, **Lichtquelle**, **Lichtrichtung**, **Lichtkontrast** und **Lichtfarbe**.[103]

#### Lichtmenge

Die Menge des im Filmbild vorhandenen Lichts lässt sich grundsätzlich in drei Kategorien einteilen: «normal» viel Licht – wie es der Wahrnehmung von Tageslicht der «tatsächlichen» Welt entspricht, sehr wenig Licht oder sehr viel Licht.

Beim Normalstil wird die Szene so ausgeleuchtet, dass alle gezeigten Einzelheiten gut zu erkennen sind. Der Rezipient gewinnt den Eindruck von Ausgewogenheit bezüglich der Beleuchtung. Der Normalstil wird immer dann eingesetzt, wenn Handlung und Stimmung im Film nicht von der Norm des Continuity-Systems abweichen. In Räumen wird er durch die **Standardbeleuchtung** *(vgl. Abb. 64)* ermöglicht.[104]

Im **Low-Key-Stil** dominiert kein generelles Führungslicht; er wird durch ausgedehnte, wenig oder überhaupt nicht voneinander abgesetzte Schattenflächen charakterisiert und findet sich in Filmen aller Phasen der Filmgeschichte. Der Low-Key-Stil evoziert nächtlich dunkle Räume, düster-bedrohliche Stimmungen, Einsamkeit

101 Hickethier 1993, S. 78.
102 Vgl. Hickethier 1993, S. 79 ff, S. 82 f.
103 Vgl. Diekhans 2004, S. 26.
104 Vgl. Hickethier 1993, S. 79.

auf regennassen Straßen und hat durch seine dominante Verwendung dem Genre des **Film noir** seinen Namen gebeben.[105]

Im **High-Key-Stil** sind die Schattenaufhellungen durch das dominante Führungslicht (Key Light) sowie weitere, gleichmäßig über die Szene verteilte Lichtquellen sehr stark. Dadurch dominieren vorwiegend helle Lichtwerte das Bild. Häufig werden Filme mit einer positiven Thematik mit High-Key ausgeleuchtet.[106]

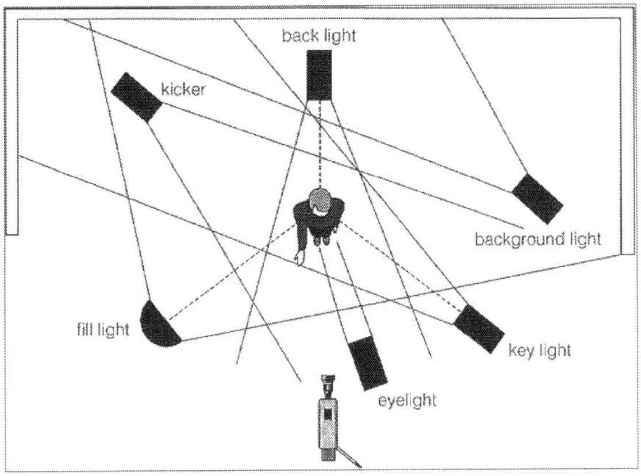

**64** Standardbeleuchtung

## Lichtquelle

Auch wenn das Licht im Film völlig natürlichen Ursprungs zu sein scheint, so kann zum größten Teil davon ausgegangen werden, dass die Szene künstlich ausgeleuchtet wird und diese Beleuchtung allenfalls natürliche Verhältnisse simuliert.[107]

Ob nun die Lichtquelle **diegetisch** (in der erdachten Welt des Films verankert) oder offensichtlich **nichtdiegetisch** (nicht in der erdachten Welt des Films verankert) ist, erscheint sekundär. Die diegetische Lichtquelle, die meist Verwendung findet, ist jedoch in den allerseltensten Fällen wirklich natürlichen Ursprungs: Selbst wenn es eigentlich absolut dunkel sein müsste, kann der Zuschauer alle handlungsrelevanten Details gut sehen. Wichtig ist bei der Aufrechterhaltung der Illusion der Natürlichkeit, dass der Lichteinfallswinkel der nichtdiegetischen Lichtquelle etwa dem der «natürlichen» Lichtquelle entspricht. Die an einer natürlichen Lichtquelle orientierte Beleuchtung nennt man **Source Lighting**.[108] Das Source Lighting steht der stilisierenden Lichtgebung gegenüber; diese verwendet das Licht nicht im Sinne der Aufrechterhaltung der Wirklichkeitsillusion und der Geschehenskohärenz, sondern sie setzt das Licht ein, um abstrakte, symbolische oder expressionistische Verfremdungseffekte zu erzeugen. Diese dienen dazu, ähnlich wie die intellektuelle Montage *(vgl. Kapitel A.2.2.2.1 Intellektuelle Montage)*, den Betrachter zu einer weiterführenden Denkleistung im Dienst einer individuellen Bedeutungsfindung anzuregen.

105 Vgl. Rother 1997, S. 190; vgl. Monaco Lexikon 2000, S. 101; vgl. Hickethier 1993, S. 79.

106 Vgl. Rother 1997, S. 148; vgl. Monaco Lexikon 2000, S. 80; vgl. Hickethier 1993, S. 79.

107 Vgl. Mikos 4 1997, S. 59. Eine Ausnahme bilden die Dogma-95-Filme von Lars von Trier. Hier wird u. a. auf eine künstliche Ausleuchtung des Sets verzichtet und nur natürliches Licht verwendet.

108 Vgl. Diekhans, S. 27; vgl. Gross/Ward 1991, S. 124.

**Tipp**

Als Beispiel für eine natürliche, diegetische Lichtgestaltung betrachten Sie bitte den Fimausschnitt **048 Barry Lyndon - Kerzenlicht**. Kubrick hat in einigen Szenen des Films Dank der Verwendung von neu entwickelten Kameralinsen ausschließlich das Licht der entzündeten Kerzen zur Ausleuchtung des Sets verwendet.

Als Beispiel für eine stilisierende, nicht diegetische Lichtgestaltung betrachten Sie bitte den Filmausschnitt **Die 049 Nacht des Jägers - Verfolger**. Hier wird klar, dass das Licht in Anlehnung an die Lichtgestaltung der expressionistischen Malerei als Verfremdungseffekt eingesetzt wird. In stilisierter Form wird auf das Verstreichen der Nacht und die Bedrohung der Kinder durch den herannahenden Verfolger verwiesen.

## Lichtrichtung

> Relativ zum Kameraannäherungswinkel *[vgl. auch Kapitel A.1.2.4.2 Kameraperspektiven]* lässt sich die Lichtrichtung beschreiben als eine Kombination zwischen einem horizontalen und einem vertikalen Annäherungswinkel. **Horizontal** meint von vorne (**Vorderlicht**), von hinten (**Hinterlicht**) oder von der Seite (**Seitenlicht, Streiflicht**). Vertikal meint von oben (**Oberlicht**), von unten (**Unterlicht**) oder in **Augenhöhe** (bei Menschen). [...] Eine Besonderheit bildet das **Gegenlicht**, das entsteht, wenn die Kamera ins Licht hineinfilmt. Grundsätzlich bestimmt die Lichtrichtung das Verhältnis von Licht und Schatten. Gerades Licht von vorne reduziert die Schattenbildung, während seitliches oder schräges Licht die Schatten verstärkt.[109]

Zusätzlich kann man weitere Akzente setzen, z. B. in Form des sogenanneten **Highlightings**. Durch feine Lichtstrahlen (Spritz- oder Glanzlichter) werden Bilddetails, wie z. B. die Augen einer Person, herausgehoben und betont.[110] So kann einem Blick eine besondere Bedeutung verliehen werden. Besondere Beleuchtungseffekte charakterisieren eine Person - verleihen ihr etwa durch schattenbildende Beleuchtung von unten vorn etwas Dämonisches, verklären sie, indem durch Gegenlicht ein Heiligenschein erzeugt wird oder indem sie durch die Beleuchtung nur als Silhouette erscheint.[111]

## Lichtkontrast

Der Kontrast der Filmlichtgestaltung bewegt sich in einem Kontinuum von **weich/niedrig** zu **hart/hoch**. Auch hier gilt eine möglichst natürliche Wirkung als Standard. Ein harter Kontrast verschärft die Gegensätze zwischen Hell und Dunkel und betont die räumlichen Konturen. Hartes Licht markiert die dargestellten Protagonisten tendenziell als streng, unbarmherzig und hart. Ein weicher Kontrast hinge-

109 Diekhans 2004, S. 27.

110 Vgl. Monaco, Lexikon 2000, S. 80.

111 Vgl. Hickethier 1993, S. 81.

gen verwischt die Konturen und lässt die Filmcharaktere eher sanft erscheinen, zudem werden kleinere körperliche Mängel kaschiert.[112]

### Lichtfarbe

Licht und Farbe sind zwei Bereiche, die sich nicht immer eindeutig voneinander trennen lassen *(vgl. auch Kapitel A.1.2.6 Farbe)*. Für die formale Analyse von Farbfilmen ist die Lichtfarbe oder auch Farbtemperatur[113] von großer Bedeutung. Die Lichtfarbe kann durch Farbfilter vor der Linse beeinflusst oder aber in der Postproduktion - meist am Computer - verändert werden. Während bläuliches Licht oftmals Kälte und Leblosigkeit vermittelt, kann orangefarbenes, rötliches Licht warm, lebendig und sinnlich wirken.[114] Dementsprechend kann die Lichtfarbe zur Charakterisierung von Räumen, Objekten und Figuren genauso wie zur Erzeugung einer bestimmten Atmosphäre eingesetzt werden.[115]

**Aufgabe 12**

**1.** Betrachten Sie die Ausschnitte **050 Alien 1 - Erwachen** und **051 2001 - Zimmer**.
- ❑ Analysieren Sie den Ausschnitt bezüglich der Lichtmenge. Welche Stimmung wird jeweils erzeugt?

**2.** Betrachten Sie den Ausschnitt aus **052 Verdacht - Milchglas.**
- ❑ Analysieren Sie den Ausschnitt unter besonderer Berücksichtigung der Lichtquelle und der Lichtrichtung und versuchen Sie eine Interpretation.

**3.** Betrachten Sie den Ausschnitt **053 Citizen Kane - Tagebuch**.
- ❑ Analysieren Sie den Ausschnitt insbesondere bezüglich der Lichtrichtung und versuchen Sie eine Interpretation.

**4.** Betrachten Sie den Ausschnitt **054 Sin City - Geständnis**.
- ❑ Analysieren Sie den Ausschnitt in Bezug auf den Lichtkontrast sowie die Lichtrichtung und versuchen Sie eine Interpretation.

**5.** Betrachten Sie die Filmausschnitte **055 Gladiator - Germanien** und **056 Gladiator - Nordafrika**.
- ❑ Analysieren Sie die Ausschnitte in Bezug auf die Lichtfarbe und versuchen Sie eine Interpretation.

⇨ Lösung S. 148

112 Vgl. Mikos 4 1997, S. 59.

113 Der Begriff bezeichnet den subjektiven Eindruck, ob eine Farbe von einem Betrachter eher als warm oder kalt empfunden wird.

114 Vgl. Gross/Ward 1991, S. 95f.

115 Vgl. Mikos 4 1997, S. 60.

## A.1.2.6 Farbe

Die verschiedenen Farbtheorien und naturwissenschaftlichen Erkenntnisse sind wichtige Bestandteile einer Ästhetik der Farbe im Kino. Farbforschung ist in jeder Hinsicht Grundlagenforschung; die Schwierigkeit besteht darin, dass man sich als Mensch in der wissenschaftlichen Auseinandersetzung mit Farbe schon wegen der Gebundenheit an die eigene Wahrnehmung immer auch auf anthropologischem Terrain bewegt.[116] Die vorliegende Einführung hat deshalb nicht zum Ziel, verschiedene Farbtheorien vorzustellen, zu diskutieren oder gegeneinander abzuwägen sowie einen Aufriss der Farbforschung zu präsentieren. In der entsprechenden Fachliteratur können Interessierte ihr Wissen vertiefen;[117] zur fachspezifischen Problematik der Farbe im Film sei besonders auf Susanne Marschalls Publikation verwiesen, die das Thema nicht nur in Bezug auf Theorie und Praxis erschöpfend behandelt, sondern auch ausführliche Bibliografien bietet. Das Ziel des folgenden Kapitels ist, dem Betrachter von Filmen eine Basis für eigene Deutungsansätze zu eröffnen. Es werden Kategorien vorgestellt, die bei einer Filmfarb-Analyse eine Rolle spielen könnten, sowie Möglichkeiten der Interpretation angerissen, die nicht zum Ziel haben, subjektives Farbempfinden oder Deutungen in richtig oder falsch zu unterteilen.

### Farbe versus Schwarzweiß

> Wie zur Stummfilmzeit sind reine Schwarzweißfilme heutzutage die Ausnahme und werden zur Hauptsache unter künstlerischen Gesichtspunkten eingesetzt.[118]

Schwarzweiß wird häufig in Kontrast zum Farbfilm eingesetzt um z. B. eine andere Handlungs- oder Realitätsebene zu visualisieren, etwa eine Aktion in der Vergangenheit oder einen Traum. Natürlich kann auch der umgekehrte Fall eintreten, dass ein Schwarzweißfilm partiell coloriert wird, um bestimmte Akzente zu setzen.[119]

Die Farbe eines Films – sei es die Einfärbung des Filmmaterials oder eine Aufnahme durch einen Farb- oder Sepiafilter oder aber die bewusst gewählte Farbe von Ausstattungsgegenständen des Sets oder von Kleidung – kann über die rein naturalistische Wiedergabe hinaus als die Interpretation anregendes, symbolisches oder dramaturgisches Element eingesetzt werden. Weiterhin dienen Farben – wie übrigens auch das Licht – der Erzeugung von Stimmung und Atmosphäre und können diese verstärken.[120]

116 Vgl. Susanne Marschall: *Farbe im Kino.* Marburg 2006, S. 30.

117 Vgl. Johannes Pawlik; Ernst Straßner: *Bildende Kunst. Begriffe und Reallexikon.* Köln 1979, S. 334 ff.

118 Kamp/Rüsel 1993, S. 39. Zur Stummfilmzeit wurde der Großteil aller Filme handkoloriert. Da das Material mit der Zeit brüchig wird, sind solche Filme heute kaum noch erhalten, wodurch der –falsche – Eindruck entsteht, dass die Stummfilmzeit gleichbedeutend mit Schwarz-Weiß-Film-Zeit ist. Vgl. Kamp/Rüsel 1998, S. 38f; vgl. Schleicher/Urban 2005, S. 28 f.

119 Vgl. Gross/Ward 1991, S. 95.

120 Vgl. Schleicher/Urban 2005, S. 29.

### Psychologie der Farbwahrnehmung

Es ist zweckmäßig, zwischen zwei Arten von psychologischer Wirkung der Wahrnehmung von Farben zu unterscheiden: Zum einen können Farben Assoziationen hervorrufen. Das sind Vorstellungen von bzw. meistens Erinnerungen an zuvor Wahrgenommenes. So kann die Farbe Rot mit Feuer assoziiert werden, die Farbe Grün mit Gras oder Gift etc. Farben können auch Gefühle hervorrufen, die natürlich subjektiv sind. Die durch Farben erweckten Assoziationen bzw. Gefühle sind bei Menschen desselben Kulturkreises häufig ähnlich, weisen aber auch individuelle Unterschiede auf. Solche Wirkungen der Farbwahrnehmung werden - intuitiv oder bewusst - zur Erzeugung bestimmter Effekte genutzt, gerne auch in der Mode- und Werbebranche. Die folgende Tabelle zeigt einige gängige Beispiele für mögliche Wirkungen und Bedeutungen von Farben. Diese Deutungsschemata sind ein erster Ansatzpunkt für die Analyse von Farben im Film und nicht absolut zu setzen.[121]

| Farbe | Assoziationen, Gefühle |
|---|---|
| **bunte Farben** | |
| ROT | Blut - Feuer - Energie - Wärme - Liebe - Leidenschaft - Erotik - Sünde - Gefahr - Leben - Freude - Scham - Zorn; in der Politik: Linke Politik, Sozialismus, Kommunismus, Revolution; in China: Glück; als Signalfarbe: verboten, Stopp, negativ, falsch |
| ORANGE | die Frucht - Erfrischung - Fröhlichkeit - Jugend - Widerstand - Buddhismus - das Exotische - Holland; im tantrisch geprägten Kulturkreis Indien: Selbstloser Dienst, Mönchtum, Entsagung; tiefenpsychologisch: Kommunikation, Wunsch nach Einheit |
| GELB | Zitrone - Frische - Fröhlichkeit - Lebensfreude - Lebenskraft - Liberalismus - Neid - Hass - Eifersucht; als Signalfarbe: Einschränkung, Zwischenzustand, Warnung |
| GOLDGELB | Sonne - Reichtum - Macht - Freude; in Ostkirchen: Himmel |
| GRÜN | Gras - Natur - Unreife - Gift - Nekrophilie - Ökologiebewegung - Hoffnung - Frieden - Frische; auf Fahnen: Islam; als Gesichtsfarbe: Krankheit; als Signalfarbe: erlaubt, vorhanden, Start, richtig |
| BLAU | Wasser - Himmel - Freiheit - Kälte - Adel - Ferne - Sehnsucht - Treue - Wissen - Philosophie - Beständigkeit - Mäßigkeit - Harmonie - Ausgeglichenheit - Ruhe in der Politik: Demokratie - Republik; bei Israeliten: Gott, Himmel, Glauben, Offenbarung; als Signalfarbe: Jugend |
| VIOLETT | Frauenbewegung - mystisch - Alter - Trauer - Entsagung - Würde - lutherischer Protestantismus; in der katholischen Kirche: Buße |

121 Vgl. www.de.wikipedia.org/wiki/Farbe#Psychologische_Wirkung (7.4.2006). Die Tabelle entstammt derselben Quelle.

| Farbe | Assoziationen, Gefühle |
|---|---|
| BRAUN | Lehm - Erde - Dreck - Gemütlichkeit - Nationalsozialismus - Fäkalien - Tradition |
| **unbunte Farben** | |
| WEISS | Unschuld - Reinheit - Medizin - Neutral; bei Katholiken/Israeliten: Heiligkeit; in Asien (besonders China): Trauer |
| GRAU | graue Maus - Farblosigkeit - Neutralität - Unauffälligkeit - Depression - Schüchternheit |
| SCHWARZ | Asche - Tod - Trauer - Konservatismus - Seriosität - Macht - Bosheit - unerlaubter Handel/Arbeiten; in der Kirche (besonders der katholischen): orthodox, Anarchie, Leere |

### Farbkontraste

Zusätzlich kann bei einer formalen Analyse von Farbfilmen auch der **Farbkontrast**, also das Verhältnis der Farbtöne zueinander, innerhalb einzelner Einstellungen oder einzelner Filmabschnitte oder innerhalb des gesamten Films untersucht werden.

Die Farbkontraste behandeln nach einer Theorie von Johannes Itten die wichtigsten Aspekte der Wirkung von Farben im Verhältnis zueinander. Der **Farbe-an-sich-Kontrast** (FASK) entsteht sozusagen automatisch, sobald Farben verwendet werden, und bezeichnet den Kontrast zweier Farben zueinander. Dabei wirkt ein starker FASK (also zwei kräftige Farben direkt nebeneinander) meist bunt, laut, kraftvoll und entschieden. Durch Minderung der Leuchtkraft und Abmischen mit anderen Farben wird der Farbe-an-sich-Kontrast schwächer. Am stärksten ist er, wenn die reinbunten Farben Gelb, Rot, Blau im Dreiklang verwendet werden. Der **Hell-Dunkel-Kontrast** ist ein optischer Primärkontrast. Ohne ihn gibt es keine deutliche Unterscheidung der Dingwelt. Er kommt sowohl bei den häufig als unbunt bezeichneten Farben Schwarz, Weiß und Grau als auch bei den Buntfarben vor. Man bezeichnet damit den Kontrast, der durch die unterschiedliche Helligkeit zweier Farben entsteht. Der **Kalt-Warm-Kontrast** beruht auf subjektiven Empfindungen. Versuche haben gezeigt, dass beispielsweise blaue Wände vorwiegend als «kalt» empfunden werden, bei gleicher Zimmertemperatur orange-rote Wände aber als angenehm «warm». Die beiden Extremwerte des KWK sind Blau und Rot. Die Farben der linken Hälfte des Farbkreises nach Johannes Itten, also von Violett bis Gelbgrün, gelten allgemein als kalte Farben, die rechte Hälfte (Gelb bis Rotviolett) als warme Farben. Allerdings können nur die beiden Extreme eindeutig zugeordnet werden, alle anderen Farben sind je nach Situation und subjektivem Empfinden relativ warm oder kalt. Der **Quantitätskontrast** beruht im Unterschied zum Qualitätskontrast auf der Gegenüberstellung verschieden großer Farbflächen. Wenn diese in bestimmten Verhältnissen vorliegen, ist die optische Wirkung der Farben gleich intensiv und wird daher als harmonisch empfunden. In Bezug auf den Farbkontrast werden bewusst disharmonische Farbverteilungen eingesetzt. Der **Quali-**

**tätskontrast** ist ein Kontrast, der zwischen gesättigten, leuchtenden Farben und stumpfen, trüben, gebrochenen Farben entsteht, also durch Unterschiede in der Farbqualität, nicht durch Unterschiede bezüglich der Flächenanteile. Der **Komplementärkontrast** ist dadurch definiert, dass auf dem Farbkreis nach Itten diametral gegenüberliegende – eben komplementäre – Farben kontrastiert werden. Sind zwei Farben komplementär, verstärken sie sich gegenseitig in ihrer Leuchtkraft. Miteinander gemischt ergeben sie farbstichige Grautöne oder können zur Minderung der Leuchtkraft einer Buntfarbe eingesetzt werden. Durch das Komplementärgesetz wird ein vollkommenes Gleichgewicht im Auge hergestellt. Physiologisch ist erwiesen, dass unser Auge zu einer gegebenen Farbe die komplementäre Ergänzung fordert und sie selbstständig erzeugt, wenn sie nicht gegeben ist.[122]

### Farbe im Film

Farbe ist im Film immer ein technisches Problem gewesen. Mit der Verbesserung der Farbfilmtechnik werden Farbnaturalismus und Farbexpressionismus gleichermaßen zu Optionen der Gestaltung. Wenn sich Farben im Filmbild deutlich ins Irreale entfernen, geben sie ihre Eigendynamik offen zu erkennen. Vergleichbar mit den Techniken unsichtbarer/sichtbarer, gestaltender Schnitt der Montage *(vgl. Kapitel A.2.2.2 Der sichtbare gestaltende Schnitt)* lassen sich zwei unterschiedliche Gestaltungs- und damit Wirkungsweisen von Farben im Film unterscheiden: die im jeweiligen kulturellen Kontext **natürlich wirkende Farbgebung** und die abstrakte, symbolische oder expressionistische **Verfremdung von Farben** *(vgl. ebenso Kapitel A.1.2.5 Licht)*.

Im ersten Fall einer Farbgestaltung, die im Sinne der Aufrechterhaltung des Continuity-Systems *(vgl. Kapitel A.2.1.2 Continuity)* auf der gewohnten Farberfahrung des Zuschauers aufbaut, kann es leicht zu einer Verwechslung mit der Wirklichkeit kommen. Der Betrachter nimmt realistische Farben auf den ersten Blick häufig nicht als Ausdrucksmittel wahr und «übersieht» sie. Allerdings eignen sich die «natürlichen» Farben auch dazu, auf subtile Weise emotionale Wirkungen hervorzurufen. Verfremdungen im Farbbereich provozieren hingegen Distanz und lassen nicht zu, dass Film und Realität im Akt der Wahrnehmung gleichgesetzt werden. Fremde oder entfesselte Farben erzeugen mitunter einen Brechtschen Effekt, sie zerreißen die Illusionen des Zuschauers, wie auch die direkte Ansprache des Publikums durch den Zuschauer[123] *(vgl. Kapitel A.1.2.4.4 Objektbewegungen/Achsenbewegungen, Ferris – Krankheit)*. Letztendlich beinhaltet jeder Film, der die Farbgestaltung bewusst als Bedeutung tragendes Element einsetzt, welches instinktiv oder bewusst analytisch-interpretatorisch durch den Betrachter entschlüsselt werden soll, eine individuelle Farbdramaturgie. Diese kann reichen von einer makrostrukturell bedingten farbsystematischen Klammer, wie bei der Trilogie Drei Farben: Blau, Weiss, Rot von Krysztof Kieslowski (F 1993/1994) über gelbrotes Licht als Signal für nos-

122 Vgl. Pawlik/Straßner 1979, S. 52 ff. und www.de.wikipedia.org/wiki/7_Farbkontraste (8.7.2006).
123 Vgl. Marshall 2006, S. 25 f.

talgische Bilder oder aber besonders strahlende Farben als Indikator einer heilen Welt, die im Kontrast stehen zum düsteren Abgrund hinter der Fassade, zu sehen in David Lynchs BLUE VELVET (USA 1986). Der Variantenreichtum in Bezug auf die Farbgestaltung geht gegen unendlich und ist auch immer maßgeblich bestimmt durch den kulturellen Hintergrund desjenigen, der den Film konzipiert. So unterscheidet sich bespielsweise die Farbsymbolik japanischer Filme grundlegend von der europäischer.[124]

Es sei zum Schluss angemerkt, dass sich die Bereiche Licht und Farbe besonders im Bereich Lichtfarbe/Farbfilter nicht immer eindeutig voneinander trennen lassen *(vgl. auch Kapitel A.1.2.5 Licht, Unterkapitel Lichtfarbe)*.

**Aufgabe 13**

**1.** Betrachten Sie den Filmausschnitt **057 EDWARD - Anfang**.
- ❑ Was lässt sich über die Farbgestaltung der Mise-en-Scène sagen und wie steht diese in Beziehung zum Inhalt?

**2.** Betrachten Sie die Filmausschnitte **058 THOMAS CROWN - Sauna** und **059 NATURAL BORN KILLERS - Drug Zone**.
- ❑ Wie lässt sich die Farbgebung in die Interpretation des Ausschnittes miteinbeziehen?

**3.** Betrachten Sie die Filmausschnitte **060 SIN CITY - Anfang, 061 THOMAS CROWN - Gasbombe, 062 GLADIATOR - Erinnerung 1, 063 GLADIATOR - Erinnerung 2**.
- ❑ Welche Art des Kontrastes liegt jeweils vor? Welche Interpretationsmöglichkeiten ergeben sich durch Einsatz des jeweiligen Farbkontrastes in Bezug auf den Filmausschnitt? ⇨ Lösung. S. 150

124 Vgl. Schleicher/Urban 2005, S. 29f.

# A.2 Schnitt/Montage

## A.2.1 Grundlagen der Montagetechnik

### A.2.1.1 Das Grundprinzip der Montage

Eine der wesentlichsten Grundlagen des Films ist der Schnitt bzw. die Montage. Im Film wird nicht die äußere Wirklichkeit abgebildet, sondern aus dem Rohmaterial der einzelnen Aufnahmen wird eine eigene Wirklichkeit generiert. Hierbei werden unterschiedliche Aufnahmen (A, B und C) so kombiniert, dass eine eigenständige Geschichte entsteht *(vgl. Abb. 65)*.

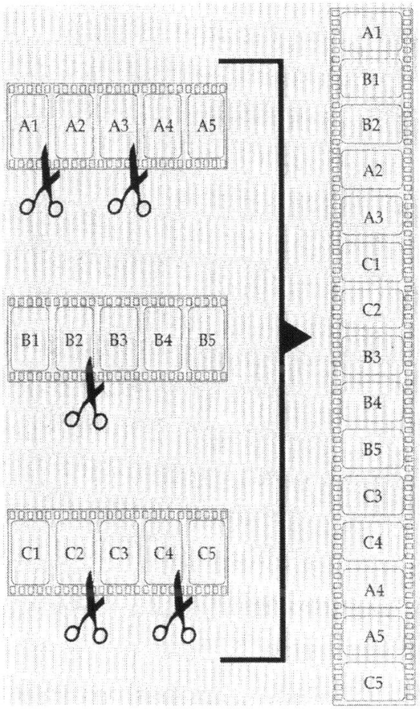


**65** Grundprinzip der Montage

Der Begriff Montage bezeichnet also die Herstellung einer narrativen Struktur durch den technischen Vorgang des Zusammenfügens verschiedener Einstellungen.[1]

Durch die Herstellung von räumlichen, zeitlichen, rhythmischen und grafischen Beziehungen[2] zwischen Einstellungen oder Einstellungsfolgen wird das Geschehen dramatisiert oder entdramatisiert, wird Spannung erzeugt oder die Wahrnehmung des Zuschauers in eine bestimmte Richtung gelenkt.[3]

Auf die Montage von Bild und Ton wird in *Kapitel B.3 Die Ton-Bild-Montage* eingegangen.

### A.2.1.2 Continuity

Mit Hilfe der Montage bekommt der Zuschauer den Eindruck einer in sich stimmigen Erzählung. Hierbei ist auf zeitliche und räumliche Kontinuität (der Bewegungsrichtung von Personen und Objekten,[4] der Bildaufteilung, des Lichtes, der Kamerabewegung etc.)[5]

1 Vgl. Lothar Mikos: Kontinuität durch Schnitt und Montage. Struktur-funktionale Film- und Fernsehanalyse Teil 6. In: *Medien praktisch. Zeitschrift für Medienpädagogik.* Heft 1 (1998), S. 45–50, S. 45.

2 Vgl. Mikos 6 1998, S. 47 f.

3 Vgl. Mikos 6 1998, S. 50.

4 Zur Inszenierung von Bewegungen vgl. Katz 2002$^4$, S. 297 ff.

5 Vgl. Mikos 6 1998, S. 47.

zu achten, die die Schaffung einer in sich logischen Erzählung ermöglicht. Durch die Unterordnung der filmischen Darstellung unter das Geschehen entsteht ein Eindruck von Unmittelbarkeit, Einheitlichkeit und Kontinuität – kurz: das **Continuity System**.[6]

Üblicherweise ereignet sich eine Szene an einem bestimmten Ort in einer bestimmten kontinuierlich verlaufenden Zeitdauer. Dies ist kein Problem, wenn die Szene in einer einzigen Einstellung aufgenommen wird. Die meisten Szenen bestehen allerdings nicht aus chronologisch aufgenommenen Einstellungen, sondern aus solchen, die aus verschiedenen Perspektiven ggf. zu verschiedenen Zeiten aufgenommen wurden. Diese werden nachträglich zusammengeschnitten. Insbesondere die Erzählweise des Hollywood-Kinos hat sich der Schaffung einer perfekten Filmillusion durch die Einhaltung des Continuity-Systems verschrieben. Am Set gibt es daher den **Script Supervisor** oder das **Scriptgirl**, dessen Aufgabe es ist, während der Aufnahme Fehler bezüglich der Kontinuität (der Kostüme, des Lichts etc.) auszumerzen. Dies geschieht durch ein genaues Protokoll aller Aktivitäten am Set, z. B. der Kleidung der Schauspieler, ihrer Position zur Kamera, aber auch der verwendeten Filter, der Lichtverhältnisse etc. So ist es möglich, auch nach einer gewissen Zeitspanne den Verlauf des Drehs nachzuvollziehen.[7] Dies gelingt allerdings nicht immer: Es gibt Websites, die sich mit Filmfehlern jeder Art beschäftigen.[8] Nicht immer muss aber eine diskontinuierliche Montage auf Unachtsamkeit beruhen, sie kann möglicherweise auch eine eigenständige konzeptionelle Dimension eröffnen *(vgl. Kapitel A.2.2.2.4 Jump Cut)*.[9]

**Aufgabe 14**

Betrachten Sie den Filmausschnitt **064 Heiss – Continuity.**

☐ Es gibt zwei Continuity-Fehler in diesem Filmausschnitt, einen visuellen und einen inhaltlichen, der sich aus dem Dialog in Poliakoffs Büro ergibt. Können Sie diese Fehler finden?

⇨ Lösung S. 153

## Assoziation im Dienst des Continuity-Systems

Wie wesentlich die Montage für Darstellung und Charakterisierung von Räumen und Figuren und für die Aufrechterhaltung des Continuity-Systems ist, indem sie die Assoziationskraft des Betrachters weckt, hat der russische Filmemacher und Filmtheoretiker Lew Kuleshov in den 1920er-Jahren in Experimenten nachgewiesen.

Er schnitt die Großaufnahme eines Schauspielers wahlweise mit der Aufnahme eines Tellers Suppe, eines toten Mannes und einer lasziven Frau zusammen. Die Zuschauer meinten je nach Montageweise im Gesicht des Schauspielers Hunger, Trauer oder Begierde wahrzunehmen (**Kuleshov-Effekt**).[10]

6 Vgl. Rother 1997, S. 49; vgl. Schleicher/Urban 2005, S. 172.

7 Vgl. Manthey 1996, Bd. 2, S. 313.

8 Vgl. www.dieseher.de/index.php (5.3.2006); die Internet Movie Database führt Filmfehler für jeden gelisteten Film auf, vgl. www.imdb.com (5.3.2006).

9 Vgl. Mikos 6 1998, S. 50.

10 Vgl. Lothar Mikos: Die Geschichte im Kopf des Zuschauers. Struktur-funktionale Film- und Fernseh-

In einem anderen Experiment montierte Kuleshov aus mehreren Nah- und Großaufnahmen ein sich schminkendes Mädchen. Die Aufnahmen von Lippen, Augen und Beinen stammten von unterschiedlichen Personen, aber durch die Montage wurde das Mädchen als Einheit wahrgenommen.[11]

In dem Film EIN ANDALUSISCHER HUND (F 1929) von Luis Buñuel unter Mitarbeit von Salvador Dalí wird scheinbar durch das Auge der Schauspielerin geschnitten. Buñuel baut dabei auf zwei Dinge: Zum einen antizipiert man angesichts der Klinge, die vor dem Auge der Schauspielerin ansetzt, dass ihr Auge zerschnitten werden wird; diese Annahme wird verstärkt durch die Zwischenmontage des Mondbildes mit in der Mitte durchziehenden Wolken, das in Form und Bewegung Auge und Messer nachempfindet und somit durch einen Match Cut *(vgl. Kapitel A.2.2.2.3 Match Cut)* den realen Schnitt auf einer ästhetisch-abstrakten Ebene vorwegnimmt. Zum anderen finden viele Betrachter die Bilder so unangenehm, dass sie spätestens beim Zerschneiden des echten Auges nicht mehr genau hinsehen und daher zunächst nicht wahrnehmen, dass es sich letztendlich um ein Kuhauge handelt, durch das die Klinge gezogen wird.

**Vorschlag**

Betrachten Sie hierzu auch den Filmausschnitt **065 ANDALUSISCHER HUND - Auge.**

Bei dieser Form von Montage ergänzt der Betrachter die tatsächlichen Bilder des Films mit logischen Schlüssen, die er daraus zieht. Er assoziiert also etwas, was ausschließlich durch die Montage in seiner Vorstellung evoziert wird. In der außerfilmischen Realität könnten das Auge der Schauspielerin und das Auge der Kuh nicht in Verbindung gebracht werden, weil sie zeitlich und räumlich auseinander liegen. Die Montage ist deswegen ein zentrales Mittel, um das Continuity-System aufrecht zu erhalten, weil sie Personen und Orte, die zeitlich und räumlich voneinander getrennt sind, für den Zuschauer als zusammengehörig erscheinen lässt.[12]

Abgesehen von der unten beschriebenen 180°-Regel wird das Continuity-System auch durch das Montagekonzept des unsichtbaren Schnittes *(vgl. Kapitel A.2.2.1 Der unsichtbare Schnitt)*, durch eine Form der elliptischen Erzählweise *(vgl. Kapitel C.3.1.2 Raffung)* sowie durch eine weitest gehend synchrone Ton-Bild-Montage *(vgl. Kapitel B.3 Die Ton-Bild-Montage)* aufrechterhalten.

### A.2.1.3 180°-Regel

Die 180°-Regel besagt, dass bei der Montage von Einstellungen eine zwischen handelnden Figuren etablierte Handlungsachse *(vgl. Kapitel A.1.2.4.4 Objektbewegungen/Achsenverhältnisse)* nicht übersprungen werden darf *(vgl. Abb. 66)*.

analyse Teil 2. In: *Medien praktisch. Zeitschrift für Medienpädagogik*. Heft 4 (1996), 57-62, S. 62; vgl. Schleicher/Urban 2005, S. 165.

11 Vgl. Mikos 6 1998, S. 46.

12 Vgl. Mikos 6 1998, S. 45.

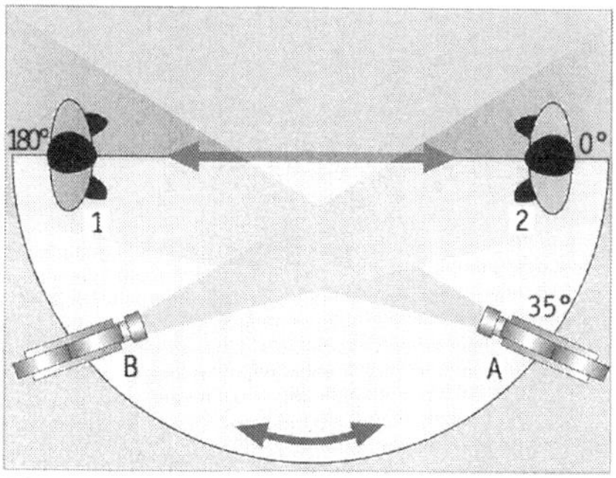


66 180°-Regel

Dadurch soll vermieden werden, dass die Orientierung des Zuschauers im Raum gestört wird: Das Continuity-System wird aufrechterhalten.[13]

So ist z. B. bei einem mit Schuss-Gegenschuss aufgenommenen Dialog *(vgl. Kapitel A.2.2.1.2 Dialogische Szene)* darauf zu achten, dass die seitliche Annäherung an die Dialogpartner die einmal etablierte Handlungsachse nicht überspringt *(vgl. Abb. 67 bis 69)*.[14]

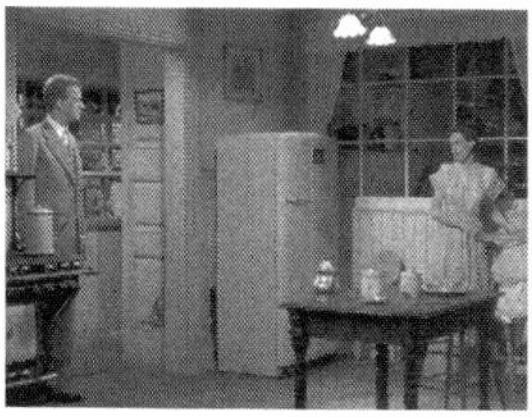

**67** Die Handlungsachse wird etabliert.

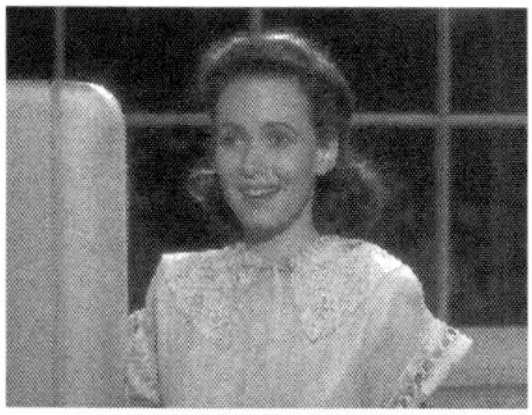

**68** Aufnahme B2

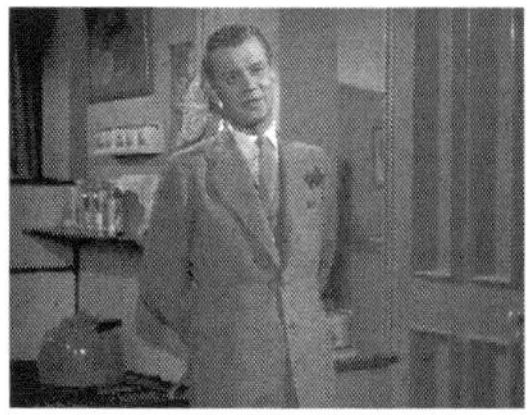

**69** Aufnahme A1

> **Vorschlag**
> Betrachten Sie den Ausschnitt **066 Zweifel – Dialog 2**, in dem dieses Prinzip deutlich wird.

## Ausnahme: Achsensprung

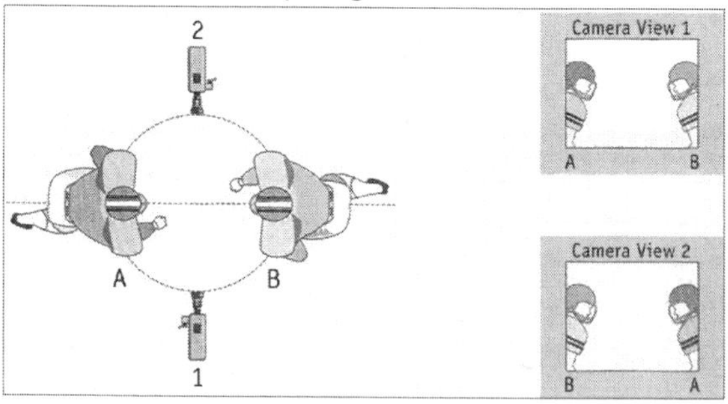


**70** Kameraführung beim Achsensprung

Natürlich gibt es auch bezüglich der 180°-Regel eine Ausnahme. Wenn die Kamera z. B. mitten in einer Gesprächsszene die Position wechselt und die Handlungsachse überspringt *(vgl. Abb. 70)*, so ist der Zuschauer dadurch gezwungen, sich neu im Raum zu orientieren.

Geschieht dies öfter innerhalb eines Gesprächs oder sogar bei einer kontinuierlich verlaufenden Bewegung einer Person oder eines Objektes, kann das Verwirrung beim Zuschauer

13 Vgl. Gross/Ward 1991, S. 98.
14 Vgl. Mikos 6 1998, S. 48.

hervorrufen. Vor allem dann, wenn durch Großaufnahmen der Person oder des Objektes keine räumlichen Anhaltspunkte mehr auszumachen sind und der Zuschauer keine Position mehr dem Geschehen gegenüber beziehen kann.[15]

**Aufgabe 15**

Betrachten Sie den Filmausschnitt **067 Shining – Hausverwalter.**

- ❑ Achten Sie darauf, wie mit dem Prinzip der 180°-Regel umgegangen wird und in welchem Zusammenhang dies zum Inhalt des Dialogs steht. ⇨ Lösung S. 154

## A.2.2 Montagekonzepte

Die Filmmontage und ihre theoretische Durchdringung ist ein umfassendes, viel diskutiertes Thema. Die vorliegende Einführung kann und will keinen vollständigen Aufriss grundlegender Theorien bieten. Hierzu sei auf die eine erste Übersicht vermittelnde Darstellung bei James Monaco verwiesen,[16] der die Auffassungen Pudovkins, Eisensteins und Balázs' komprimiert präsentiert. Weiterhin sei verwiesen auf die Einführungen von Kuchenbuch, Hickethier und Gast,[17] die sich – z.T. aufeinander beziehend – mit dem Thema Montage auseinander setzen und dabei unterschiedliche Akzente fokussieren.

Immer wieder ist versucht worden, die Vielfalt der Montageformen zu systematisieren und ein in sich konsistentes Schema zu entwickeln. Pudovkin schlägt ein Fünf-Formen-Modell vor, Arnheim nennt vier Kategorien, Kaemmerling zwölf und bei dem Systematisierungsversuch von Metz finden sich acht Grundtypen der Montage.[18]

Die folgende Systematisierung der Montage orientiert sich an der von Gast vorgeschlagenen grundsätzlichen Unterteilung des Montagekonzeptes in **unsichtbaren** und **sichtbaren, gestaltenden Schnitt**:

> [Es] sollen zwei Grundformen der Montage unterschieden werden, die für die Analyse von besonderer Wichtigkeit sind: der unsichtbare und der sichtbare, gestaltenden Schnitt. Der unsichtbare Schnitt verbindet zwei Einstellungen auf eine Weise, dass er selbst als Schnitt kaum bemerkt wird. Erreicht wird dieser Effekt [...] durch verschiedene Möglichkeiten [...].[19]

Gast führt hier die Konventionalisierung von Schnitten in bestimmten Handlungssituationen *(vgl. Kapitel A.2.2.1.1 Visuelle Szene)* bzw. bei der Gestaltung von Dialogen *(vgl. Kapitel A.2.2.1.2 Dialogische Szene)* an. Dabei erscheint das Schnittverfahren so selbstverständlich, dass es von den Zuschauern nicht als sol-

15 Vgl. Gross/Ward 1991, S. 98f.
16 Vgl. Monaco Film verstehen 2000³, S. 428ff.
17 Vgl. Hickethier 1993, S. 139ff.; vgl. Kuchenbuch 2005², S. 38ff.; vgl. Gast 1993, S. 40ff.
18 Vgl. Gast 1993, S. 41.
19 Gast 1993, S. 41.

ches wahrgenommen wird.[20] Demgegenüber steht der sichtbare, vom Zuschauer explizit wahrgenommene Schnitt, der nicht im Dienst einer kohärenten Erzählung steht, sondern vielmehr dem Rezipienten eine individuelle, intellektuelle Leistung im Bereich der Bedeutungsfindung abverlangt.

Grundsätzlich lässt sich zur Begrifflichkeit sagen, dass sich Montage und Schnitt dadurch unterscheiden, dass **Cutting/Schnitt** eher das Herausschneiden nicht gewünschten oder nicht verwendbaren Materials bezeichnet, während das französische **Montage** die konstruktive Tätigkeit des Zusammenfügens von Einstellungen oder Filmabschnitten meint.[21] Paech hebt dabei drei mögliche Bedeutungsdimensionen hervor, die durch Montage erzeugt werden können. Erstens kann durch Montage eine «montageförmig erlebte Realität» abgebildet werden *(vgl. Kapitel A.2.2.1 Der unsichtbare Schnitt)*. Zweitens kann aus der Aneinanderreihung oder aber aus dem Zusammenprall verschiedener Elemente ein neuer Sinnzusammenhang entstehen *(vgl. Kapitel A.2.2.2 Der sichtbare, gestaltende Schnitt)*. Drittens können bereits existierende Zusammenhänge in einzelne Elemente aufgelöst werden, die in ihrer Heterogenität nebeneinander bestehen bleiben und in einer offenen textuellen Struktur variable Verbindungen eingehen.[22] Der Fokus der vorliegenden Darstellung richtet sich auf die beiden ersten Möglichkeiten. Außerdem wird die Einstellungsmontage in den Vordergrund gerückt im Gegensatz zur Montage von Sequenzen bzw. längeren Filmabschnitten.[23]

Die Terminologie der verschiedenen Montageformen ist in der Literatur von großer Vielfalt geprägt und nicht einheitlich definiert; auch die Abgrenzung einzelner Begriffe voneinander ist zuweilen nicht eindeutig. Die vorliegende Einführung legt sich aus pragmatischen Gründen auf eine Begrifflichkeit fest und spart dabei eine Diskussion aus.

### A.2.2.1 Der unsichtbare Schnitt

Beim unsichtbaren Schnitt bleiben alle Aspekte des Films, die auf die technische Fertigung oder auf die Künstlichkeit der Filmwelt verweisen, in der Regel vom Zuschauer unbemerkt. Die Aufmerksamkeit wird vollständig auf Inhalt, Charaktere und Wirkung gelenkt. Bleibt die Geschehenskontinuität erhalten, werden auch harte Schnitte kaum bewusst wahrgenommen und bleiben dadurch «unsichtbar».[24]

**Aufgabe 16**

Betrachten Sie den Ausschnitt aus dem Film **068 Der weisse Hai – Strand.**

- ❑ An welcher Stelle des Filmausschnittes befinden sich Schnitte? Wie werden sie «unsichtbar» gemacht?

⇨ Lösung S. 156

20 Vgl. Gast 1993, S. 41.

21 Vgl. Gast 1993, S. 40.

22 Vgl. Paech, zitiert nach Hickethier 1993, S. 139.

23 Zur Problematik des Begriffs «Sequenz» *vgl. Kapitel C. Filmisches Erzählen.*

24 Vgl. Mikos 6 1998, S. 46.

#### A.2.2.1.1 Visuelle Szene

Generell unterscheidet man zwei Arten von «unsichtbar» erzählten Szenen: visuelle und dialogische. Bei der visuellen Szene wird die Handlung mit optischen Komponenten der Mise-en-scène und der Montage erzählt. Beispielhaft zu nennen sind Actionszenen oder Kampfszenen. Das Gegenstück zur visuellen Szene sind reine Dialogszenen zwischen zwei oder mehreren Personen. Hier wird schwerpunktmäßig mittels der Figurenrede erzählt *(vgl. Kapitel A.2.2.1.2 Dialogische Szene, Kapitel B.2.2 Sprache, Kapitel C.2.2.2 Figurenrede)*, wobei natürlich optische Komponenten immer im Sinne der Vermittlung der Erzählung präsent sind. Häufig findet man eine Mischung dieser beiden Szenentypen: Eine Dialog-Szene wird durch Action aufgelockert, eine Actionszene gönnt dem Zuschauer durch einen Dialog eine kurze Verschnaufpause.[25]

Jede Szene hat einen Anfang, eine Mitte und ein Ende, genau so wie eine Sequenz, ein Akt oder ein ganzes Drehbuch *(vgl. Kapitel C. Filmisches Erzählen, Akt-Sequenz-Szene-Einstellung)*. Da das Medium Film grundsätzlich an wenige bis gar keine festen Regeln gebunden ist, unterliegt auch die visuelle Erzählstrategie keiner festgelegten formalen Struktur. Vielmehr ist es das Ziel, durch neue visuelle Reize die Vermittlung des Erzählten besonders interessant und spannend zu gestalten. Eine Szene wird nur ganz selten vollständig in ihrer gesamten dreigliedrigen Struktur gezeigt; im Sinne einer straffen Erzählung kann sie auch in der Mitte oder erst am Schluss beginnen.[26] Inhaltlich müssen nicht alle Szenen eines Films zwingend auf einem Konflikt aufbauen; manche dienen einfach nur zur Vorbereitung einer dramatischen Szene oder verbinden Szenen oder Sequenzen. Dramatische Szenen werden bestimmt von einer zentralen, die Szene dominierenden Figur, die innerhalb des gezeigten Handlungsabschnitts ein Ziel verfolgt und das Geschehen vorantreibt. Dies muss nicht die Hauptfigur sein, obwohl diese natürlich anwesend sein kann.[27]

Die konventionelle Konzeption einer visuell erzählten Szene lehnt sich an das unserer Wahrnehmungspsychologie entsprechende Muster der von Hickethier und Gross/Ward als **Establishing Shot**, **Long Shot**, **Medium Shot**, **Close-Up-Pattern** bezeichnete Folge von Einstellungsgrößen an:[28] Am häufigsten werden Szenen mit einem **Establishing Shot** begonnen. Diese Einstellung legt den Ort, an dem die Szene stattfindet, fest. Oftmals handelt es sich beim Establishing Shot um die Einstellungen Weit oder Total, weil diese dem Betrachter einen Überblick über das Geschehen bzw. den Handlungsort (Gebäude, Prärie, Weltraum etc.) vermitteln bzw. gut atmosphärische Stimmungen transportieren. Allerdings kann sich der Establishing Shot auch auf ein Symbol für einen Ort beschränken – etwa auf ein Schild

25 Vgl. Syd Field, Peter Märthesheimer, Wolfgang Längsfeld: *Drehbuchschreiben für Fernsehen und Film. Ein Handbuch für Ausbildung und Praxis.* München 1988, S. 87.

26 Vgl. Field, S. 92.

27 Vgl. Schleicher/Urban 2005, S. 283.

28 Vgl. Gross/Ward 1991, S. 97; vgl. Hickethier 1993, S. 144f.

oder dergleichen.[29] So wird z. B. ausschnitthaft in Nahaufnahme die Leuchtschrift von Rick's Café in Michael Curtiz' Film CASABLANCA (1942) gezeigt, wenn die folgende Szene an eben diesem Handlungsort stattfindet.

Anschließend wird der zunächst generell festgelegte Handlungsort in seinem gesamten szenischen Raum abgebildet; diese Einstellung – meist eine Totale (Long shot) – heißt **Master Shot**. Dieser garantiert, dass dem Betrachter bewusst ist, wo sich einzelne Personen oder Personengruppen und Requisiten der Szene befinden.[30]

Anschließend verengt sich der Bildausschnitt sukzessive, wodurch der Betrachter an die Handlung herangeführt wird. Dies erfolgt über den **Cut In** genannten Schnitt, meist eine Halbtotale oder halbnahe Einstellung (**Medium Shot**). Diese Einstellungsgrößen erlauben es dem Zuschauer, die dargestellten Personen in einer sie und ihre Situation charakterisierenden Umgebung wahrzunehmen und sich an das Geschehen der Szene anzunähern. Gleichzeitig wird die durch den Establishing Shot festgelegte räumliche Konstellation bewahrt, auch, wenn sie aus einer anderen Perspektive aufgenommen wird.[31] Anschließend wird dem Betrachter durch den **Close Up** – zumeist eine Nah- oder Großaufnahme – die Möglichkeit geboten, die Handlung im Detail zu verfolgen. Wenn Dialoge in die visuelle Szene integriert sind, dann werden sie häufig in Nah- und Großaufnahmen aufgelöst *(vgl. Kapitel A.2.2.1.2 Dialogische Szene)*. Dieses deduktive Muster (vom Allgemeinen zum Besonderen) zieht den Betrachter förmlich in die Szene und erlaubt es ihm, immer detailliertere Informationen zu erlangen, je näher er durch die Verengung des Bildausschnittes der Handlung kommt.[32] Nach der Verengung des Bildausschnittes bleibt es der Konzeption der Szenengestaltung überlassen, ob der Zuschauer durch einen **Reestablishing Shot** erneut einen Überblick über die Gesamthandlung bzw. den Handlungsort in Form einer Totalen oder weiten Einstellung bekommt.[33]

Selbstverständlich kann das beschriebene Muster der visuellen Gestaltung auch umgekehrt werden. Beim induktiven Verfahren (vom Detail ins Allgemeine führend) ist der Betrachter durch enge Einstellungsgrößen so nah am Geschehen, dass sich ihm sofort Fragen aufdrängen: Wer spricht miteinander? Wo befinden wir uns? Indem sich der Bildausschnitt sukzessive erweitert, können diese Fragen im Laufe der Szene beantwortet werden. Letztendlich gibt es kein feststehendes, richtiges oder falsches Muster einer visuellen Szenenkonzeption. Besteht eine Szene aus mehreren Einstellungen, so ist es wichtig, dass der Kamerawinkel von Einstellung zu Einstellung nicht mehr als um 30° variiert (**30°-Regel**), damit die einzelnen Einstellungen nicht «springen», wenn sie in der Postproduktion zusammengeschnitten werden. Bei Szenen, die nur aus einer einzigen Einstellung bestehen, ist dies natürlich unwichtig.[34]

29 Vgl. Gross/Ward 1991, S. 97.
30 Vgl. Rother 1997, S. 193.
31 Vgl. Rother 1997, S. 50.
32 Vgl. Gross/Ward 1997, S. 97.
33 Vgl. Hickethier 1993, S. 145; vgl. Rother 1997, S. 50. Rother bezeichnet den Reestablishing Shot als **Cut Back**.
34 Vgl. Gross/Ward 1991, S. 97.

**Aufgabe 17**

✎ Betrachten Sie den Filmausschnitt **069 Die Vögel – Spaziergang**.

❑ Untersuchen Sie, inwiefern sich die Konzeption der Szene an den oben genannten Vorgaben orientiert. ⇨ S. 156

### A.2.2.1.2 Dialogische Szene

Die **dialogische Szene** zeichnet sich – in Abgrenzung zur visuellen Szene – durch die Darstellung von Kommunikation zwischen zwei oder mehreren Gesprächspartnern aus.[35] Es geht also zum einen um die Interpretation menschlicher Beziehungen und zum anderen um ihre zuschauergerechte Präsentation.[36]

Der von den Figuren gesprochene Text vermittelt einerseits **Informationen**, damit der Zuschauer die Geschichte versteht und der Handlung folgen kann. Natürlich werden im Dialog auch die **Gefühle** und Motivation der Sprechenden deutlich, ohne dass diese explizit zum Thema werden müssen. Der Dialog charakterisiert die sprechenden Personen und zeigt ihre Gefühlszustände durch ihre **Diktion**, d. h. die Art und Weise, wie etwas gesagt wird; hier wird vieles über die soziale Herkunft, den Charakter etc. deutlich *(vgl. hierzu auch Kapitel A.1.1.2 Personen, Kapitel B.2.2 Sprache, Kapitel C.2.2.2 Figurenrede)*.[37]

Die visuelle Herausforderung beim Inszenieren von Dialogen liegt ganz wesentlich in der Problematik der räumlichen Darstellung: Ein dreidimensionaler Gesprächsraum muss zweidimensional glaubhaft visualisiert werden. Es ist dabei wichtig zu wissen, wie sich zwei oder mehr Personen in Gesprächen zueinander stellen können und mit welchen Kamerapositionen sie so aufgenommen werden können, dass der Eindruck von Räumlichkeit entsteht. Das durch das Erzählkino Hollywoods geprägte Continuity-System *(vgl. Kapitel A.2.1.2 Continuity)* bietet eine Auswahl von Standardmustern der Inszenierung, die eine sichere Grundlage für die Umsetzung von Dialogszenen bietet. Diese beschreiben keine Grenze, bei der die Möglichkeiten der Inszenierung aufhören, sondern einen Ausgangspunkt für neue Realisierungsmöglichkeiten. Neben drei unterschiedlichen Stellungen der Gesprächspartner zueinander (A, I und L-Form) wird beim Filmen von Gesprächen unterschieden, ob es sich um einen Dialog mit zwei, drei oder vier und mehr Gesprächspartnern handelt. Die bei Dialogen häufig verwendeten harten Schnitte werden kaum bewusst vom Zuschauer wahrgenommen: Nachdem der Zuschauer sich durch Cut In/Medium Shot und Close Up an die Gesprächspartner angenähert hat, rückt das Gesprochene in den Mittelpunkt der Aufmerksamkeit und zieht die gesamte Konzentration des Zuschauers auf sich. Unter den zehn Realisierungsformen von Dialogen mit zwei Personen, die Katz vorschlägt, werden hier drei Mög-

35 Vgl. Field 1988, S. 87 f.

36 Vgl. Katz 2002⁴, S. 239.

37 Vgl. Schleicher/Urban 2005, S. 284.

lichkeiten vorgestellt, die sich im konventionellen Erzählkino häufig finden: die Gegenüberstellung (Face-to-Face), das Schuss-Gegenschuss-Schema (Shot-Reverse Shot) und das Über-die-Schulter-Schema (Over-Shoulder-Shot).[38]

## Gegenüberstellung (Face-to-Face)

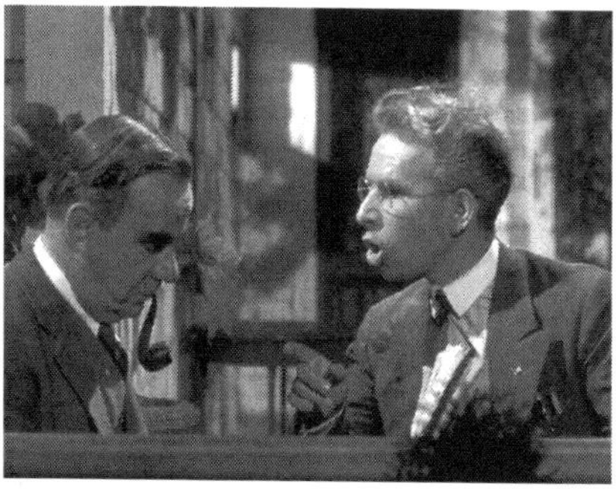

**71** Beispiel für einen Dialog, bei dem ständig beide Gesprächspartner gleichzeitig zu sehen sind

Bei der Gegenüberstellung (Face-to-Face) befinden sich beide Gesprächspartner während der gesamten Konversation gleichzeitig im Bild *(vgl. Abb. 71)*. Die Personen können sich von Angesicht zu Angesicht gegenüberstehen, wobei ihre Schulterlinien parallel zueinander verlaufen. In diesem Fall werden sie im Profil – oder in leichten Abweichungen davon – gezeigt. Sie können Schulter an Schulter nebeneinander her laufen, L-förmig oder mit dem Rücken zueinander stehen – den Möglichkeiten sind keine Grenzen gesetzt. Die Kamera betrachtet die Sprechenden zumeist von vorne, sodass Mimik und Gestik der Gesprächsteilnehmer im Verlauf der Konversation deutlich werden. Sie kann diese aber auch von hinten, von oben, von der Seite etc. zeigen, während die Gesprächspartner laufen, die Kamera kann neben ihnen her fahren oder auf sie zukommen bzw. sich von ihnen entfernen. Der Zuschauer muss sich bei der Bewegung der Sprechenden und/oder der Kamera aber jederzeit problemlos im Raum orientieren können, damit die Geschehenskontinuität erhalten bleibt und er sich voll auf das Gesprochene konzentrieren kann.[39]

**Vorschlag**

Betrachten Sie zum Verfahren beide Gesprächspartner im Bild das Beispiel **070 Im Schatten des Zweifels – Dialog 1**.

## Das Schuss-Gegenschuss-Schema (Shot-Reverse Shot)

Das Schuss-Gegenschuss-Schema zeigt die Schauspieler – meist nach einer Einstellung, in der beide Gesprächspartner zu sehen sind, damit der Zuschauer weiß, wer am Gespräch beteiligt ist und wo es stattfindet[40] – abwechselnd in Großaufnahme.[41] Es bietet die meisten Möglichkeiten beim Schnitt. Einerseits wird nicht nur die

38 Vgl. Katz 2002[4], S. 239 ff.

39 Vgl. Hickethier 1993, S. 148; vgl. Katz 2002[4], S. 247, S. 251.

40 Vgl. Helmut Korte: *Einführung in die systematische Filmanalyse.* Berlin 2004[3], S. 40.

41 Vgl. Hickethier 1993, S. 146.

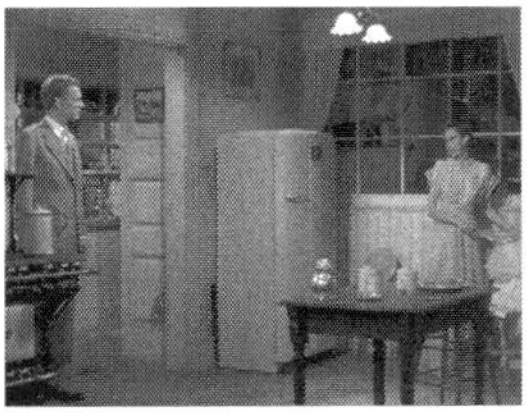

**72** Master Shot

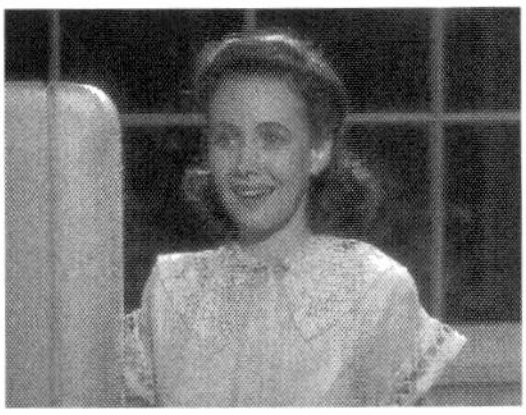

**73** Cut In A: Shot (Blick nach links)

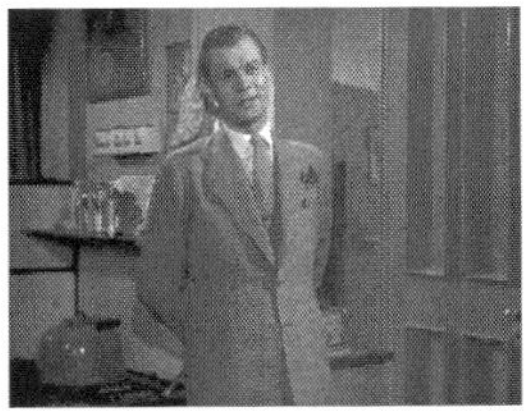

**74** Cut In B: Reverse Shot (Blick nach rechts)

Reaktion eines Dialogpartners gezeigt, sondern durch den Wechsel des Blickpunktes innerhalb der Szene sieht man auch die Reaktion des Gegenübers. Andererseits wird der Eindruck von räumlicher Einheit erzeugt, indem die Blicklinie der einen Person mit der des Gegenübers übereinstimmt. Möglich sind auch Schüsse bzw. Gegenschüsse aus der Ober- bzw. Untersicht *(vgl. Abb. 72 bis 74)*.[42]

Eine spezielle, nicht unbedingt dialoggebundene Form der Schuss-Gegenschuss-Montage ist die **Schuss-Reaktionsschuss-Schnittfolge (Shot-Reaction Shot)**, bei der sich die Darstellung eines Geschehens und die Reaktion darauf abwechseln.

**Vorschlag**

Betrachten Sie hierzu das Beispiel **066 Im Schatten des Zweifels – Dialog 2**.

## Das Over-Shoulder-Shot-Verfahren als Variante des Schuss-Gegenschuss-Schemas

Das Over-Shoulder-Shot-Verfahren ist eine Unterform des Shot-Reverse Shot-Schemas. Auch hier werden die Sprechenden abwechselnd gezeigt, aber die Kamera steht dabei hinter dem Gegenüber und zeigt den Sprechenden über die Schulter des Zuhörenden hinweg. Für gewöhnlich werden Schüsse über die Schulter mit gleicher Optik und Bildgestaltung gedreht, damit sie als Einstellungspaar zueinander passen *(vgl. Abb. 75 bis 78)*. Es kann dabei der ganze Kopf des Gesprächspartners zu sehen sein, aber der Hinterkopf des Gegenübers kann auch Teile davon verdecken; dies kann einerseits die Isolation eines oder beider Gesprächspartner bedeuten, andererseits kann aber auch der Eindruck großer Intimität entstehen.[43]

Sowohl beim **Shot-Reverse Shot** als auch beim **Over-Shoulder-Shot-Verfahren** können durch Zwischenschnitte Nahaufnahmen eingefügt werden. Hierdurch wird eine visuelle Reizerneuerung geschaffen, Einzelheiten werden betont, wodurch sich die Spannung erhöht und auf einen Höhepunkt hinführt.[44]

42 Vgl. Katz 2002[4], S. 243, S. 249.
43 Vgl. Katz 2002[4], S. 247.
44 Vgl. Marner 1980, S. 70.

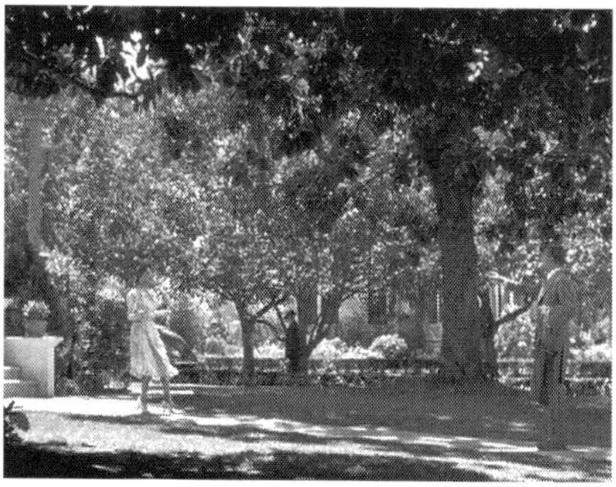

**75** Establishing Shot: Einführung in den Handlungsort des Gespräches

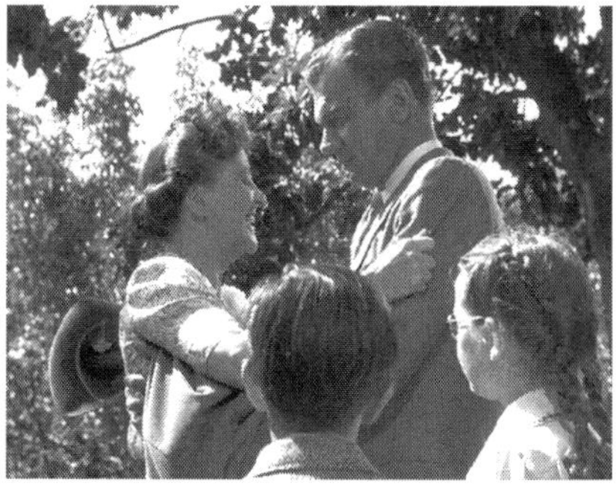

**76** Master Shot: Situierung der Gesprächspartner

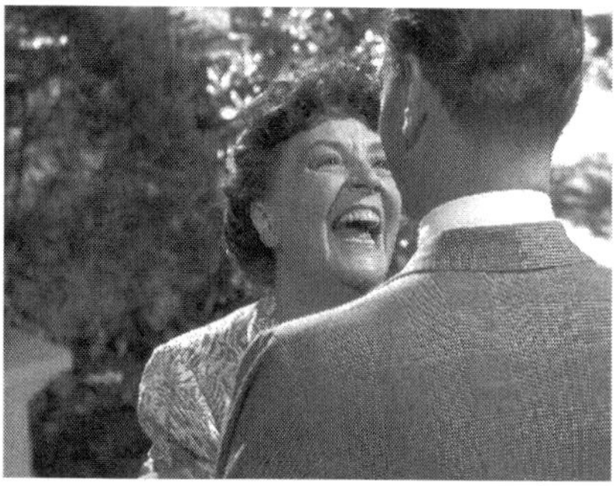

**77** Cut In A: Over Shoulder Shot 1

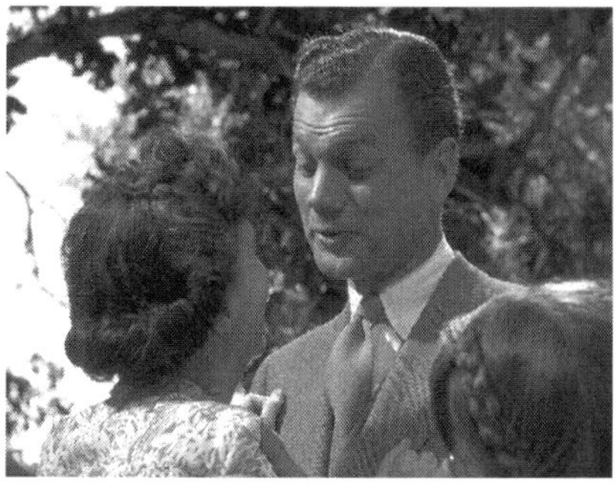

**78** Cut In B: Over Shoulder Shot

**Vorschlag**

Betrachten Sie zum Over-Shoulder-Shot-Verfahren das Beispiel **071 Im Schatten des Zweifels – Dialog 3**.

## Mehr als zwei Gesprächspartner

Die Fülle an Inszenierungsmöglichkeiten steigt, je mehr Personen an einem Gespräch beteiligt sind. Selbstverständlich lassen sich die o. g. Visualisierungsformen problemlos miteinander kombinieren. Außerdem können sich sowohl die Personen als auch die Kamera in Bewegung befinden und neue Möglichkeiten der Realisierung von Dialogen eröffnen.[45]

**Vorschlag**

Betrachten Sie die Filmausschnitte **072 Verbrechen – Dialog 4** und **073 Verbrechen – Dialog 5** als Beispiel für die Dialoginszenierung mit mehr als zwei Personen.

45 Zur Inszenierung von Dialogen mit mehr als zwei Personen vgl. Katz 2002$^4$, S. 265 ff., S. 281 ff.

**Aufgabe 18**

Betrachten Sie den Filmausschnitt **074 Alien 1 - Dialog**.

- ☐ Mit welchen filmsprachlichen Mitteln wird hier der Eindruck von Kommunikation erweckt? ⇨ S. 158

**Aufgabe 19**

Betrachten Sie den Filmausschnitt **075 Dritte - Dialog**.

- ☐ Inwiefern handelt es sich um eine Synthese von visueller und dialogischer Szene? ⇨ S. 159

## A.2.2.2 Der sichtbare, gestaltende Schnitt

Im Gegensatz zum «unsichtbaren» Schnitt des Hollywood-Kinos stellt sich die Montage im «Kino der Autoren» nicht in den Dienst der Wirklichkeitsillusion bzw. einer möglichst kohärent erzählten Geschichte. Der sichtbare, gestaltende Schnitt - auch «Montage als Kollision»[46] genannt - «versteht sich vielmehr als ein strukturierendes, eingreifendes Moment des Erzählens und Darstellens».[47] Nicht die Logik von Raum und Zeit steht im Vordergrund, sondern die Logik der Gedankengänge, die dem Film zugrunde liegen. Der Zuschauer soll durch den sichtbaren Schnitt angeregt werden, assoziativ Verbindungen und Bedeutungen zu schaffen.[48] Hierbei spielen sowohl indirekte, vergleichende und symbolische Beziehungen der montierten Einstellungen als auch kulturelle und filmische Konventionen in der symbolhaften Darstellung eine große Rolle.[49]

### A.2.2.2.1 Intellektuelle Montage

Bei der **intellektuellen Montage** werden Einstellungen mit hartem Schnitt verbunden. Es soll gerade nicht das Continuity-System *(vgl. Kapitel A.2.1 Grundlagen der Montagetechnik)* aufrechterhalten, sondern durch das explizite Neben- und Gegeneinander verschiedener Einstellungen der Zuschauer zum Nachdenken und Schlussfolgern angeregt werden: Aus dem Kontrast oder der Reihung von Bild A und Bild B ergibt sich die neue - intellektuell vom Betrachter erschlossene - Bedeutung C.[50]

Letztendlich lassen sich alle folgenden Montageformen der intellektuellen Montage unterordnen, da der Betrachter, gelenkt von verschiedenen Bildanordnungen, in jedem einzelnen Fall eine individuelle Bedeutungsfindung vollzieht. Dennoch erscheint es sinnvoll, die verschiedenen Techniken der Beeinflussung dieser Bedeutungsfindung voneinander zu unterscheiden.

46 Hickethier 1993, S. 151.
47 Hickethier 1993, S. 152
48 Vgl. Hickethier 1993, S. 152.
49 Vgl. Gast 1993, S. 42.
50 Vgl. Mikos 6 1998, S. 45.; vgl. Kuchenbuch 2005², S. 40.

### A.2.2.2.2 Parallelmontage

Als Parallelmontage bezeichnet man den

> Einstellungswechsel zwischen zwei oder mehr (simultanen, aber räumlich getrennten) Handlungen. Gebräuchlichste Typen sind die [...] **Last Minute Rescue** oder allgemein das Gegeneinanderstellen zweier [oder mehr] Handlungen, die an einem bestimmten Punkt des Films zusammentreffen (**Cross Cutting/[Intercutting]**).[51]

Die Parallelmontage verknüpft auch eine Handlung der Vergangenheit und eine Handlung der Gegenwart miteinander; außerdem wird sie eingesetzt, um zwei (oder mehr) Handlungen zu vergleichen bzw. zu kontrastieren.[52]

### A.2.2.2.3 Match Cut

Der Match Cut verbindet zwei Einstellungen durch Schnitt oder Blende. Innerhalb dieser beiden Einstellungen gibt es ein Element, welches eine Verbindung suggeriert: Auf der Tonspur besteht dieses Element in der Fortführung bzw. in der Variation des der ersten Einstellung unterlegten Tons in der zweiten *(vgl. auch Kapitel B.3 Die Ton-Bild-Montage)*. Auf der Bildebene ist das verbindende Element der Mise-en-scène entnommen: die Wiederaufnahme von Form und/oder Farbe eines Gegenstandes, die Fortführung einer Objekt- und/oder Kamerabewegung, die Ähnlichkeit der Bildkomposition, der Kameraperspektive usw. Alle diese Elemente können beliebig miteinander kombiniert werden; wichtig ist hierbei, auditive und/oder visuelle Ähnlichkeiten zu schaffen, da solche Parallelen die Kontinuität von Handlungen suggerieren, obwohl diese an verschiedenen Orten und/oder in verschiedenen Zeitebenen angelegt sind. Im Sinne der intellektuellen Montage kann diese visuelle bzw. auditive Einstellungsverbindung auch für die Generierung einer individuellen Sinnebene – z. B. einer metaphorischen Parallele – genutzt werden.[53]

### A.2.2.2.4 Jump Cut

Der Jump Cut verbindet zwei Einstellungen durch einen Schnitt. Im Gegensatz zum Match Cut, der im Dienste des Continuity-Systems steht *(vgl. Kapitel A.2.1.2 Continuity)*, stört der Jump Cut dieses Wahrnehmungsmuster. Er wahrt ebenso wie der Match Cut weder räumliche noch zeitliche Kontinuität. Allerdings werden hier absichtlich die Konventionen der Kontinuität des Anschlusses zweier aufeinanderfolgender Einstellungen verletzt, indem z. B. aus einer konsekutiven Aktion Teile eliminiert werden, sodass die Blickwinkel und Kameraentfernungen, die der Zuschauer gewohnt ist, plötzlich von einer Einstellung zur nächsten so variiieren, dass das kontinuierliche Filmerleben durch Bild-Zeitsprünge sichtbar gestört wird. Dies kann durch einen plötzlich wechselnden Hintergrund oder aber die Veränderung

51 Rother 1997, S. 225f.

52 Vgl. Gross/Ward 1991, S. 297.

53 Vgl. Rother 1997, S. 194; vgl. Monaco Lexikon 2000, S. 103f.

einer Person oder eines Gegenstandes der Abbildung bei gleicher Kameraposition visualisiert werden.[54]

#### A.2.2.2.5 Short Cut

Kurze Schnittfolgen sind kein Ergebnis von Werbespots, Videoclips und MTV, sondern sie haben ihre historischen Vorläufer. Bereits in den 1920er-Jahren gab es in Frankreich und Russland Experimente dazu (vgl. Sergeij Eisensteins PANZERKREUZER POTEMKIN (R 1929), und der Short Cut hat seitdem seinen festen Platz im Continuity-System des Hollywood-Kinos.[55] Der Short Cut wird durch sehr hohe Schnittgeschwindigkeit – die Länge einer Einstellung kann den Bruchteil einer Sekunde betragen – und durch die Aneinanderreihung von Einzelbildern oft in Verbindung mit mehreren Handlungsebenen charakterisiert.[56]

> Die Anschlussstücke der Montagen müssen dabei nicht immer eindeutig sein, es reicht schon die bloße Reihung, sodass der Zuschauer versucht, sie mit seiner Kenntnis vorhandener Erzählmuster in Einklang zu bringen.[57]

**Aufgabe 20**

Betrachten Sie folgende Filmausschnitte und ordnen Sie diese begründet einer der oben genannten fünf Montageformen zu:
**076 JURASSIC PARK – Elektrozaun, 077 2001 – Neandertaler, 078 AUSSER ATEM – Autofahrt, 079 NATURAL BORN KILLERS – Autofahrt, 080 MODERNE ZEITEN – Menge, 081 ANTIKÖRPER – Herzschlag.** ⇨ S. 161

## A.2.3 Einstellungskonjunktionen

Montage bezeichnet den formal, inhaltlich und konzeptionell organisierten Schnitt, der einzelne Kameraeinstellungen miteinander verbindet.[58] Die Gestaltung der Überleitungen von einer Einstellung zur nächsten ist ein Teil der Montage. Einerseits unterscheidet man dabei den harten Schnitt; bei diesem akzentuiert die **Punktierung** die Grenze zwischen zwei Einstellungen. Andererseits gibt es die Blende, auch weicher Schnitt *(vgl. Kapitel A.2.3.2.2 Überblende)* oder Transition genannt. Die Blende gestaltet den fließenden Übergang von einer Einstellung zur nächsten.[59]

Es gibt vier verschiedene Möglichkeiten des Übergangs von einer Einstellung zur nächsten.

54 Vgl. Rother 1997, S. 164 f.; vgl. Monaco Lexikon 2000, S. 87.
55 Vgl. Schleicher/Urban, S. 186 f.
56 Vgl. Mikos 6 1998, S. 49.
57 Hickethier 1993, S. 158.
58 Vgl. Gast 1993, S. 40.
59 Vgl. Marner 1980, S. 106.

### A.2.3.1 Der harte Schnitt

Der **harte Schnitt** ist die unauffälligste und am meisten verbreitete Schnitttechnik, mit der zwei Einstellungen direkt hintereinander geschnitten werden. Der harte Schnitt kann für den Betrachter «unsichtbar» oder deutlich wahrnehmbar sein *(vgl. A.2.2.1 Der unsichtbare Schnitt und A.2.2.2 Der sichtbare, gestaltende Schnitt)*. Er wird aber erst bewusst wahrgenommen, wenn der Filmschnitt abweicht von der alltäglichen Wahrnehmung des Zuschauers. Der Betrachter eines Films kann im Alltag beim Anschauen von Objekten oder Personen zwar durch Wenden des Kopfes hin- und her «schneiden», aber dies geht natürlich nur an ein und demselben Ort. Er kann auch die Brennweite der Augen verändern, nicht aber die Einstellungsgröße seines Blickfensters – im Gegensatz zur Kamera. Erst wenn verschiedene Einstellungsgrößen hart geschnitten werden oder die räumliche Kontinuität durch einen Schauplatzwechsel unterbrochen wird, dringt der harte Schnitt ins Bewusstsein des Zuschauers.[60]

### A.2.3.2 Die Blende

#### A.2.3.2.1 Auf- und Abblende

Bei einer **Abblende** wird das Bild am Ende einer Einstellung durch allmähliches Abdunkeln in Schwarz (**Schwarzblende**) oder eine monochrome Farbe überführt. Eine Sonderform der Abblende ist die **Weißblende**, bei der das Bild bis ins Weiß aufgehellt wird. Nach einer Abblende kann die folgende Einstellung unmittelbar einsetzen oder eine **Aufblende** erfolgen, bei der, umgekehrt zur Abblende, aus Schwarz oder Weiß oder einer monochromen Farbe die folgende Einstellung in das Bild eingeblendet wird. Die Blende lenkt die Aufmerksamkeit des Zuschauers auf den Anfang bzw. das Ende einer filmischen – kleineren oder größeren – Einheit.[61] Nach Monaco entsprechen Auf- und Abblende dem Satzzeichen Punkt im Sinne eines Abschlusses bzw. einer Textgliederung, die eine Beziehung der einzelnen Teile untereinander signalisiert, aber keine Verbindung.[62]

Weißblenden werden häufig eingesetzt, um Träume oder Erinnerungen eines Protagonisten anzudeuten, wenn also die Erzählung in eine andere Zeit oder eine andere Wirklichkeitsebene wechselt.[63] Zum Auf- und Abblenden gehört auch das **Einfrieren** einer Einstellung zu einem Standbild (**Freeze Frame**) oder aber das Starten des Bildes aus einem Standbild heraus.[64]

#### A.2.3.2.2 Überblende

Bei einer **Überblende** wird das eine Bild allmählich abgeblendet, während gleichzeitig das folgende Bild aufgeblendet wird, sodass der Übergang zwischen den

60 Vgl. Mikos 6 1998, S. 46 f.

61 Vgl. Monaco Lexikon 2000³, S. 9, S. 18, S. 26; vgl. Gast 1993, S. 40.

62 Vgl. Monaco Film verstehen zitiert nach Gast 1993, S. 40.

63 Vgl. Kuchenbuch 2005², S. 39.

64 Vgl. Katz 2002⁴, S. 437.

einzelnen Einstellungen für eine kurze Zeitspanne zwei Bilder gleichzeitig zeigt.[65] Die Überblende entspricht nach Monaco dem Satzzeichen Komma, da sie Bilder vermischt und gleichzeitig eine Textgliederung evoziert, die stark verbindenden Charakter trägt.[66] Wenn die Überblende sehr kurz und damit kaum noch als solche wahrzunehmen ist, spricht man auch von einem **weichen Schnitt**.

Technisch gesehen handelt es sich bei einer **Unschärfeblende**, bei der das Ende einer Einstellung so lange an Schärfe verliert, bis das Bild ganz verschwommen ist und der Anfang der folgenden Einstellung ebenfalls verschwommen beginnt, um dann scharfgezogen zu werden, um eine Unterform der Überblende. Diese ist nicht mehr wahrzunehmen, weil die Bilder an einem Punkt überblendet werden, an dem der Betrachter sie nicht mehr identifizieren kann.[67]

Als eine Sonderform der Überblende kann auch das **Morphing** betrachtet werden. Hierbei handelt es sich um einen scheinbar stufenlosen Übergang einer visuellen Gestalt in eine andere *(vgl. Abb. 79)*. Früher war das Morphing vor allem im Animationsfilm verbreitet, heute realisieren es Computerprogramme. Diese Technik wurde in den 1990er-Jahren hauptsächlich in der Werbung eingesetzt, dann im Spielfilm (vgl. James Cameron, TERMINATOR 2; USA, 1991) und im Musikvideo.[68] Morphing kann sowohl den Übergang einer Einstellung in eine andere gestalten wie auch eine Person oder ein Objekt innerhalb einer einzigen Einstellung verändern. In jedem Fall ist das Morphing den **Special Effects** zuzuordnen *(vgl. auch Kapitel I.5 der Einleitung)*.

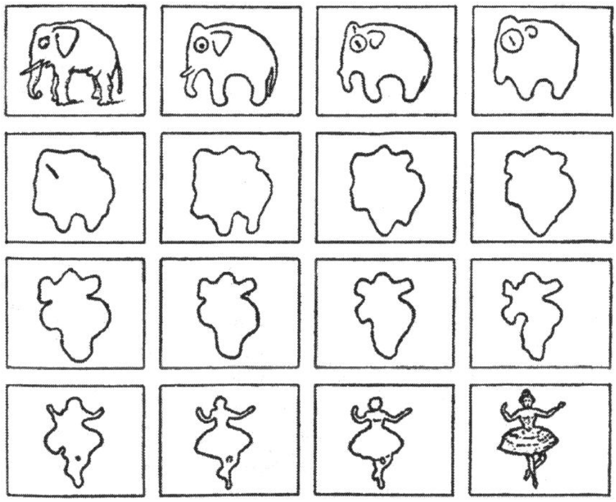

**79** Emile Cohl 1909: eine Serie von Umwandlungen entsprechend dem Morphing

**Vorschlag**

Als Beispiel für ein Morphing innerhalb einer einzigen Einstellung betrachten Sie den Filmausschnitt **082 TERMINATOR 2 – Pflegeeltern.**

65 Vgl. Rother 1997, S. 305.

66 Vgl. Monaco *Film verstehen* zitiert nach Gast 1993, S. 40.

67 Vgl. Katz 2002[4], S. 431.

68 Vgl. Monaco Lexikon 2000, S. 109.

### A.2.3.2.3 Trickblende

Bei der **Trickblende** wird der Schnitt mit Hilfe eines optischen Effekts markiert. Trickblenden werden nach ihrer optischen Form benannt: **Schiebeblende**, **Wischblende**, **Irisblende** etc. Bei einer Wischblende etwa wird die erste Einstellung von der zweiten in einer durchgehenden Bewegung – meist von rechts nach links – so ersetzt, als würde die erste Einstellung von der zweiten z. B. wie durch einen Scheibenwischer aus dem Bild geschoben.[69] Die Trickblenden können sich aber auch in jeder beliebigen Richtung über das Bild bewegen: vertikal, horizontal oder diagonal, sie können kreis- oder spiralförmig verlaufen oder jede andere erdenkliche Form annehmen.[70]

**Aufgabe 21**

Betrachten Sie folgende Filmausschnitte und ordnen Sie sie begründet einer der vier Einstellungskonjunktionen zu.

**083 Highlander - Aquarium, 084 Titanic - Schluss, 085 Zweifel - Langeweile, 086 Highlander - Plakat, 087 Zweifel - Balkon, 088 Highlander - Schlachtfeld, 089 Star Wars VI - Ortswechsel im All, 090 Highlander - Garage, 090 2001 - Neandertaler, 091 Highlander - Polizei.**

⇨ S. 162

69 Vgl. Mikos 6 1998, S. 47; vgl. Schleicher/Urban 2005, S. 190 f.

70 Vgl. Katz 2002$^4$, S. 432 f.

# B Tonebene

Die visuelle Präsentationsebene des Mediums Film eröffnet uns einen spezifischen **Wahrnehmungsraum**; genau so eröffnet uns die akustische Präsentationsebene einen **Hörraum**:[1] Musik, Sprache und Geräusche in Verbindung mit der Bildebene veranlassen uns, Film und Fernsehen für fast eben so «wirklich» zu halten wie z. B. einen Blick aus dem Fenster.[2] Ein vollständiges Fehlen der Tonebene – also absolute Stille – hingegen stört die etablierte Wirklichkeitsillusion. Sie verursacht beim Zuschauer Irritationen, weil der audiovisuelle Wahrnehmungsraum als unvollständig registriert wird.[3]

## B.1 Die Herkunft des Tons

Grundsätzlich wird, wie auch beim Bild, zwischen **On** und **Off** unterschieden *(vgl. Kapitel A.1.2.1 Cadrage)*. Gemeint ist **On the screen** und **Off the screen**; die Begriffe stellen fest, ob die Geräuschquelle im Bild zu sehen ist (z. B. eine sprechende Person, eine Zeichentrickfigur, ein Auto, ein Radio, ein Telefon etc.) oder nicht. Wenn die Tonquelle nicht zu sehen ist, muss noch einmal unterschieden werden, ob die Herkunft generell in der Bildebene zu suchen ist, z. B. ein laufendes Radio oder ein hupendes Auto, welches nicht immer im Bild zu sehen, aber durchgehend zu hören ist. Oder ob die Quelle auf der Bildebene überhaupt nicht vorkommt, wie bei einem Sprecher aus dem Off.[4]

### B.1.1 On-Ton

Ein gutes Beispiel für die Unterscheidung von On- und Off-Ton liefert die Unterteilung in «Musik im Film» und «Filmmusik». Bei der ersten handelt es sich um eine diegetisch motivierte Musik. Das bedeutet, dass der Ursprung des On-Tons Teil der erdachten Welt des Films ist: man sieht Musiker musizieren und Sänger singen, Radios, Tonträger jeder Art oder Fernseher spielen. Oder aber die Musik ist Teil der Handlung, wenn die Protagonisten eine Oper besuchen oder in die Disco gehen und dort Musik ertönt.[5]

Der Zusammenhang zwischen gezeigtem Bild und diegetischem On-Ton ist dann am deutlichsten, wenn die Tonquelle auf etwas im Bild Enthaltenes verweist oder

1 Vgl. Hickethier 1993, S. 92.
2 Vgl. Paech 1977, S. 235.
3 Vgl. Hickethier 1993, S. 93. Auch der Stummfilm war niemals absolut stumm, sondern wurde immer musikalisch und/oder durch einen Sprecher begleitet.
4 Vgl. Paech 1977, S. 235; vgl. Gast 1993, S. 34; vgl. Hickethier 1993, S. 93.
5 Vgl. Werner Faulstich: *Grundkurs Filmanalyse*, München 2002, S. 137.

aber eine Aktion initiiert. Dies ist der Fall, wenn beispielsweise ein Soldat mit dem Rücken zu seinem Zug steht, er den Befehl erteilt, die Gewehre zu entsichern und man sieht, dass die Soldaten diesem Befehl Folge leisten. Die Beziehung zwischen Befehlendem und Soldaten und die Begründung für ihre Handlung gehen nur aus dem im On gesprochenen diegetischen Sprechakt und der darin vermittelten Aufforderung des Befehlenden an die Untergebenen hervor. Zur Charakterisierung von Geräuschen und Sprache ist es wichtig, dass man ihre Quelle oder bei Gesagtem den Sprechenden sieht. Sympathie und Antipathie können beim Anblick des Sprechers das Verständnis des Gesagten oder die Bereitschaft, sich der vorgetragenen Meinung anzuschließen oder sie abzulehnen, beeinflussen.[6]

## B.1.2 Off-Ton

Bei der «Filmmusik» handelt es sich im Gegensatz zur «Musik im Film» um Musik aus dem Off. Diese kann diegetisch motiviert sein, indem sozusagen Musik in Hörweite gespielt wird, z. B. von einem Orchester, das nicht zu sehen aber zu hören ist. Oder aber sie kann nicht-diegetischen Ursprungs sein, dann ist sie nicht Teil der erdachten Welt des Films, sondern kommt sozusagen «von außen». Ist dies der Fall, wird sie häufig – genauso wie eine Stimme oder Geräusche aus dem Off – als dramaturgisch-narratives Element eingesetzt.[7] Wegen ihrer relativen Selbstständigkeit sind Musik, Geräusche und Texte aus dem Off, deren Ursprung nicht-diegetisch ist, oft mit mehr Autorität ausgestattet als im On. So sind z. B. langsame Schritte aus dem Off so unheimlich, gerade weil nicht zu sehen ist, woher sie kommen und wer sie verursacht.[8]

**Aufgabe 22**

Betrachten Sie den Filmausschnitt **092 Gatsby – Pool**.

- ❑ Klären Sie, inwiefern es sich beim Ton dieses Filmausschnittes um Musik, Sprache oder Geräusche aus dem On oder aus dem Off handelt und inwieweit diese als dramaturgisch-narratives Element eingesetzt werden. ⇨ S. 164

**Aufgabe 23**

Betrachten Sie den Filmausschnitt **093 Goodfellas – Autos**.

- ❑ Inwiefern beeinflusst der Sprecher aus dem Off die Bewertung der kriminellen Handlung des Protagonisten durch den Zuschauer? ⇨ S. 164

6 Vgl. Paech 1977, S. 236.
7 Vgl. Faulstich 2002, S. 137 f.
8 Vgl. Paech 1977, S. 236.

# B.2 Die Tonquelle

Die Tonquelle wird in der Grundlagenforschung in drei Bereiche unterteilt: **Geräusch**, **Sprache** und **Musik**. Jedem dieser Bereiche kommt sowohl einzeln wie auch im Zusammenspiel eine besondere Bedeutung in Bezug auf die Wirkung zu, die zusammen mit den gezeigten Bildern erzeugt wird.[9]

## B.2.1 Geräusche

Geräusche im Film lassen sich grundlegend drei Funktionen zuordnen: Verstärkung der **Illusion von Realität** im Sinne der Aufrechterhaltung des Continuity-Systems *(vgl. Kapitel A.2.1.2 Continuity)*, Lenkung der Wahrnehmung der Zuschauer und symbolhafte Funktion.

Erstens sind Geräusche handlungsfunktional: «In der Regel dienen [...] [sie] der Intensivierung der Realismusillusion des Films,»[10] wenn sie – wie etwa das Knarren der Tür in einem Kriminal- oder Horrorfilm – zur Realität der bildhaft vorgestellten Welt gehören und die visuell übermittelten Informationen vervollständigen.[11] Dazu im Gegensatz wirkt ein

> [...] tonloses Geschehen [...] unvollständig, unwirklich, wie tot. Ein ständiges, leicht unregelmäßiges Hintergrundgeräusch vermittelt uns dagegen Lebendigkeit [...]. Im Film wird deshalb eine sogenannte **Atmo** erzeugt, eine akustische Atmosphäre, die den Wirklichkeitseindruck des Visuellen wesentlich steigert. Sie ist anwesend, wenn sonst nichts zu hören ist und eine «spannungsgeladene Stille» beabsichtigt ist.[12]

Eine Erweiterung der Funktion der Realismusillusion um die **narrative Dimension** kann erfolgen, wenn z. B. in einer Dokumentation über Arbeiter die Geräusche in einer Maschinenhalle dominant sind und alle anderen Geräusche ebenso wie die gesprochene Sprache übertönen.[13]

Zweitens steuern Geräusche die Rezeption der visuell vermittelten Welt, sie leiten uns in der Interpretation der gezeigten Bilder. So reagiert man sensibel auf bestimmte Geräusche, die eine Bedrohung assoziieren; abrupt einsetzende und laute Geräusche erzeugen Schockeffekte,[14] sanfte und harmonische Klangfolgen – z. B. Naturgeräusche wie Vogelzwitschern – dienen dagegen einer der Entspannung dienenden **Rezeptionslenkung**.

Drittens können Geräusche – im Widerspruch zum visuellen Wahrnehmungsraum oder in Kongruenz zu ihm stehend – eine **symbolische Dimension** bekom-

9 Vgl. Faulstich 2002, S. 131 ff.; S. 137 ff.; vgl. Gast 1993, S. 36 ff.; vgl. Hickethier 1993, S. 93.
10 Gast 1993, S. 38.
11 Vgl. Faulstich 2002, S. 136.
12 Hickethier 1993, S. 94.
13 Vgl. Mikos 4 1997, S. 61.
14 Vgl. Hickethier 1993, S. 94.

men. Die symbolische Bedeutungsebene eines Geräuschs kann sich einerseits durch Kontrastierung entfalten, wenn z. B. die Visualisierung eines harmonischen Badeaufenthaltes am Strand mit entsprechender Geräuschkulisse gestört wird durch das akustische Signal, welches einen Hai-Angriff ankündigt. Andererseits können Situation und Geräusch kongruent sein; im Falle des von Naturgeräuschen untermalten Geturtel eines Liebespärchens überhöhen Vogelgezwitscher, Bienensummen etc. symbolhaft im Sinne eines akustisch evozierten locus amoenus die Parallelität von Beziehungskonstellation und Geräuschkulisse. [15]

**Aufgabe 24**

Betrachten Sie den Filmausschnitt **094 Condor – Geräuschkulisse.**

- ❑ Welche Atmo wird durch die verschiedenen Geräuschkulissen geschaffen? Welche Empfindungen und Gestimmtheiten werden beim Zuschauer durch die Geräusche erweckt? Welche Funktion haben die Geräusche in Bezug auf das, was der Film erzählt? ⇨ S. 165

**Aufgabe 25**

Betrachten Sie den Filmausschnitt **095 Der weisse Hai – Angriff.**

- ❑ Inwiefern «lernt» der Zuschauer im Ausschnitt zu Beginn des Films, welche filmsprachlichen Mittel einen Angriff des weißen Hais aus der Tiefe ankündigen? Durch welche filmsprachlichen Mittel wird in den sich anschließenden Ausschnitten die Rezeption des Zuschauers gelenkt? ⇨ S. 166

## B.2.2 Sprache

Bei der Präsentation der Sprache im Film unterscheidet man zunächst die schriftlich visualisierte Sprache durch **Inserts** *(vgl. hierzu ausführlich Kapitel A.1.1.4 Schrift)* und die im On bzw. Off **gesprochene Sprache** im Film. Neben diesen beiden Kategorien können bei der gesprochenen Sprache die Dimensionen der **Informationsvermittlung** und des **Kommentars** unterschieden werden.[16]

Bei Gesprochenem im Film, sei es aus dem On oder Off, kommt es nicht nur darauf an, was gesagt wird. Zusätzlich zur inhaltlichen Dimension ist die Dimension der Art der Präsentation mindestens ebenso wichtig. Die Sprecherstimme erzeugt Sympathie oder Antipathie und transportiert neben dem Gesagten weitere Informationen, die vom Betrachter für eine Charakterisierung des Sprechers oder der Sprecherin bzw. für eine weiterführende Interpretation des Gesagten fruchtbar gemacht werden können. «Wenn z. B. eine Kinderstimme eine Szene kommentiert, erscheint das Gesagte in einem anderen Licht als bei einer Erwachsenenstimme.»[17]

15 Vgl. Hickethier 1993, S. 95.

16 Vgl. Hickethier 1993, S. 101, S. 105 f.

17 Vgl. Hickethier 1993, S. 104. Vgl. hierzu auch den Filmausschnitt **Doppeltes Lottchen – Oper** im *Kapitel C.2.2.2 Figurenrede.*

Eine Stimme aus dem Off nennt man **Voice Over**. Rother definiert sie als eine über die Szene gelegte Stimme, deren Quelle weder im Bild zu sehen noch in Hörweite ist. Die Voice Over wird als Kommentar- oder Erzählinstanz eingesetzt *(vgl. hierzu die Detailanalysen des Kapitels C.2.1 Erzählperspektive)*. Sie kann außerdem pragmatisch eingesetzt werden anstelle von Untertiteln, um eine Übersetzung einzusprechen. Laut Rother kann die Voice Over auch eine Perspektive aus der Erinnerung verdeutlichen. Das Erzählen, das im unsichtbaren Schnitt der Continuity zugunsten der Wahrnehmung und der direkten Teilhabe an einem Geschehen verschwindet, wird durch die Voice Over wieder explizit gemacht. Außerdem kann sie als Klammer dienen, die zunächst visuell disparat erscheinende Einheiten eines Films verbindet.[18]

Die Figurenrede im On kann unterschiedliche Funktionen erfüllen. Als dramatische Sprachhandlung ist sie Teil des Geschehens; so erhöhen z. B. das Verstummen eines Dialogs und aller Geräusche die Spannung und lenken die Aufmerksamkeit auf die Gestik der Personen oder auf die Mise-en-Scène des Gezeigten. Durch die Figurenrede wird aber auch über andere an der Handlung beteiligte Personen oder über Ereignisse informiert, an denen die Sprechenden selbst nicht beteiligt oder die im Film überhaupt nicht zu sehen waren oder sein werden, die aber für die Handlung von entscheidender Bedeutung sein können.[19]

**Aufgabe 26**

✎ Betrachten Sie den Filmausschnitt **096 I LOVE YOU – Tischgespräch.**

☐ Erklären Sie die verschiedenen Funktionen der Figurenrede im On. ⇨ S. 166

**Aufgabe 27**

✎ Betrachten Sie den Filmausschnitt **097 THOMAS CROWN – Schach.**

☐ Inwiefern steht die An- und Abwesenheit von Sprache im Dienst der Charakterisierung des Verhältnisses des Bankräubers Thomas Crown zu der Versicherungsdetektivin Vicki Anderson, die den ganzen Film über versucht ihn zu überführen? ⇨ S. 168

## B.2.3 Musik

Filmmusik wirkt – im Gegensatz zur Musik im Film – meistens unterbewusst und erfährt im Vergleich mit dem Visuellen bei der Rezeption nur wenig explizite Aufmerksamkeit. Aufgrund ihrer immensen Wichtigkeit in Bezug auf die Wirkung des Gesehenen sollte man Filmmusik ebenso sorgfältig beschreiben und charakterisieren können wie alles visuell Vermittelte.[20] Faulstich schlägt als Basis für eine solche erste Charakterisierung folgende Begriffe vor:

18 Vgl. Rother 1997, S. 317 f.
19 Vgl. Mikos 4 1997, S. 61.
20 Vgl. Faulstich 2002, S. 138.

Rhythmus, Instrumentierung (Geigen, Bläser, Percussion etc.), Tempi, Melodien bzw. Motive, Modulationen, Harmonien, Dynamik, Agogik, Ornamentik, generell die jeweilige Grundstimmung (wild oder zart, laut oder leise, stringent oder verschnörkelt etc.).[21]

Lässt man Musikfilme, Filmopern und Musicals außer Betracht, lassen sich nach Lissa im Wesentlichen vier Funktionen von Musik unterscheiden: Bei der **illustrierenden Funktion** unterstützt und veranschaulicht die Musik das im Bild Dargestellte. Als **Ausdrucksmittel psychischer Erlebnisse** ist sie Zeichen von Wahrnehmungen, Erinnerungen und Fantasievorstellungen und der Ausdruck von Gefühlen dargestellter Personen. Musik kann die **Wahrnehmung steuern**, indem sie Spannung erzeugt und/oder das Continuity-System unterstützt. Zuletzt kann sie die **Filmhandlung kommentieren** *(vgl. hierzu auch C.2.2.1 Erzählerrede, kommentierende/reflektierende Montage)*.[22] Eine weitere, wichtige Funktion von Filmmusik ist die **leitmotivische Verklammerung**, die dazu dient, eine Figur des Films zu begleiten und die einzelnen Phasen der Entwicklung bzw. verschiedene emotionale Zustände musikalisch in Variationen und Verfremdungen des Motivs anzudeuten.

Es muss dabei betont werden, dass Filmmusik und Musik im Film eher funktionellen Charakter im Sinne der o.g. Aufgaben haben – in Abgrenzung zu einer sich autonom verstehenden Musik. Dies hat jedoch nicht verhindert, dass es Überschneidungen gibt: Die Vermarktung von Filmmusik, die dann auch außerhalb des Films rezipiert wird, bzw. die Integration von der sich autonom verstehenden, «eigentlichen» Musik in Form von Popsongs oder klassischen Stücken geben davon Zeugnis.[23]

Selbstverständlich kann hier nur ein Grundmuster an möglichen Funktionen vermittelt werden. Wichtig ist vor allem, dass der Zuschauer «selber film-, figuren-, szenen-, setting-, [und] atmosphärenspezifische Funktionen der Musik [...] [ermittelt] und sie produktbezogen jeweils [...] [begründet] und in die Analyse und Interpretation [...] [einbezieht].»[24]

**Aufgabe 28**

1. Betrachten Sie *erst* den Filmausschnitt **098 Wirkung Musik 1**.
   - ❑ Machen Sie sich Stichworte zu den Fragen Wer, Was, Wie, Wo, Warum mit besonderem Blick auf das Verhältnis der dargestellten Frau und dem Mann im Auto.

21 Faulstich 2002, S. 139.

22 Zofia Lissa zitiert nach Faulstich 2002, S. 140; vgl. ebenso Faulstich 1994, S. 35. Faulstich präsentiert eine nach Norbert Jürgen Schneider erstellte Liste mit 20 Funktionen, die Filmmusik haben kann, verweist aber gleichzeitig darauf, dass diese nicht erschöpfend ist. Vgl. Faulstich 2002, S. 141 f.

23 Vgl. Hickethier 1993, S. 100.

24 Faulstich 2002, S. 142.

2. Betrachten Sie *anschließend* den Filmausschnitt **099 Wirkung Musik 2**.
- ☐ Machen Sie sich Stichworte zu den Fragen Wer, Was, Wie, Wo, Warum mit besonderem Blick auf das Verhältnis der dargestellten Frau und dem Mann im Auto.

3. Kommentieren Sie den Unterschied zwischen ihren Eindrücken, indem Sie die Rolle der Musik bei der Beantwortung der oben gestellten W-Fragen beschreiben.

4. Betrachten Sie die Filmausschnitte **100–103 Star Wars VI – Darth Vader 1 bis 4**.
- ☐ Wie wird hier die Musik eingesetzt und woran wird das deutlich? ⇨ S. 168

# B.3 Die Ton-Bild-Montage

Neben der Verbindung von Einstellungen *(vgl. Kapitel A.2 Schnitt/Montage)* ist die **Ton-Bild-Montage** zentraler Bestandteil der Montage. Normalerweise wird hier auf eine natürliche, unmittelbare Wirkung hingearbeitet; der Ton ordnet sich dem Geschehen unter. Der innerhalb des Filmbildes entstehende Ton wird meist **synchron zum Bild** montiert. Eine **asynchrone Montage** zur Verbindung unterschiedlicher Zeiten in Ton und Bild (Rückblende, Vorausschnitt) ist möglich, solange die grundsätzliche Chronologie und das Continuity-System *(vgl. Kapitel A.2.1 Grundlagen der Montagetechnik)* unangetastet bleiben.[25] Szenen können durch **Tonbrücken** miteinander verbunden werden, indem der Ton aus der vorangegangenen Szene noch weiterläuft, während die neue Szene schon begonnen hat.[26] Umgekehrt kann auch der Ton der nächsten Szene bereits am Ende der vorangehenden Szene dem Bild unterlegt werden. Sind diese Tonbrücken so kurz gehalten, dass sie nicht bewusst wahrgenommen werden, fördern sie den flüssigen, kontinuierlichen Erzählablauf. Längere Tonbrücken hingegen bilden Klammern, die verschiedene Einstellungen miteinander verbinden.

Während die **parallele Ton-Bild-Montage** die gestalterischen Prinzipien der Bildmontage unterstützt und deren emotionale Wirkung verstärkt, kann die **kontrapunktische Ton-Bild-Montage** den Erzählrhythmus eigenständig prägen, z. B. im Horrorfilm oder in der Komödie.[27]

**Aufgabe 29**

Betrachten Sie die Filmausschnitte **104 Goodfellas – Autoscheibe, 81 Antikörper – Herzschlag** und **105 Verbrechen – Stewardess**.
- ☐ Erklären Sie, welche Funktion jeweils die Tonbrücken haben. ⇨ S. 170

25 Vgl. Gross/Ward 1991, S. 161.
26 Vgl. Mikos 6 1998, S. 49.
27 Vgl. Diekhans 2004, S. 38.

# C Filmisches Erzählen

## Vom Filmtext zur Geschichte im Kopf des Zuschauers

Film- und Fernsehtexte können als Erzählungen begriffen werden, da sie als eine Verkettung von Situationen zu verstehen sind, in der Ereignisse stattfinden und in der Personen in spezifischen Umgebungen handeln. Diese Erzählungen basieren auf einem sogenannten Plot, der sich als die Zusammenschau aller visuellen und auditiven Elemente definiert, die der Film- oder Fernsehtext inhaltlich-handlungsrelevant oder formal-ästhetisch präsentiert.[1] Filmgeschichten werden auf verschiedene Arten erzählt, was verschiedene Möglichkeiten der Publikumsbeteiligung erlaubt. Diese Interaktion von Plot und Publikum bringt die Story hervor.

Die Story besteht aus den abgebildeten Ereignissen des Plots und aus den vom Zuschauer aus den Hinweisen des Filmtextes subjektiv gefolgerten Ereignissen, die im Filmmaterial selbst nicht unbedingt visualisiert sein müssen. Zum Verständnis des Films muss der Betrachter aktiv Zusammenhänge herstellen und Ereignisse rekonstruieren, die nicht zu sehen sind, aber wesentlich zur Geschichte gehören.[2]

Das Erzählen im Film hat zwei Aufgaben: Zum einen soll die Vorstellung des Rezipienten gefüllt werden, zum anderen wird ihm gezeigt, wie er bereits vorhandenes Wissen nutzen, eingrenzen und daraus selektieren kann. Das spielt z. B. eine Rolle bei der elliptischen Erzählweise, die sich durch Auslassungen/Leerstellen im Plot auszeichnet.[3]

Bei der filmischen Informationsverarbeitung spielen nach Ohler drei Formen von Wissen eine zentrale Rolle: das generelle Weltwissen eines jeden Rezipienten, welches durch verschiedene Faktoren wie Alter, Bildung usw. bestimmt wird; das narrative Wissen, also die Kenntnis von typischen Plots und Handlungssettings im Rahmen typischer Genres und das Wissen über filmische Darbietungsformen, also die Kenntnis der Elemente der Filmsprache.[4] Um aus den Hinweisen der Filmtexte im eigenen Kopf eine Geschichte generieren zu können, müssen die Zuschauer in jedem Fall ihr vorhandenes Wissen aktivieren; da dieses von Rezipient zu Rezipient unterschiedlich ist, können bei ein und demselben Text verschiedene Geschichten

1 Vgl. Mikos 2 1996, S. 57.

2 Vgl. Mikos 2 1996, S. 57. Faulstich definiert die Begriffe ganz anders: Story ist bei ihm die Geschichte in ihrer chronologischen Abfolge, während Plot die kausale Verknüpfung des Geschehens bezeichnet, vgl. Faulstich 1994, S. 59. Eine Diskussion verschiedener Begriffsfüllungen kann hier nicht erfolgen.

3 Vgl. Mikos 2 1996, S. 57 f. Vgl. dazu auch die *Kapitel A.2.1 Grundlagen der Montagetechnik und C.3.1.2 Raffung.*

4 Vgl. Mikos 2 1996, S. 60.

entstehen: die Lesarten eines Textes sind also – wie im Übrigen auch bei Printtexten – verschiedenartig.[5]

Die Filmsprache ist beim filmischen Erzählen von zentraler Bedeutung, weil sie die Aufmerksamkeit der Zuschauer lenkt, für die Erwartungshaltung, die die Zuschauer einem Filmtext gegenüber aufbauen, eine große Rolle spielt und damit für die Entstehung der Geschichte im Kopf unentbehrlich ist.[6]

## Die Dramaturgie des Plots

Filme besitzen Nähe zu epischen Printtexten: Sie haben eine Erzählhaltung, eine Erzählperspektive, und sie entwerfen Zuschauerrollen, die so angelegt sind, dass der Zuschauer sich unbemerkt identifiziert oder distanziert. Filme haben ebenfalls Gemeinsamkeiten zum Drama aufgrund der situativen Darstellungsweise, der Szenenordnung und der Konzeption der Handlungsführung in Anlehnung an die klassische Dramenstruktur.[7]

Das Grundmuster der dramatischen Struktur des Plots wird durch das Drehbuch festgelegt. «Ein Drehbuch ist eine in Bildern erzählte Geschichte»,[8] in der es um eine oder mehrere Personen an einem oder mehreren Orten mit einer bestimmten Handlung geht. Nach Field haben alle Drehbücher eine grundlegende, geradlinige Struktur, die sich in drei Akte unterteilt. Im ersten Akt wird die Geschichte etabliert, der Zuschauer erfährt, wer die Hauptfigur ist, wovon die Geschichte handelt und wie die Situation beschaffen ist. Am Ende des ersten Aktes befindet sich der erste Plot Point, ein Ereignis, das der Handlung eine andere Richtung gibt, sie voran- und auf die Lösung zutreibt.

Im zweiten Akt findet die Konfrontation statt, die die Basis für den Konflikt des oder der Protagonisten bildet, der oder die im Laufe der Handlung Hindernisse überwinden muss/müssen.

Im dritten Akt wird die Story aufgelöst, indem geklärt wird, wie sie endet und was mit dem Protagonisten passiert.[9]

Field fasst seine Ergebnisse in einem Schema wie folgt zusammen *(vgl. Abb. 80)*:

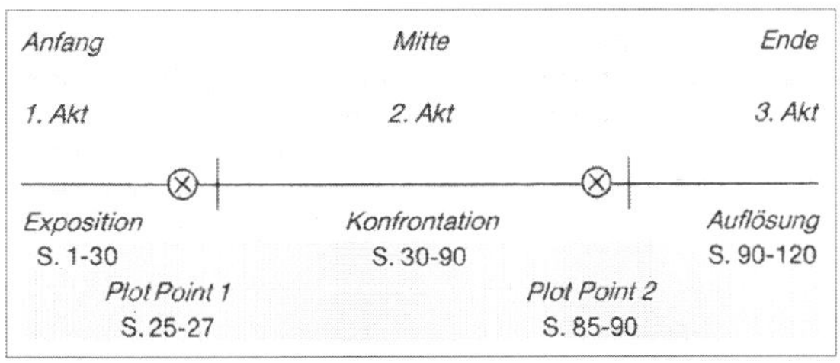


**80** Die Seitenzahlen beziehen sich auf die Seitenangaben in einem fiktiven Drehbuch.

5 Vgl. Mikos 2 1996, S. 62.
6 Vgl. Mikos 2 1996, S. 45.
7 Vgl. Gast 1993, S. 58.
8 Field 1988, S. 11.
9 Vgl. Field 1988, S. 41 ff.

Die Plot Points strukturieren die Handlung und stellen das Gerüst für den Aufbau des Films dar. Es kann pro Film – je nach Handlung – natürlich auch mehr als nur zwei Plot Points geben; auch ist es eine Frage der Interpretation, ob ein Ereignis den Rang eines Plot Points erlangt oder nicht.[10]

Fields Akte weisen – mediengeschichtlich begründete – Ähnlichkeiten mit Gustav Freytags Dramentheorie der «fünf Theile» auf, von einer genauen Übereinstimmung kann aber nicht gesprochen werden. Beide Konzeptionen entspringen der gleichen auf Aristoteles basierenden Vorstellung von Handwerksregeln und Handlungsaufbau; Field schreibt Freytag, der sich in seinen Ausführungen auf die Tragödie beschränkt, gewissermaßen für ein anderes Medium fort. Dies ist möglich, da die Mehrzahl der Erzählungen des klassischen Hollywood-Kinos bis heute am «well made play» orientiert sind.[11] Als Beispiel dafür sei die klassische, geschlossene, lineare Form und der pyramidale Aufbau in fünf Akten des Spielfilms Titanic von James Cameron genannt (USA 1997):

*1. Exposition:* Vorstellen von Figuren, Ort, Zeit der Handlung: Rose und Jack in ihrer sozialen Umgebung, das Schiff; *2. Konfliktaufbau:* Oberschicht versus Unterschicht, Roses Entscheidung für Jack und gegen ihre Familie; *3. Höhepunkt:* Kollision mit dem Eisberg, Flucht der Liebenden mit Jacks Gefangennahme; *4. Retardierung:* Jacks Rettung, Überlebenskampf der Liebenden; *5. Schluss:* Untergang, Jacks Tod, Roses Rettung. Die Verfestigung dieser Struktur hängt sicherlich auch mit den hohen Produktionskosten eines Films zusammen und mit dem dadurch verbundenen Wunsch nach Absicherung.[12]

Es lassen sich allerdings auch gegenteilige Strömungen erkennen. Ähnlich wie im Drama des 19. Jahrhunderts, das sich weg von der Freytagschen Struktur hin zu anderen Formen wendet, gibt es auch Filme, die sich nicht zwingend an Fields Paradigma orientieren und eine anders konzipierte Handlungsstruktur offenbaren. Neben der chronologischen Abfolge von Geschehnissen, wie sie in Filmen, die an der Freytagschen Struktur orientiert sind, überwiegend vorliegt, kann die Handlungsführung auch durch Rahmen- und Parallelhandlungen sowie der unterschiedlichen Gewichtung von Haupt- und Nebenhandlung bestimmt sein. Oftmals findet sich auch eine achronische Abfolge der Geschehnisse: Die «natürliche» Zeitfolge wird hier durchbrochen von einem ständigen Wechsel der Zeitebenen durch Rückwendungen und Vorausdeutungen *(vgl. Kapitel C.3.2 Verschiedene Zeitebenen)*. Der Komplexität der Zeitstrukturen ist keine Grenzen gesetzt; dies zeigt beispielhaft der Film Memento von Christopher Nolan (USA 2000), der den Zuschauer zusammen mit dem Protagonisten Leonard (Guy Pearce) die komplexe Thrillerhandlung gleichsam in kleinen Rückwärtsschritten erkunden lässt. Der Film 5x2 von François Ozon (F 2004) erzählt eine Liebesgeschichte von ihrem Ende – dem Scheidungstermin – ausgehend und endet mit dem ersten Treffen der Liebenden. Die Filmhandlung

10 Vgl. Field 1988, S. 76.

11 Vgl. Michaela Krützen: *Dramaturgie des Films. Wie Hollywood erzählt.* Frankfurt am Main 2004, S. 106.

12 Vgl. Krützen 2004, S. 107.

muss also nicht zwingend am Beginn der zu erzählenden Geschichte einsetzen, sie kann auch am Ende oder an einer entscheidenden Stelle mitten in der Geschichte beginnen.

Charakterisiert durch eine **offene Handlungsführung** werden auch die Ereignisse, die in dem vielfach für den Schulunterricht didaktisierten Film LOLA RENNT (D 1999) von Tom Tykwer dargestellt werden. Hier handelt es sich um die Montage dreier in sich geschlossener Handlungen von ca. 20 Minuten. Es gibt keine eindeutige Erzählhandlung und keine lineare Geschichte, denn sobald sich der Zuschauer auf eine Handlung eingelassen hat, bricht sie ab und präsentiert eine andere Variante. Insofern fehlt eine Ebene, die Realität suggeriert. Anstelle einer durchgängigen Erzählperspektive, die dem Zuschauer die «Wahrheit» zeigt, herrscht Mehrperspektivität vor, die einmal gewonnene Erkenntnisse immer wieder in Frage stellt.

Auch die Konzeption des Schlusses kann variieren zwischen einerseits dem **geschlossenen Ende**, bei dem die Geschichte einen sinnvollen Abschluss findet, oder dem **offenen Ende**, bei dem die Geschichte nach dem Filmende offensichtlich noch weiter geht und ihre Fortführung dem Leser überlassen bleibt. Ein klassisches Beispiel für einen offenen Filmschluss ist das Ende von Victor Flemings VOM WNDE VERWEHT (USA 1939), welches offen lässt, ob die Liebesgeschichte zwischen Scarlett O'Hara (Vivien Leigh) und Rhett Butler (Clark Gable) tatsächlich zu Ende ist oder nicht doch noch eine Chance auf Erfüllung besteht. Gleichzeitig handelt es sich hier um ein **tragisches Ende**, da es zunächst nicht so aussieht, als könne die Protagonistin bald ihr Glück finden. In Abgrenzung dazu gibt es das **Happy End**, welches für den Protagonisten gut ausgeht.

## Die Einteilung in Handlungsabschnitte: Akt-Sequenz-Szene-Einstellung

Vor allem chronologisch strukturierte Filme lassen sich in **Akte** unterteilen – zumeist in drei bis fünf große Handlungsabschnitte –, wobei anzumerken ist, dass generell die Unterteilung eines Films in Abschnitte nicht immer eindeutig zu vollziehen ist. Die nächst kleinere Einheit nach dem Akt ist die **Sequenz**, die das wichtigste Element der dramatischen Struktur darstellt.[13] Der Begriff wird in der Literatur unterschiedlich definiert,[14] und wie beim Akt ist auch hier oftmals eine eindeutige Abgrenzung von Sequenzen innerhalb eines Films nicht leicht zu vollziehen. Eine Sequenz setzt sich aus mehreren Szenen zusammen, die inhaltlich in Verbindung stehen und durch eine Idee zusammengehalten werden; außerdem weist jede Sequenz einen Anfang, eine Mitte und einen Schluss auf.

Die Sequenz «Hochzeit» z. B. könnte beginnen mit der Braut, wie sie in ihrem Elternhaus aufwacht und nervös im Kreise der Familie die Vorbereitungen für den Kirchgang trifft. Den Mittelteil stellt die Ankunft in der Kirche dar mit der sich

13 Vgl. Field 1988, S. 70.

14 Vgl. eine Zusammenstellung der Problemschau bei Hickethier 1993, S. 141.

anschließenden Trau-Zeremonie. Das Ende wird durch das Verlassen der Kirche mit anschließendem Empfang markiert.[15] Die dominierende Idee der Sequenz ist das Thema Hochzeit; diese Idee wird durch einzelne **Szenen** weiter untergliedert. Diese definieren sich über die Einheit von Zeit und Ort, wobei der Ort nicht ein klar abgegrenzter Raum sein muss, sondern auch durch eine Bewegung ersetzt werden kann, z. B. wenn die Kamera eine Joggerin begleitet oder der Film in einem fahrenden Zug spielt. Jeder abrupte Orts- bzw. Zeitwechsel durch eine Einstellungskonjunktion *(vgl. Kapitel A.2.3 Einstellungskonjunktionen)* markiert einen Szenenwechsel. Generell kann man zwei Arten von Szenen unterscheiden: Die **visuelle** und die **dialogische Szene** *(vgl. Kapitel A.2.2.1.1 Visuelle Szene und Kapitel A.2.2.1.2 Dialogische Szene)*.[16]

Eine Szene besteht aus einer oder mehreren **Einstellungen** *(vgl. Kapitel A.1.2.4.1 Einstellungsgrößen)*. Eine Einstellung entspricht weitgehend dem, was die Kamera am laufenden Stück aufnimmt, und ist die kleinste lineare Filmeinheit.[17] Die einzelnen Einstellungen werden in der **Filmmontage** *(vgl. Kapitel A.2 Schnitt/Montage)* durch **Einstellungskonjunktionen** *(vgl. Kapitel A.2.3 Einstellungskonjunktionen)* zu **Szenen** bzw. **Sequenzen** zusammengefügt.

# C.1 Struktur

## C.1.1 Allgemeine Informationen: Vorspann/Abspann

Abgesehen von der oben dargelegten Strukturierung gibt es noch weitere, nicht immer unmittelbar die Handlung betreffende Strukturelemente eines Films. Wie im Printtext Autor, Titel, Untertitel, Verlag etc. vor Beginn des Textes genannt werden, so werden auch im Film bestimmte Informationen im **Vorspann** bzw. im **Abspann** vermittelt. Dem Vorspann kommt eine besondere Bedeutung zu. Nicht nur, dass hier wesentliche Informationen über Produzent, Studio, Filmverleih, Schauspieler, Musik etc. vermittelt werden, durch die Gestaltung dieser Sequenz kann der Zuschauer auch Informationen über das Thema des Films, das Genre sowie Atmosphäre und Stimmungslage des folgenden Films erhalten.[18]

Die Informationsvermittlung im Vorspann geschieht auf verschiedene Art und Weise. In Filmen der dreißiger und vierziger Jahre werden die vollständigen Informationen über alle an der Filmentstehung Beteiligten noch vollständig genannt, bevor die eigentliche Filmhandlung beginnt. Dieser Informationsblock ist deutlich von der einsetzenden Handlung getrennt. Bei einer solchen Präsentation fällt der Abspann entsprechend kurz mit einem einfachen «The End» aus. Eine besonders auf-

15 Vgl. Field 1988, S. 73.
16 Vgl. Field 1988, S. 85 ff.
17 Vgl. Rother 1997, S. 71 f.
18 Vgl. Schleicher/Urban 2005, S. 213.

wändige Gestaltung eines solchen **informierenden Vorspanns** findet sich in dem Film Victor Flemings (George Cucors) VOM WINDE VERWEHT (USA 1939): Einleitend werden der Produzent bzw. das produzierende Studio sowie die damals bahnbrechende technische Umsetzung in Technicolor genannt. Diese Umsetzung wird von Beginn an konsequent durch eine entsprechend farbkräftige visuelle Unterlegung des Vorspanns verdeutlicht. Danach erfolgen die Nennung der Autorin der Romanvorlage, Margaret Mitchell, sowie die monumentale Einblendung des Titels, dessen grafische Gestaltung im Übrigen eng an die der damaligen Hardcover-Ausgabe des Romans angelehnt ist. In Großbuchstaben schließen sich sukzessive die Namen der vier Hauptdarsteller an, wobei auffällt, dass der damalige Superstar Clark Gable vor Vivien Leigh genannt wird, die mit Scarlett O'Hara zwar die zentrale Hauptfigur verkörpert, aber als Engländerin in den USA weniger bekannt war. Erneut erfolgt die Nennung des Produzenten sowie diverser Mitwirkender. Erst nach der Nennung des Regisseurs – hier wird allein Victor Flemings Name eingeblendet, obwohl George Cukor bei einem nicht unerheblichen Teil des Films Regie führte, sich dann aber im Streit vom Produzenten David O. Selznick trennte und deswegen unerwähnt bleibt – folgt die Nennung weiterer Schauspieler. Das informierende Moment dieses Vorspanns bezieht sich nicht mehr nur auf die Filmherstellung, sondern auch auf den Inhalt: Die Schauspieler sind nach Handlungsorten zusammengefasst, die sowohl durch Schrifteinblendung als auch durch Visualisierung im Hintergrund der Schrift näher beschrieben werden: Tara wird als Anwesen der Familie O'Hara in Georgia ausgewiesen, wobei das Haupthaus der Plantage sichtbar wird. Die Liste der Bewohner Taras liefert ein übersichtliches «who is who», wobei deutlich wird, welcher Schauspieler/welche Schauspielerin wen spielt und wie die Personen handlungsrelevant zueinander stehen. Analog wird mit den anderen Handlungsorten der Romanverfilmung verfahren, bis durch Ab- und Aufblende vom/ins Schwarz klar wird, dass nun die eigentliche Filmhandlung beginnt. Trotz der Fülle der vermittelten Informationen bei einer Vorspannlänge von immerhin 3 Minuten und 20 Sekunden empfindet der Zuschauer keine Langeweile; durch die Bildgestaltung und vor allem durch die Filmmusik wird er gleichsam auf den Film eingestimmt; Musik und Farbgestaltung lassen von Beginn an keinen Zweifel daran, dass es sich um ein dramatisches Monumentalepos des «großen alten Südens» handelt; zu erwarten sind Liebe, Leid und Leidenschaft; Thema, Genre, Stimmung und Atmosphäre des Films werden unmissverständlich und mitreißend transportiert.

**Vorschlag**

Betrachten Sie den Filmausschnitt **106 VOM WINDE VERWEHT – Credit.**

Vorspann und Handlungsbeginn bzw. Einführung in die Filmhandlung *(vgl. Kapitel C.1.2 Einführung in die Handlung)* sind nicht immer eindeutig voneinander zu trennen. Im Laufe der Jahre werden die Vorspann-Informationen zunehmend via Schrifteinblendung in die einsetzende Handlung des Films integriert. Bei einem solchen **verzögerten Vorspann** gibt es keine allumfassenden Informationen mehr; dementsprechend umfangreicher ist der Abspann gestaltet. Ein Beispiel für einen solchen **verzögerten Vorspann** findet sich in John Carpenters The Fog (USA 1980); nach dem Prolog *(vgl. Kapitel C.1.2.1 Handlung vor der Handlung)*, der den «historischen» Hintergrund für die sich ereignende Gruselgeschichte liefert, setzt die Handlung des Films mit den integrierten Informationen ein. Gezeigt wird eine amerikanische Kleinstadt an der Küste, in der sich zu Beginn der Geisterstunde seltsame Dinge ereignen, gleichsam Vorboten kommenden Grauens. Die Informationseinblendung ist zuweilen durchbrochen von und endet mit der Voice Over der Radiomoderatorin der örtlichen Radiostation (Adrienne Barbeau), deren Ansage «Hier ist der Sender KAB in Antonio Bay, Californien. Es ist sechs Minuten nach Mitternacht. Der Wetterfrosch hat sich inzwischen nicht wieder gemeldet. Hier ist alles unverändert, eine klare schöne Vollmondnacht, nicht eine Wolke am Himmel. Ich bin Stevie Wayne, und wenn Sie im Augenblick gerade nichts zu tun haben, dann bleiben Sie doch bei mir, das heißt bei meinem Sender. Ich werde sie die ganze Geisterstunde hindurch mit Musik und neuesten Meldungen bei Laune halten» ganz im Gegensatz zu den zuvor gezeigten übernatürlichen Phänomenen steht. Hierdurch wird die Folie der Normalität vor den unerklärlichen Phänomenen der Geistersunde entfaltet; dieser Kontrast etabliert gleich zu Beginn der einsetzenden Handlung ein Spannungsgefüge, welches dazu angetan ist, dem Film weiter zu folgen.

**Vorschlag**

Betrachten Sie den Filmausschnitt **107 Nebel des Grauens – Credit**.

Der Vorspann kann auch wie ein kleiner Kurzfilm aufgemacht sein, wobei v.a. wenn es sich um eine grafische Gestaltung handelt – etwa in Anlehnung an Zeichentrickfilme –, Techniken der digitalen Postproduktion zum Einsatz kommen.[19] Ein Beispiel für einen solchen **stilisierten Vorspann** findet sich in dem Film Catch Me If You Can (USA 2002) von Steven Spielberg: Hierbei handelt es sich um eine an die Bildästhetik der 1960er-Jahre angelehnte Trick-Visualisierung, die das Grundthema des Films vorstellt und variiert, nämlich das Versteckspiel von Flucht und Verfolgung zwischen dem betrügerischen Protagonisten Frank Abagnale Jr. (Leonardo Di Caprio) und seinem FBI-Verfolger Carl Hanratty (Tom Hanks). Die Sequenz beginnt und schließt mit der in Blau gehaltenen Stilisierung des Gejagten als Pilot, wobei der Verfolger von Beginn an deutlich durch Hut, Anzug, Brille und Krawatte in Erscheinung tritt und durch diese Accessoires jederzeit erkennbar vom Verfolgten zu unterscheiden ist. Die verschiedenen Identitäten Abagnales – Pilot, Lebemann, Arzt, Staatsanwalt etc. – werden farblich und durch stilisierte Requisiten deutlich voneinander abgegrenzt. Die flächig-ornamental gestaltete Farbkreation wird immer wieder unterbrochen durch von eingeblendeten Schriftzügen ausgehende

19 Vgl. Schleicher/Urban 2005, S. 213.

Vertikal- und Horizontallinien. Hierdurch wird ein imaginärer Handlungsraum geschaffen, der der Gesamtvisualisierung Tiefenwirkung und eine besondere Dynamik verleiht. Diese wird durch die unterlegte Musik verstärkt. Die gesamte Sequenz findet ihr Ende in einem auf ein Störbild projizierten Schriftzug «inspired by a true story», welcher auf die Grundlage des Plots verweist. Dieser basiert auf dem Leben des Trickbetrügers Frank Abagnale Jr., der es tatsächlich schaffte, vor seinem 19. Lebensjahr als Pan Am-Pilot, Arzt und Rechtsanwalt Millionen von Dollar durch Scheckbetrug zu ergaunern, bevor er vom FBI gefasst und letztendlich für selbiges tätig wurde.

**Vorschlag**

Betrachten Sie den Filmausschnitt **108 Catch me if you can – Credit.**

Seit den 1940er-Jahren werden in Filmen – und längst nicht nur in der Vorspann-Gestaltung – Real- und Animationsfilm bzw. verschiedenste Tricktechniken wie Zeitchentrick, Knetanimation, Stopptrick oder Pixillation kombiniert.[20] Ein solches Zusammenspiel von Real- und Trickfilm findet sich im Vorspann des Films Spider-Man 3 (USA 2007) von Sam Raimi: Bereits zu Beginn wird durch Musik und schnelle Bildfolge eine dem Action-Genre inhärente Schnelligkeit evoziert. Der visuelle und grafische Verweis auf den Ursprung des Plots in den Marvel-Comics ist im jeweiligen Vorspann aller drei Spider-Man-Filme enthalten *(vgl. Kapitel A.1.1 Bildinhalt, Exkurs: Ästhetische Gestaltung des Bildinhaltes in Anlehnung an den Comic-Strip)*. Das Besondere an der Gestaltung dieses Vorspanns ist allerdings nicht in der folgenden Kombination von computeranimierten Zeichentrick-Elementen und Realfilm-Ausschnitten zu suchen. Durch die in ein virtuell erstelltes Spinnennetz integrierten Realfilm-Ausschnitte werden zunächst die die Protagonisten verkörpernden Schauspieler Tobey Maguire, Kirsten Dunst und James Franco vorgestellt; dann aber erzählen sie – neben ihrer Aufgabe der Vorstellung weiterer Schauspieler – zusammenfassend die Geschichte Spider-Mans: Wie er zu seinen Fähigkeiten als Superheld kommt, dass er Schuld am Tod seines geliebten Großvaters hat, wie seine Identität in der normalen Welt aussieht, seine zunächst unglückliche, dann erfolgreiche Liebe zur Nachbarstochter und welche Abenteuer er in den ersten beiden Filmen besteht. Dieser **resümierende Vorspann** ist einerseits eine Reminiszenz an die vorangegangenen Spider-Man-Filme, andererseits dient er zur Einstimmung auf weitere Abenteuer des Superhelden. Diese werden angekündigt durch die als schwarze, bedrohlich-bewegliche Masse visualisierte außerirdische Lebensform, welche sich gleichsam handlungsleitend als «schwarzer Faden» durch den Vorspann schlängelt und auf die dunkle Seite von Spider-Mans Charakter verweist, welche im folgenden Film Thema sein wird. Nebenbei werden durch die Einblendung von grafischen Elementen wesentliche Informationen bezüglich der

20 Vgl. Schleicher/Urban 2005, S. 211.

Filmherstellung geliefert, die angesichts der großen bildlichen Sogwirkung auf den Zuschauer eher untergeordnet erscheinen. Abgeschlossen wird der Vorspann mit einer Panoramaaufnahme der Skyline von New York, dem Handlungsort des Films.

**Vorschlag**

Betrachten Sie den Filmausschnitt **109 Spider-Man 3 - Credit**.

## C.1.2 Einführung in die Handlung

Wie man am Beispiel der Vorspann-Gestaltung sieht, kann dieser bereits die Funktion einer ersten Einführung in die Handlung haben. Insbesondere beim Fernsehen entscheiden letztendlich die ersten Minuten eines Films darüber, ob der Zuschauer ihn sich ansieht oder ob er weiterzappt. Insofern ist es wichtig, dass die Einführung in die Handlung den Betrachter fesselt, und zwar einerseits auf visueller-auditiver, andererseits auf inhaltlicher Ebene. Zu Beginn der Handlung muss das richtige Maß an W-Fragen (wer, was, wann, wie, wo, warum etc.) geklärt werden: Werden zu wenig Informationen gegeben, kann der Zuschauer nicht folgen und verstehen, die Preisgabe von zu vielen Informationen hingegen mindert das Interesse ebenso *(vgl. Kapitel C.2.1 Erzählperspektive, Verhältnis von Figuren- und Zuschauerwissen)*. Wie die Einführung in die Filmhandlung aussehen kann, wird im Folgenden dargelegt.

### C.1.2.1 Handlung vor der Handlung

Oftmals beginnen Filme nicht unmittelbar mit dem Vorspann, sondern mit einer Sequenz, die vor dem Vorspann und dem «eigentlichen» Handlungsbeginn liegt.[21] Diese Sequenz kann verschiedentlich gestaltet sein und unterschiedliche Funktionen haben.

Kultstatus haben z. B. die dem Vorspann vorgeschalteten Action-Sequenzen der James-Bond-Filme. Diese wie auch der Vorspann selbst sind zum Markenzeichen avanciert und weisen bis auf zwei Ausnahmen[22] immer die gleiche Struktur auf. Diese Sequenz beginnt stets mit einem stilisierten Duell zwischen dem Agenten seiner Majestät James Bond 007 (im vorliegenden Fall Roger Moore) und einem fiktiven Widerpart, der ihn zu beseitigen versucht, dabei aber zumeist selbst zum Opfer wird. Die Farbgestaltung schwarz-weiß-rot verweist auf die zentrale thematische Grundstruktur aller Bond-Filme «Böse-Gut-Gewalt». Das unterlegte «Bond-Thema»,

21 Zur Problematik des Handlungsbeginns und der damit verbundenen Begrifflichkeit vgl. Krützen 2004, S. 25 ff.

22 Allein die Filme Casino Royale (GB/USA 1967) mit David Niven in der Hauptrolle und Sag Niemals Nie (GB/USA/BRD 1983) mit Sean Connery als James Bond wurden von Ian Fleming nicht autorisiert und dürfen aus rechtlichen Gründen den üblichen Vorspann nicht verwenden.

welches in jedem Film leitmotivisch verankert ist, erweckt beim Betrachter bereits ein James-Bond-spezifisches, dem Genre Agentenfilm/Action/Thriller entsprechendes Erwartungsmuster in Bezug auf Konzeptionsstruktur, Handlungsstruktur und Inhalt des Films. Die die Bildkomposition der ersten Filmsekunden dominierende Kreisstruktur erweitert sich zum Vollbild der der Haupthandlung vorgeschalteten Sequenz. An diese werden gerade von Bond-Kennern große Erwartungen gestellt. Im vorliegenden Fall handelt es sich um eine der am meisten bemängelten Sequenzen überhaupt,[23] was der Verwertbarkeit für die vorliegende Zusammenstellung jedoch keinen Abbruch tut. Zumeist besteht diese in sich geschlossene Handlung in einer rasanten Verfolgungsjagd, die die außerordentlichen Fähigkeiten von 007 unter Beweis stellt, eine Möglichkeit der Präsentation der neuesten Special Effects und waghalsigsten Stunts bietet und immer mit einem Überraschungseffekt endet. Meist gibt es auch eine thematische Verknüpfung zwischen dieser Sequenz und dem Hauptfilm (s. u. Backstory/Backstorywound).

Es schließt sich der Vorspann an, der ein weiteres thematisches Grundmuster der 007-Filme visualisiert: James Bond als Womanizer. Dann beginnt die eigentliche Filmhandlung. Zum Kultstatus der Reihe sei noch kurz angemerkt, dass es in jedem Film das Bond-Girl und den Bond-Song gibt, und dass der Wahl des Hauptdarstellers – wenn ein neuer Bond gesucht wird, weil der alte zu alt geworden ist oder aus dem Rollenklischee ausbrechen möchte – größte Aufmerksamkeit geschenkt wird. Auch die Bond-Widersacher werden hochkarätig besetzt; mancher Bösewicht überdauert sogar mehrere Filme, wie z. B. der «Beißer».[24]

**Vorschlag**

Betrachten Sie den Filmausschnitt **110 James Bond – Prolog.**

Eine weitere Möglichkeit der Gestaltung einer die Handlung einleitenden Sequenz besteht in Form eines **Prologs**, der seltener am Ende des Films ergänzt wird durch einen **Epilog**. Liegt eine solche Gestaltungsform vor, können in dieser Sequenz bereits Figuren der nachfolgenden Filmhandlung auftreten oder aber Personen, die ausschließlich im Prolog auftreten. Der Film Die Nacht des Jägers (USA 1955) von Charles Laughton wird durch einen klassischen Prolog eingeleitet, in dem eine Erzählerin (Rachel Gish als Lillian Cooper) den ihr gleichsam in einer Märchenstunde zuhörenden Kindern eine Bibellektion erteilt: «Selig sind die, die reinen Herzens sind, denn sie werden Gott schauen [...] richtet nicht, auf dass ihr nicht gerichtet werdet [...] nehmt euch in Acht vor falschen Propheten, die im Schafspelz zu euch kommen, denn in ihrem Innern sind sie reißende Wölfe; an ihren Früchten sollt ihr sie erkennen. [...]» Natürlich beinhaltet diese ideologische Reflexion bereits einen

23 Vgl. www.imdb.com/title/tt0090264/ (30.3.2006).

24 Im Original heißt dieser von Richard Kiel verkörperte Bond-Widersacher «Jaws», in Anlehnung an das Monster aus Steven Spielbergs gleichnamingen Blockbuster von 1975.

moralischen Kommentar sowie eine Deutung bzw. Bewertung der nachfolgenden Handlung durch die Form des **prologus praeter rem**, also die unmittelbare Ansprache der vortragenden Person an den Betrachter des Films. Zweimal wird der Satz «An ihren Früchten sollt ihr sie erkennen» wiederholt; durch die Montage des Leichenfundes durch die Kinder mit dem Auto fahrenden wahnsinnigen Wanderprediger Harry Powell (Robert Mitchum) wird klar, wer der Wolf im Schafspelz ist und wie die Früchte geartet sind, an denen man ihn erkennt. Der Film schließt am Weihnachtsabend mit einem Epilog der eingangs gezeigten Erzählerin, die sich im Laufe des Films als Figur der Geschichte erweist: Die beiden Kinder eines hingerichteten Raubmörders werden von dessen Zellengenossen Powell, der die Mutter auf der Suche nach der Beute ermordet hat, gequält und verfolgt. Die alte Lillian Cooper nimmt sich der Kinder an, bei ihr finden die Geschwister am Schluss dauerhaft Zuflucht. Das Filmende beinhaltet eine klassische Epilog-Gestaltung: Das Schlusswort hat die eingangs eingeführte Sprecherin bzw. die Figur der Filmhandlung Lillian Cooper, die abschließend eine allgemeine Wahrheit ausspricht. Hier ist es die Beschwörung der Stärke von Kindern generell «Sie nehmen ihr Kreuz und sie tragen es.» Auch dieser Satz wird – analog zum Prolog – zweimal wiederholt im Sinne einer Bekräftigung, auch hier wendet sich die Sprecherin direkt an den Zuschauer.

Eine so reine Form von Prolog und Epilog findet sich nur selten; oftmals gibt es nur einen Prolog, seltener ist die Verwendung eines Epilogs. Diese Form der medieninhärenten Inhaltsreflexion ist aber nicht ausschließlich dem sogenannten Kunst- und Kulturfilm vorbehalten, Epiloge z. B. finden sich am Ende von Stanley Kubricks Film Barry Lyndon (UK 1975) genauso wie in Gerry Marshalls Film Pretty Woman (USA 1990).

**Vorschlag**

Betrachten Sie den Filmausschnitt **111 Die Nacht des Jägers – Prolog/Epilog**.

Eine Unterform des durch einen Erzähler präsentierten Prologs findet sich in John Carpenters The Fog (USA 1980); der dort visualisierte Prolog steht nicht im Dienst einer handlungsreflektorischen Funktion, sondern ist vielmehr für die Story bedeutungstragend. Eingestimmt durch den poetischen Sinnspruch «Is all that we see or seem / but a dream within a dream?», ergänzt durch die Musik und das Ticken der Uhr, die gleichsam als Dingsymbol für die Geisterstunde erscheint, folgt der Zuschauer gemeinsam mit den Kindern der Erzählung des Seemannes am Lagerfeuer. Dieser vermittelt wichtige Informationen über ein rätselhaftes Wetterphänomen, das vor auf den Tag genau hundert Jahren stattfand. Bei diesem wurde ein Schiff wegen einer undurchdringlichen Nebelbank, irregeführt durch ein Feuer am Strand, auf die Klippen gelenkt und alle Seeleute in die Tiefe gerissen. Nun besteht die Sorge, dass nach genau hundert Jahren der Nebel und mit ihm die Toten zurückkehren könnten, um sich zu rächen.

Ohne diese Fakteninformation hätten die sich anschließenden Ereignisse *(vgl. Kapitel C.1.1 Allgemeine Informationen: Vorspann/Abspann The Fog – Credit)* für den

Zuschauer keine auf die Erfüllung der Prophezeihung des Seemannes hindeutende Funktion und erschienen weitaus weniger gruselig; die endgültige Auflösung des Geheimnisses des tatsächlich wiederkehrenden Nebels – und damit die Ergänzung der im Prolog enthaltenen Informationen – findet sich dann am Schluss des Films.

**Vorschlag**

Betrachten Sie den Filmausschnitt **112 Nebel des Grauens – Prolog.**

Eine weitere Variante der Handlung vor der Handlung, die nicht mehr unbedingt dem Prolog zuzuordnen und die nicht story- sondern figurenbezogen ist, betrifft die Präsentation der **Backstory** bzw. der **Backstorywound** einer Figur. Die Backstory betrifft «alle auf die Hauptfigur bezogenen Informationen, die sich auf die vor der im Film dominant erzählten Zeit beziehen.»[25] Die Backstorywound liegt dementsprechend in der Vergangenheit der Figur und aus ihr folgt der narrativen Logik entsprechend das Handeln des Protagonisten/der Protagonistin in der filmischen Gegenwart. Typische Backstorywounds im Hollywood-Kino sind der Verlust von Eltern, Kindern, Lebensgefährten, Geschwistern und Freunden durch Tod oder aber der Verlust durch Trennung der Eltern, von Kindern oder von Lebensgefährten. Weitere Wunden der Protagonisten können sich ergeben aus einer wie auch immer gearteten Gewalterfahrung wie Vergewaltigung/Missbrauch, Kriegserfahrungen, Beobachtung von Gewalt etc. oder aber aus beruflichem Versagen.[26]

In Francis Ford Coppolas Film Bram Stoker's Dracula (USA 1992) wird vor dem Beginn der eigentlichen Filmhandlung, die im London des ausgehenden 18. Jahrhunderts einsetzt – wie im Übrigen der Romananfang Stokers auch – Draculas Backstorywound entwickelt.

Die Sequenz beginnt mit stilisierten Bildern, dem christlichen Kreuz, welches zerbricht, der Halbmond, der anstelle des Kreuzes auf dem Kuppeldach der Kirche erscheint und der als bedrohender Schatten über die Landkarte gleitet (die Schattenführung in Coppolas Film zitiert häufig die Vorlage Murnaus Nosferatu, eine Sinfonie des Grauens (D 1922), gleichsam symbolhaft die heidnischen Invasoren Europas symbolisierend. Leitmotivisch wird das musikalische Hauptthema des Films unterlegt, die Dramatik der Story unterstreichend. Der auktoriale Erzähler aus dem Off entwickelt ein Tableau scheinbarer Historizität durch die Nennung der Jahreszahl 1462 (Klärung der wann-Frage); diese wird allerdings von vornherein durch das märchenhafte Setting (stilisierte Schattenspiele, Farbgebung, bionische Rüstung des Grafen Dracul (Gary Oldman)) sowie den Erzählduktus der Voice Over relativiert.

Von der allgemeinen historischen, durch Fakten gekennzeichneten Situation wird übergeleitet zur Person des Grafen und dessen persönlicher Tragödie: Durch eine Intrige wird seine Frau Elisabeta (Winona Ryder) nach Draculs Sieg gegen

25 Krützen 2004, S. 29.
26 Vgl. Krüzten 2004, S. 37 ff.

die Übermacht der heidnischen Feinde durch eben diese in den Tod getrieben und begeht Selbstmord. Die christliche Kirche, für die Dracul in den Kampf zog, verweigert ihr daraufhin die letzte Weihung. Rasend vor Wut über den doppelten Betrug – Verlust durch Tod der Ehefrau und Versagung der Erlösung durch die Kirche – schwört Dracul Gott und den Priestern ab und wird fortan der blutsaugende Fürst der Finsternis. Gleichsam resümierend wird am Ende dieser Vorgeschichte der Filmtitel eingeblendet.

Die Backstorywound, die das gesamte Handeln Draculas im nachfolgenden Film bestimmt – Mina Murray (Winona Ryder) ist das Ebenbild, gleichsam die Reinkarnation Elisabetas, und also entspinnt sich eine leidenschaftliche Liebe zwischen den beiden, die nicht ganz ohne Komplikationen verläuft – wird erst in der Schlusszene aufgelöst. Diese spielt, genauso wie die Handlung vor der Handlung, in der Schlosskapelle des Vampirschlosses; die örtliche Klammer wird durch Musik und Farbgebung sowie die handelnden Personen ergänzt und geschlossen: Es gelingt Mina, Dracul zu erlösen und mit seiner Frau in der Ewigkeit zu vereinen; das Happy-End ist perfekt, denn nicht nur Dracul findet seine wahre Liebe wieder, sondern auch Mina, die mit Jonathan Harker (Keanu Reeves) verheiratet ist, hat nun Aussicht auf eine glückliche Ehe.

Im Übrigen liegt die Handlung betreffend ein deduktiver Anfang vor *(vgl. Kapitel C.1.2.2 Handlungsbeginn)*: Vom Aufriss des allgemeinen geschichtlichen Hintergrundes verengt sich die Erzählung auf ein persönliches Schicksal, das im Folgenden seinen Lauf nimmt.

**Vorschlag**

Betrachten Sie den Filmausschnitt **113 DRACULA – Backstorywound.**

In diesem Zusammenhang ist es wichtig zu erwähnen, dass die Backstorywound nicht unbedingt der Handlung vorgeschaltet präsentiert werden muss, sie kann auch mitten im Film eröffnet werden, wie in Jonathan Demmes Film DAS SCHWEIGEN DER LÄMMER (USA 1991). Hier klärt sich die «Wunde» der Protagonistin erst im Verlauf des Films, in dem Hannibal Lecter (Anthony Hopkins) die FBI-Agentin Clarice Starling (Jodie Foster) zwingt, über ihre traumatische Kindheit zu sprechen, in der sie Zeugin einer Massenschlachtung von Lämmern durch ihren brutalen Vater wurde.[27]

Wichtig ist bei der Präsentation der Backstory(wound) als der Handlung vorgeschaltete Handlung, dass die W-Fragen nach der Handlungsmotivation einer Figur angesprochen, aber nicht schon vollständig geklärt werden, denn es geht primär darum, das größtmögliche Interesse des Zuschauers zu wecken, der dem Film in den nächsten Stunden folgen soll.

27 Vgl. Krützen 2004, S. 25 ff.

### C.1.2.2 Handlungsbeginn

Die Problematik der Phasierung eines Films im Blick auf das Freytagsche Dramenschema wurde bereits angerissen *(vgl. Kapitel C. Filmisches Erzählen, Dramaturgie des Plots)*, eine Vertiefung der Diskussion wird der Fachliteratur überlassen.[28]

In der **Einleitung** oder auch **Exposition**[29] muss der Zuschauer erfahren, wer die Hauptfigur ist und wie der Personenkreis beschaffen ist, in dem sich die Handlung entfaltet. Er muss wissen, in welcher Umgebung die Handlung spielt, in welcher Situation der Protagonist/die Protagonistin sich befindet und welche Umstände die Handlung beeinflussen.[30] Mit der Problempräsentation werden die W-Fragen geklärt, die zum einen wichtig sind für die Orientierung des Zuschauers in der Geschichte und die zum anderen das Interesse des Zuschauers wecken sollen, denn «in der Exposition wird die Geschichte etabliert; der Betrachter fällt die Entscheidung, ob er den Film «mag» oder nicht».[31] Die Einleitung ist – je nachdem, ob die Makrostruktur des Films eher episch oder eher dramatisch (drei versus fünf Akte) konzipiert ist – verschieden lang. Field unterteilt sie in die Abschnitte «Anfang des Anfangs (Eröffnung)», «Mitte des Anfangs» und «Ende des Anfangs», wobei dem Ende des Anfangs der erste **Plot Point** inhärent ist[32] *(hierzu vgl. Kapitel C. Filmisches Erzählen, Die Dramaturgie des Plots)*.

Besonderes Gewicht erhält hierbei der Anfang des Anfangs, denn nur, wenn der Betrachter sich entscheidet, den Film weiterzusehen, wird er innerhalb der Einleitung zum «erregenden Moment», zum Anstoß der Handlung vordringen.[33] Kamp/Rüsel unterscheiden den deduktiven vom induktiven Handlungsbeginn:

> [Das] Muster der deduktiven Informationsvermittlung (vom Allgemeinen zum Speziellen) [...] [führt] optimal ins Geschehen ein.[34] [...] Die Bewegung vom Besonderen zum Allgemeinen kann auch in der Eröffnungsszene benutzt werden, ohne dabei weniger Informationen und Hinweise zu liefern, als das bei der deduktiven Methode der Fall ist.[35]

Hierbei ist hervorzuheben, dass der Anfang des Anfangs die Situation visuell und/oder dramatisch umreißen muss und dass die Termini induktiv und deduktiv sich sowohl auf den visuellen als auch auf den geschehenslogisch-narrativen Bereich beziehen. Natürlich sind Actionsequenzen, Eye-Catcher wie Explosionen oder rasante Kamerafahrten wirkungsvolle Mittel, den Zuschauer visuell in die Handlung zu katapultieren; solche Mittel sind allerdings speziellen Genres vorbehalten, die wiederum anderen Genres nicht unbedingt zur Verfügung stehen. Schwieriger ist es, einen

28 Zur weiteren Problemdiskussion vgl. Kuchenbuch 2005², S. 164 f.
29 Eine Begriffsabgrenzung versucht Kuchenbuch, vgl. Kuchenbuch 2005², S. 165.
30 Vgl. Field 1988, S. 50.
31 Field 1988, S. 12.
32 Vgl. Field 1988, S. 105.
33 Vgl. Faulstich 2002, S. 97.
34 Kamp/Rüsel 1998, S. 115.
35 Kamp/Rüsel 1998, S. 117.

handlungslogisch-dramaturgisch orientierten Anfang interessant und mitreißend zu gestalten. Eine langsame Einführung, wie etwa im Drama oder Melodram benötigt, wo allein eine detaillierte Einführung der Charaktere Mitempfinden auf Zuschauerseite hervorruft, bedarf anderer filmsprachlicher Mittel als ein Actionfilm.[36]

Eine besonders reizvolle Gestaltung des Handlungsbeginns findet sich in der **Plansequenz**. Diese wird definiert als

> eine in einer einzigen Einstellung realisierte Sequenz, [...] [bzw. die] Gestaltung eines vollständigen Handlungssegments unter Verzicht auf den Schnitt, wobei Bedeutungsverschiebungen, der Wechsel der zentralen Figuren u.ä. durch die Inszenierung realisiert werden. Häufig, aber nicht notwendig werden Kamerabewegungen eingesetzt um das Geschehen zu dramatisieren.»[37]

Oftmals werden Plansequenzen zu Beginn von Filmen eingesetzt, weil die ungeschnittene Einleitung eines Films «schon in seiner Exposition einen visuellen Sog beim Publikum erzeugt.»[38] Plansequenzen als ästhetisches Montageprinzip – unter Umständen in Verbindung mit der Verwendung von Tiefenschärfe – tauchen immer wieder in den verschiedensten Genres und an verschiedensten Stellen im Film auf; so z. B. in Orson Welles CITZEN KANE (USA 1941) *(vgl. Kapitel A.1.2.4.5 Schärfeverhältnis)* und in der Eingangssequenz von Orson Welles Film IM ZEICHEN DES BÖSEN (USA 1958), aber auch zu Beginn von Mike Nichols Film DIE WAFFEN DER FRAUEN (USA 1988).

**Vorschlag**

Betrachten Sie den Filmausschnitt **114 IM ZEICHEN DES BÖSEN – Anfang** als Beispiel für eine Plansequenz.

**Aufgabe 30**

Betrachten Sie die vier Filmanfänge und beantworten Sie folgende Fragen dazu:
**115 ANTIKÖRPER – Anfang; 116 ALIEN 1 – Anfang; 033 PSYCHO – Anfang; 117 FIRST CONTACT – Anfang**

**1.** Welche Grundstimmung/Atmosphäre erzeugt der Film? Welche filmsprachlichen Mittel werden hierfür eingesetzt? Um welches Genre handelt es sich?
**2.** Welche W-Fragen werden geklärt? Wer ist die Hauptfigur, wie ist die Situation beschaffen bzw. welches Problem eröffnet sich?
**3.** Ist die Gestaltung des Anfangs visuell und/oder die Handlung betreffend deduktiv oder visuell und/oder die Handlung betreffend induktiv?
**4.** Handelt es sich um eine Plansequenz?
Begründen Sie Ihre Antworten mit Beobachtungen in Bezug auf den Inhalt des Filmausschnitts und Ihnen bekannte filmsprachliche Mittel. ⇨ Lösung S. 171

36 Vgl. Field 1988, S. 180.
37 Rother 1997, S. 231.
38 Schleicher/Urban 2005, S. 188.

**Tipp**

Betrachten Sie in diesem Zusammenhang erneut den Filmausschnitt **113 Dracula – Backstorywound** *(Kapitel C.1.2.1 Handlung vor der Handlung)*. Liegt eine die Handlung betreffende induktive oder deduktive Einleitung vor? (Die Lösung befindet sich im Informationstext zu *Kapitel C.1.2.1* auf S. 110).

# C.2 Erzähler

Der Erzähler/die Erzählerin ist ein wesentliches Merkmal sowohl für Print- als auch für audiovisuelle Texte. Er darf bei Printtexten nicht mit dem Autor, bei Filmtexten nicht mit dem Regisseur gleichgesetzt werden – ein erwachsener Regisseur kann z. B. eine Geschichte von einem Kind, eine weibliche Regisseurin von einem Mann erzählen lassen oder umgekehrt. Der Erzähler in Printtexten ist eine vom Autor erfundene Figur und gehört zur Welt der erzählten Geschichte; dies lässt sich nicht eins zu eins auf Filme übertragen. Die Funktion eines Erzählers/einer Erzählerin wird im Film durch die Vielzahl der filmsprachlichen Mittel übernommen. Allen voran ist hier die Montage zu nennen, die die von der Kamera eingefangenen Bilder zu einer Geschichte zusammenfügt *(vgl. Kapitel A.2 Schnitt/Montage)*. Die Kamera liefert dazu die Bilder der Geschichte, die von Einstellungsgrößen, Kameraperspektiven und -bewegungen, von Objektbewegungen und Achsenverhältnissen sowie vom Schärfeverhältnis, Licht und Farbe bestimmt werden *(vgl. Kapitel A.1 Mise-en-scène)*. Erzählt wird aber auch mit Hilfe des Tons – ob im On oder Off, ob es sich um Sprache, Geräusche oder Musik handelt – er spielt in jedem Fall beim Erzählen im Film eine ebenso große Rolle *(vgl. Kapitel B. Tonebene)*.[39] Alle diese filmsprachlichen Mittel beeinflussen die Haltung des Zuschauers zum gezeigten Geschehen und zu den Filmfiguren, weil ihm hierdurch eine bestimmte Beobachterposition zugewiesen wird; teilweise sogar eine, die in der Realität schwer oder gar nicht eingenommen werden kann.[40]

Sowohl filmisches als auch episches Erzählen setzt sich schwerpunktmäßig aus der Erzählperspektive und aus der Darbietungsform des Erzählens zusammen.

## C.2.1 Erzählperspektive

Die **Erzählperspektive** ergibt sich aus drei verschiedenen Faktoren.

**Zum Ersten** ist die **Erzählerrolle**, die gewählt wird, zu nennen. Diese setzt sich aus der **Erzählform** und dem **Erzählverhalten** zusammen. Die verschiedenen Erzählerrollen lassen sich folgendermaßen definieren:

39 Vgl. Gast 1993, S. 60.
40 Vgl. Mikos 6 1998, S. 48.

| Erzählform | Erzählverhalten auktorial | Erzählverhalten personal |
| --- | --- | --- |
| **Er-/Sie-Erzähler/in**<br><br>(Erzählung in der 3. Person) | Der **auktoriale Er-/Sie-Erzähler** organisiert die Elemente der Handlung von einem Standort *außerhalb* der erzählten Welt. Er greift häufig durch Kommentare, allgemeine Reflexionen, Leseransprachen oder Vorausdeutungen/Rückwendungen in den Erzählvorgang ein. Der Betrachter wird spürbar durch die Geschichte geleitet. Der allwissende auktoriale Er-/Sie-Erzähler kann das Innere von mehreren Personen der Geschichte kennen. | Der **personale Er-/Sie-Erzähler** hat seinen Standort innerhalb der Geschichte und ist als Handelnder oder Augenzeuge eine Person der erzählten Welt. Er greift nicht durch Kommentare oder Leseransprachen in den Erzählvorgang ein. Er hat nur Einblick in sein eigenes Inneres, nicht aber in das anderer Personen – von diesen nimmt er nur die Außensicht wahr. Allerdings kann er in verschiedene Personen schlüpfen und aus deren Perspektive erzählen – aber auch dann kennt er nur das Innere jeweils der Person, in die er sich hineinversetzt hat. |
| **Ich-Erzähler/in**<br><br>(Erzählung in der 1. Person) | Der **auktoriale Ich-Erzähler** organisiert die Elemente der Handlung von einem Standort *innerhalb* der erzählten Welt. Er greift häufig durch Kommentare, allgemeine Reflexionen, Leseransprachen oder Vorausdeutungen/Rückwendungen in den Erzählvorgang ein. Der Betrachter wird spürbar durch die Geschichte geleitet. Der auktoriale Ich-Erzähler kennt nur das Innere von sich selbst und nimmt andere Personen nur durch Außensicht wahr. Er erzählt aus zeitlicher Distanz als erinnerndes Ich über das erinnerte Ich (erlebendes Ich). | Der **personale Ich-Erzähler** ist so in die erzählte Welt verwickelt, dass er nur als erlebendes Ich erzählen kann, was einen hohen Grad der Unmittelbarkeit bewirkt. Er kann nicht in verschiedene Personen schlüpfen, auch fehlt ihm die Distanz, um Kommentare, Reflexionen und dergleichen anzustellen. Andere Personen nimmt er nur in der Außensicht wahr. |
| **Erzählverhalten neutral** | Der **neutrale Erzähler** kennt keine Unterscheidung in Er-/Sie- oder Ich-Erzähler. Hier gibt es kein Erzählen aus der Sicht einer Person, vielmehr werden Vorgänge und Handlungen «sachlich» berichtet und nach Möglichkeit auf die reine, neutrale Wahrnehmung von Fakten beschränkt. Gespräche zwischen Personen der Erzählung werden ohne Zwischenbemerkungen oder Kommentare wiedergegeben *(vgl. Kapitel C.2.2.2 Figurenrede, szenisches Erzählen)*. | |

**Zweitens** wird die Erzählperspektive bestimmt durch den Standort (**point of view**), von dem aus der Erzähler/die Erzählerin spricht. Dieser wird charakterisiert durch räumliche oder zeitliche Nähe oder Distanz. Ist der **Erzählerstandort** durch **Nähe** geprägt, wird aus dem unmittelbaren Geschehen heraus berichtet; es herrscht ein geringer Überblick, wodurch spannungsförderndes Miterleben gegeben ist. Der **distanzierte Erzählerstandort** ist der traditionell am häufigsten vorkommende; hier thront der Erzähler göttergleich über der erzählten Welt, kennt alle Zusammenhänge und weiß alles.

Der Erzählerstandort hängt eng mit dem Verhältnis von **Zuschauer**- und **Figurenwissen** zusammen, welches die Erzählperspektive ebenfalls maßgeblich bestimmt. Grundsätzlich sind drei Zustände der Wissensverteilung möglich: Figuren- und Zuschauer wissen gleich viel (**Mystery**), die Figur weiß mehr als der Zuschauer (**Surprise**) oder die Figur weiß weniger als der Zuschauer (**Suspense**). In Abhängigkeit von der Wissensverteilung zwischen dem Zuschauer und den einzelnen Figuren verändert sich der Grad der Subjektivität der Erzählperspektive: Das Wissen des Zuschauers kann mit dem der Figur annähernd deckungsgleich sein (personales Erzählverhalten, point of view der Nähe), in einer allwissenden Erzählperspektive ist er nicht an die Wissensbeschränkungen gebunden (auktoriales Erzählverhalten, point of view der Distanz).[41] Wenn es einen Off-Erzähler oder eine Off-Erzählerin gibt, kann allerdings bei einem objektivierenden, Distanz haltenden Kamerablick gleichzeitig personales Erzählverhalten bzw. ein unmittelbarer point of view vermittelt werden. Es kann aber auch der Fall auftreten, dass bei einer personal verreißenden Kamera ein auktorialer Off-Erzähler Distanz zum Geschehen schafft.[42]

**Drittens** wird die Erzählperspektive durch die **Erzählhaltung** geprägt; diese bestimmt die Einstellung, die ein Erzähler gegenüber der erzählten Welt hat, z. B. ob er ihr begeistert/engagiert, anteilnehmend, zustimmend, neutral (ohne Wertung oder Urteile), skeptisch-schwankend, humorvoll-distanziert, ironisch, kritisch, ablehnend ... etc. gegenübersteht.

Begriffe des literarischen Erzählens lassen sich weitestgehend auch auf Filmtexte übertragen. Im Gegensatz zur erzählenden Literatur liegt im Film allerdings meist ein ständiger, zumeist vom Betrachter nicht unbedingt immer bemerkter Wechsel der Erzählperspektive vor. Wo ein häufiger Wechsel z. B. zwischen neutralem und personalem Erzählverhalten im Printtext eher irritiert, wirkt dies im Film völlig normal, da dem Zuschauer dadurch innerhalb der Szene einerseits ein Überblick über die Situation vermittelt wird, andererseits aber gleichzeitig auch eine Identifikation mit den im Film Handelnden ermöglicht wird.[43]

41 Vgl. Mikos 2 1996, S. 59.
42 Vgl. Hickethier 1993, S. 125.
43 Vgl. Hickethier 1993, S. 126, S. 128.

**Aufgabe 31**

Betrachten Sie die Filmausschnitte **118 Die tödliche Maria - Telefon, 119 Barry Lyndon - Anfang, 120 Rebecca - Manderley, 121 Tatort - Bombenanschlag, 122 Freitag der 13. - Autofahrt, 123 Dracula - Lucy's Verführung, 021 Ferris - Krankheit und 124 Casino - Anfang.**

Analysieren Sie die Filmausschnitte in Bezug auf die Erzählperspektive, indem Sie

**1.** Die Erzählerrolle herausarbeiten und ggf. einen Wechsel zwischen auktorialem, personalem und neutralem Erzählverhalten kenntlich machen. Wenn möglich legen Sie auch fest, in welcher Erzählform der Ausschnitt erzählt wird.
**Tipp:** Nicht immer ist die Unterscheidung von Er-/Sie-Erzähler bzw. die Festlegung darauf sinnvoll und möglich.

**2.** Den Erzählerstandort (point of view) herausarbeiten und - nach Möglichkeit - das Verhältnis von Figuren- und Zuschauerwissen definieren.

**3.** Versuchen, nach Möglichkeit die Erzählhaltung, in der der Ausschnitt erzählt wird, zu bestimmen.

Begründen Sie Ihre Antworten mit Beobachtungen zu Ihnen bekannten Elementen der Filmsprache bzw. indem Sie auf den Filmtext Bezug nehmen. ⇨ Lösung S. 174

## C.2.2 Darbietungsformen des Erzählens

Für Printtexte gilt, dass jede Erzählung ein Sprechakt des Erzählers ist. Auf Filmtexte übertragen bedeutet dies, dass der Sprechakt des Erzählers gleichzusetzen ist mit der Summe der verwendeten filmsprachlichen Mittel. Was durch sie kommuniziert wird, umfasst nicht nur Äußerungen wie etwa durch eine Voice Over oder bestimmte Formen der erzählenden oder beschreibenden Montage, sondern auch das, was den handelnden Personen in den Mund gelegt wird. Dort, wo nicht die handelnden Figuren sprechen, können durch unterschiedliche filmsprachliche Mittel unterschiedliche erzähltechnische Aufgaben erfüllt werden, wie z. B. berichten, beschreiben, kommentieren etc.

Wenn handelnde Figuren zu Wort kommen, kann dies ebenfalls in verschiedener Form geschehen, z. B. als innerer Monolog, im szenischen Erzählen usw.

In jedem Fall gilt sowohl für viele erzählende Printtexte als auch für den Film, dass mehrere Darbietungsformen des Erzählens miteinander verknüpft werden.

### C.2.2.1 Erzählerrede

Man unterscheidet bei der **Erzählerrede** in epischen Printtexten den **Erzählbericht**, die **Beschreibung** und den **Kommentar/**die **Reflexion**. Diese Formen der Erzählerrede finden sich auch im Medium Film; wie bereits dargelegt, sind es hier die filmsprachlichen Mittel, die die verschiedenen Formen der Erzählerrede prägen.

Ein generell der Erzählerrede zuzuordnender Erzählmodus ist die visuelle Szene *(vgl. Kapitel A.2.2.1.1 Visuelle Szene)*. Vor allem beim Erzählbericht und bei der Beschreibung findet sich häufig eine Unterform der visuellen Szene, die sich mit dem

Begriff der **Montagesequenz** umschreiben lässt. Diese ist ein in den 1930er-Jahren entwickelter Sequenztyp, der «der gerafften Darstellung eines zeitlichen Intervalls [dient] (es wird das Vergehen der Zeit visualisiert), zudem können auch räumliche Veränderungen gerafft zusammengefasst werden.»[44]

Bei der **erzählenden Montage** werden – zuweilen in Montagesequenzen – verschiedene Einstellungen zu Szenen zusammengefügt, die zeitlich und räumlich auseinander liegen können, jedoch eine inhaltliche Einheit bilden, etwa eine Handlungseinheit oder einen Entwicklungsabschnitt innerhalb der Entwicklung einer Figur. Wichtig ist, dass hierbei der Zuschauer gerafft informiert wird über das Geschehen, die Handlung, bestimmte Figuren, Ort und Zeit, und dass dabei alles Unwichtige ausgelassen wird. Nur die signifikanten Stationen eines Prozesses werden aneinander montiert, wobei der Eindruck der Einheit dieser Szene durch Schnitt, Musik oder durch eine Voice Over unterstützt werden kann.[45] Die **beschreibenden Montage** zeigt den augenblicklichen oder den andauernden Zustand eines Gegenstandes, eines Ortes oder einer Figur des Films unabhängig vom Verlauf der Handlung. Häufig finden sich solche beschreibenden Szenen zu Beginn eines Films oder eines größeren Handlungsabschnitts innerhalb eines Films, da grundlegende, zum Verständnis der Handlung wichtige Informationen konzentriert transportiert werden.[46] Auch hier kann der Schnitt und/oder der Ton – Musik oder eine Stimme aus dem Off – die Einheit der Szene bzw. der Montagesequenz stützen.

Bei der **kommentierenden/reflektierenden Montage** wird der Erzählfluss durchbrochen durch Erläuterungen des Geschehens, allgemeine Überlegungen und Sentenzen. Diese müssen nicht zwingend durch eine Stimme aus dem Off oder durch direkte Äußerungen von Figuren der Filmhandlung vermittelt werden. Oftmals ergibt sich aus der Bild-Bild- oder der Bild-Ton-Montage eine nonverbale Kommentierung des Gezeigten, die sich der Betrachter selbstständig erschließen muss, ähnlich wie bei der durch die intellektuelle Montage initiierten Bedeutungsfindung durch den Betrachter *(vgl. Kapitel A.2.2.2.1 Intellektuelle Montage)*.

### C.2.2.2 Figurenrede

Bei der **Figurenrede** kommen die Personen der Handlung entweder in direkter Rede zu Wort; dann handelt es sich um **szenisches Erzählen**, z. B. beim Dialog *(vgl. Kapitel A.2.2.1.2 Dialogische Szene)*. Es kann aber auch Gesagtes indirekt wiedergegeben werden, entweder durch Personen der Handlung oder durch eine Voice Over aus dem Off oder aber, indem sich eine Figur an Gesagtes erinnert. Dies dient bei Krimis z. B. zum Aufbau von Spannung; allgemein kann die **indirekte Wiedergabe von Gesagtem** als Handlung auslösendes Moment benutzt werden.

Eine weitere Form der Figurenrede ist die **Bewusstseinsstromtechnik**. Diese wird häufig in modernen epischen Texten verwendet; im Film finden sich vor allem die

44 Rother 1997, S. 203.
45 Vgl. Gast 1993, S. 42.
46 Vgl. Gast 1993, S. 42.

der Bewusstseinsstromtechnik zuzuordnenden Formen des **inneren Monologs**, der **Traumbilder** und des **Stream of consciousness**. Beim inneren Monolog handelt es sich um ein stummes, grammatisch korrektes Selbstgespräch. Traumbilder zeigen das subjektive innere Empfinden der Figur; zumeist lässt sich aus solchen Bildern eine konkrete Geschichte herauslesen, die verschiedene Bezüge zur «realen» Filmhandlung haben kann (auch hier kann z. B. die Filmhandlung kommentiert oder reflektiert werden, *vgl. Kapitel C.2.2.1 Erzählerrede, kommentierende/reflektierende Montage*). Der Übergang von Traumbildern zum Stream of consciousness ist fließend; bei diesem handelt es sich um die Aneinanderreihung von Gedankenfetzen, Wahrnehmungen und Empfindungen in assoziativer Folge. Bei dieser absolut subjektiven Entäußerung der Figur tritt die Vermittlung einer Geschichte eher in den Hintergrund.

**Aufgabe 32**

Betrachten Sie die folgenden Filmausschnitte **125 Vom Winde verweht – Kriegsverlauf, 126 Doppeltes Lottchen – Oper, 091 Gatsby – Pool, 127 Citizen Kane – Frühstück, 128 Doppeltes Lottchen – Hänsel und Gretel, 129 Zweifel – Santa Rosa, 130 2001 – Ende** und **131 Die Nacht des Jägers – Powell** und legen Sie folgende Parameter fest:

**1.** Handelt es sich bei dem vorliegenden Ausschnitt um Figuren- oder Erzählerrede?
**2.** Handelt es sich um eine erzählende, um eine beschreibende, um eine kommentierende/reflektierende Montage, um szenisches Erzählen, um die indirekte Wiedergabe von Gesagtem, um einen inneren Monolog, um ein Traumbild oder um einen Stream of consciousness?

Begründen Sie Ihre Antworten mit Beobachtungen zu Ihnen bekannten Elementen der Filmsprache bzw. indem Sie auf den Filmtext Bezug nehmen. ⇨ Lösung S. 177

## C.3 Zeitgestaltung

Zum Erzählen gehört auch die Gestaltung der Zeit. Zeit nehmen wir im Alltag als linear, auf dem Zeitstrahl von der Vergangenheit in die Zukunft angeordnet und vorwärts gerichtet wahr. Rückwärts gerichtet können wir Zeit grundsätzlich nicht wahrnehmen; der Film allerdings kann rückwärts laufen, sodass die gezeigte Bewegung umgekehrt wird, wodurch der Eindruck entsteht, dass in diesem Medium die Zeit scheinbar rückwärts läuft. Dies ist aber gegen die Wahrnehmungslogik gerichtet und hat eher einen komischen Effekt.[47]

47 Vgl. Hickethier 1993, S. 128.

## C.3.1 Erzählzeit versus Erzählte Zeit

Im Film unterscheidet man genauso wie in der Literatur zwischen **Erzählzeit** und **Erzählter Zeit**. Erzählzeit meint die Zeit, die man braucht, um etwas zu lesen oder zu erzählen. Unter Erzählter Zeit versteht man die Zeitspanne, von der im Text selbst die Rede ist. Dies können Sekunden, aber auch Jahrzehnte sein und alles, was dazwischen liegt.

Die Zeitdarstellung im Film ist der in der Literatur ähnlich, aber trotz aller Parallelen tun sich auch signifikante Unterschiede auf. Genauso wie der Autor kann der Regisseur die Erzählzeit verlangsamen oder raffen, indem er das Geschehen detaillierter darstellt oder indem er es zusammenfasst. Der Rhythmus der Zeitgestaltung richtet sich nach der Wichtigkeit, die der Regisseur bestimmten Ereignissen zugestehen will: Auf wichtige Ereignisse wird meistens mehr Zeit verwendet, unwichtige Ereignisse werden zeitlich gerafft.[48]

Es gibt drei mögliche Verhältnisse von Erzählzeit (Dauer des Films) zu erzählter Zeit (Zeitraum, in der die Geschichte spielt):

### C.3.1.1 Deckungsgleichheit

Erzählte Zeit und Erzählzeit sind deckungsgleich, Ereignisse werden in Echtzeit gezeigt *(vgl. Abb. 81)*. Dies ist z. B. bei Live-Übertragungen der Fall.

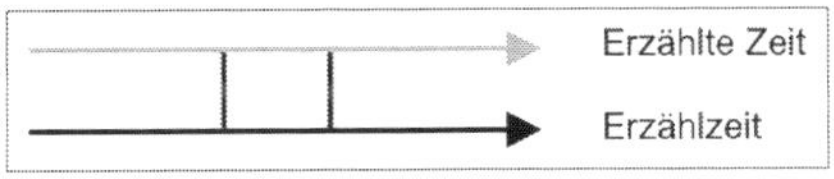


**81** Deckungsgleichheit

### C.3.1.2 Raffung

Die Erzählte Zeit ist länger als die Erzählzeit: Die Zuschauer müssen die im Film gezeigten Bilder zu einer kohärenten (oder auch widersprüchlichen) Geschichte zusammensetzen, indem sie ausgesparte, nicht durch das Filmbild dargestellte Handlungselemente mittels ihres Weltwissens rekonstruieren. Dies nennt man elliptische Erzählweise.[49] Es gibt zwei Formen der erzählerischen Ellipse:

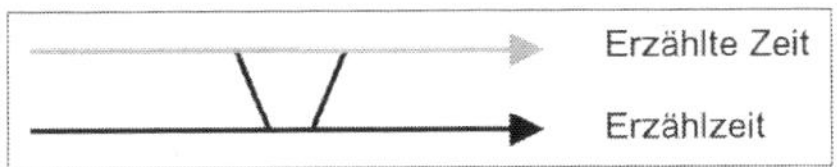


**82** Ellipse im Continuity-System

**Elliptische Erzählweise im Dienst des Continuity-Systems** *(vgl. Abb. 82)*: Die Erzählzeit ist nur wenig kürzer als die Erzählte Zeit. Der Unterschied wird vom Zuschauer so gut wie nicht wahrgenommen.

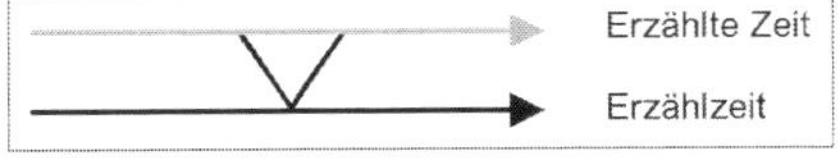


**83** Ellipse mit deutlichem Zeitsprung

**Ellipse mit deutlichem Zeitsprung** *(vgl. Abb. 83)*: Die Erzählzeit ist erheblich kürzer als die Erzählte Zeit, der Zeitsprung wird deutlich vom Zuschauer wahrgenommen.

Eine Sonderform der Zusammenfassung von Zeit ist der **Zeitraffer**.

48 Vgl. Diekhans 2004, S. 36.
49 Vgl. Mikos 2 1996, S. 58 f.

Hier wird scheinbar kein Ereignis ausgelassen, sondern es wird bei Filmaufnahmen von lange dauernden Prozessen, etwa dem Sich-Öffnen einer Blume, meist mit Spezialkameras gearbeitet, die nur in einem bestimmten Zeitintervall eine Aufnahme machen. Aneinandergefügt entsteht dann der Eindruck, dass der Gesamtvorgang in kürzerer Zeit gezeigt wird, ohne dass ein Schritt davon in der Filmdarstellung fehlt. Im Rahmen der Postproduktion werden bei einer Beschleunigung des Bildes vom normalen Filmbild, das aus 24 Einzelbildern pro Sekunde besteht, einzelne Bilder entfernt. Je mehr Bilder entfernt werden, desto mehr beschleunigt sich entsprechend die Bewegung. Durch die Trägheit des Auges bleibt aber der Eindruck einer kontinuierlichen, schneller ablaufenden Bewegung bestehen.[50]

### C.3.1.3 Dehnung

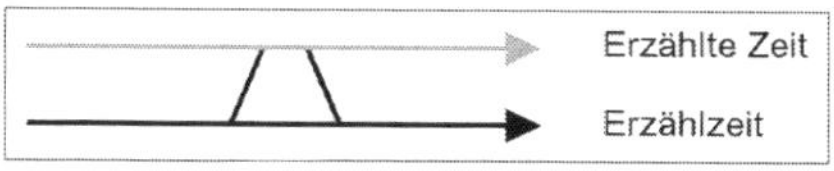

**84** Zeitdehnung

Die Erzählte Zeit ist kürzer als die Erzählzeit *(vgl. Abb. 84)*: Innerhalb eines in der filmischen Gegenwart vorgegebenen Zeitrahmens (z. B. durch das Zeigen einer Uhr oder eines Bewegungsvorganges, der für den Betrachter überschaubar ist) werden Handlungen und Situationen eingeschoben, die einen deutlich größeren Zeitrahmen umfassen.

Eine einzige Aktion kann auch aus verschiedenen Blickwinkeln mehrfach gezeigt werden; durch diese **Mehrfacheinstellungen** sieht der Zuschauer dieselbe Aktion zwei, dreimal oder öfter. Hierdurch kann man wichtige und bedeutende Handlungen herausstellen, die von ihrer eigentlichen Zeitdauer her zu kurz sind, um entsprechend vom Zuschauer bemerkt zu werden. Eine Alternative zu Mehrfacheinstellungen ist die Zeitlupe.[51]

**Aufgabe 33**

Betrachten Sie die folgenden Filmausschnitte und bestimmen Sie das Verhältnis von Erzählter Zeit zu Erzählzeit. Begründen Sie Ihre Zuordnung.
**132 MATRIX 1 – Schießerei, 133 ZWEIFEL – Zeitung, 134 ZEITMASCHINE – Reise, 071 ZWEIFEL – Dialog 1, 135 DIE UNBESTECHLICHEN – Kinderwagen, 136 BILLY ELLIOT – Wand, 137 TERMINATOR 2 – Hasta la vista, Baby!** ⇨ Lösung S. 181

In der **Zeitlupe** werden die Bewegungen bis fast zum Stillstand verlangsamt, sodass in dieser Zeit z. B. auf der Ebene des Tons mehr Informationen vermittelt werden können, als wenn der Vorgang in Echtzeit gezeigt würde.[52] Die Erzählzeit ist wesentlich länger als die Erzählte Zeit, das Geschehen wird für den Zuschauer deutlich wahrnehmbar verlangsamt.

50 Vgl. Gross/Ward 1991, S. 198.
51 Vgl. Vineyard 2001², S. 88.
52 Vgl. Hickethier 1993, S. 130 f.

## C.3.2 Verschiedene Zeitebenen

Um die Geschehenskontinuität zu wahren, stellt eine an der chronologischen Abfolge der Ereignisse orientierte Erzählung im Sinne des Continuity-Systems *(vgl. Kapitel A.2.1 Grundlagen der Montagetechnik)* die Konvention dar. Achronologische Montagen, die bewusst desorientierende raumzeitliche Diskontinuitäten erzeugen, wie etwa in Quentin Tarantinos PULP FICTION (USA 1994), stehen dieser Konvention entgegen.[53]

**Vorschlag**

Betrachten Sie hierzu die Filmbeispiele **076 JURASSIC PARK - Elektrozaun** als Beispiel für die Simultandarstellung via Parallelmontage und **015 THOMAS CROWN - Überfall 1** als Beispiel für Simultandarstellung mittels Split Screen.

### C.3.2.1 Parallel stattfindende Ereignisse

Im Film lassen sich Ereignisse, die gleichzeitig stattfinden, entweder sukzessiv durch Parallelmontage *(vgl. Kapitel A.2.2.2.2 Parallelmontage)* oder simultan mittels Split Screen *(vgl. Kapitel A.1.2.3 Split Screen)* darstellen.

### C.3.2.2 Gegenwart, Vergangenheit, Zukunft

Eine weitere Möglichkeit der Zeitgestaltung sind Rückblenden oder seltener auch Vorausschnitte. Häufig sind sie durch das Geschehen motiviert (Erinnerungen, Rekonstruktionen, Auflösungen, Binnenerzählungen, Zukunftsvisionen etc.) und in den kontinuierlichen Geschehensablauf eingebettet, sodass dieser nur vorübergehend unterbrochen wird.

**Aufgabe 34**

1. Betrachten Sie den Filmausschnitt **138 TITANIC - Rose.**
   - ❑ Wie werden Vergangenheit und Gegenwart miteinander verwoben?
2. Betrachten Sie den Filmausschnitt **016 THOMAS CROWN - Überfall 2.**
   - ❑ Erklären Sie, wie hier Gegenwart, Vergangenheit und Zukunft miteinander verwoben sind.

⇨ Lösung S. 184

Umgeben von einer Rahmenerzählung können Rückblenden auch den eigentlichen Kern des Geschehens bilden,[54] wie z. B. in dem Film CITIZEN KANE von Orson Welles (USA 1941).

53 Vgl. Hickethier 1993, S. 131 ff.

54 Vgl. Diekhans 2004, S. 37.

# D Filmzitat

Die Analyse der intertextuellen Bezüge audiovisueller Texte[1] eröffnet eine Möglichkeit der Erklärung der Faszination, die Film und Fernsehen ausüben. Intertextualität bedeutet hier nicht nur die Positionierung eines Textes im bereits vorhandenen Universum von Texten, sondern ist auch als Prozess der Rezeption und Aneignung zu sehen, bei dem die Zuschauer ihre Erfahrungen und Erlebnisse mit anderen medialen Produkten an den gerade aktuell rezipierten Text herantragen.

Intertextualität ist dementsprechend Teil eines dynamischen Kommunikationsprozesses, der den Filmtext in ein historisch-kulturelles Bezugssystem einbettet. Sie ist in der Erkenntnis der Leser/Zuschauer begründet, die aufgrund der Kenntnis anderer Filmtexte oder medialer Produkte in der Lage sind, Beziehungen zwischen einzelnen Filmtexten herzustellen. Dieses Erkennen von Intertextualität fällt je nach Wissensstand des Zuschauers bei ein und demselben Text verschieden aus.[2]

Intertextualität findet sich z. B. bei der Werbung für eine Telefonauskunft mit Verona Pooth, ehemals Feldbusch, da diese als gemeinsame Protagonistin auf ihre eigenen Sendungen VERONAS WELT und PEEP! verweist. Eine andere Dimension erlangt Intertextualität «bei Verweisen auf andere mediale Texte, die z. B. gleichen Erzählmustern folgen oder den gleichen Stoff bearbeiten. PRETTY WOMAN verweist auf George Bernard Shaws Theaterstück *Pygmalion* und dessen Musical-Bearbeitung *My Fair Lady*, auf die Kameliendame von Alexandre Dumas und die Oper *La Traviata* von Guiseppe Verdi.»[3]

Es zeigt sich, dass in einzelnen Texten ein System von Verweisen aufgebaut wird, welches ein breites Spektrum von Medien wie Musik, Film, Fernsehen, Comics und Literatur umfasst.[4]

Beim Film gibt es zunächst eine ausgeprägte Remake-Kultur, wobei man sich oftmals fragen muss, warum überragende Originale wie z. B. Hitchcocks PSYCHO (USA 1960) noch einmal gedreht werden müssen. Auch werden z. T. qualitativ hochwertige nicht-amerikanische Filme für den amerikanischen Markt abermals mit amerikanischen Schauspielern gedreht, um die Zuschauerzahlen zu steigern. Als Beispiel sei das Original von Alejandro Amenábar ÖFFNE DEINE AUGEN (E 1997) genannt und das amerikanische Remake von Cameron Crowe VANILLA SKY (USA 2001).

Abgesehen von solchen Adaptionen werden in Filmen immer wieder mehr oder weniger berühmte Vorlagen zitiert – dies kann als Reminiszenz verstanden werden,

1 Vgl. Definition des Filmtextes als mehrfach codierter Text in *Kapitel I.1* der Einführung.

2 Vgl. Lothar Mikos: Erlebnisse im intertextuellen Universum der Populärkultur. Struktur-funktionale Film- und Fernsehanalyse Teil 8. In: *Medien praktisch. Zeitschrift für Medienpädagogik.* Heft 3 (1999), S. 44–48, S. 44.

3 Mikos 8 1999, S. 45.

4 Vgl. Mikos 8 1999, S. 45.

aber auch parodistischen Charakter tragen. In jedem Fall aber wird beim Zuschauer, der das Zitat erkennen, einordnen und würdigen soll, eine breit gefächerte Textkenntnis vorausgesetzt und erwartet. Denn intertextuelle Bezüge werden nur da realisiert, wo aufgrund von «Lektüreerfahrungen» Vorwissen vorhanden ist.[5]

Natürlich muss die vorliegende Kategorisierung von Zitatformen als Versuch verstanden werden. So finden sich schon bei den Beispielen Überschneidungen – ein dialogisch-visuelles Zitat kann natürlich sowohl ironisch-parodistischen Charakter tragen als auch ernst gemeint sein. Diese Überschneidungen zeigen, dass filmische Intertextualität ein komplexes und eigenes Kapitel der Filmanalyse darstellt, welches hier angeschnitten wird.

Das **visuelle Zitat** zitiert Szenarien, Orte, Bild- und Montagestrukturen, die in einem ähnlichen oder anderen Kontext präsentiert werden als es beim Original der Fall ist. Im **dialogischen Zitat** wird im Gespräch von Figuren eines Films explizit auf einen anderen Film oder Figuren oder Szenarien daraus verwiesen. Durch das **dialogisch-visuelle Zitat** werden die beiden erstgenannten Zitatformen kombiniert. Das **auditive Zitat** zitiert oder imitiert Musik oder Geräusche bzw. Gesprochenes des Originalfilms. Alle genannten Zitatformen können **ironisch-parodistisch** sein. Beim **Verweis auf einen anderen Kontext** wird im Filmtext kein anderer Film zitiert, sondern auf außerhalb der Filmwelt liegende Kontexte verwiesen, etwa auf die Lebenswelt oder Herkunft der Schauspieler, auf politische, soziale, gesellschaftliche Kontexte und dergleichen.

**Aufgabe 35**

Betrachten Sie dazu die Filmausschnitte **139–144 Filmzitat 1** bis **Filmzitat 6**. Hier werden sechs verschiedene Arten von Filmzitaten präsentiert, wobei zuerst das Original gezeigt wird und anschließend das Zitat in einem anderen Film.

Versuchen Sie,

- ☐ den Originalfilm zu identifizieren (optimal wären Titel, Jahr, Regisseur, Hauptdarsteller),
- ☐ den zitierenden Film zu identifizieren (ebenfalls nach Möglichkeit Titel, Jahr, Regisseur, Hauptdarsteller) und
- ☐ zu bestimmen, um welche Art Zitat es sich handelt.
- ☐ Begründen Sie Ihre Zuordnungen – es sind mehrere Zuordnungen pro Beispiel möglich.

⇨ Lösung S. 184

5 Vgl. Mikos 8 1999, S. 48.

# IV Lösungen

## A.1.1 Bildinhalt

☑ Lösung Aufgabe 1.1 und 1.2 (S. 35)

Der einleitende Kameraschwenk zeigt die Location, in der die Protagonisten platziert werden: Es handelt sich um eine Steilküste an der See. Die Kamera schwenkt vom Wasser herauf zur Oberkante der Felsen, sodass sich dem Zuschauer die Umgebung erst langsam erschließt und er sich in die Stimmung hineinversetzen kann. Das gute Wetter, die Brandung und der Sonnenschein evozieren Urlaubsstimmung, welche aber bereits durch die getragene Musik gebrochen wird. Hierzu passt das aufgewühlte Meer, das für die aufgewühlten Emotionen des Protagonisten steht.

Die Kamera erfasst nun in einer Halbtotalen aus der Untersicht Maxim de Winter (Laurence Olivier), der oben auf den Klippen ganz dicht am Rand steht und hinunter sieht, wobei seine Füße nicht zu sehen sind. Fast hat man den Eindruck, als wolle er springen. Er trägt einen schwarzen Hut und einen schwarzen Anzug, die klassische Straßenkleidung für einen Mann in den 1940er-Jahren. Farbe und Art der Kleidung stehen in Kontrast zur hellen Umgebung und deuten darauf hin, dass dieser Mann hier wahrscheinlich nicht Urlaub macht.

Die nächste Einstellung erfasst das Gesicht des Mannes in Großaufnahme und zeigt seine Mimik: melancholisch, fast depressiv ist er in den Anblick der Tiefe versunken; er schwankt ganz leicht hin und her, so als bereite er sich auf den entscheidenden Sprung vor.

Nun wird er von hinten aus der Obersicht in einer Nahaufnahme gezeigt. Vor ihm gähnt der Abgrund, weiter unten ist die Brandung zu sehen; es folgt eine Großeinstellung auf die Füße, die einen Schritt nach vorne auf den Klippenrand zu machen, dann wird wieder die oben erwähnte Großaufnahme gezeigt, und nun ist klar, dass de Winter kurz davor ist, sich von den Klippen zu stürzen.

Genau in diesem Augenblick ruft eine Frauenstimme: «Nein! Halt!» Von der die intensive Todessehnsucht des Mannes erfassenden Großaufnahme wird in eine Totale geschnitten, die den sich schlängelnden Klippenweg mit Bäumen und Felsen erfasst und im Hintergrund einen Überblick über die malerische Küstenlinie gibt. Im Bildzentrum, sicher auf dem Weg mit beiden Beinen fest auf der Erde, umgeben von Felsen, ist die Rufende (Joan Fontaine) zu sehen. Sie trägt einfache Freizeitkleidung und macht offensichtlich einen Spaziergang.

Der Mann negiert sofort seine Selbstmordabsichten, indem er die Frau anfährt: «Warum schreien Sie denn so, zum Donnerwetter?»

Während des sich anschließenden Dialogs werden die Sprechenden in amerikanischer Einstellung gleichzeitig im Bild gezeigt, wobei sie von links und er von rechts in das Bild hinein und auf den jeweils anderen zugeht; dann halten sie normalen Sprechabstand. Die Bildausstattung ist geprägt von knorrigen Bäumen, Sträuchern, Büschen und Felsen; die Gesprächspartner werden scheinbar von ihnen eingerahmt, die Frau scheint sogar fast in einem Gebüsch zu stehen. Im Verlauf des Gesprächs wird deutlich, dass sie sehr unsicher ist; sie rechtfertigt ihren Anruf, spricht aber ihre Befürchtung, dass er sich umbringen wolle, nicht aus. Vielmehr lässt sie sich von seiner harschen Zurechtweisung, die keine Annäherung an seine Gefühle zulässt, verjagen und rennt hinter einem Felsen verschwindend davon.

Die symbolhafte Bedeutung der Location kann für die Charakterisierung der Protagonisten herangezogen werden. De Winters im Gesprächsverlauf deutlich werdende Selbstsicherheit und Barschheit stehen im Gegensatz zu der ihn charakterisierenden Umgebung der Klippen, des Abgrunds und des unruhigen Meeres, die für seine psychische Instabilität und seine Selbstmordabsichten stehen.

Die Unsicherheit der als Gesellschafterin arbeitenden Frau mit geringem sozialen Status opponiert dagegen mit der sie charakterisierenden Umgebung: Sie ist im Hier und Jetzt präsent, wie die Felsen, die sie umgeben. Sie ist trotz ihrer Unsicherheit sofort in der Lage, die Situation richtig einzuschätzen, dementsprechend zu handeln und damit das Schlimmste zu verhindern. Auch die Bäume und Sträucher sind ihr zuzuordnen; als Bestandteil der belebten Natur sind sie ein Symbol des Lebens, insofern charakterisieren sie die Frau als jemanden, der das Leben bejaht und in ihm verwurzelt ist. Es kann festgehalten werden, dass bezüglich der Personencharakterisierung die visuellen Informationen im Gegensatz zu den auditiv vermittelten Informationen stehen.

Die Annäherung der Protagonisten zu Beginn des Dialogs hat Verweischarakter: Beide werden im Laufe des Films heiraten, und sie wird ihn aufgrund der oben genannten Charaktereigenschaften von seinem Leid und von der Schuld, die er auf sich geladen zu haben glaubt, befreien.

## A.1.2.1 Cadrage und A.1.2.2 Bildkomposition

### ☑ Lösung Aufgabe 2.1 (S. 49)

Trotz der Bewegung des Dreirad fahrenden Jungen wirkt der Filmausschnitt eher statisch. Die Kamera fängt Danny Torrance (Danny Lloyd), obwohl sie sich bewegt, fast immer genau in der Bildmitte oder knapp links bzw. rechts davon ein. In Kombination mit den statischen Kompositionslinien des Flures und der unheimlichen Musik wirkt der Junge gleichsam von bösen Mächten fixiert und eingeschlossen.

### ☑ Lösung Aufgabe 2.2 (S. 49)

Bei diesem Filmbild handelt es sich um eine geschlossene Bildkomposition. Die Drittelaufteilung zeigt eine symmetrische Verteilung der Bildinhalte. Im linken und rechten Vertikal-Drittel des Bildes befinden sich die unbelebten, durch statische Linien

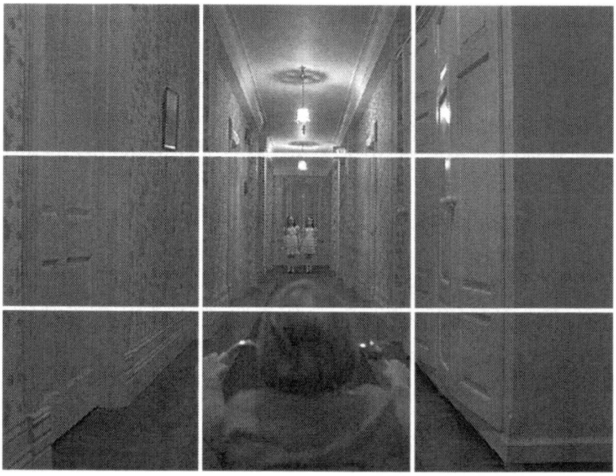

**85** SHINING

charakterisierten Flurwände. Im unteren mittigen Horizontal-Bilddrittel des Bildvordergrunds befindet sich Danny Torrance, dessen Kopf ebenfalls symmetrisch links und rechts vom Lenker des Dreirads eingefasst wird. Im mittleren Horizontal-Bilddrittel, im Zentrum des Bildes und gleichzeitig im Fluchtpunkt der Zentralperspektive sind die beiden Zwillingsmädchen des früheren Hausverwalters Grady (Lisa und Louise Burns) zu sehen. Da sie am Ende des Flures stehen, sind sie so klein, dass man ihre Gesichter nicht sehen kann. Offensichtlich halten sie sich an den Händen. Durch diese Größenverhältnisse und die extreme Zentralperspektive entsteht der Eindruck von räumlicher Tiefe.

Danny und die Zwillinge stehen sich gegenüber und sehen sich an. Das Bild wird bestimmt von symmetrischen Bilddiagonalen (Flurboden, Läufer, Decke), die Bildvorder-, Bildmittel- und Bildhintergrund miteinander verbinden. Es wird ebenfalls durch symmetrische Bildvertikalen (Türen, Vorsprünge in den Flurwänden) charakterisiert. Alle Aktanten innerhalb des Bildes wirken gleichsam von dieser Symmetrie eingeschlossen *(vgl. Abb. 85)* – und sie sind es auch: Die Zwillinge sind als Geister gewaltsam zu Tode gekommener Kinder an den Ort ihres Todes – eben den Flur, den Danny entlangfährt – gebunden. Danny kann diesem Ort ebenfalls nicht entkommen, denn das Overlook Hotel liegt zu einsam, als dass er fliehen könnte, außerdem herrscht ein Schneesturm und sein zunehmend zum Werkzeug des Bösen werdender Vater vereitelt jeden Versuch zu entkommen. Die Geister-Mädchen stehen im Bildzentrum, sie sind das zentrale Schockmoment für Danny und auch für den Zuschauer. Obwohl sie so weit weg sind, beherrschen sie das Bild.

Auch die Farbsymbolik des Bildes kann gedeutet werden (diese wird allerdings nur in dem Filmausschnitt sichtbar): Zum einen sind die für Danny eine Bedrohung darstellenden Mädchen, die mit ihm für *immer* spielen wollen, in Freiheit, Beständigkeit, Harmonie und Ruhe symbolisierendes Blau gekleidet, während Dannys Jacke die Leitfarbe des Films aufnimmt. Das Rot visualisiert Blut, Gewalt, Gefahr und Zorn. Durch diese Vertauschung der Attribute wird deutlich, dass das Kind bereits unentrinnbar in die Machenschaften des Bösen verstrickt ist. Zum anderen kann das Blau als Farbe der Romantik die Transzendenz der Geistererscheinung symbolisieren, während Rot für das Leben und die weltliche Aktivität steht. Auch hier wird durch die Farbe ein inhaltlicher Gegensatz deutlich. Dannys blaues Sweatshirt unter seiner roten Jacke – das nur im Filmausschnitt in einer anderen Einstellung als der, die das Standbild zeigt, zu sehen ist – verweist auf seine Nähe zur Geisterwelt und die damit verbundene Bedrohung für ihn.

### A.1.2.3 Split Screen

☑ Lösung Aufgabe 3 (S. 51)

**Thomas Crown ist nicht zu fassen – Überfall 1:** In Filmausschnitt 1.1 werden in kurzer Zeit eine Vielzahl von Informationen vermittelt. Die Beteiligten an dem geplanten Raub werden gezeigt und es ist klar, dass sie alle – mit verschiedenen Verkehrsmitteln – ein gemeinsames Ziel haben: die Stadt, in der der Raub geplant ist. Dies setzt sich in Filmausschnitt 1.2 fort: im Gegensatz zur Panoramaaufnahme der Stadt in der vorangegangenen Split Screen wird nun der Fokus auf das Ziel verengt, die Bank, in der der Raub stattfinden soll. Der Drahtzieher des Bankraubs, Thomas Crown (Steve McQueen) beobachtet die Ankunft der Gangster; er wird, genau wie seine vier Helfer, in der Split Screen gezeigt. Hierdurch wird die Verbindung der vier Verbrecher mit Thomas Crown visualisiert. Im Filmausschnitt 1.3 befinden sich die Täter auf dem Rückweg. Der Glockenschlag der Friedhofsglocke dient hier als Tonklammer, die deutlich macht, dass alles vorbei ist: Synchron zum Glockenschlag werden nacheinander die einzelnen Split Screen-Bilder der Räuber ausgeblendet. Thomas Crown wird im Vollbild gegengeschnitten, er bringt die Beute in Sicherheit. Er ist nicht mehr Teil der Split Screen; die «Verbindung» zwischen ihm und den vier Männern ist sowohl inhaltlich als auch visuell beendet.

**Thomas Crown ist nicht zu fassen – Überfall 2:** Hier wird die Split Screen zur Visualisierung zwischenmenschlicher Beziehungen eingesetzt. Der Filmausschnitt beginnt damit, dass Vicki Anderson (Faye Dunaway) und Thomas Crown am Lagerfeuer sitzen. Das Liebespaar wird im Vollbild gezeigt, das in die linke obere Ecke der Split Screen verkleinert und einfriert. Die sehr viel größere zweite der Split Screen zeigt den von Crown geplanten zweiten Bankraub. Diesen führt er gegen den Willen Andersons am folgenden Tag durch. Jetzt sind synchron zwei Zeitebenen zugleich zu sehen: Die Vergangenheit des Lagerfeuers und die Zukunft des Überfalls. Der Überfall wird vermehrt im Vollbild gezeigt, während in der dazwischen geschnittenen Split Screen das kleine Bild des Paares am Lagerfeuer unscharf gezogen wird. Die Auflösung der klaren Konturen visualisiert die Auflösung der Beziehung. Hier kann auch die Größe der Bildframes symbolisch verstanden werden: Das unscharfe Bild des Paares ist im Vergleich zu den Doppelbildern des Überfalls sehr klein. Innerhalb des kleinen Bildes ist das Gesicht Thomas Crowns bestimmend. Dies kann als Vorausdeutung so interpretiert werden, dass er die Auseinandersetzung mit Vicki Anderson gewinnt. Er nimmt als Organisator und Drahtzieher des zweiten Banküberfalls in Kauf, dass die Beziehung zu Anderson dadurch zerstört wird. Letztendlich verdrängt der im Vollbild dargestellte Überfall auch gänzlich das bis zur Unkenntlichkeit unscharfe Bild des Paares.

**Thomas Crown ist nicht zu fassen – Polospiel:** Hier wird die Split Screen als ästhetisches Gestaltungsmittel eingesetzt, einerseits um die Dynamik des Polospiels zu vermitteln, andererseits zur Visualisierung zwischenmenschlicher Beziehungen. Die Dynamik des Spiels wird unterstrichen durch die synchron unterlegte Off-Screen-Musik. Das On-Screen-Geräusch des Schlagens des Poloballs gibt das akustische Zeichen zum Wechsel zwischen Vollbild und Split Screen. Die Split Screen wird auch dazu benutzt, die verschiedenen Wahrnehmungen der Zuschauer zu zeigen bzw. zu verdeutlichen, wie Vicki Anderson nicht nur Gefallen an dem rasanten Spiel, sondern auch an dem spielenden Thomas Crown findet. Es folgt eine Serie von Vollbild-Einstellungen, die es dem Zuschauer erlaubt, von der visuellen Vielfältigkeit der Split Screen «auszuruhen». Im Sinne der optischen Reizerneuerung wird die Teilung des Bildschirms aber wieder aufgenommen, als Anderson und Crown sich annähern und einen ersten Blickkontakt haben. Diese Annäherung ist durch große Distanz gekennzeichnet, symbolisiert dadurch, dass der Blickwechsel größtenteils durch die Handkamera Vicki Andersons stattfindet. Letztendlich wird der Film als Einstieg zur Observation eines potenziellen Täters gemacht; diese Tatsache steht von Anfang an zwischen den beiden. Crown und Anderson befinden sich im Bildzentrum[1] und damit im Zentrum der Aufmerksamkeit; dadurch, dass sie abwechselnd gegeneinander geschnitten werden, wird die beginnende Beziehung angedeutet.

### A.1.2.4.1 Einstellungsgrößen

#### ☑ Lösung Aufgabe 4 (S. 52)

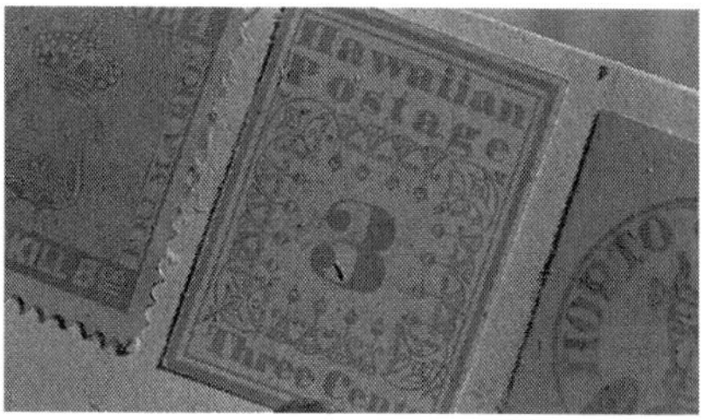


**86** (Halb)Totale oder Detailaufnahme?

Der Bildausschnitt *(vgl. Abb. 86)* kann sowohl eine Detailaufnahme als auch eine (Halb)Totale sein, je nachdem, zu welcher Bezugsgröße der Betrachter die Briefmarke in Relation setzt. Setzt man die Briefmarke absolut, dann kann es sich durchaus um eine (Halb)Totale handeln. Sieht man die Briefmarke im Verhältnis zum menschlichen Körper, ist sie höchstens so groß wie ein Fingernagel. Dann muss es sich um eine Detailaufnahme handeln.

#### ☑ Lösung Aufgabe 5 (S. 52)

Die Bezugsgröße ist durch die nach den Dingen auf dem Bett tastende Hand auf den menschlichen Körper festgelegt *(vgl. Abb. 87)*. Es muss sich also um eine Detailaufnahme handeln.

1 Zur Unterscheidung von Bildmitte und Bildzentrum vgl. *Kapitel A.1.2.1 Cadrage* und *Kapitel A.1.2.2 Bildkomposition.*

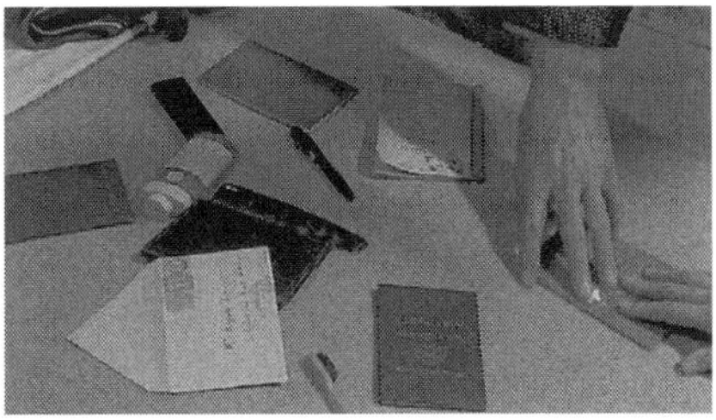

**87** Bezugsgröße «menschlicher Körper», hier: eine Hand

In der Praxis hat sich als günstig erwiesen, als Bezugsgröße für die Festlegung der Einstellungsgröße den menschlichen Körper zu wählen, damit eine eindeutige Definition möglich ist. Wird also eine Briefmarke gezeigt, die ungefähr die Größe eines Fingernagels hat, so handelt es sich hierbei – wenn die Bezugsgröße die menschliche Hand ist – um die Einstellungsgröße Detail und nicht um eine (Halb)Totale.

In der Forschung macht man diesbezüglich keine verbindlichen Festlegungen; Einstellungen können durchaus auch durch Interpretation festgelegt werden. Kommt der gezeigten Briefmarke besondere Bedeutung zu, kann die Einstellungsgröße (Halb)Totale ihre Wichtigkeit genau so gut unterstreichen wie die Einstellungsgröße Detail.[2]

### A.1.2.4.1 Einstellungsgrößen

☑ Lösung: Aufgabe 6 (S. 53)

Zusammenfassende Übersicht über die Einstellungsgrößen[3]

| Abk. | Begriff | Textbaustein | Aussage- und Handlungsebene |
|---|---|---|---|
| D | Detail | 2 | symbolische, atmosphärische Aussageebene |
| G<br>N | Groß<br>Nah | 4<br>6 | mimische Handlungsebene |
| A | Amerikanisch | 1 | gestische Handlungsebene |
| HN<br>HT<br>T | Halbnah<br>Halbtotal<br>Total | 8<br>3<br>5 | situationsbezogene Handlungsebene |
| W | Weit | 7 | symbolische, atmosphärische Aussageebene |

Übersicht über die Zuordnung Begriffe – Textbausteine
*(siehe nächste Seite)*

2 Vgl. Kamp/Rüsel 1998, S. 14.
3 Vgl. Paech 1977, S. 223.

| Begriff | Beispiel | Abk. | Kommentar |
|---|---|---|---|
| **1. Detail** (auch **Makro**) | 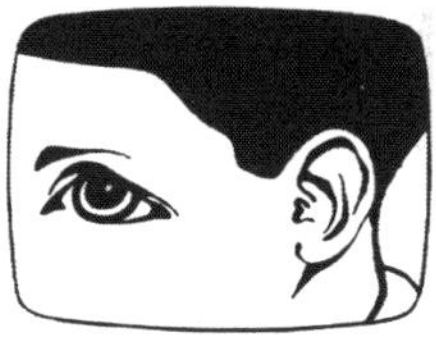 46 | D | 2. Bei dieser Einstellung kann man nur Teile des Gesichts erkennen, entweder Mund, Augen, Nase usw. Hierdurch werden Intimität und Nähe vermittelt; Gezeigtes kann sowohl angenehm als auch abstoßend wirken. |
| **2. Groß** (auch **Close-Up**) | 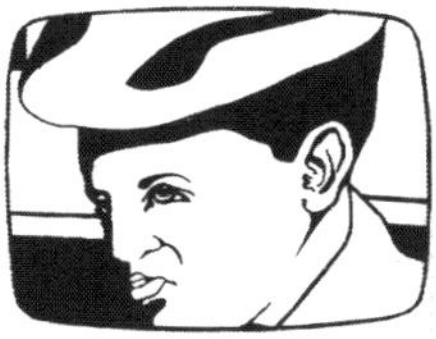 47 | G | 4. Diese Einstellung konzentriert den Blick des Zuschauers auf den Kopf des Abgebildeten; sie findet häufig Verwendung in Gesprächen, weil sie die viel sagende Mimik des Sprechenden zeigt. Damit wird ein Einblick in das Gefühlsleben des Dargestellten vermittelt, was die Figur einerseits charakterisiert, andererseits die Identifikation des Zuschauers mit ihr erhöhen kann. |
| **3. Nah** | 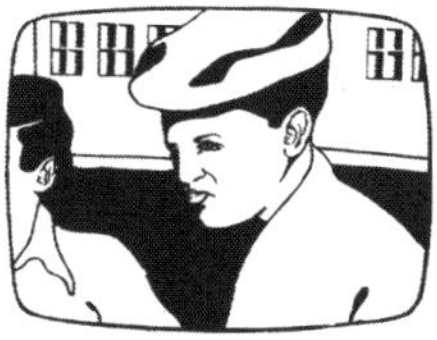 48 | N | 6. Kopf und Oberkörper beherrschen das Bild, mimische und gestische Elemente stehen im Vordergrund und sind genau zu erfassen. Diese Einstellung wird häufig in Dialogszenen gebraucht. |
| **4. Amerikanisch** (in den USA auch **Italienisch**) | 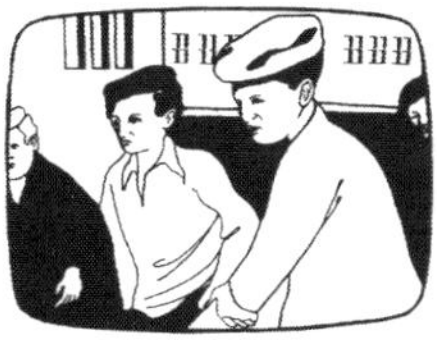 49 | A | 1. Diese Einstellung entstammt dem Westerngenre. Sie reicht meist vom Kopf bis knapp unterhalb der Hüfte, wo der Colt sitzt. Ohne dass von der Aktion abgelenkt wird, kann hier das Verhältnis zum Gegner, der Umraum, dargestellt werden. Die Einstellung ist charakteristisch für die individuelle Aktion, vor allem für Arme und Hände. |
| **5. Halbnah** | 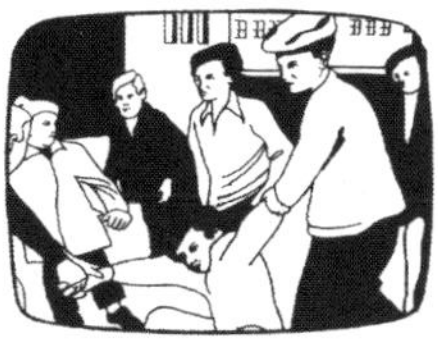 50 | HN | 8. Bei dieser Einstellung sind Personen von der Hüfte an aufwärts zu sehen, im Zentrum steht der auf den Oberkörper und das Gesicht bezogene Handlungsraum. Die Einstellung ermöglicht es dem Zuschauer, sich im Raum zu orientieren. Es können Gespräche gezeigt werden (zwischen Personen oder Personengruppen), wobei stärker als der Dialog die Situation, in der er stattfindet, im Vordergrund steht. |

| Begriff | Beispiel | Abk. | Kommentar |
|---|---|---|---|
| **6. Halbtotal** | 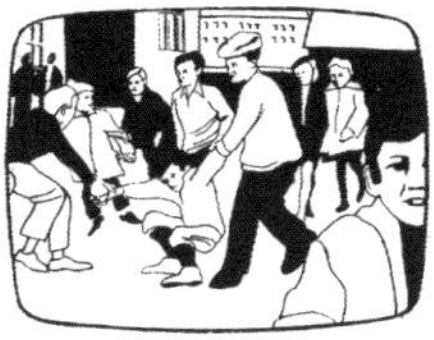 51 | HT | 3. Die dargestellte Person ist vollständig von Kopf bis Fuß zu sehen. Es besteht eine Distanz des Betrachters zum Geschehen. Menschen, Menschengruppen oder Gegenstände werden in einer sie und ihre Situation charakterisierenden Umgebung gezeigt, der Fokus liegt auf körperbetonten Aktionen. |
| **7. Total** | 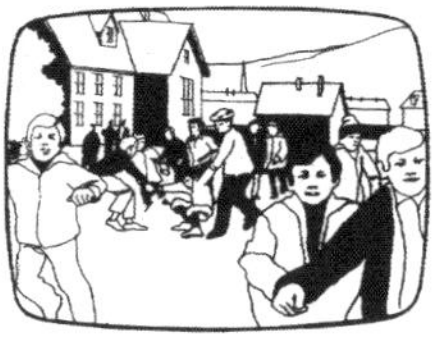 52 | T | 5. Die Einstellung vermittelt dem Zuschauer einen räumlichen Plan des Geschehens, den er vor Augen hat, auch wenn er in den nächsten Einstellungen vom Ort der Handlung nicht mehr viel sieht. Menschen sind nur klein zu sehen, Gebäude sind in ihrem ganzen Umfang erkennbar. Dennoch können Personen und Requisiten dank dieser Einstellung jederzeit problemlos vom Betrachter in der Szene lokalisiert werden. |
| **8. Weit** (auch **Panorama**) | 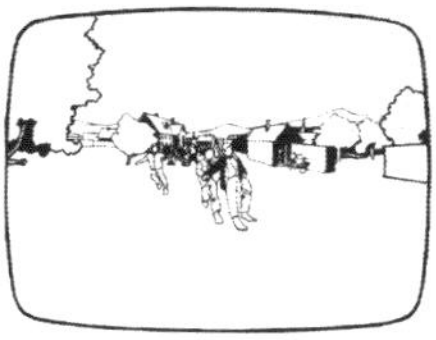 53 | W | 7. Die Einstellung wird häufig am Anfang/Ende eines ganzen Films oder von Filmabschnitten gezeigt um zu verdeutlichen, wo der Film/der Abschnitt daraus spielt (Beschaffenheit der Landschaft, Erdteil, Weltraum usw.); sie hat also häufig die Funktion einer Einführung, sie soll Überblick verschaffen und die Atmosphäre vermitteln. |

## ☑ Lösung Aufgabe 7 (S. 53)

Der Filmausschnitt beginnt mit einer weiten Einstellung, welche verdeutlicht, dass die Szene an einer Bahnstation im Nirgendwo des «Wilden Westens» spielt, inmitten der Wüste. Der Zuschauer bekommt einen Überblick über den Handlungsraum und gleichzeitig wird intensiv eine Atmosphäre der Einsamkeit und Phlegmatik eines Kaffs in der Mittagshitze der Wüste vermittelt *(vgl. Abb. 88)*. Er schließt mit einer Totalen, die die Opfer des Duells zeigt *(vgl. Abb. 89)*. Hier ist der Spannungsbogen des Filmanfangs zu Ende, da klar ist, wie die Situation gelöst wurde.

Der Spannungsbogen der Szene wird zu Beginn aufgebaut durch die Frage, auf wen die drei Desperados in der Bahnstation warten. Schon durch ihr Verhalten wird deutlich, dass sie nicht «die Guten» sind und dass sie beabsichtigen, jemanden, der mit dem nächsten Zug ankommen wird, zu töten. Die quälende Langsamkeit der Wartezeit wird durch die Länge der Einstellungen auf visueller Ebene nachvollzogen und damit für den Betrachter erlebbar gemacht.

Das Verhältnis von Protagonisten und Umraum wird zu Beginn deutlich durch amerikanische, auch in Kombination mit weiten Einstellungen *(vgl. Abb. 90 bis 92)*.

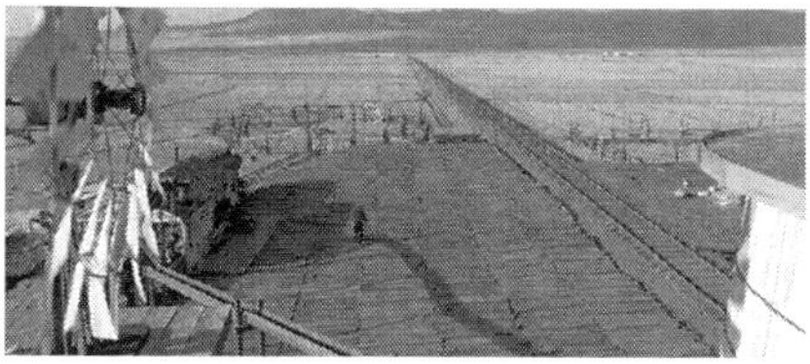

**88** Überblick und Atmosphäre durch die Einstellungsgröße *Weit*

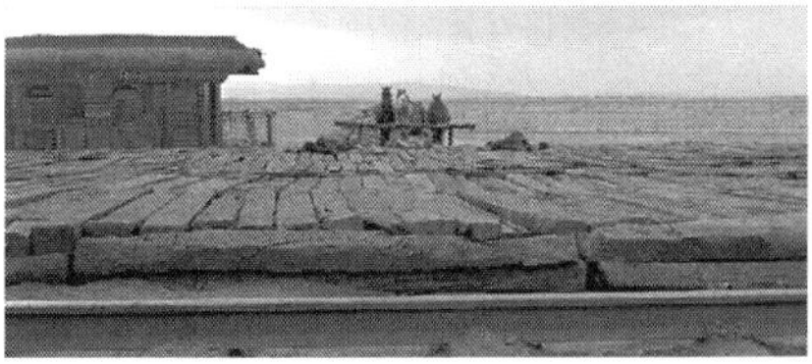

**89** Beendigung des Spannungsbogens durch die *Totale*

Es ist ersichtlich, dass die Bahnstation sehr einsam liegt; außer ihr gibt es keinen Schutz in der gleißenden Wüstensonne.

Die drei Männer warten gleichsam wie die Spinnen im Netz auf ihre Beute, und für das erwartete Opfer bedeutet dies, dass es kein Entkommen gibt. So beginnt der Spannungsbogen dieses Filmabschnittes, spitzt sich bis zur Abfahrt des Zuges weiter zu und findet seinen Höhepunkt im Duell des Protagonisten Harmonica (Charles Bronson) mit den Schärgen des Verbrechers Frank (Henry Fonda).

Die drei Männer erscheinen vor allem durch die Wahl der Einstellungsgrößen besonders unsympathisch. Sie werden – ganz im Dienste des Spannungsaufbaus – ausgiebig beim Warten gezeigt, wobei sie sich die Zeit vertreiben mit von der Decke tropfendem Wasser, mit einer Fliege und indem sie die Schienen beobachten. Dabei werden sie bzw. ihre Accessoires in Groß- und Detailaufnahme gezeigt. Dies konzentriert den Blick des Zuschauers auf die Gesichter und die darin zu erkennende Anspannung, die durch die intensive Betrachtung der Mimik und der scheinbaren Gelassenheit besonders gut nachempfunden werden kann. Die im Detail gezeigte Fliege, die auf dem Gesicht eines der Männer herumkriecht, erzeugt Ekel und evoziert Abneigung gegen die so gezeigte Person; parallel dazu werden auch Gesicht und Hut seines Kompagnons in Groß- und Naheinstellung gezeigt *(vgl. Abb. 93 und 94)*.

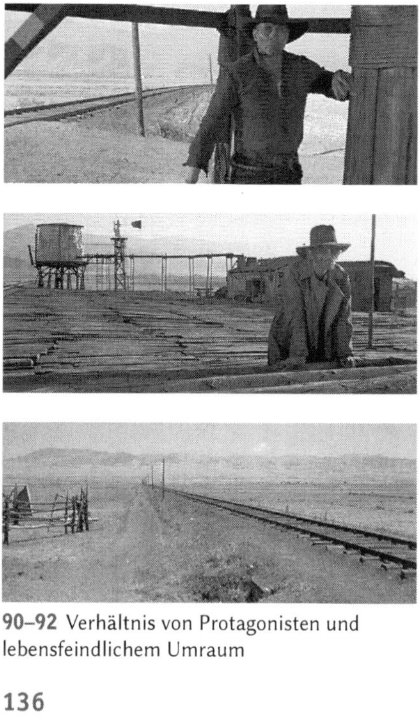

**90–92** Verhältnis von Protagonisten und lebensfeindlichem Umraum

Sobald das akustische Signal der Ankunft des Zuges ertönt, beginnen die drei Revolverhelden ihr Verhalten zu ändern: der eine trinkt das sich in der Hutkrempe gesammelte Wasser aus und lädt sein Gewehr. Der anderer lässt die im Revolverlauf gefangene Fliege frei, der dritte beobachtet die Ankunft des

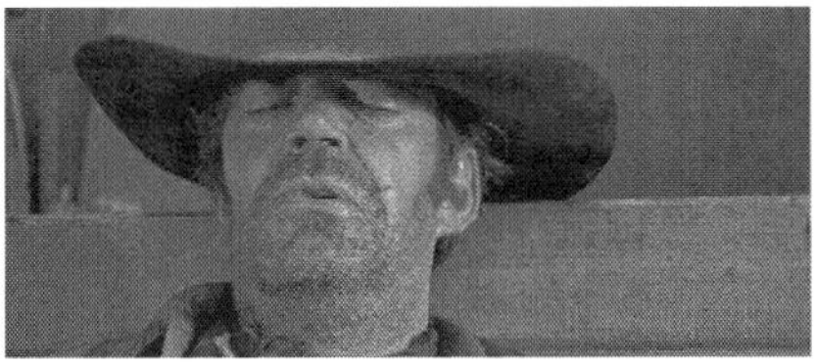

**93** Erzeugung von Aversion durch die Einstellung *Groß*

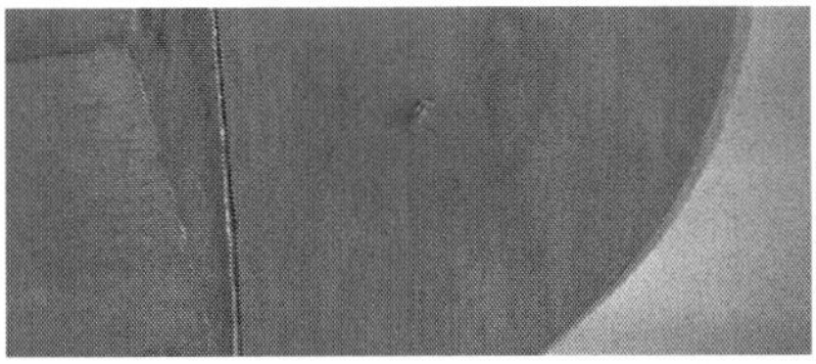

**94** Fokussierung auf das Objekt des Ekels durch *Detaileinstellung*

Zuges. Die Annäherung des Erwarteten wird auch hier durch die Einstellungsgröße deutlich: Ist der Zug noch nicht zu sehen, wird der Wartende in amerikanischer Einstellung gezeigt, also mit einiger Distanz *(vgl. Abb. 95)*. Bei Annäherung des Zuges steigt die Anspannung der Person, sie ist emotional bewegt, was durch die Annäherung der Kamera in Form der Wahl einer großen Einstellung visualisiert wird *(vgl. Abb. 96)*. Die Ankunft des Zuges wird aber auch umgekehrt in Form von Distanzgewinnung gezeigt, indem ein Wartender zunächst in Halbnah und anschließend in Halbtotale in Bezug zum Zug gesetzt wird *(vgl. Abb. 97 und 98)*. Durch diese gegenläufigen visuellen Darstellungsmodi wird dem Betrachter ein besonderer Reiz präsentiert, der ein an sich handlungsarmes Geschehen wie die Einfahrt eines Zuges in eine Bahnstation interessant gestaltet.

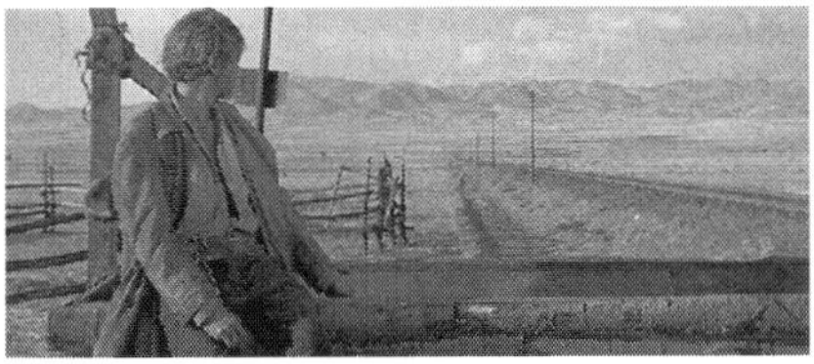

**95** *Amerikanische Einstellung* beim Warten

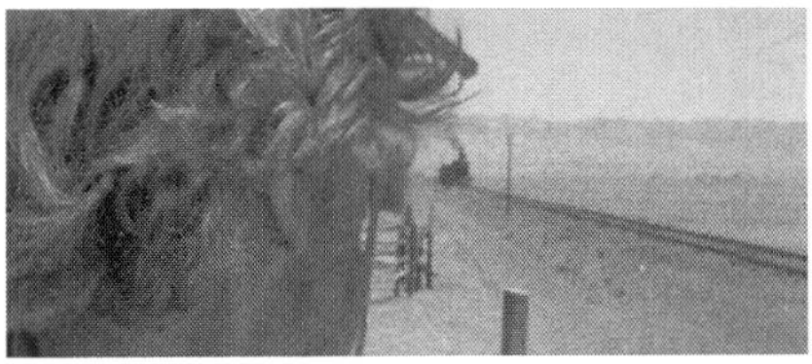

**96** *Große Einstellung* bei Ankunft des Zuges

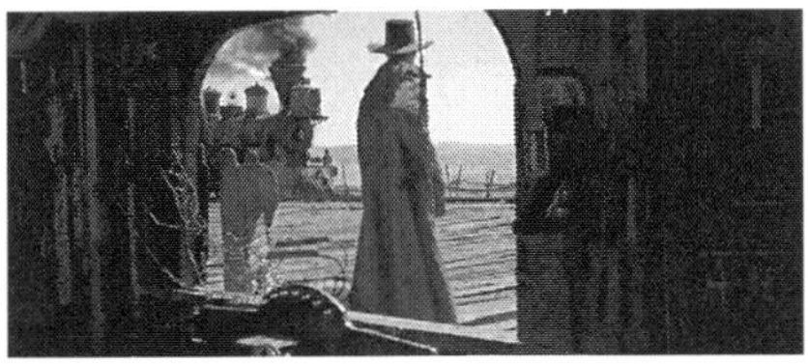

**97** *Halbnahe Einstellung* bei Einfahrt des Zuges

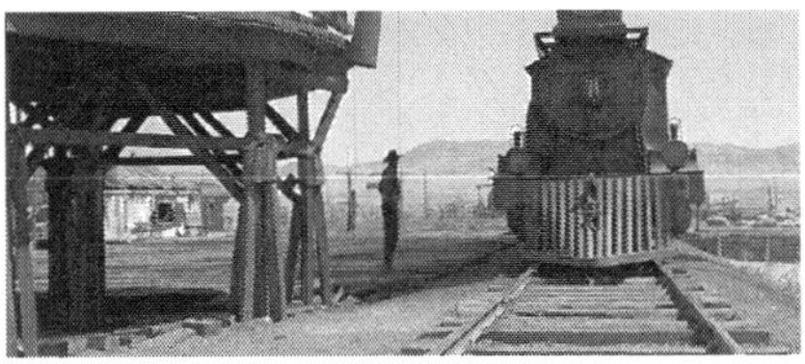

**98** *Halbtotale Einstellung* beim Halt in der Station

Als der Zug in der Station verweilt, wird die Spannung gesteigert durch die Tatsache, dass offensichtlich niemand hier aussteigt. Als ein Paket aus dem Zug geworfen wird, erhöht sich die Schnittgeschwindigkeit, die Wartenden greifen nach ihren Waffen, es handelt sich jedoch um falschen Alarm. Als der Zug die Station wieder verlässt, schicken sich auch die drei Männer an zu gehen.

Die Anwesenheit des erwarteten Ankömmlings, der auf der dem Bahn-

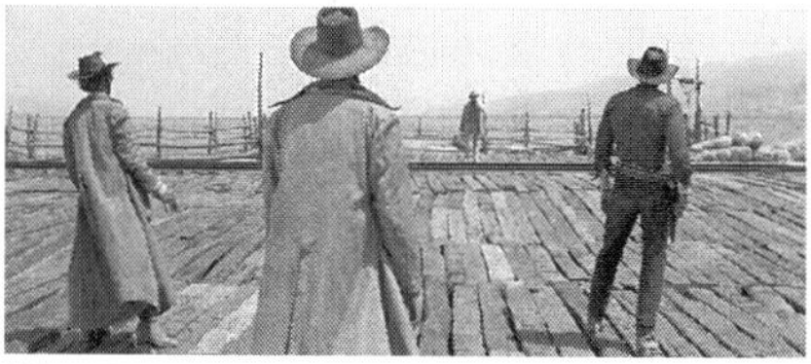

**99** Schuss I, Existenz des vermeintlichen Opfers *(Halbtotale)*

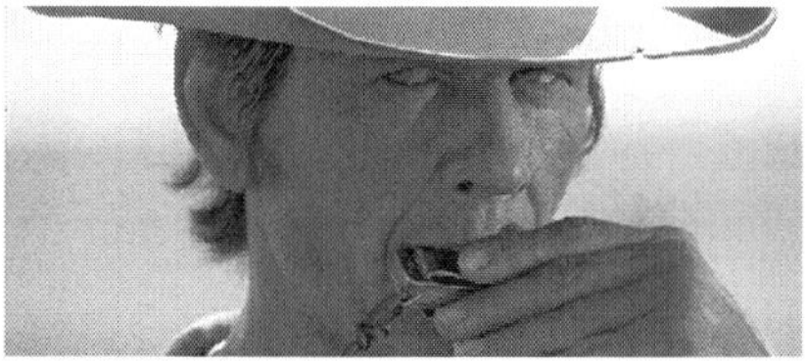

**100** Schuss II, Identifikation des «Opfers» *(Groß)*

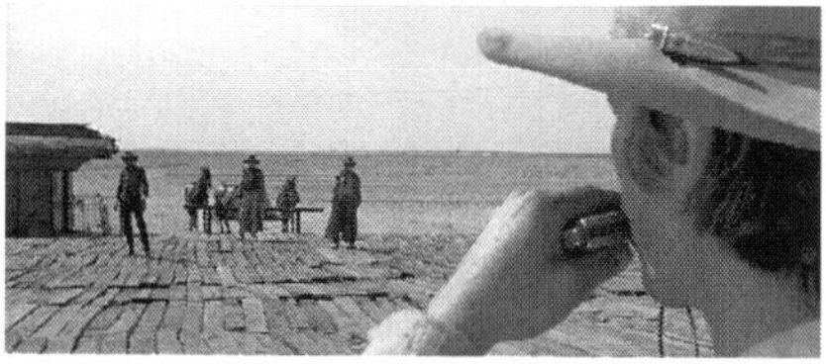

**101** Gegenschuss I, Verortung des Gegners *(Over-Shoulder, Halbtotale)*

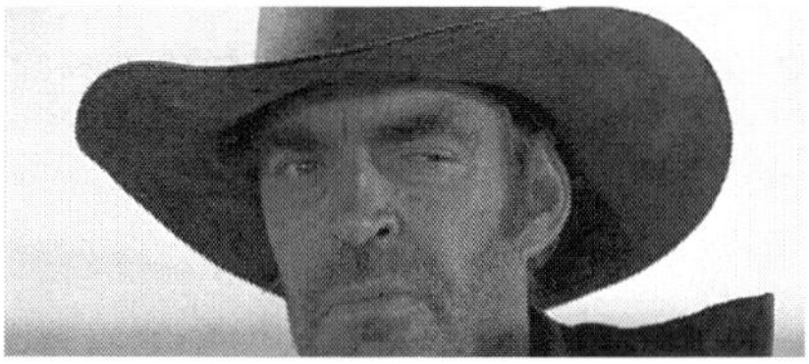

**102** Gegenschuss II, Identifikation des gegnerischen Anführers *(Groß)*

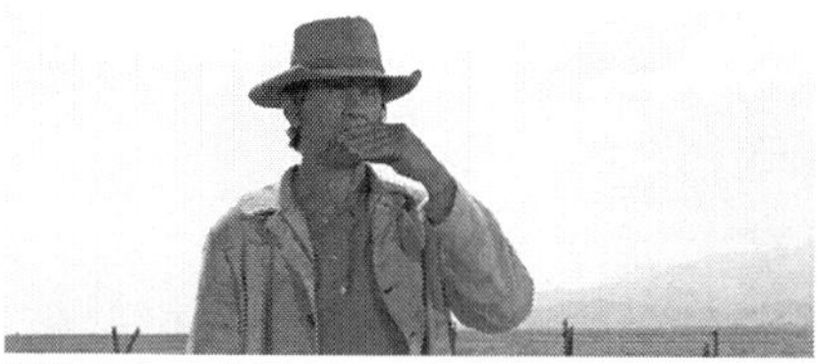

**103** Schuss *(Nah)*: Zuordnung des musikalischen Leitmotivs

steig abgewandten Seite des Zuges ausgestiegen ist, wird durch das Erklingen des musikalischen Leitmotivs des Films – das auf der Mundharmonika gespielte «Lied vom Tod» – angekündigt. Es schließt sich der Spannungshöhepunkt der Szene in Form von Dialog/Duell zwischen Harmonica und seinen potenziellen Mördern an. Dies ist im Schuss-Gegenschuss-Verfahren, teilweise auch im Over-Shoulder-Verfahren geschnitten *(vgl. Kapitel A.2.2.1.2 Dialogische Szene)*. Im Sinne einer visuellen Reizerneuerung durch das Spiel mit Nähe und Distanzgewinnung wechseln sich nahe und ferne Einstellungsgrößen ab *(vgl. Abb. 99 bis 103)*.

Das Duell endet damit, dass alle Beteiligten am Boden liegen und der Zuschauer nicht weiß, ob und wenn ja, wer überlebt hat. Die Spannung erreicht in der Verengung der Einstellungsgröße auf Detail ihren Höhepunkt *(vgl. Abb. 104)*, denn es wird durch das geöffnete Auge ersichtlich, dass es einen Überlebenden gibt. In der folgenden Erweiterung der Einstellungen bis auf Halbnah wird die Spannung auf-

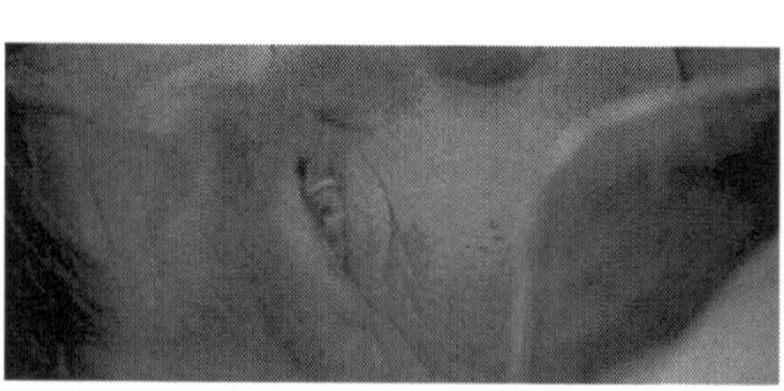

**104** Spannungshöhepunkt *(Detail)*

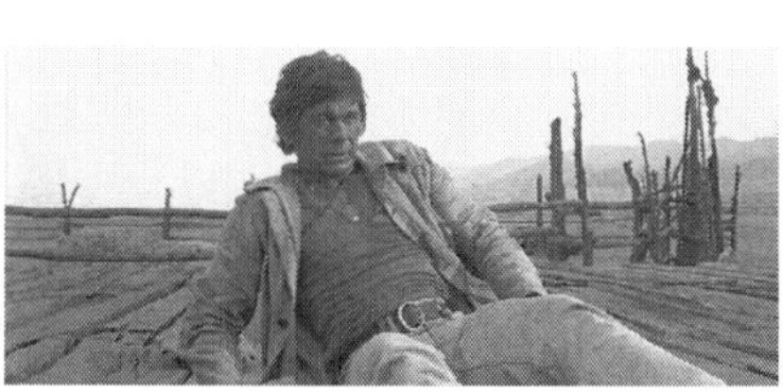

**105** Auflösung der Spannung *(Halbnah)*

gelöst, es zeigt sich, dass es sich um Harmonica handelt *(vgl. Abb. 105)*, der gleich zu Beginn des Films dem Verbrecher Frank und seinen Tagelöhnern Widerstand bietet und sich nicht unterkriegen lässt.

### A.1.2.4.2 Kameraperspektiven

#### ☑ Lösung Aufgabe 8.1 (S. 58)

Die Kameraperspektiven sind ausschließlich durch das Geschehen motiviert und stehen allein in dem Dienst, die Filmillusion aufrechtzuerhalten und dem Zuschauer möglichst viele Identifikationspunkte zu bieten. Wird auf Ferris hinabgeblickt, ist die Perspektive hoch, blickt er zu seinen Eltern hoch oder in den Himmel, filmt die Kamera aus der Untersicht.

Ansonsten dominiert die Normalsicht auf Augenhöhe. Ungewöhnlich ist, dass sich Ferris (Matthew Broderick) direkt an den Zuschauer wendet und ihn dabei – mit direktem Blick in die Kamera – unvermittelt ansieht. Dadurch fühlt sich der Zuschauer direkt angesprochen und als Ferris' Komplize am Geschehen unmittelbar beteiligt.[4]

#### ☑ Lösung Aufgabe 8.2 (S. 58)

Während des Gesprächs zwischen Jerry Lundegaard (William H. Macy), seinem Schwiegervater Wade Gustafson (Harve Presnell) und dessen Geschäftspartner werden ausschließlich geschehenslogisch legitimierte Perspektiven verwendet, d.h. dass der Betrachter des Films den Eindruck gewinnen kann, als stummer Teilnehmer der Unterhaltung beizuwohnen. Das Gespräch wird prinzipiell aus der Normalsicht von vorne, eventuell aus einer ganz leichten Unter- und Obersicht, bedingt durch das Sitzen/Stehen der Gesprächsteilnehmer gegen Ende des Gesprächs, gezeigt.

Der Gang Lundegaards über den Parkplatz zum Auto wird aus einer geschehenslogisch nicht legitimierten Vogelsicht von hinten gezeigt. Weder der Betrachter des Films noch eine der dargestellten Personen können diese Perspektive real einnehmen. Diese Sicht auf den ausgebooteten Geschäftspartner, der nur von hinten als kleiner Punkt auf der weiß verschneiten Parkplatzfläche zu sehen ist, überträgt das Gefühl des Verlorenseins und der Einsamkeit des Protagonisten auf den Betrachter. Die Kameraachse ist während der gesamten Szene im Normbereich und unterstützt damit die Aufrechterhaltung des Continuity Systems, die auch dazu beiträgt, dass die unlegitimierte Vogelperspektive nicht als Regelverstoß wahrgenommen wird.

#### ☑ Lösung Aufgabe 8.3 (S. 58)

Offensichtlich hat der Kapitän der Demeter (Max Nemetz), der als einziger am Steuer übriggeblieben ist, große und berechtigte Angst vor Graf Orlok (Max Schreck).

4 Vgl. dazu auch *Kapitel A.1.2.4.4 Objektbewegungen/Achsenverhältnisse.*

Während hier die Normalperspektive bewirkt, dass der Zuschauer den sich ängstlich Festbindenden als gleichwertig und seiner Welt zugehörig wahrnimmt und damit seine gespannte Gefühlslage nachempfinden kann, löst die Untersicht auf Nosferatu ein Gefühl der Bedrohung aus. Zum einen wird klar, dass der Steuermann sich dem in jeder Hinsicht überlegenen Vampir gegenüber unterlegen empfindet, zum anderen nimmt der Betrachter des Films durch den Blickwinkel ebenfalls eine niedrigere Position ein und kann dadurch die Bedrohung direkt nachempfinden. Innerhalb der Szene wird diese Perspektive auch begründet, indem der Steuermann zu dem sich nähernden Schatten aufblickt.

### ☑ Lösung Aufgabe 8.4 (S. 59)

Zum einen betrachtet die Kamera das Geschehen mehr oder weniger von außen, indem die Verfolgten bei ihren Versuchen gezeigt werden, den Gejagten – im vorliegenden Fall ist dieser eine äußerst gefährliche außerirdische Lebensform – in die Falle zu locken. Die Kamera zeigt die Menschen aus der Unter- oder Normalsicht, wobei hierbei nicht der Eindruck von Übermacht und Stärke, sondern vielmehr der Bedrohung vermittelt wird: Die Jäger können zu jedem Zeitpunkt von unten angesprungen und vernichtet werden.

Ein besonderer Trick Spannung zu erzeugen ist der der subjektiven Kamera, welcher den Zuschauer die Szene für kurze Abschnitte aus der Sicht des Alien erleben lässt. Dieses setzt die für Menschen geltende Gesetze der Schwerkraft außer Kraft, indem es an Decke und Wänden genauso laufen kann wie auf dem Boden. Der Blick aus der Sicht des Monsters ist verzerrt, die ansonsten geometrischen Industrieformen der Raumstation erscheinen unscharf; durch eine horizontale Rolle um die Kameraachse von 180° vollzieht der Zuschauer den Wechsel des Monsters von der Decke auf den Boden mit. Die Kamerafahrt aus der subjektiven Sicht des Verfolgers lässt den Zuschauer in besonderer Weise an der Treibjagd teilhaben.

### ☑ Lösung Aufgabe 8.5 (S. 59)

Der Filmausschnitt zeigt einen Dialog zwischen dem Geheimagenten Ethan Hunt (Tom Cruise) und seinem Vorgesetzten Eugene Kittridge (Ethan Czerny) nach einem missglückten Einsatz, bei dem alle Mitglieder des Teams außer Hunt ums Leben kamen.

Der Dialog ist nach dem Shot-ReverseShot-Prinzip geschnitten, die Personen werden der Aufrechterhaltung des Continuity-Systems entsprechend aus der Normalsicht gezeigt, die Kameraachse entspricht ebenfalls der Norm. Die beiden Agenten diskutieren den missglückten Einsatz, wobei Hunt sich die Schuld für das Desaster gibt und nach Gründen sucht, warum alles schiefgegangen ist. In dem Augenblick, indem Kittridge den Ahnungslosen spielt, wird Hunts Gesicht aus der Froschperspektive mit extrem gekippter Kameraachse gezeigt, und der Zuschauer weiß sofort, dass hier etwas nicht stimmt und Hunt dies bemerkt hat bzw. Verdacht schöpft. Während er seine Argumentation entwickelt, werden er und sein Dialogpartner mit gekippter Kameraachse gezeigt, was die Störung der ehemals existierenden Vertrauensbasis visualisiert. Um das Continuity-System aufrecht zu erhalten, folgen einige Einstellungen mit normaler Kameraachse. Als es darum geht, dass der Geheimdienst einen Maulwurf jagt, kippt sie jedoch wieder, denn diesmal gerät Hunt selbst unter Beschuss, weil ihm sein Chef unterstellt, eben dieser Maulwurf zu sein und seine Leute auf dem Gewissen zu haben.

Auch die dem Ausschnitt unterlegte Musik evoziert den Eindruck, dass Ethan Hunt - zu Unrecht - verdächtigt wird, in großer Gefahr schwebt und niemandem - am wenigsten Eugene Kittridge - trauen kann.

☑ Lösung Aufgabe 8.6 (S. 59)

Die Normalsicht wird oft gebraucht um den Eindruck von Authentizität und Objektivität entstehen zu lassen.

Die Untersicht betont die Wichtigkeit dessen, was gezeigt wird. Oftmals geht von dem gezeigten Objekt oder der gezeigten Person eine Bedrohung für den Betrachter aus.

Aus der Obersicht wirken Objekte und Personen kleiner und weniger wichtig.

Eine Annäherung von hinten kann die dargestellte Person bedroht wirken lassen. Möglich ist auch, dass sie geheimnisvoll wirken soll, ein Schockeffekt vorbereitet wird oder der subjektive Blickwinkel einer anderen Figur widergespiegelt wird.

Eine Annäherung von vorne (frontaler Blick in die Kamera) ist aufgrund des Illusionsbruchs selten, wobei die explizite Ansprache des Zuschauers eine metafiktionale Filmebene eröffnet. Der direkte Blick in die Kamera erlaubt auch den Ausdruck extremer Bewusstseinslagen der jeweiligen Person (Panik, Todesangst, Drogenrausch etc.) oder lässt sie bedrohlich wirken. Üblicherweise ist zumindest der Blick der Figur nicht frontal in die Kamera, sondern leicht seitlich an ihr vorbei gerichtet im Sinne der Aufrechterhaltung der filmischen Illusion.

Ob die Annäherung der Kamera von vorne oder von der Seite her erfolgt, orientiert sich vor allem an der Übersichtlichkeit der Darstellung. Sitzen sich zwei Menschen an einem Tisch gegenüber, werden sie eher von der Seite gefilmt, sitzen sie nebeneinander, eher von vorne.

### A.1.2.4.3 Kamerabewegungen

☑ Lösung Aufgabe 9.1 und 9.2 (S. 61/62)

**Citizen Kane - Schluss:** Es handelt sich hier um eine langsame Kamerarückfahrt, die nicht von Figuren- oder Objektbewegungen motiviert ist. Sie zeigt die große Menge der Dinge, die Charles Foster Kane (Orson Welles) im Laufe seines Lebens angesammelt hat, wobei sich der Bildraum für den Zuschauer nur langsam öffnet und dadurch die Anhäufung betont wird. Die Masse verhindert den Focus auf das Einzelne und somit die Lösung des Rätsels, nämlich was Kane mit «Rosebud», dem letzten Wort, das er vor seinem Tod sagte, meinte. Den Figuren im Film bleibt die Lösung vorenthalten, dem Zuschauer wird sie in den letzten Einstellungen, die in dem ausgewählten Filmausschnitt nicht mehr enthalten sind, offenbar.

**MATRIX 1 – Duell:** Es handelt sich um eine Kameraumfahrt von 360° und mehr in Zeitlupe, die nicht von Figuren- oder Objektbewegungen motiviert ist. Durch die Umfahrt wird das Geschehen für den Zuschauer von allen Seiten betrachtbar; die ungewöhnliche Positionierung der Kontrahenten im Raum wird betont, das Surreale/Matrixhafte der Situation spiegelt sich in der Kameraführung und der Zeitgestaltung der Aufnahme wieder.

**CASINO – VERHAFTUNGEN:** Hier liegen Reißschwenks vor, die nicht von Figuren- oder Objektbewegungen motiviert sind. Beim Reißsschwenk kommt es v.a. auf den Anfangs- und Endpunkt der Kamerabewegung an. Das, was dazwischen liegt, ist für den Zuschauer kaum noch wahrzunehmen. In der vorliegenden Szene werden die Schwenks immer schneller; je mehr die Situation für Sam Rothstein (Robert DeNiro) außer Kontrolle gerät, desto intensiver spiegelt die Kameraführung seine hektische Verfassung wider. Wenn z.B. seine Frau Ginger (Sharon Stone) mit dem gesamten Geld des Ehepaares durchbrennt und er dies nicht verhindern kann, wird mit zwei aufeinander folgenden Reißsschwenks gearbeitet (Rothstein – wegfahrendes Auto – Rothstein), die insgesamt einen Schwenk-Radius von 360° umfassen. Der gesamte Bildraum wird erfasst und gleichzeitig gehen alle Details verloren: die Kamera zeigt die Situation aus der subjektiven Sicht des Protagonisten. Die Reißschwenks, die während der Verhaftungen der Mafia-Mitglieder eingesetzt werden, visualisieren die subjektive Sicht der Gangster auf den «Rausschmiss aus dem Paradies» durch die Polizei, der durch die Voice-Over der beiden Protagonisten aus dem Off deutlich wird.

**SPIDERMAN 1 – Schluss:** Es handelt sich hier um eine computeranimierte schnelle Fahrt, die von der Figurenbewegung Spidermans (Tobey Maguire) motiviert ist. Es wechseln Parallel-, Verfolgungs- und Umfahrten ab, der Zuschauer fliegt gleichsam mit Spiderman vor und zurück durch die Großstadtschluchten. Die Nähe zum Protagonisten trotz der ungewöhnlichen Raumposition in Kombination mit der Musik erzeugt eine finale Hochstimmung beim Betrachter.

**2001 – ODYSSEE IM WELTRAUM – Stewardess:** Die Kamera nimmt die erste Einstellung vorwiegend im Stand auf, dieser wird kurz durch einen Schwenk unterbrochen, der von der Bewegung der Weltraum-Stewardess (Penny Brahms) motiviert ist. Zunächst verändert nur die Frau ihre Raumposition, indem sie «die Wand hinaufgeht», während die Kamera nicht bewegt wird. In der nächsten Einstellung verhält es sich umgekehrt: Die Frau geht direkt auf die Kamera zu, während diese sich langsam um 180° um die horizontale Achse dreht. Dieses horizontale Rollen ist in der vorangegangenen Stand-Einstellung durch die Bewegung des Bildsubjektes bereits visuell vorbereitet worden, die Kamerabewegung nimmt die Figurenbewegung auf, wodurch die beiden Einstellungen miteinander verbunden werden. Kubricks Ziel ist es, das Weltall in seiner für den Menschen absurden Surrealität – in diesem Fall das Fehlen von räumlichen Orientierungspunkten wie oben und unten – möglichst realistisch darzustellen. Die Kamerabewegung stellt das auf der Erde kaum Vorstellbare dar.[5]

**Ausser Atem – Les Champs Elysées:** Dieser Filmausschnitt ist mit einer Handkamera gefilmt worden. Das Framing ist unregelmäßig und nimmt die Dynamik des langsamen Schlenderns der Dialogparnter Patricia Franchini (Jean Seberg) und Michel Poiccard alias Laszlo Kovacs (Jean Paul Belmondo) auf. Durch diese Art der Kamerabewegung wird die Zerbrechlichkeit der beginnenden Beziehung der beiden Protagonisten visualisiert.

**Elizabeth – Lord Robert:** Es handelt sich hier um eine langsame Kamerahinfahrt, die nicht von Figuren- oder Objektbewegungen motiviert ist. Nach der Zurückweisung durch Königin Elizabeth I. (Cate Blanchett) erlaubt die langsame Kamerafahrt durch – wenn auch geringe – Verengung des Bildausschnittes eine Fokussierung auf die Mimik Lord Roberts (Joseph Fiennes) und damit auf die sich in ihr ausdrückenden Gefühle. Außerdem wird dadurch seine Isolation vom restlichen Hof herausgestellt.

**Psycho – Anfang:** Es handelt sich um einen langsamen Panoramaschwenk über die Stadt mit Überblendungen, der nicht von Figuren- oder Objektbewegungen motiviert ist. Der Zuschauer hat Zeit, sich räumlich und stimmungsmäßig zu orientieren, bevor die Handlung einsetzt.

**Das Fenster zum Hof – Anfang:** Es handelt sich um einen langsamen Kameraschwenk, der nicht von Figuren- oder Objektbewegungen motiviert ist, sondern von der Vorgeschichte des Protagonisten (James Stewart). Der Schwenk stellt ihn in nur 43 Sekunden vor und vermittelt eine unglaubliche Fülle von Informationen. Er muss langsam sein, weil der Zuschauer sonst Informationen verpassen könnte. Der Protagonist schläft am helllichten Tag, weil er ein Gipsbein hat, das ihn an den Rollstuhl fesselt, weswegen er sich nicht rühren kann. Die Schweißperlen auf seinem Gesicht zeigen, dass es sehr warm ist. Er befindet sich vor einem auf den Hinterhof mündenden Fenster und sein Name, der auf dem Gips steht, lautet L. B. Jeffries. Offensichtlich hat er sich seine Verletzung bei einem Crash in einem Autorennen zugezogen. Weiterhin ist er Berufsfotograf mit spektakulären Aufträgen, was deutlich wird an den gezeigten Fotos und der Kameraausrüstung bzw. dem zerbrochenen Apparat. Außerdem hat er vielleicht eine Freundin, die entweder Fotomodell ist oder eine Dame der Gesellschaft, weil sie auf dem Cover eines Magazins zu sehen ist.

Die Kamerabewegung beginnt draußen auf dem Hof und führt in das Zimmer hinein, wo sie auch endet. Mit ihr betritt der Zuschauer die Privatsphäre des Prot-

5 Vgl. zu den entsprechenden Special Effects, die in dieser Aufnahme eine Rolle spielen, Manthey 1996 Bd. 2, S. 156 f.

agonisten, lernt ihn kennen und ist nun gespannt auf die beginnende Handlung. Außerdem wird der Zuschauer genauso zum Voyeur, wie es der Held im Verlauf der Geschichte wird. Das Thema des «Hinter-die-Fassade-der-Menschen»-Schauens steht damit von Beginn an im Zentrum des Films. Hitchcock selbst äußert sich im Gespräch mit Truffaut folgendermaßen zu dem Beginn dieses Films:

> [...] In dieser ersten Bewegung erfährt man sofort, wo man ist, wer die Person und was ihr Beruf ist und was passiert ist. Das heißt, die Mittel zu verwenden, die im Kino zur Verfügung stehen, um eine Geschichte zu erzählen. Das finde ich interessanter, als wenn jemand James Stewart fragen würde: «Wie haben Sie sich das Bein gebrochen?» Und Stewart würde antworten: «Ich war bei dem Autorennen, um Fotos zu machen, da hat sich das Rad eines Wagens gelöst, und ich habe was abbekommen.» Das wäre doch eine banale Szene. Für einen Szenaristen, finde ich, ist es eine Todsünde, wenn man vor einer Schwierigkeit steht und sagt: «Das kriegen wir schon durch einen Dialogsatz.» Der Dialog darf nicht mehr sein als ein Geräusch unter anderen, eine Geräusch, das aus den Mündern der Personen kommt, deren Handlungen und Blick eine visuelle Geschichte erzählen.[6]

**Maverick – Postkutsche:** Hier handelt es sich größtenteils um eine Parallelfahrt, aus Gründen der Spannungserzeugung und der Erneuerung des visuellen Reizes wechselt die Kamera hin und wieder aus der Parallelfahrt in eine Verfolgungsfahrt oder in Einstellungen, in denen die Fahrt nicht unbedingt ersichtlich wird. Die Kamerabewegung ist vom sich bewegenden Objekt Postkutsche bzw. vom Protagonisten, Bret Maverick jr. (Mel Gibson) motiviert. Sie dient v.a. dazu, dessen Kapriolen ins rechte Licht zu rücken. Die Schnitte in Groß- und Nahaufnahmen sowie Amerikanische Einstellungen liefern dazu die akrobatischen Details. Parallelfahrten werden häufig im Western eingesetzt – die Kamera begleitet rasende Züge, durchgehende Pferde und Verfolgungsjagden.

**Titanic – Tanz:** Es handelt sich um einen 360°-Schwenk mit hartem Schnitt, von der Figurenbewegung motiviert. Die Kamera/der Zuschauer befindet sich entweder an Stelle des jeweiligen Gegenübers oder aber in der Mitte der beiden sich an den Händen haltenden Protagonisten und blickt hin und her. Der Hintergrund verwischt, fokussiert wird die Freude am Tanz trotz der Geschwindigkeit des Schwenks. Dies wird erreicht durch die Großaufnahme der Gesichter der Tanzenden, Rose (Kate Winslet) und Jack (Leonardo DiCaprio), die immer im Blick bleiben.

**Hide and Seek – Anfang:** Gezeigt wird beim Blick des auf dem Karussell liegenden Mädchens Emily Callaway (Dakota Fanning) in den Himmel eine 360°-Vertikalrolle, die von der Bewegung des Karussells motiviert ist. Die aus der Vogelperspektive auf das Karussell hinabblickende Kamera macht nur ca. eine 90°-Rolle um ihre

6 Truffaut 1995[18], S. 216.

Vertikalachse, die der Zuschauer kaum bemerkt und dazu dient, dem aufgenommenen Bild die Statik zu nehmen.

**Heiss Kuss - Tango:** Es handelt sich hier um Reißschwenks, innerhalb derer geschnitten wird, sodass der Ausgangspunkt des Schwenks ein anderer ist als der Endpunkt. Durch die Reißschwenks entsteht beim Zuschauer der Eindruck, dass die beiden Handlungsstränge - das Schäferstündchen von Joe, alias Josephine (Tony Curtis) und Sugar Kane Kowalczyk (Marilyn Monroe) und die durchtanzte Nacht von Jerry alias Daphne (Jack Lemmon) und Osgood Fielding III (Joe E. Brown) - gleichzeitig ablaufen.

**Matrix Reloaded - Flug:** Es handelt sich um eine sehr schnelle Kamerahinfahrt, die dadurch motiviert ist, dass der Protagonist Neo (Keanu Reeves) fliegen kann wie Superman und hier seine subjektive Sicht eingenommen wird.

**MIB - Universum:** Es handelt sich um eine sich beschleunigende Kamerarückfahrt. Sie ist geschehenslogisch motiviert, weil sie das Ende des Films zeigt und auf ironische Weise deutlich macht, dass wir Menschen, die Erde, die gesamte Galaxie nur ein Spielball unbekannter größerer Mächte sind.

### A.1.2.4.4 Objektbewegungen/Achsenverhältnisse

☑ Lösung Aufgabe 10 (S. 66)

Die Gefahr des Überrollt-Werdens ist natürlich besonders groß zu dem Zeitpunkt, zu dem die U-Bahn frontal auf die Protagonisten Neo (Keanu Reeves) und Agent Smith (Hugo Weaving) und dementsprechend auf die sich dahinter befindende Kamera zufährt. Handlungsachse und Kameraachse sind in diesem Fall deckungsgleich *(vgl. Abb. 106)*; der Zuschauer wird direkt in die Handlung miteinbezogen - die U-Bahn ist auch für ihn eine Bedrohung, weil er wie die Protagonisten überrollt werden könnte. Zusätzliche Spannung entsteht durch den Zweikampf der beiden Kontrahenten, den Neo nur knapp gewinnt.

Nach dem Sprung Neos aus der Gleistrasse heraus wechselt die Kameraposition: Die Kameraachse befindet sich nun im rechten Winkel zur Handlungsachse/fahrenden U-Bahn. Der Zuschauer weiß, dass der Protagonist jetzt sicher ist, obwohl nur seine Füße sichtbar sind *(vgl. Abb. 107)*.

Die nächste Einstellung zeigt allerdings, dass die Gefahr noch nicht ganz gebannt ist: Der Protagonist steht noch sehr nahe am Bahnsteig, der Zug rast dicht an ihm vorbei und er hat nach der Landung vom Sprung noch nicht sicher das Gleichgewicht gefunden, droht also noch vom Zug mitgerissen zu werden. Die Kante des Bahnsteigs bzw. der rasende Zug (Handlungsachse) verlaufen in einem Winkel von ca. 30° zur Kameraachse *(vgl. Abb. 108)*. Hier kommt gegenüber der Bewegung aus dem 90°-Winkel wieder Dynamik ins Spiel, das Bild gewinnt an Tiefe und Suggestivität. Die Bewegung führt nicht direkt auf den Zuschauer zu, sondern knapp an ihm wie am Protagonisten vorbei. Dadurch ist eine intensive Anteilnah-

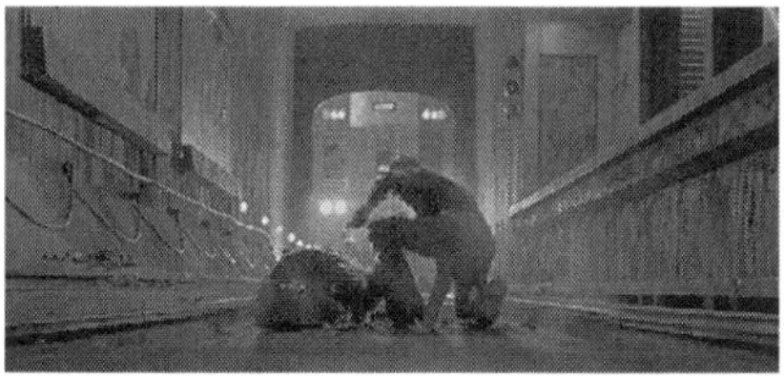

**106** Kameraachse und Handlungsachse sind deckungsgleich.

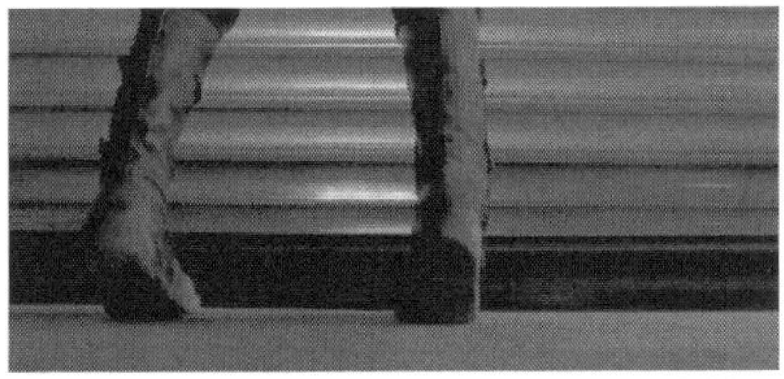

**107** Kameraachse und Handlungsachse bilden einen rechten Winkel.

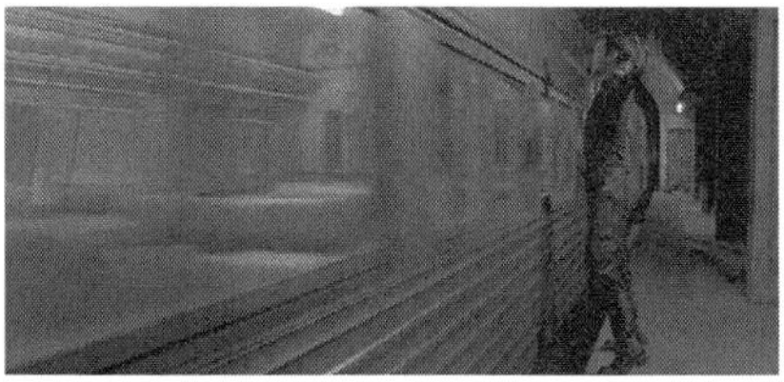

**108** Kameraachse und Handlungsachse bilden einen sehr spitzen Winkel von 30°.

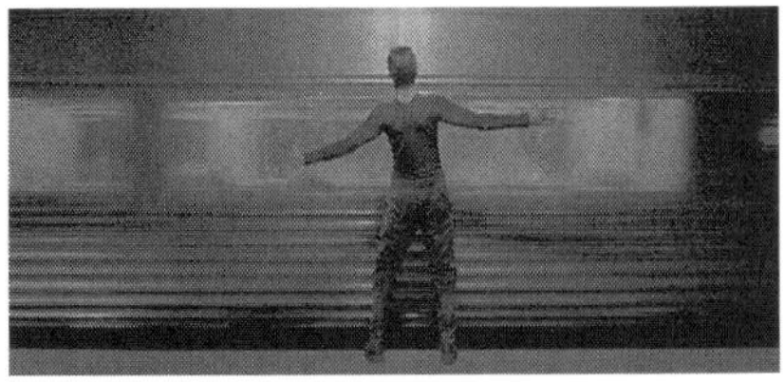

**109** Kameraachse und Handlungsachse bilden einen rechten Winkel.

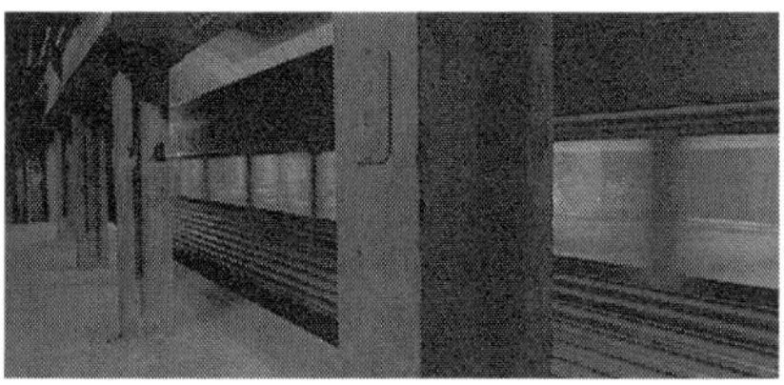

**110** Kameraachse und Handlungsachse bilden einen spitzen Winkel von 60°.

me des Zuschauers intendiert, der in die Handlung miteinbezogen wird, ohne dass es ihm in der Situation unbedingt ins Bewusstsein dringt.

Es folgt wieder eine 90°-Achsenkomposition, der Protagonist tritt vom Bahnsteig zurück, die Gefahr ist vorüber. Die Bewegung des Zuges gewinnt keine räumliche Tiefe, alles bleibt im Rahmen, der Zuschauer befindet sich – wie der Protagonist – außerhalb der Handlung, die sich vor ihm abspielt *(vgl. Abb. 109)*.

Dies wird auch deutlich in der folgenden – sehr kurzen – Einstellung, in der die Handlungsachse (die fahrende U-Bahn) sich in einem Winkel von 60° zur Kameraachse befindet *(vgl. Abb. 110)*. Der Zuschauer ist weniger am Geschehen beteiligt als im Falle eines Achsenverhältnisses von 30°, steht aber auch nicht außerhalb desselben wie bei einem Verhältnis von 90°. Außerdem führt die Objektbewegung der fahrenden U-Bahn vom Protagonisten/Zuschauer/der Kamera weg aus dem Bild hinaus, die Gefahrenquelle entfernt sich.

### A.1.2.4.5 Schärfeverhältnis

#### ☑ Lösung Aufgabe 11 (S. 67)

**Zweifel – Suppe:** Die Bildschärfe richtet sich nach der jungen Charlie (Teresa Wright). Wenn sie sich im Bildhintergrund befindet, ist der im Bildvordergrund sitzende und seine Suppe essende Vater (Henry Travers) unscharf zu sehen. So richtet der Zuschauer seine Aufmerksamkeit ganz auf das Mädchen und das, was es sagt. Das Gespräch zwischen Mutter (Patricia Collinge) und Tochter ist im Grunde genommen ein Dialog zwischen der jungen Charlie und ihrem Onkel Charlie (Joseph Cotten), in dem sie ihm deutlich zu verstehen gibt, dass er ihr Elternhaus verlassen soll. Durch das Schärfeverhältnis wird dies deutlich gemacht.

**Citizen Kane – Glas:** Das Filmbild ist während der gesamten Einstellung durch Tiefenschärfe geprägt, d. h. dass Bildvorder- und Bildhintergrund die gleiche Schärfe aufweisen. Dies verstärkt die räumliche Illusion und erfordert eine stärkere Aktivität des Zuschauers, der mehrere Handlungsebenen vorfindet. Im Bildvordergrund ist Kanes zweite Frau Susan Alexander (Dorothy Comingore) zu sehen, die Kane trotz mangelndem Talent zu einer großen Sängerin machen will. Sie hält dem Erwartungsdruck nicht stand und versucht Selbstmord zu begehen – die leere Medikamentenflasche und das Glas mit dem Löffel in Kombination mit dem schweren Atem der Protagonistin geben davon Zeugnis. Kane ist bemüht, den Selbstmordversuch zu vereiteln, was ihm letztendlich auch gelingt. Obwohl Kane zunächst nicht in der Einstellung sichtbar wird, ist er nicht nur durch das Klopfen an der Tür präsent, sondern auch dadurch, dass die Tür genau so scharf zu sehen ist wie das Glas. Dadurch kommt dem Versuch Kanes in das Zimmer einzudringen genau so viel Aufmerksamkeit zu wie der beinahe sterbenden Frau.

**Lied vom Tod – Frank:** Hier wird Unschärfe als Mittel der Verfremdung bei Erinnerungen gebraucht. In die Filmhandlung wird eine am Anfang völlig unscharfe Einstellung eingeschnitten, die erst sukzessive zum Ende des Films hin an Schärfe gewinnt. Der Zuschauer weiß, dass sich Harmonica (Charles Bronson) an jemanden erinnert, der für die Handlung wichtig ist. Die sich verringernde Unschärfe symbolisiert den langsamen Erinnerungsprozess des Protagonisten und ist gleichzeitig ein Mittel zur Erzeugung von Spannung, da der Zuschauer natürlich ebenfalls wissen will, welche Identität die unscharf gezeigte Person hat. Auf musikalischer Ebene werden die Erinnerungssequenzen von der berühmten Mundharmonika-Melodie Ennio Morricones leitmotivisch unterlegt. In der Auflösung wird diese Melodie breit orchestriert und es wird in der nun völlig scharf gezogenen Erinnerungssequenz deutlich, dass der skrupellose Frank (Henry Fonda) einst auf grausame Weise Harmonicas Vater tötete und nun dafür selbst mit dem Tod bezahlen muss.

**Thomas Crown ist nicht zu fassen – Kuss:** Die Kuss-Einstellung verliert zunehmend an Schärfe und löst sich am Schluss in extreme Unschärfe auf, bis zu dem Punkt, dass nur noch die Spektralfarben sichtbar sind, um dann in einer Abblende ins Schwarz überzugehen. Die Unschärfe, durch die der Eindruck entsteht, dass Thomas Crown (Steve McQueen) und Vicki Anderson (Faye Dunaway) scheinbar miteinander verschmelzen, visualisiert die dem leidenschaftlichen Kuss folgende körperliche Vereinigung der Protagonisten, ohne Details preiszugeben. Diese bleiben der Imagination des Zuschauers überlassen.

## A.1.2.5 Licht

### ☑ Lösung Aufgabe 12.1 (S. 71)

**Alien – Erwachen:** Die unbelebte Dingwelt des Raumschiffs ist im Low-Key-Stil gehalten. Es dominieren Schatten und Dunkelheit; diese Umgebung wirkt eher fremd auf den Betrachter. Langsam dringt in Form von sich sukzessiv erhellenden Neonlampen Licht in diese Welt. Der Raum, in dem die Astronauten schlafen und der zunächst für den Betrachter nicht zu überschauen war, wird nun im High-Key-Stil ausgeleuchtet. Es herrscht gleißendes Licht, alle Schatten sind verschwunden. Mit dem Licht wird das Lebendige in die Maschinen bestimmte Welt des Raumschiffes eingeführt. Die Schlafkapseln der Astronauten öffnen sich und der Zuschauer nimmt an ihrem Erwachen Teil, welches ganz langsam vor sich geht. Die Langsamkeit, in der die Reisenden zu Bewusstsein kommen, wird durch die Überblendung des sich von seinem «Bett» erhebenden Kommandanten Dallas (Tom Skerritt), welcher als erster aufsteht, visualisiert. Die langen Ruhephasen, die sein Erwachen kennzeichnen, werden elliptisch ausgespart. Die High-Key-Beleuchtung hat hier etwas angenehm Klares und Übersichtliches und steht symbolisch für die Klarheit des Erwachenden menschlichen Bewusstseins, welches im Kontrast steht zur bedrohlichen Dunkelheit des von Maschinen – und später vom Alien – dominierten noch «schlafenden» Raumschiffes.

**2001 – Zimmer:** Hier unterstützt die High-Key-Beleuchtung den Verfremdungseffekt. Das Louis-XIV-Zimmer ist bis auf wenige Farbakzente, die den Effekt verstärken, vollständig in Weiß gehalten, was nicht einer der Konvention entsprechenden Farbgestaltung entspricht; der Boden ist eine durchgehende Lichtquelle, außerdem steht surreal die Raumkapsel mitten im Raum.

Die rote Farbe des Anzugs des Astronauten Dr. Dave Bowman (Keir Dullea) bildet einen starken Kontrast zur weiß gehaltenen Umgebung des Zimmers; umgekehrt zu dem vorangegangenen Ausschnitt wirkt hier die Atmosphäre fremdartig, steril, lebensfeindlich und künstlich, wie aus einem alten Gemälde, welches verfremdet wurde. Die Angst des Astronauten spiegelt sich deutlich in seiner Mimik wider – er begreift nicht, wo er ist und was mit ihm geschieht. Dieses Beispiel zeigt, dass extreme High-Key-Beleuchtung nicht immer nur in einem positiven Kontext verwendet wird.

### ☑ Lösung Aufgabe 12.2 (S. 71)

Die Beleuchtung der Frau im Bett, Lina McLaidlaw Aysgarth (Joan Fontaine), der das Milchglas gebracht wird, ist im Normalstil gehalten. Dies verstärkt den Kontrast zur Beleuchtung der folgenden Szene, die vor allem die Schattenführung betont. Durch den von rechts einfallenden Lichtschein wirkt der Schatten ihres Ehemannes Johnnie Aysgarth (Cary Grant) groß und bedrohlich. Er löscht das Licht in dem Zimmer, aus dem er kommt; es ist fast ganz dunkel bis auf ein schwaches Licht, das von der nächtlichen Szenerie draußen hereindringt; hierbei könnte es sich um Mondlicht handeln. Jetzt wird der verdächtige Gegenstand besonders betont:

Trotz der großen Dunkelheit erstrahlt das Milchglas hell; es ist keine Lichtquelle von außen erkennbar, es leuchtet von selbst. Dies setzt einen besonderen Akzent auf das Glas und seinen Inhalt: Dem Betrachter stellt sich die Frage, ob dies ein freundlicher Gute-Nacht-Trunk ist oder ob der Ehemann seine Frau vergiften will. Aysgarth steigt die Treppe hinauf; das Geländer wirft Schatten gleich Gitterstäben an die Wand. Er selbst wird kaum ausgeleuchtet, sondern erscheint nur als dunkler bedrohlicher Umriss ohne Gesicht. Man könnte die Lichtführung für die Figurencharakterisierung insofern heranziehen, als hier die kriminellen Energien des Ehemannes visualisiert werden. Die sich anschließenden Einstellungen zeigen, dass die Frau ihren Mann im Verdacht hat sie vergiften zu wollen – sie rührt die Milch bis zum nächsten Morgen nicht an.

Hitchcock selbst äußert sich im Gespräch mit François Truffaut folgendermaßen zu der Szene:

> ALFRED HITCHCOCK: Aber mochten Sie die Szene mit dem Milchglas?
> FRANÇOIS TRUFFAUT: Wenn Cary Grant die Treppe raufgeht? Das ist wirklich gut.
> A. H.: Ich hatte eine Lampe in das Milchglas getan.
> F. T.: Sie meinen, einen Scheinwerfer auf das Glas gerichtet?
> A. H.: Nein, in die Milch, ins Glas. Weil es wirklich strahlend erscheinen musste. Gary Grant geht die Treppe hinauf, und man muss wirklich nur noch auf das Glas schauen.
> F. T.: Das war wirklich sehr gut.[7]

## ☑ Lösung Aufgabe 12.3 (S. 71)

Der Ausschnitt beginnt mit den Anweisungen der Sekretärin der Erinnerungsstätte. Hier ist die Beleuchtung eher im Low-Key-Stil gehalten.

Sobald die Tür geöffnet wird, ändern sich die Lichtverhältnisse: Der Raum ist dunkel gehalten, die Hauptlichtquelle kommt von (links) oben, scheinbar durch ein Deckenfenster. In Wirklichkeit leuchtet natürlich ein starker Scheinwerfer. Die Beleuchtung bildet einen Lichtkegel, der den Tisch erfasst und ihn hervorhebt. Ein besonderer Akzent liegt aber auf dem Tagebuch, welches der Wachmann Jennings (Joe Manz) in den Händen hält; im Lichtkegel erstrahlt es besonders hell. Somit ist durch die Lichtführung klar, dass der Lektüre des Tagebuchs und den darin enthaltenen Informationen besondere Bedeutung zukommen. Die hier vorliegende Lichtgestaltung nennt man auch Rembrandtbeleuchtung, da sie an die besondere Malweise Rembrands erinnert, der in seinen Bildern oftmals eine dunkle, oft mystische Atmosphäre mit punktueller, konzentrierter Ausleuchtung eines zentralen Ereignisses (Spotlight) schafft.[8]

7 Truffaut 1995[18], S. 133.
8 Vgl. Dietrich Erlach, Bernd Schurf (Hrsg.): *Literaturverfilmung: Adaption oder Kreation?* Berlin 2001, Klappentext.

### ☑ Lösung Aufgabe 12.4 (S. 71)

Der Lichtkontrast des Filmausschnittes ist sehr hart, die Falten und Furchen in den Gesichtern sind überdeutlich zu erkennen und lassen diese abstoßend real wirken. Die Gesichter werden so ausgeleuchtet, dass sie zur Hälfte im Schatten liegen. Teilweise ist ein schwächerer Spot auf die Augenpartie gerichtet. In Bezug auf Marv (Mickey Rourke) deutet diese Beleuchtung die Gespaltenheit der Persönlichkeit an: Auf der einen Seite ist er der Rächer seiner Liebe Goldie (Jaime King), auf der anderen Seite schlachtet er brutal jeden ab, der ihm in den Weg kommt. In Bezug auf den Sprechenden, Kardinal Patrick Henry Roark (Rutger Hauer), wird durch den Lichtkontrast dessen Bösartigkeit und Bedrohlichkeit unterstrichen. Die kontrastreiche Detaileinstellung, in der Mund und Kinnpartie gezeigt werden, unterstützt das abstoßende Bild, das durch sein Geständnis von seinem Charakter entworfen wird.

### ☑ Lösung Aufgabe 12.5 (S. 71)

**Gladiator – Germanien:** Die die Einstellungen des Filmausschnittes dominierende Lichtfarbe ist Blau. Diese evoziert den Eindruck von Kälte; unterstrichen wird dies durch die Kleidung des Protagonisten Maximus (Russell Crowe), der ein Fell um die Schultern trägt. Die eingeblendete Schrift spezifiziert den Handlungsort Germanien. Ohne dass explizit frierende römische Soldaten gezeigt oder die Kälte erwähnt werden müsste, ist durch die Wahl der Lichtfarbe klar, welchen Temperaturen die Soldaten ausgesetzt sind. Das in weiter Einstellung ebenfalls in blauer Lichtfarbe gezeigte Kriegsszenario unterstreicht, dass die Kälte ein zusätzlicher Feind ist.

**Gladiator – Nordafrika:** Hier ist die dominierende Lichtfarbe Orange/Ocker bzw. ein warmes Gelb. In Kombination mit der gezeigten Wüstenlandschaft und der leichten Kleidung ist klar, dass es hier warm ist. Die Lichtfarbe hat aber noch eine andere Bedeutung: Der Protagonist führt mit seinem Freund Juba (Djimon Hounsou) ein sehr persönliches Gespräch; die zwischenmenschliche Wärme, die die beiden Männer verbindet, wird durch die Lichtfarbe symbolisiert.

## A.1.2.6 Farbe

### ☑ Lösung Aufgabe 13.1 (S. 76)

Die Farbgebung der Mise-en-Scène während des Gesprächs zwischen Großmutter und Enkelin entspricht einer realitätsnahen Gestaltung und wird als solche zunächst nicht besonders wahrgenommen. Durch die entsprechende Wahl von Farbe und Licht ist die Stimmung besonders harmonisch und friedvoll, eben genau so, wie man sie sich im Idealfall vorstellt. Dabei ist zu bemerken, dass die Großmutter beginnt ein Märchen zu erzählen und die Situation, in der sie das tut, auch durchaus einem Märchen entstammen könnte. Unterstrichen wird dieser Eindruck auch durch die den Einstellungen unterlegte Musik. Durch die Kamerafahrt aus dem Fenster hinaus wird die Stimme der Großmutter zu der einer Off-Erzählerin.

Erst im Kontrast mit der nun einsetzenden Haupthandlung wird rückblickend klar, dass Haupt- und Rahmenhandlung durch die Farbgebung abgegrenzt werden. Die Farbgebung entspricht nicht mehr der Realität, sondern erscheint dem Betrachter bewusst gestaltet. Schwarz- und Blautöne dominieren die Welt Edwards mit den Scherenhänden (Johnny Depp) zu Beginn extrem; dies wird durch einen Blaufilter, mit dem die Winterlandschaft aufgenommen wird, erreicht. Diese Farbtöne stehen für Edwards Unfertigkeit und seine Künstlichkeit und verhalten sich kontrastiv zu den extremen Bonbon-Farben, in denen das Idyll der amerikanischen Vorstadt gezeigt wird. Diese spiegeln die innere und äußere Oberflächlichkeit der «heilen Welt» und ihre scheinheilige Fassadenhaftigkeit wider, die im Verlauf des Films entlarvt wird. Insofern steht die Farbgebung nicht im Dienst der Aufrechterhaltung des Continuity-Systems, sondern ist deutlich für den Zuschauer wahrnehmbar und initiiert Deutungen und Interpretationen.

☑ Lösung Aufgabe 13.2 (S. 76)

**Thomas Crown ist nicht zu fassen – Sauna:** Der Filmausschnitt ist durchgehend mit einem Rotfilter aufgenommen. Die Farbgebung erweckt den Eindruck großer Hitze, was für die Location – Thomas Crown (Steve McQueen) und Vicki Anderson (Faye Dunaway) befinden sich in einer Sauna – geschehenslogisch stimmig ist. Dennoch unterstützt die Farbgebung einen gewissen Verfremdungseffekt, denn anstatt wie üblich in der Sauna zu entspannen, versucht Anderson Crown davon zu überzeugen, sich der Polizei zu stellen und den von ihm geplanten und mittels Handlanger durchgeführten Bankraub zuzugeben. Dieser Konflikt, für den es keinen Ausweg gibt, es sei denn, einer der beiden rückt von seinem Standpunkt ab, steht einer erfüllenden und glücklichen Beziehung im Weg – und verhindert diese letztendlich. Insofern steht die Farbe Rot hier nicht nur für die Verbindung beider Partner, für ihre Liebe, Leidenschaft und Erotik, sondern auch für den Konflikt der beiden und den Zorn darüber, dass der jeweils andere nicht nachgibt.

**Natural Born Killers – Drug Zone:** Der Filmausschnitt ist größtenteils mit einem Grünfilter aufgenommen, wodurch er von einem unnatürlichen Giftgrün dominiert wird. Dieses wird visuell angekündigt durch den Schriftzug «Drug Zone», der in der gleichen Farbe in Neonschrift über dem Laden steht und eine Interpretation der Farbgestaltung vorgibt. Diese ist Ausdruck der subjektiven Perspektive von Mickey und Mallory Knox (Woody Harrelson, Juliette Lewis), die durch den Supermarkt torkeln. Grün als klassische Gift-Farbe steht für die doppelte Vergiftung sowohl durch exzessiven Drogenkonsum der Protagonisten als auch durch einen Schlangenbiss, gegen den die beiden ein Gegenmittel kaufen wollen. Das Bild wechselt häufig in Schwarzweiß, wodurch die starke Entfremdung teilweise wieder zurückgenommen, jedoch nicht komplett aufgelöst wird, da es keinen Wechsel in die «natürlichen» Farben der Mise-en-Scène gibt. Insofern visualisiert die Farbgestaltung des Filmausschnittes auch den zunehmenden Realitätsverlust des Paares.

### ☑ Lösung Aufgabe 13.3 (S. 76)

**SIN CITY – Anfang:** Es liegt ein Kontrast zwischen der punktuellen Colorierung von Lippen, Kleid und Augen der Frau und der ansonsten schwarzweißen Mise-en-Scène vor. Durch das partielle Herausheben einzelner Farben wird ihre Symbolik besonders betont. Die grün aufleuchtenden Augen der Frau können als Ausdruck ihrer aufblitzenden Hoffnung gedeutet werden, in ihrem Gegenüber vielleicht einen zukünftigen Partner zu finden. Ihre roten Lippen und das rote Kleid stehen zunächst für ihre Erotik und anschließend für ihren Tod durch den Auftragskiller «The Man» (Josh Hartnett). Aus der Obersicht wirkt das Kleid der erschossenen Frau wie eine sich langsam ausbreitende Blutlache – eine Assoziation, die sich durch die Kenntnis ähnlicher Szenen ergeben kann. So wird z. B. der in den Armen einer zufällig vorbeikommenden Frau in einer riesigen Blutlache sterbende Comte Sébastien de Valmont (John Malkovich) in dem Film GEFÄHRLICHE LIEBSCHAFTEN von Stephen Frears (USA/UK 1988) aus der gleichen Perspektive gezeigt. Insofern verdeutlicht das Rot die enge Verbindung von Liebe und Tod. Es schließt sich die Überleitung zum Vorspann an, der das Rot im Schriftzug Sin City noch einmal wieder aufnimmt. Hierdurch werden die inhaltlichen Leitmotive des Films – Erotik und Gewalt – mit dem Handlungsort, an dem er vorwiegend spielt, verknüpft.

**THOMAS CROWN IST NICHT ZU FASSEN – Gasbombe:** Es liegt der Komplementärkontrast Rot-Grün vor. Das Rot der Gasbombe beim ersten Überfall symbolisiert – auch unterstrichen durch die Musik und die Kamerafahrt – die Dynamik und die Energie, die dem leicht von der Hand gehenden Raub innewohnen. Immerhin hat er zur Folge, dass sich Thomas Crown und Vicki Anderson überhaupt kennen und lieben lernen. Obwohl die Musik die Aktion als ein mehr oder weniger unbeschwertes Spiel erscheinen lässt, wird durch die Farbsymbolik der defekten Parkuhr, die ein rotes Schild zeigt, auf dem in weißer Schrift «violation» steht, deutlich, dass es hier um einen kriminellen Akt handelt, der ein Vergehen ist und eine Verletzung nicht nur des geltenden Rechts, sondern auch der Persönlichkeitssphäre der Opfer darstellt. Das Rot steht hier nicht mehr für das Kraftvolle, sondern für ein Verbot – das allerdings durch die Musik wieder relativiert wird.

Das Grün des zweiten Überfalls symbolisiert – auch hier unterstrichen durch die Musik – nicht etwa den Beginn von etwas Neuem, sondern das Ende – und zwar das Ende der Beziehung der beiden Protagonisten. Diese Zuordnung wird durch die Wiederaufnahme des Grüns durch den Rasen auf dem Friedhof unterstrichen. Der zweite Überfall hat nichts mehr von der jugendlichen Dynamik des ersten, er ist vielmehr Ausdruck der Demonstration von Thomas Crowns Überlegenheit – dem Gesetz genauso wie Vicki Anderson gegenüber. Crown zahlt diesen Preis und nimmt in Kauf, dass dadurch ihre Liebe vergiftet und begraben wird. Genauso wie die Komplementärfarben Rot und Grün Teil ein und desselben Farbkreises, aber innerhalb dieses Kreises am weitesten voneinander entfernt sind, so sind die beiden Überfälle zwar in der Vorgehensweise weitestgehend gleich, stehen jedoch in ihrer Bedeutung für die Protagonisten einander komplementär gegenüber.

**Gladiator – Erinnerung 1:** Hier liegt ein Komplementärkontrast zwischen den Farben Gelb und Blau vor, der gleichzeitig ein Kalt-Warm-Kontrast ist. Die Musik evoziert eine meditative Grundstimmung, die die beiden Einstellungen miteinander verbindet. Nicht einzelne Objekte der Mise-en-Scène (wie im vorangegangenen Beispiel) werden farblich betont, sondern das Bild in seiner Ganzheit ist von der Farbgestaltung der Lichtfarbe *(vgl. auch Kapitel A.1.2.5 Licht)* betroffen. Die Erinnerung des Maximus an seine warme, fruchtbare Heimat wird farblich von der kalten Realität des Krieges in Germanien abgehoben und dadurch als Erinnerung gekennzeichnet.

**Gladiator – Erinnerung 2:** Die Darstellung des Todes von Maximus im Colosseum zeichnet sich durch eine realitätsnahe Farbgestaltung aus. Eingeschnitten werden in den Prozess des Sterbens seine Visionen vom Jenseits; parallel zu seinem Tod nähert er sich seiner bereits toten Frau und seinem Sohn an. Die Sehnsucht nach der Wiedervereinigung von Maximus mit seiner Familie ist ein Leitmotiv des Films, das hier seine Erfüllung findet. Diese Zwischenschnitte kontrastieren durch ihre artifizielle Farbgestaltung mit den Einstellungen in «natürlicher» Farbe im Colosseum. Die Farbintensität ist geringer, die verblassenden Farben spiegeln Maximus' verblassendes Leben wider. Der hohe Lichtkontrast verleiht der Vision etwas Unwirkliches. Außerdem findet sich auch hier der im Filmausschnitt Gladiator – Erinnerung 1 beschriebene Kalt-Warm-Kontrast durch die warmen Ockertöne des Colosseum-Schauplatzes und die kalten Blaus der Jenseitsvision. Die das Korn durchstreifende Hand des Gladiators wurde zu Beginn in lebendigem Gelb gezeigt *(vgl. Gladiator – Erinnerung 1)* und nun, gegen Ende des Films, in getrübter Farbqualität. Mit der Vereinigung des Maximus mit seiner Familie durch den Tod schließt sich die visuelle Klammer des Films gleichsam auf der inhaltlichen Ebene.

## A.2.1.2 Continuity

### ☑ Lösung Aufgabe 14 (S. 78)

Der erste Fehler ist visueller Art und zeigt, dass der Continuity-Assistent beim Abdrehen der verschiedenen Aufnahmen des Dialogs in Poliakoffs Büro nicht aufgepasst hat. Sig Poliakoffs (Billy Gray) Zigarette ist während des Dialogs unterschiedlich lang, obwohl er sich zwischendurch keine neue ansteckt *(vgl. Abb. 111 bis 114):*

Der Fehler ist nicht besonders offensichtlich, und da die Aufmerksamkeit des Zuschauers durch den Dialog gefesselt ist, fällt er auch bei mehrmaligem Sehen fast nicht auf.

Der zweite Fehler inhaltlicher Art ergibt sich aus dem Dialog, den Poliakoff mit Joe (Tony Curtis) und Jerry (Jack Lemmon) führt: Er nennt ihnen die Merkmale, die eine Musikerin aufweisen muss, um in der Damenband von Sweet Sue (Joan Shawlee) mitspielen zu dürfen. Eine Voraussetzung ist es blond zu sein; und tatsächlich sind alle Damen der Band einschließlich Daphne (Jack Lemmon) blond – bis auf Josephine (Tony Curtis). Sie ist – wie auch als Mann – dunkelhaarig.

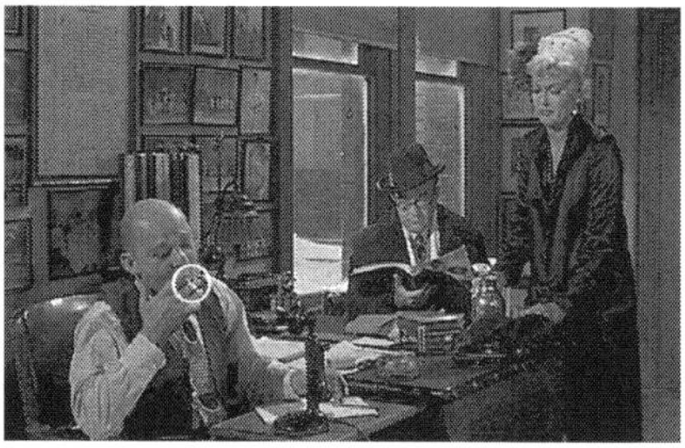

**111** Die Zigarette ist zu Beginn des Dialogs normal groß.

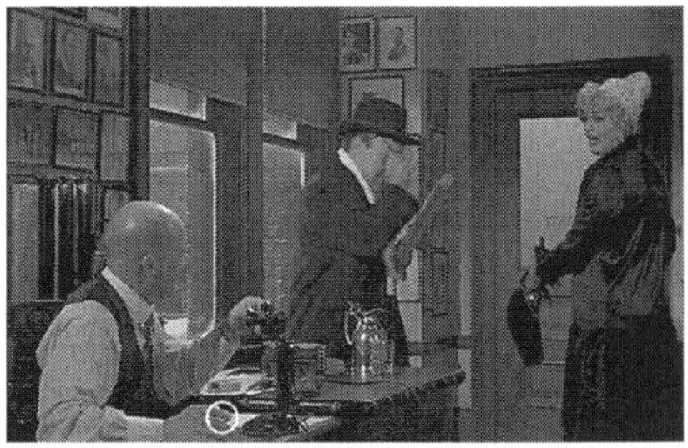

**112** Nach kurzer Zeit ist sie nur noch ein kaum zu sehender Stummel.

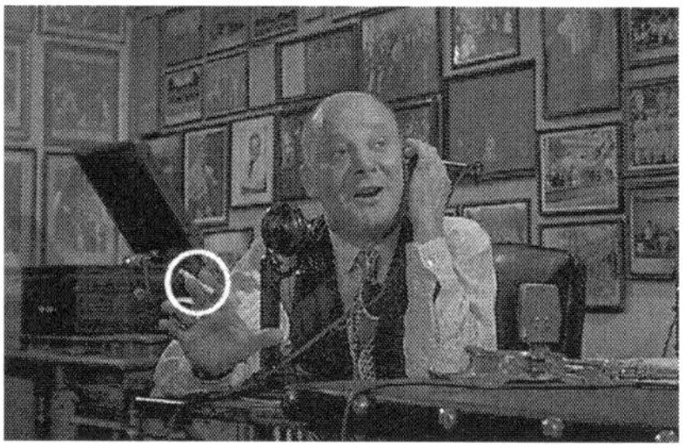

**113** Danach ist sie wieder so groß wie zu Beginn, ohne dass sich Poliakoff eine neue angezündet hätte.

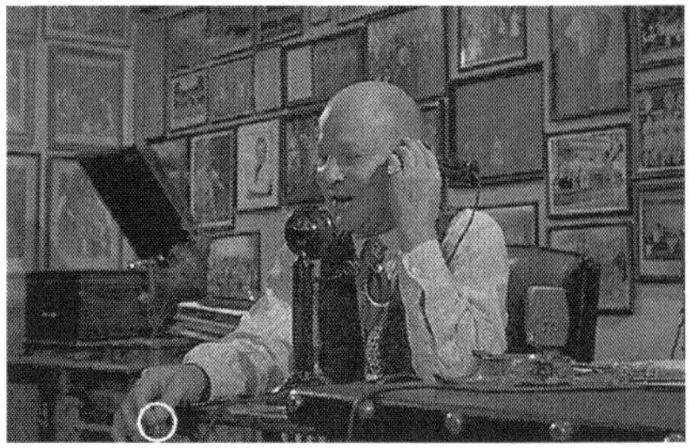

**114** Sekunden später ist die Zigarette wieder ein winziger Stummel.

## A.2.1.3 180°-Regel

### ☑ Lösung Aufgabe 15 (S. 81)

In diesem Filmausschnitt wird die Handlungsachse mehrfach übersprungen. Auch wenn der Zuschauer den Film nicht kennt, so wird doch von Beginn an deutlich, dass hier etwas nicht stimmt. Zunächst einmal sind Ortswahl und Farbgestaltung der Szene ungewöhnlich und irritierend: Es handelt sich um eine überwiegend von aggressivem Rot dominierte Herrentoilette. Zunächst werden die Dialogpartner aus Kameraposition 1 gezeigt; der Barmann Delbert Grady (Philip Stone) hilft Jack Torrance (Jack Nicholson), einen Fleck auf seiner Kleidung zu beseitigen *(vgl. Abb. 115)*.

Torrance fragt nach dem Namen des Barmanns, und nach der Nennung desselben springt die Kamera auf Position 2 *(vgl. Abb. 116)*. Durch diesen visuellen Impuls wird deutlich, dass der Name inhaltlich auf etwas verweist, was die gewohnte Wahrnehmung des Zuschauers aus dem Konzept bringt. Durch den Achsensprung ist auch die Mimik von Torrance besser einzusehen. Im nächsten Gesprächsabschnitt wird deutlich, dass entweder Torrance verrückt ist oder aber dass mit dem Barkeeper etwas nicht stimmt.

Nachdem Torrance dem Barmann auf den Kopf zusagt, dass dieser Frau und Kinder in Stücke gehackt und sich danach selbst erschossen habe – die Farbsymbolik der Mise-en-Scène greift diesen Akt der Gewalt visuell auf – springt die Kamera wieder auf Position 1 *(vgl. Abb. 117)*. Hierdurch wird der Reaktion des Barmanns besondere Bedeutung verliehen: dieser kann sich an das Verbrechen angeblich nicht erinnern. Interessanterweise wird jedoch bewusst vermieden, eine klare mimische Reaktion des Barmanns zu zeigen, etwa in einer Nahaufnahme. So aber bleibt die Figur weiterhin für den Zuschauer rätselhaft, da er die Wirkung des Gesagten auf den Barmann nicht exakt an dessen Gesicht ablesen kann.

Danach springt die Kamera noch einmal auf Position 2 *(vgl. Abb. 118)*: Torrance glaubt, im Recht zu sein, die Verhältnisse scheinen geklärt, doch im Verlauf dieser Einstellung wird deutlich, dass die Faktenlage nicht eindeutig zu klären ist. Der Barmann verweist darauf, dass er von Anfang an da gewesen sei und es Torrance sei, der den Posten des Hausverwalters innehätte und nicht er.

Mit dieser Feststellung wird inhaltlich offenbar, was auf der filmsprachlichen Ebene durch den Wechsel der Kameraposition verdeutlicht wird: Der Zuschauer ahnt, dass der Barmann vielleicht doch ehemals Hausverwalter war und nicht so unschuldig ist, wie er vorgibt. Außerdem wird deutlich, dass der Gast Jack Torrance durch seine Position als jetziger Hausverwalter ebenfalls zum Mörder werden könnte. Die Unsicherheit über diese Tatsachen und darüber, welchen Blickwinkel der Zuschau-

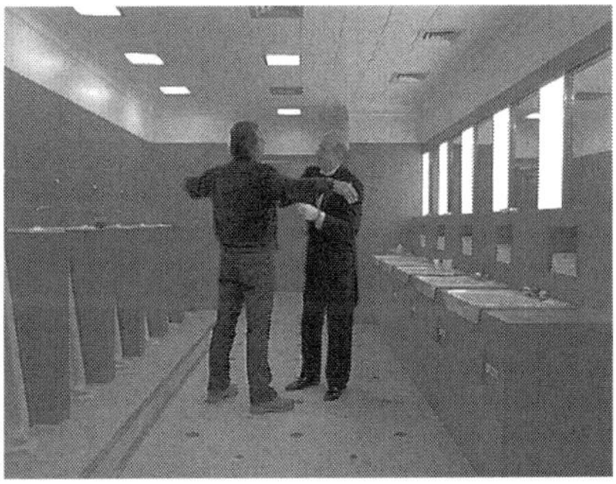

**115** Kameraposition 1.

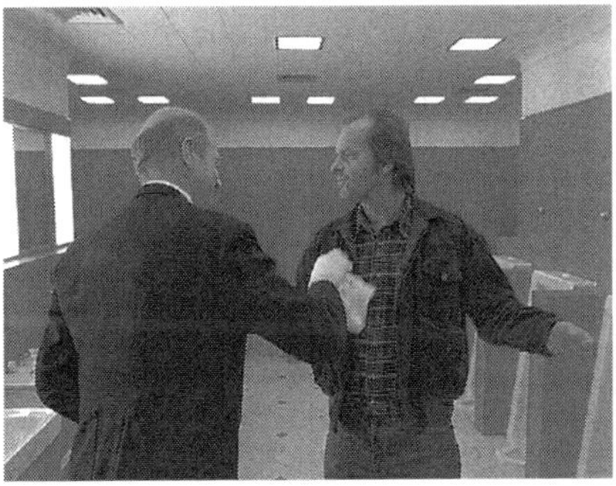

**116** Achsensprung auf Kameraposition 2

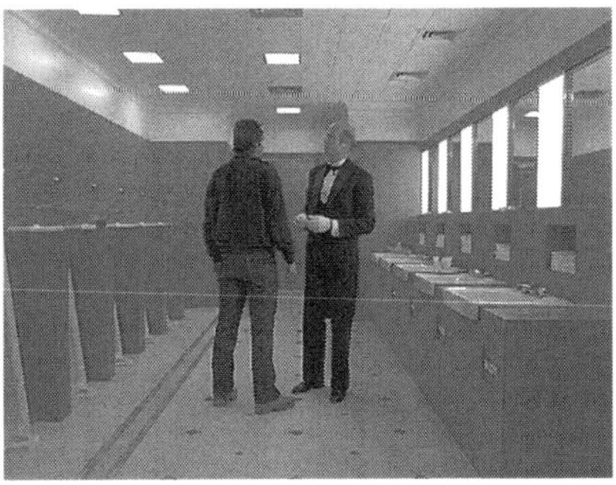

**117** Achsensprung auf Kameraposition 1.

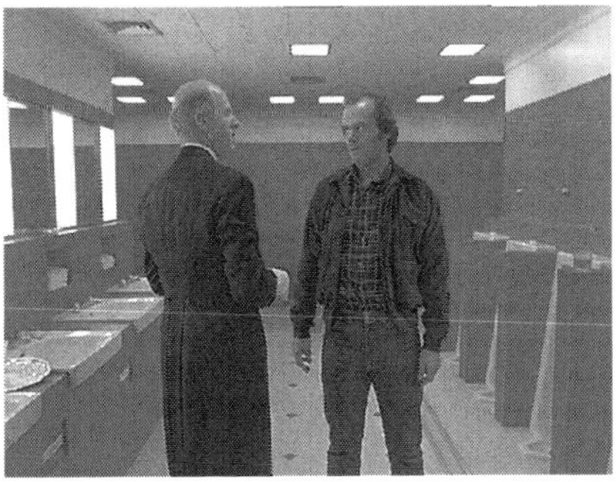

**118** Achsensprung auf Kameraposition 2

er nun einnehmen soll, spiegelt sich in der die Handlungsachse überspringenden Kameraposition wider. Der Achsensprung bricht durch die Störung der 180°-Regel bewusst die Sehgewohnheit des Zuschauers und verweist auf formaler Ebene auf eine gestörte Kommunikation zwischen Jack Torrance und seinem Gegenüber.

## A.2.2.1 Der unsichtbare Schnitt

### ☑ Lösung Aufgabe 16 (S. 82)

In diesem Filmausschnitt ist der harte Schnitt, der zwei Einstellungen aneinanderreiht, prinzipiell der Geschehenskontinuität untergeordnet und wird dadurch nicht unmittelbar als solcher wahrgenommen. So z. B. bei den ersten drei Einstellungen, die den Rückenschwimmer, das Kind auf der Luftmatratze und die mit einem Hund spielende Person am Strand hintereinander zeigen. Außerdem wird immer dann in der Szene geschnitten, wenn jemand direkt vor der Kamera herläuft und das Bild dadurch verdunkelt wird. Die Fokussierung des Gesichts von Polizeichef Martin Brody (Roy Scheider) durch sich verengende Einstellungsgrößen wird so kaum merklich im Sinne des Continuity-Systems geschnitten; genauso geschehenskohärent ist der Wechsel zwischen dem Blick auf das Wasser (subjektive Sicht des gespannt das Wasser nach Haien absuchenden Protagonisten) und dem Blick auf den Polizeichef (neutrale Kameraposition); auch hier macht dies den harten Schnitt «unsichtbar».

### A.2.2.1.1 Visuelle Szene

### ☑ Lösung Aufgabe 17 (S. 85)

Es handelt sich beim vorliegenden Filmausschnitt um eine deduktiv konzipierte visuelle Szene nach «klassischem» Muster ohne gravierende Abweichungen. Zunächst schwenkt die Kamera langsam über den Küstenabschnitt, der im Hintergrund des Bildes in einer weiten Einstellung zu sehen ist *(vgl. Abb. 119)*. Es ist Frühjahr, die Sonne scheint, das Meer ist bei Ebbe zu sehen, Alles in Allem wird eine Atmosphäre von Frieden und Harmonie evoziert. Dieser Establishing Shot ist gleichzeitig

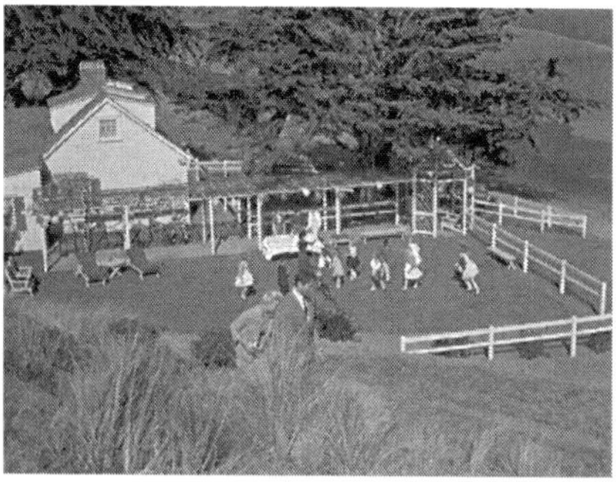

**119** Eröffnung der visuellen Klammer durch den Establishing Shot *(Weit/Totale)*

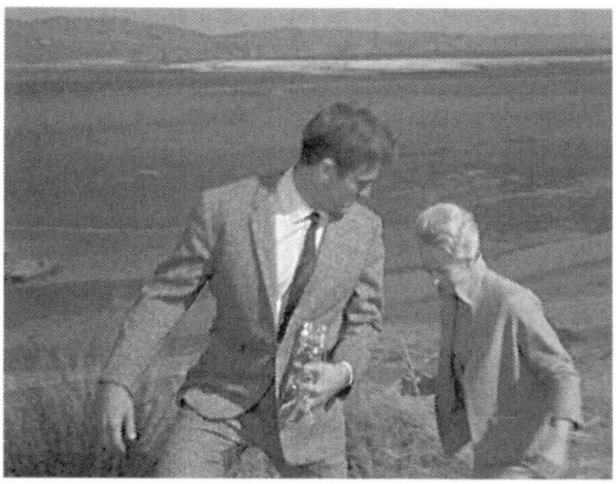

**120** Personen und Requisiten werden durch den Master Shot deutlich *(Weit/Amerikanisch).*

durch die gezeigten Personen, denen die Kamera folgt, ein Master Shot *(vgl. Abb. 120)*. Die Protagonistin Melanie Daniels (Tippi Hedren) wird mit ihrem Gesprächspartner Mitch Brenner (Rod Taylor) zunächst in der Totalen gezeigt, dann verengt sich die Einstellungsgröße durch die Bewegung der Aktanten, die die Anhöhe hinaufkommen, zur amerikanischen Einstellungsgröße. Die räumlichen Gegebenheiten der Szene – das Kinderfest im Haus am Fuß der Anhöhe sowie der kleine Dünenweg, dem die beiden folgen – werden durch diesen Master Shot offenbar. Wichtig sind auch die in der amerikanischen Einstellungsgröße sichtbar werdenden Cocktailgläser in den Händen der Protagonisten: Diese Requisite verdeutlicht, dass das Paar anlässlich des Aperitifs einen Spaziergang macht.

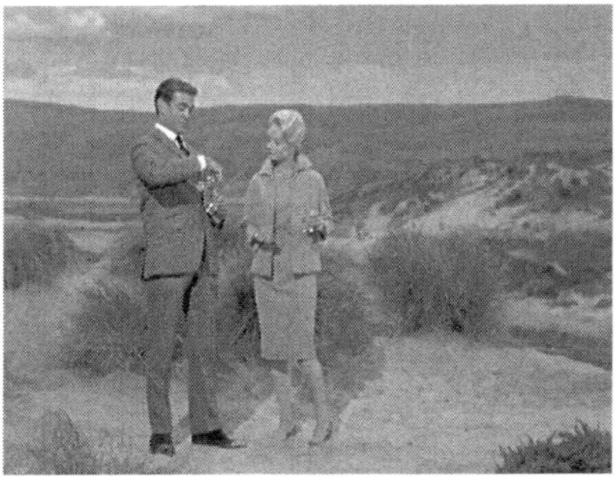

**121** Cut In: Heranführung an das Geschehen durch eine *Halbtotale*

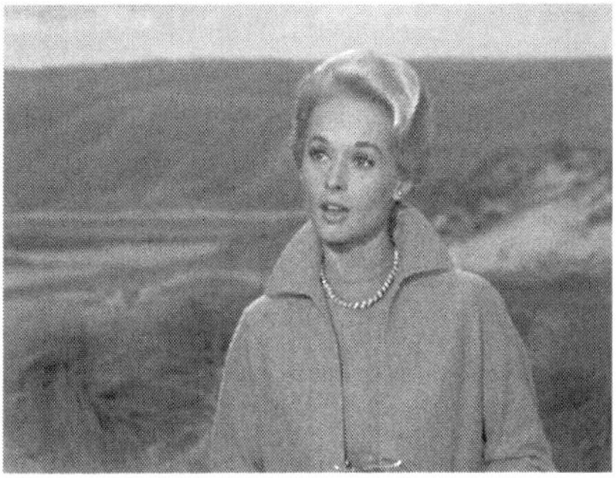

**122** Close Up: Die Handlung wird im Detail offenbar *(Nah)*.

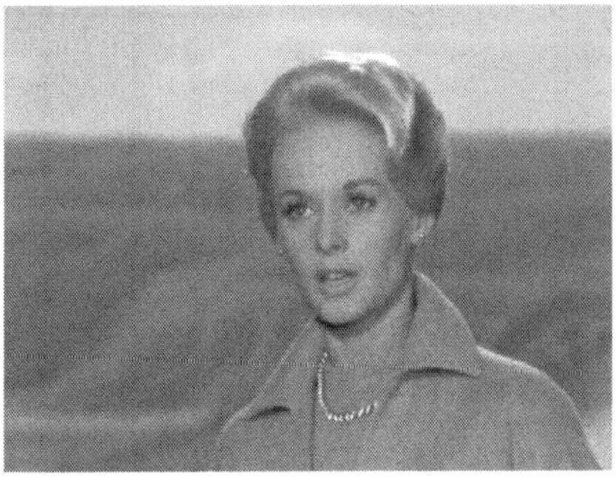

**123** Close Up: Weitere Annäherung an die Protagonistin *(Groß)*

Das «Geschehen» dieser Szene besteht aus einem Dialog, in dessen Verlauf Informationen über den Charakter der Protagonistin vermittelt werden. Der Zuschauer wird durch den in einer Halbtotalen gehaltenen Cut In *(vgl. Abb. 121)* an die Handlung herangeführt. Zunächst stehen gleichsam den Dialog einleitend Allgemeinplätze der Konversation im Vordergrund; sowohl der visuelle und inhaltliche Abstand der Sprechenden zueinander als auch der Abstand zum Zuschauer werden durch die Einstellungsgröße deutlich.

Im sich anschließenden Close up werden die Gesprächspartner in Groß- und Nahaufnahmen gezeigt *(zum Dialogschnitt vgl. Kapitel A.2.2.1.2 Dialogische Szene)*, wobei anzumerken ist, dass je intimer das Gespräch wird und je mehr die Protagonistin von sich preisgibt – von ihrer Arbeit über ihren nicht ganz lupenreinen Zeitvertreib in Italien bis hin zu ihrem schlechten Verhältnis zu ihrer Mutter – desto enger bzw. näher die Einstellungsgrößen gewählt werden. So findet

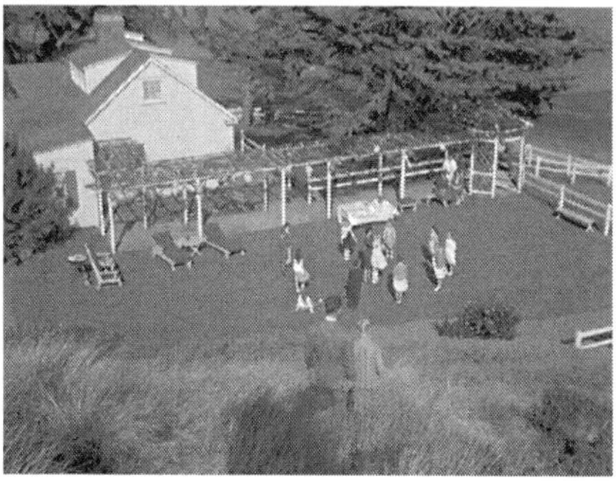

**124** Schließung der visuellen Klammer durch den Reestablishing Shot *(Weit/Totale)*

die inhaltliche Annäherung der Sprechenden aneinander bzw. des Zuschauers an die immer unterkühlt wirkende Hauptfigur eine visuelle Entsprechung *(vgl. Abb. 122 und Abb. 123)*.

Die eingangs eröffnete visuelle Klammer wird abschließend durch die Totale/weite Einstellung des Reestablishing Shots geschlossen *(vgl. Abb. 124)*. Abschließend erhält der Zuschauer noch einmal einen Überblick über den Ort des Geschehens und die Positionierung der Handelnden innerhalb dieses Geschehensraumes. Weiterhin ist klar, dass dieser Handlungsabschnitt nun beendet ist.

Die 30°-Regel wird innehrhalb dieser Szene immer eingehalten; Schnitte werden vom Zuschauer so gut wie nicht bemerkt, da sie ganz im Sinne der Aufrechterhaltung des Continuity-Systems eingesetzt werden.

### A.2.2.1.2 Dialogische Szene

#### ☑ Lösung Aufgabe 18 (S. 89)

Gezeigt wird ein «Gespräch» zwischen drei «Gesprächspartnern» - zwei Helme und ein Bildschirm, inszeniert nach dem Shot - Reverse Shot - Schnittmuster *(vgl. Abb. 125 bis 128)*. Durch diese dem Zuschauer aus Dialogen bekannte Schnittfolge

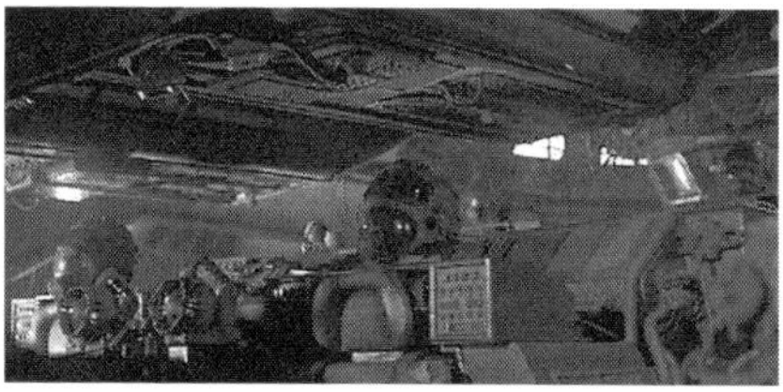

**125** *Establishing Shot,* Positionierung der «Kommunikationspartner» im Raum

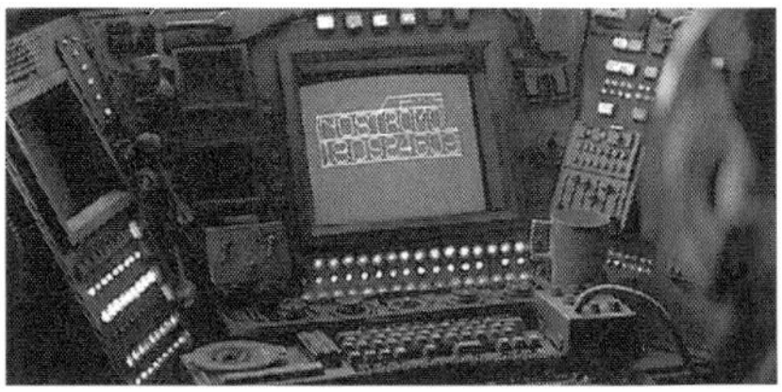

**126** *Shot* Gesprächspartner 1

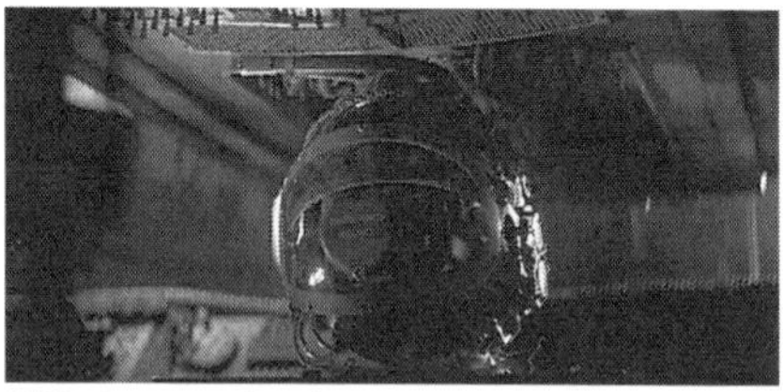

**127** *Reverse-Shot (Over-Shoulder)* Gesprächspartner 2

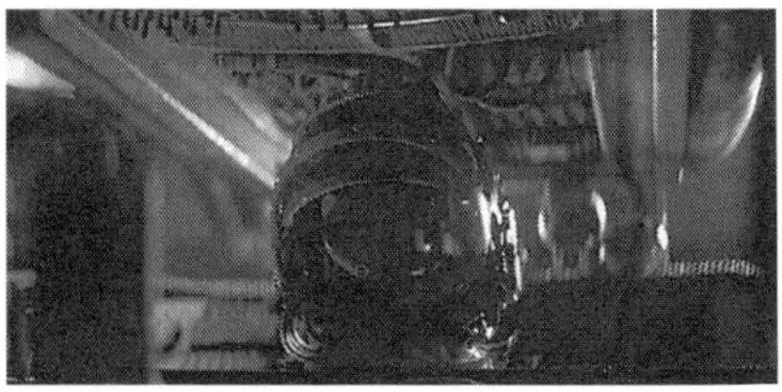

**128** *Shot* Gesprächspartner 3

wird der Eindruck erweckt, dass die Raumfahrerhelme mit dem gegenüberliegenden Bildschirm kommunizieren, obwohl es sich um unbelebte Dinge handelt und kein Wort gewechselt wird. Sprache wird hier durch Bilder ersetzt, die mit mechanischen Geräuschen synchron unterlegt sind. Die Geräusche werden eindeutig dem Bildschirm zugeordnet, der zu «sprechen» scheint. Dieser Eindruck wird durch die bewegten Farbimpulse, die der Bildschirm aussendet, verstärkt. Dadurch, dass sich die auf dem Bildschirm sichtbar werdende Incoming-Message auf dem Visier widerspiegelt, wird der Eindruck einer Erwiderung erweckt, obwohl der abgelegte Helm selbst kein Geräusch von sich gibt. Die Statik der Szene wird dadurch zurückgenommen, dass sich in der Mehrzahl der Bilder ein sich – wenn auch nur gering – bewegendes Objekt im Hintergrund bzw. seitlich des Bildzentrums befindet. Dieses dient auch dazu, die Helme unterscheiden zu können; bei Helm 1 ist das bewegliche Objekt nicht zu sehen, bei Helm 2 befindet es sich vom Zuschauer aus gesehen rechts vom Helm.

### ☑ Lösung Aufgabe 19 (S. 89)

Die vorliegende Szene ist aufgebaut nach dem «klassischen» Muster einer deduktiv angelegten visuellen Szene. Sie beginnt mit einem Establishing Shot in Weiter Einstellung, der eine klare Verortung des Geschehens in der Wüste eröffnet *(vgl. Abb. 129)*: Roger O. Thornhill (Cary Grant), ein New Yorker Werbefachmann, wird fälschlicherweise für den Geheimagenten George Kaplan gehalten. Er muss Kaplan finden um zu beweisen, dass er Opfer einer Verwechslung ist – nur dadurch kann er sein eigenes Leben retten. Die ebenso attraktive wie mysteriöse Eve Kendall (Eva Marie Saint) steht ihm dabei zur Seite und hat ein Treffen zwischen Thornhill und Kaplan arrangiert, das an einem verlassen Ort im Nirgendwo der Wüste stattfinden soll.

Die Handlung beginnt mit der Ankunft des Gesprächspartners Malcolm Atterburg, der von einem Auto gebracht wird. Thornhill ist sich nicht sicher, ob es sich bei der Person um seinen Kontrahenten handelt. Solange Thornhill den Verdacht hegt, der Mann an der Kreuzung sei George Kaplan, ist die Szene inszeniert wie ein **Duell** zweier Cowboys im **Western**. Die Begegnung wird mit einem Master Shot begonnen, der die beiden – vermeintlichen – Gegner in typischer Duellsituation

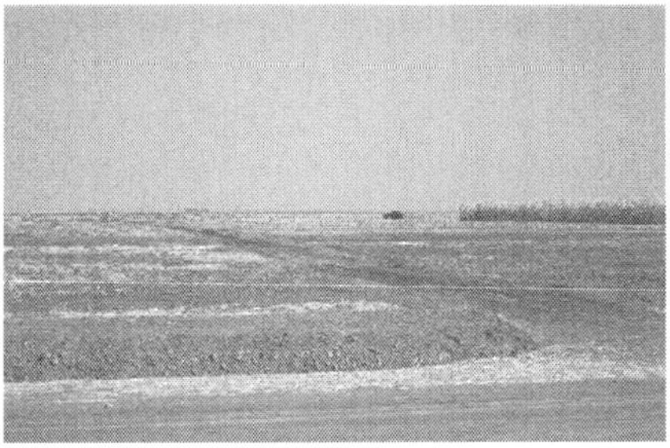

**129** *Establishing Shot* zur Verortung des Geschehens

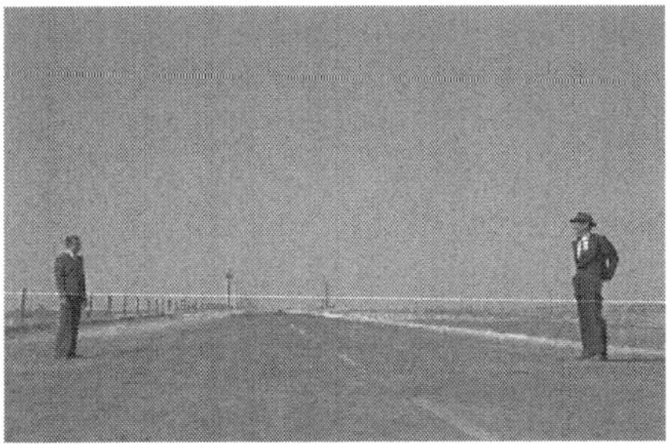

**130** Duellsituation wie im Western

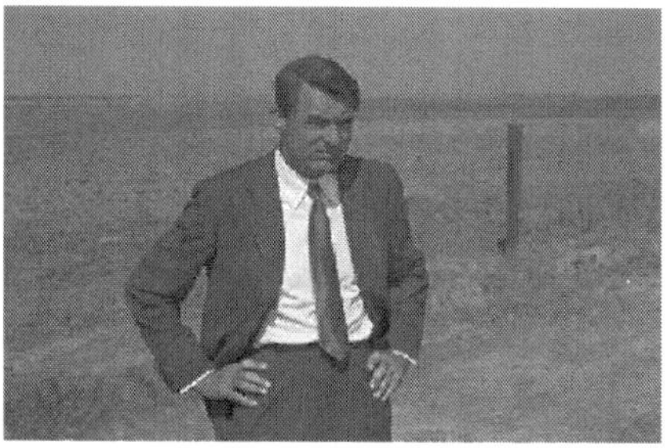

**131** *Schuss* – Hände am imaginären Colt

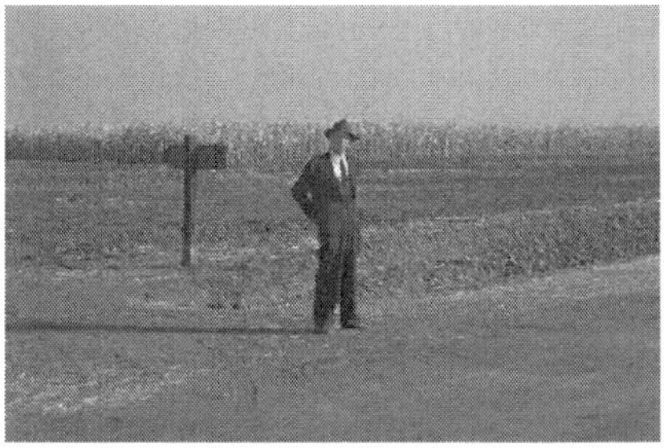

**132** *Gegenschuss* – Hände am imaginären Colt

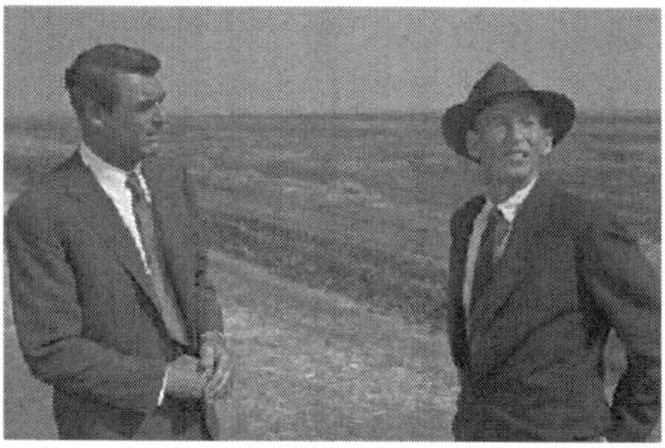

**133** Entschärfung der Duellsituation durch visuelle Inszenierung des Dialogs

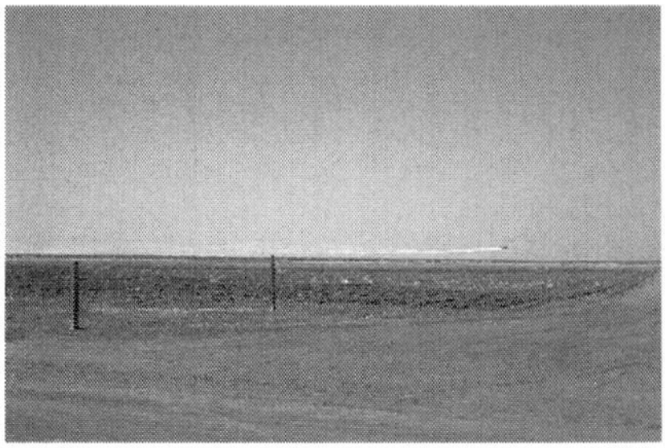

**134** Reestablishing Shot zur Orientierung und Abschluss der Handlungseinheit

zeigt *(vgl. Abb. 130)*. Es folgt eine Schnittfolge im Schuss-Gegenschuss-Verfahren, wobei die Körpersprache Thornhills aus dem Westerngenre entlehnt ist, denn er knöpft sich das Sakko auf, als könne er dadurch schneller seinen imaginären Colt ziehen. Auch sein vermeintlicher Widersacher hält seine Hände in Colthöhe *(vgl. Abb. 131 und 132)*. Diese Spannung wird jedoch einerseits visuell durch die räumliche Annäherung Thornhills an den Fremden entschärft, indem Thornhill die Straße überquert. Andererseits wird die Situation inhaltlich entspannt durch den sich anschließenden Dialog, aus dem hervorgeht, dass der Unbekannte nicht George Kaplan ist, sondern dass er lediglich auf den Bus wartet. Visuell wird das vorher etablierte Gegeneinander aufgehoben durch die Inszenierung des Dialogs, der nun nicht mehr im Schuss-Gegenschuss-Verfahren geschnitten ist, sondern bei dem beide Gesprächspartner gemeinsam im Bild zu sehen sind *(vgl. Abb. 133)*. Der ankommende Bus wird in einem Reestablishing Shot in der Totalen gezeigt; diese inhaltlich motivierte Einstellung erlaubt dem Zuschauer gleichzeitig wieder einen Überblick über den Handlungsort zu gewinnen. Der Fremde deutet ganz im Sinne einer kohärenten Sequenzverknüpfung die kommende Bedrohung Thornhills an. Dies geschieht durch seine Bemerkung, es sei seltsam, dass das Flugzeug sein Insektenvernichtungsmittel über einem bereits abgeernteten Feld versprühe. Nachdem er den Bus bestiegen hat und abgefahren ist, schließt die Dialogszene mit einem Reestablishing Shot in weiter Einstellung, der signalisiert, das dieser Handlungsabschnitt zu Ende ist *(vgl. Abb. 134)*. Gleichzeitig dient diese Einstellung auch als Establishing Shot der folgenden Handlungseinheit, in der Thornhill durch den Angriff des Flugzeugs in Todesgefahr gerät.

### A.2.2.2 Der sichtbare, gestaltende Schnitt

☑ Lösung Aufgabe 20 (S. 91)

**Jurassic Park - Elektrozaun:** Hier liegt eine Parallelmontage vor: Drei örtlich getrennte Handlungsstränge - Übersteigen des Hochspannungszauns des T-Rex-Geheges durch Dr. Alan Grant (Sam Neill) mit den beiden Kindern Tim und Lex Murphy (Joseph Mazzello, Ariana Richards); Reaktivierung des Stromnetzes durch Dr. Ellie Sattler (Laura Dern) im Hochspannungszentrum; Anweisen Dr. Sattlers mittels Walkie Talkie durch Dr. Ian Malcolm (Jeff Goldblum) und John Hammond (Robert Attenborough) im Verwaltungsbüro des Saurierfreizeitparks - werden mittels Cross Cuttings montiert. Dadurch entsteht der Eindruck, dass alle drei Handlungen simultan ablaufen. Insbesondere die Parallelisierung vom Überklettern des Zauns mit der Reaktivierung der elektrischen Hochspannung erzeugt beim Zuschauer Spannung, weil v.a. auch Kinder in akuter Lebensgefahr schweben.

**2001 - Neandertaler:** Es handelt sich hier um einen Match Cut. Die Form des Knochens wird in der Form des Raumschiffes andeutungsweise wieder aufgenommen, ebenso verhält es sich mit der Bewegung. Visualisiert wird damit einer der größten Zeitsprünge der Filmgeschichte.

**Ausser Atem - Autofahrt:** Bei diesem Jump Cut ist die Geschehenskontinuität durch Schnitte unterbrochen; der Dialog der Protagonisten verbindet die einzelnen Bilder. Die Störung der durchgängig gefilmten Bewegung durch Schnitte visualisiert die Störung der Beziehung der beiden Protagonisten.

**Natural Born Killers - Autofahrt:** Dieser Filmausschnitt ist im Short Cut / Videoschnitt montiert. Die Schnittgeschwindigkeit ist hoch, die Verweildauer der Bilder kann allerdings in Videoclips noch viel kürzer ausfallen. Die Bildfolge ist durch Reihung geprägt und entspricht nicht einer dem Continuity System entsprechenden kohärenten Geschehensdarstellung. Die Anschlussstücke der Einstellungen haben keine genaue Passung - deutlich wird dies insbesondere beim Zwischenschnitt von Schwarzweiß-Einstellungen. Diese Form des Schnittes und der schwankende Horizont visualisieren die Labilität der unter Drogeneinfluss stehenden Protagonisten, die schwere Gewaltverbrechen begangen haben und jederzeit fürchten müssen von der Polizei gefasst zu werden.

**Moderne Zeiten - Menge:** Zum einen liegt hier ein Match Cut vor, indem die Bewegungsrichtung der Schafherde der ersten Einstellung durch die Bewegungsrichtung der in der zweiten Einstellung gezeigten Menschenmenge wieder aufgenommen wird. Zum anderen liegt eine intellektuelle Montage vor. Die Schafherde und die Menschenmasse, die zur Arbeit strömt, werden so hintereinander geschnitten, dass der Zuschauer automatisch die Eigenschaften der Schafherde - dumm, leicht lenkbar, Abwesenheit von Individualität etc. - auf die Menschenmenge überträgt.

**ANTIKÖRPER - Herzschlag:** Es handelt sich hier um einen auditiven Match Cut und gleichzeitig um eine Tonbrücke *(vgl. Kapitel B.3 Die Ton-Bild-Montage)*. Der Ton des Herz-Lungen-Gerätes, das den Tod des Opfers des Serienkillers akustisch signalisiert, wird exakt auf der gleichen Tonhöhe und mit der gleichen Intonation - als Wecksignal des Weckers des Ermittlers Michael Martens (Wotan Wilke Möhring) - in der sich anschließenden Einstellung wieder aufgenommen. Hier wird akustisch eine Verbindung geschaffen, die auch inhaltlich vorhanden ist, denn der Geweckte wird im Verlauf des Films auf Konfrontation mit dem gefangenen, aber noch nicht gebannten Killer gehen.

**Tipp**

Bei den Filmausschnitten aus dem Film HIGHLANDER von Russell Mulcahy (USA/GB 1986) aus dem Kapitel Einstellungskonjunktionen *(vgl. Kapitel A.2.3 Einstellungskonjunktionen)* handelt es sich ebenfalls um Match Cuts; sie alle visualisieren verschiedene Möglichkeiten von **Matching Elements** auf der Ebene der Mise-en-scène *(vgl. hierzu die Lösungen zur Aufgabe 21)*.

## A.2.3 Einstellungskonjunktionen

☑ Lösung Aufgabe 21 (S. 94)

**HIGHLANDER - Aquarium:** Es handelt sich hier um eine Trickblende, genauer gesagt um eine Schiebeblende, in der der See das Aquarium gleichsam aus dem Bild schiebt. Es handelt sich außerdem um einen Match Cut, dessen verbindendes Element das Wasser ist.

**TITANIC - Schluss:** In diesem Filmausschnitt finden sich zwei Arten der Einstellungskonjunktion: Am Schluss des Filmausschnittes handelt es sich um eine Blende ins Weiß, die dann in eine Schwarzblende übergeht, auf der der Abspann des Films gezeigt wird. Die Weißblende symbolisiert den Tod der Protagonistin, wobei - im Gegensatz zu einer Blende ins Schwarz an dieser Stelle - eine Assoziation mit Auferstehung und Himmel hergestellt wird. Unterstützt wird dieser Eindruck durch die Kamerafahrt, die technisch gesehen natürlich eine Computeranimation ist.
Hier findet sich die andere Einstellungskonjunktion, denn mittels Überblende wird das Wrack der Titanic wieder zum Luxusliner von 1912, die Kamera fährt aus der Gegenwart in die Vergangenheit und damit gleichzeitig aus der Realität in eine andere Welt, die nicht exakt der historischen Vergangenheit entspricht, da hier die für den Film handlungskonstituierenden Klassenunterschiede überwunden sind. Das Schiff wird damit vom Wrack zum Himmel/Paradies der Protagonistin.

**Zweifel - Langeweile:** Hier handelt es sich um eine Überblendung von einer Einstellung in die nächste. Zunächst wird der Ort vorgestellt, also das Wohnhaus der jungen Charlie (Teresa Wright). Diese Einstellung wird allmählich von der zweiten überlagert, in der Charlie selbst gezeigt wird, die Aufmerksamkeit also vom Ort auf die Person gelenkt wird.

**Highlander - Plakat:** Auch hier handelt es sich um eine langsame Überblende, bei der das Gesicht des Highlanders Connor MacLeod (Christopher Lambert) langsam von dem der Mona Lisa auf einem Plakat überlagert wird. Außerdem handelt es sich um einen Match Cut, dessen verbindendes Element die beiden Gesichter sind.

**Zweifel - Balkon:** Man sieht eine Abblende ins Schwarz sowie eine Aufblende aus dem Schwarz. Hier ist ein größerer Erzählabschnitt zu Ende und eine neuer beginnt.

**Highlander - Schlachtfeld:** Hier liegt eine Trickblende vor - genauer gesagt eine Irisblende, die geschickt die Form der Pupille eines Auges ausnutzt, um dann tatsächlich durch das Auge des Protagonisten hindurch beinahe unsichtbar vom mittelalterlichen Schlachtfeld in ein Parkhaus des 20. Jahrhunderts überzuleiten.

**Star Wars VI - Ortswechsel im All:** Es liegt eine Trickblende, genauer gesagt eine diagonal verlaufende Schiebeblende vor. Sie trennt die beiden Einstellungen deutlich voneinander. Ein Ortswechsel bzw. räumliche Zusammenhänge im Weltall sind schwer darzustellen, weil es keine festen Bezugspunkte gibt und die Location sehr ähnlich aussieht. Um zu zeigen, das Luke Skywalkers (Mark Hamill) Raumschiff an einem anderen Ort im Weltall ist als Darth Vaders (David Prowse/James Earl Jones) Todesstern, werden die beiden Einstellungen durch die Trickblende deutlich voneinander abgehoben.

**Highlander - Garage:** Hier liegt ein harter, aber für den Betrachter unsichtbarer Schnitt vor, ähnlich wie bei der Strandszene des Films Der weisse Hai *(vgl. Kapitel A.2.2.1 Der unsichtbare Schnitt)*. Der Bildschirm verdunkelt sich einen Augenblick lang, wenn die Kamera durch die Decke des Parkhauses wandert, und in diesem Moment wird auch geschnitten. Der Betrachter ist so gefangen von dem überraschenden Zeitsprung - es ist der erste in dem Film - dass er den harten Schnitt nicht unbedingt bemerkt.

**2001 - Neandertaler:** Hier liegt ein harter, deutlich wahrnehmbarer Schnitt vor. Zur genaueren Erklärung sei auf die Lösung von Aufgabe 20 verwiesen.

**Highlander - Polizei:** Auch hier liegt ein harter, unsichtbarer Schnitt vor, vgl. auch Highlander - Garage. Außerdem handelt es sich hier um einen Match Cut, dessen verbindendes Element die Farbe Rot ist: Das Rot des Polizeilichts korrespondiert mit dem Rot des Himmels der folgenden Einstellung.

# B.1 Die Herkunft des Tons

☑ Lösung Aufgabe 22 (S. 96)

**Gatsby – Pool:** Erzählt wird in diesem Filmausschnitt der Mord an Jay Gatsby (Robert Redford) und der sich anschließende Selbstmord seines Mörders George Wilson (Scott Wilson). Zunächst wird auf der Tonebene eine harmonische Atmo erzeugt: Vogelgezwitscher und strahlender Sonnenschein evozieren eine entspannte Stimmung. Dies setzt sich fort, als Gatsby das Grammophon in Gang setzt und damit eine diegetisch motivierte On-Musik erzeugt. Der Song erklingt weiter, und zwar so, wie Gatsby ihn subjektiv wahrnehmen muss – also mit Entfernung vom Grammophon mit ein wenig Hall – bis Gatsby auf der Luftmatratze im Pool liegt. Von dem Zeitpunkt an, zu dem das Grammophon nicht mehr sichtbar, aber noch zu hören ist, handelt es sich um einen diegetisch motivierten Off-Ton, die Quelle ist noch in Hörweite des Gezeigten. Sobald sich Gatsby auf der Luftmatratze befindet, verstummt die Musik zugunsten von Geräuschen der Atmo und der einsetzenden nichtdiegetischen Filmmusik aus dem Off sowie der Stimme seiner Geliebten Daisy aus dem Off «Ich liebe dich, Jay.». Hierdurch wird klar, dass Gatsby diese Frau sehnlichst erwartet – er blickt sich sogar um und spricht fragend ihren Namen aus, als stünde die Sprecherin dieser Worte bereits hinter ihm und entspränge nicht seiner Fantasie.

Beim Eintritt des Mörders wird die anfangs gezeigte On-Musik des Grammophons wieder aufgenommen. Die Filmmusik ist nicht mehr hörbar, stattdessen wird der akustische Raum vom Anfang des Ausschnitts wieder hergestellt. Diesmal aber mit einer bedrohlichen Konnotation, das harmonische Element tritt zu Gunsten der Gefahr durch den Eindringling zurück. Ab hier erhält die diegetisch motivierte Musik im Film einen dramaturgischen Eigenwert, indem sie die Handlung – die Erschießung Jay Gatsbys – kontrastiert und dadurch kommentiert *(hierzu vgl. auch die Lösung zu Aufgabe 32 Gatsby – Pool im Kapitel C.2.2.1 Erzählerrede)*. Der Song endet mit Gatsbys Leben: Er versinkt tödlich getroffen im Pool, das Grammophon erzeugt nur noch ein leises, mechanisches Kratzen. Diese diegetisch motivierten Geräusche der Atmo unterstreichen die dominant vorherrschende spannungsgeladene Stille, die durch die lauten Schüsse des Selbstmörders vehement unterbrochen werden. Auf akustischer Ebene wird der Selbstmord also als gewaltvolle, erschreckende und erschütternde Tat herausgearbeitet im Sinne einer mitreißenden Handlungsdramaturgie.

☑ Lösung Aufgabe 23 (S. 96)

Gezeigt wird der Tatbestand der schweren Sachbeschädigung durch den minderjährigen Mafia-Handlanger Henry Hill (Christopher Serrone). Nicht nur, dass er eine kriminelle Handlung begeht, er bringt sich und möglicherweise auch andere dadurch in Gefahr, dass er Autos in Brand steckt und damit eine Explosion verursacht. Generell ist ein solches Verhalten der gesellschaftlichen Norm entsprechend zu verurteilen; Anstifter wie Ausführende müssen bestraft werden.

Der Kommentar Henry Hills aus dem Off stellt die Aktion in einen anderen Kontext. Der gesetzesbrecherische Aspekt tritt in den Hintergrund zu Gunsten der Aufwertung Henrys durch die Straftat. Hierdurch wird seine Nähe zur Mafia deutlich, die ihm als Halbwüchsigen nicht nur eine bevorzugte Behandlung im Alltag verschafft. Es lässt sich durch die kriminelle Organisation, die hinter ihm steht und dessen ausführendes Organ er ist, ein Machtzuwachs feststellen, der Heranwachsenden normalerweise so nicht zukommt. Dies manifestiert sich auch darin, dass er – Sohn eines Arbeiters und einer Hausfrau – mehr Geld als ein Erwachsener verdient. Der Zuschauer ist gewillt, sich auf die Sichtweise des Protagonisten einzulassen und die Straftat als gerechtfertigtes Mittel anzusehen, um Ziele wie Reichtum und Macht schnellstmöglich ohne harte Arbeit zu erreichen. Es fällt dabei kaum auf, dass Henry Hill das Verhalten der Nachbarskinder, die seiner Mutter die Taschen nach Hause tragen, falsch als respektvoll deutet. Es dürfte vielmehr durch Angst vor möglicher Repression oder durch die Absicht sich einzuschmeicheln motiviert sein.

Unterstützt wird eine eher positive Deutung der Szene durch den Zuschauer von der Unterhaltungsmusik zu Beginn des Filmausschnittes, deren Leichtigkeit im Kontrast zu den schwerwiegenden Taten, die gezeigt werden, steht.

## B.2.1 Geräusche

☑ Lösung Aufgabe 24 (S. 98)

In dem Filmausschnitt opponieren zwei Geräuschkulissen miteinander. Solange sich Joseph Turner alias Condor (Robert Redford) außerhalb des Gebäudes auf der Straße befindet, ist die Atmo vollständig der Darstellung einer Alltagssituation untergeordnet: Ein Mann kommt mit einem Lunchpaket zurück zum Gebäude, in dem sich sein Büro befindet. Er prüft, ob sein Moped noch da ist und wartet darauf, eingelassen zu werden. Bis zu dem Zeitpunkt, zu dem er eintritt und erkennt, dass etwas Schlimmes vorgefallen sein muss, ist die Atmo absolut alltäglich und unauffällig und wird durch die Hintergrundgeräusche des Stadtverkehrs charakterisiert.

Erst ab dem Augenblick, in dem Turner erkennt, dass sein Kollege tot ist, wird die Geräuschkulisse durch das maschinelle Schnarren und rhythmische Knacken des Druckers dominiert. Geschehenslogisch ist die Geräuschkulisse bereits vorher eingeführt worden, denn der Killer hat, um die Schüsse zu übertönen, den Drucker eingeschaltet. Sukzessive entdeckt Turner seine hingerichteten Kollegen, wobei das Maschinengeräusch, das im Alltag der Zuschauer so nicht existiert, eine beklemmende und bedrohliche Atmo schafft. Das Geräusch wird lauter, als Turner seine Kollegin entdeckt. Geschehenslogisch ist dies völlig klar, da sie im Druckerraum getötet wurde und dort liegen geblieben ist. Die ständige Präsenz der ungewöhnlichen Geräuschkulisse erzeugt auch beim Zuschauer Anspannung, sodass er sich in den entsetzten und unter Stress stehenden Protagonisten besser hineinversetzen kann.

### ☑ Lösung Aufgabe 25 (S. 98)

Im ersten Ausschnitt des Films handelt es sich um eine junge Frau, die bei hereinbrechender Nacht ein Bad im Meer nimmt. Klar ist, dass der dazugehörige Mann zu sehr unter dem Einfluss von Alkohol und Marihuana steht, um zu ihr ins Wasser zu kommen. Was zunächst romantisch anmutet durch den letzten Strahl der untergehenden Sonne kehrt sich in der nächsten Einstellung bereits ins Unheimliche um. Die Schwimmerin wird aus der personalen Ich-Perspektive des in der Tiefe schwimmenden Hais gezeigt; visualisiert wird dies durch die extreme Untersicht. Die bei dieser Einstellung eingespielte geräuschartige Tonfolge stellt ein Additum zu den der Erzeugung der Atmo dienenden Geräuschen der Wellen dar und verstärkt den Eindruck, dass hier Gefahr droht. Durch einen neutralen Kamerablick auf die Schwimmerin erhält der Zuschauer ein letztes Mal einen Gesamtüberblick über den Ort, an dem die Hai-Attacke stattfinden wird. Das durch Streicher erzeugte musikähnliche Geräusch in Halbtonschritten nach unten wird in der nächsten Einstellung schneller und mit einer Kamerafahrt von unten auf die Schwimmerin kombiniert: somit wird der für die Schwimmerin tödlich endende Angriff akustisch und visuell eingeleitet. Insofern ist nun für den Zuschauer klar, dass ein Haiangriff aus der Tiefe immer dann zu erwarten ist, wenn eine personale Ich-Sicht von unten auf potenzielle Opfer erkennbar und/oder wenn die entsprechende Geräuschkulisse unterlegt wird.[9] Eine explizite und sehr brutale Visualisierung einer entsprechend untermalten Hai-Attacke – diesmal bei vollem Tageslicht – festigt diese visuelle und akustische Rezeptionslenkung des Zuschauers.[10]

In den beiden folgenden Filmausschnitten zeigt sich, dass Spielberg mit der Rezeptionslenkung des Zuschauers spielt: Im zweiten Ausschnitt, wenn die beiden Männer den Hai mittels Köders zu fangen versuchen, wird der Fisch selbst nicht sichtbar. Das Wissen um seine Präsenz und damit um die Gefahr für den ins Wasser gefallenen Mann speist sich aus der Verwendung des musikalischen Geräusches. Im dritten Ausschnitt nimmt die Kamera nur die personale Ich-Perspektive aus der Untersicht ein, sodass nicht klar ist, ob jetzt ein Angriff erfolgen wird oder nicht. In beiden Ausschnitten wird durch den Einsatz dieser die Rezeption in eine bestimmte Richtung lenkenden filmsprachlichen Mittel höchste Spannung erzeugt.

## B.2.2 Sprache

### ☑ Lösung Aufgabe 26 (S. 99)

Die als Dialog zwischen einigen Mitgliedern der Familie Dandrige gestaltete Figurenrede dieses Filmausschnittes hat verschiedene Funktionen. Zum einen vermittelt die dramatische Sprachhandlung *(vgl. Kapitel C.2.2.2 Figurenrede, szenisches Sprechen)* eine das Verhältnis der Familienmitglieder zueinander charakterisierende

9 Vgl. Faulstich 1993, S. 137.

10 Vgl. Steven Spielberg, Der weisse Hai (USA 1975), 00:16:00–00:17:24.

hektische Dynamik. Die einzelnen Sprecher und Sprecherinnen reden prinzipiell sehr viel, unterbrechen sich gegenseitig und beziehen sich oftmals inhaltlich nicht aufeinander. Hierdurch entsteht ein an- und wieder abschwellender Klangteppich, welcher eine gewisse Beliebigkeit der Themen offenbart, der für den Zuschauer schwer zu durchdringen ist und anstrengend anmutet. Zu diesem Eindruck tragen auch der abrupt anmutende Anfang sowie das plötzliche Ende der Szene bei.[11]

Durch die individuellen Sprechakte werden die einzelnen Figuren der Szene und ihr Verhältnis zueinander charakterisiert. Exemplarisch herausgegriffen sei die bayerische Hausangestellte Frieda (Trude Klein), die das übliche Verhältnis vom Dienstherrn zur Untergebenen sowohl im Ton als auch im Inhalt konterkariert: Sie verweigert ihrem Chef Bob Dandridge (Alan Alda), der gerne eine Sauce zu seinen Nudeln gereicht haben möchte, diese rüde mit dem Hinweis, es handle sich um bayerische Nudeln, die ohne Sauce zu essen seien. Ihr Vorgesetzter fügt sich der autoritären Art ohne zu diskutieren. Weiterhin wird sie als «typische Deutsche» charakterisiert durch den Hinweis, nur Italiener äßen Nudeln mit Sauce, und die seien immer schon schwach gewesen – und natürlich durch ihren harten deutschen Akzent in der Originalversion. Auch die Verwirrtheit des Großvaters, der ausschließlich in Begleitung spazieren gehen darf, wird durch seine Äußerungen deutlich. So weiß er nicht, welche Jahreszeit ist, dass das Stadion, in welches er gehen möchte, seit geraumer Zeit geschlossen ist und dass die Frau, deren Anruf er erwartet, seit mehreren Jahren verstorben ist. Die Familie behandelt ihn als liebenswerten Trottel, kümmert sich aber um seine Basisbedürfnisse und um seine Sicherheit. Haushälterin Frieda zeigt auch hier wieder eine ihrer Rolle eigentlich nicht angemessene und in den Augen von Amerikanern wohl ihrer nationalen Herkunft entsprechende Dominanz: «Komm mit Frieda spazieren, Opa!»

Außerdem werden in dem Gespräch Informationen über Ereignisse gegeben, an denen die sprechenden Figuren des Films nicht beteiligt sind. So zieht sich die Tatsache, dass eine Tochter des Hauses, Skylar Dandridge (Drew Barrymore) von einem Angestellten ihres Vaters, Holden Spence (Edward Norton) am Abend zum Dinner eingeladen wurde und dass sie einen Heiratsantrag zu erwarten hat, wie ein roter Faden durch die Unterhaltung der Szene.

Sowohl über Holden wie auch über Skylar werden durch die Anwesenden Informationen und damit eine Charakterisierung vermittelt: Der Vater hat eine hohe Meinung von Holden Spence, will unbedingt, dass die beiden heiraten, weil der «Junge mit beiden Beinen auf der Erde steht». Gegen die Einschätzung seiner Frau (Goldie Hawn) und einer seiner Töchter, Holden sein ein «liebenswerter Dödel» verwehrt er sich «Er ist kein Dödel, er war kein Dödel». Scylar wird von ihren Schwestern eher kritisch gesehen; wenn es ein Problem in Bezug auf die Heirat gibt, dann geht es von ihr aus, da Scylar unter dem «Weißer-Ritter-Syndrom» leidet und als «romantischer Schwachkopf» auf den Märchenprinzen wartet. Holden ist in den Augen der Schwestern für Scylar nicht romantisch genug.

11 Der Schnitt wurde dem Filmschnitt angepasst, die Szene beginnt und endet exakt wie gezeigt.

Unterbrochen wird die Konversation über den eventuell bevorstehenden Heiratsantrag durch die Nudel-Einlage mit Frieda, durch den Großvater und durch eine Diskussion des Sohnes Scott (Lukas Haas) mit seiner Mutter über den offenen Strafvollzug. Diese vehement vorgetragenen Abweichungen vom eigentlichen Thema erzeugen die oben genannte Dynamik, lassen den Sprechenden Raum sich durch ihre Äußerungen selbst zu charakterisieren und das Verhältnis, in dem sie zueinander stehen, offen zu legen.

☑ Lösung Aufgabe 27 (S. 99)

Der Einsatz von Sprache in diesem Filmausschnitt ist bewusst gering gehalten. Das Verhältnis der beiden Protagonisten ist von erotischer Spannung geprägt, alle formalen und inhaltlichen Elemente der Szene sind auf den sexuell geprägten Machtkampf zwischen Vicki Anderson (Faye Dunaway) und Thomas Crown (Steve McQueen) ausgerichtet. Die eingangs gestellte Frage «Sie spielen»? bezieht sich nur vordergründig auf das Schachspiel, eigentlich ist hier das Spiel mit Nähe und Distanz, erfülltem bzw. nicht erfülltem Begehren gemeint, das die Protagonisten nicht nur in dieser Szene, sondern im Verlauf des gesamten Films spielen. Die Antwort «Ein bisschen.» stellt eine Untertreibung dar, denn im Verlauf der nachfolgenden Partie zieht Vicki Anderson alle nonverbalen Register der Verführungskunst, auf die Thomas Crown zunächst verhalten, dann offensichtlich reagiert. Das Schachspiel - zu Beginn der Partie durch eine Totale ins Zentrum der Aufmerksamkeit des Zuschauers gerückt (zur Definition der Einstellungsgrößen *vgl. Kapitel A.1.2.4.1 Einstellungsgrößen*) - symbolisiert die beiden Kontrahenten. Die taktische Vermischung der Figuren im Spielverlauf spiegelt die eindeutig sexuell aufgeladene Gestik der Spielenden, wobei Symmetrie und Statik des Spiels mit der Dynamik der Gesten und der Bewegung des die körperliche Erregung symbolisierenden Feuers opponieren. Durch das Fehlen von Sprache und die sparsame, durch Rhythmusinstrumente gekennzeichnete Verwendung von Musik wird der gestisch-bildhafte Bereich in den Vordergrund gerückt. Das Signalwort «Schach!» bedeutet Vicki Andersons Sieg auf allen Ebenen. Die nachfolgende Abwesenheit jeglichen Geräusches bis auf das ganz schwache Knistern des Feuers ist Ausdruck der maximalen Spannung zwischen den Protagonisten. Auch der Zuschauer ist in höchste Spannung bezüglich des Ausgangs der Szene versetzt - obwohl dieser eigentlich von Anfang an klar ist.

## B.2.3 Musik

☑ Lösung Aufgabe 28.1 (S. 100)

Filmausschnitt eins ist mit der Musik aus dem Horrorfilm FREITAG DER 13. von Sean S. Cunningham (USA 1980) unterlegt. Eine Frau (Julia Roberts) macht sich zum Ausgehen fertig; Kleidung und Wohnort nach gehört sie eher einer sozial niedrigen Schicht an. Offensichtlich wird sie bedroht bzw. verfolgt. Möglicherweise hat sie sich Geld geliehen und kann es nicht zurückzahlen, oder sie ist eine getarnte Agentin, die sich für einen Undercover-Einsatz vorbereitet.

Das Gespräch der beiden Männer im Hausflur gibt der Frau einen Hinweis auf die ihr drohende Gefahr, denn sie ändert ihre Absicht zur Haustür hinauszugehen und verlässt das Haus heimlich über die Feuerleiter. Eine Nachbarin sieht sie dabei. Vielleicht will sie mit der Sache nichts zu tun haben, vielleicht wird sie dem Verfolger der Frau den entscheidenden Tipp geben.

Die Bedrohung geht von einem Mann in einem sich offensichtlich nähernden Auto aus, welches parallel zur Handlung mit der jungen Frau gezeigt wird. Dem Auto und seiner Kleidung nach zu urteilen ist er wohlhabend. Er sucht den Weg zu ihr und hat wahrscheinlich vor, die Frau zu töten, sei er nun Geldeintreiber oder Gegenagent.

## ☑ Lösung Aufgabe 28.2 (S. 100)

Filmausschnitt zwei ist mit der Originalmusik aus dem Film PRETTY WOMAN von Garry Marshall (USA, 1990) unterlegt. Eine Frau (Julia Roberts) macht sich für den Abend zurecht; Kleidung und Wohnort nach gehört sie eher einer sozial niedrigen Schicht an. Offensichtlich legt sie es darauf an, ihre Reize zu betonen (überhohe Lacklederstiefel, sehr knappes Outfit, viel Schminke). Es scheint, dass sie ihre Miete nicht bezahlt hat und dies auch nicht kann, weil sie zu wenig Geld zurückgelegt hat. Um dem Rausschmiss durch den Vermieter zu entgehen, der im Hausflur von einem anderen Mieter das Geld einzutreiben versucht, verlässt sie ihr Appartement über die Feuerleiter. Eine Nachbarin beobachtet sie dabei missbilligend.

Der Mann im Auto, der parallel zur Handlung mit der jungen Frau gezeigt wird, scheint sich nicht auszukennen und irrt in der Stadt umher. Dem Auto und seiner Kleindung nach zu urteilen ist er wohlhabend. Wahrscheinlich werden die beiden sich in Kürze begegnen, Gegensätze werden aufeinander prallen.

## ☑ Lösung Aufgabe 28.3 (S. 101)

Filmausschnitt zwei (Originalversion) ist mit dem Song *Wild Child* von Billy Idol unterlegt. Dieses Lied suggeriert harmlose Tanz- und Partystimmung. Damit wird der Blick auf das Outfit der jungen Frau gelenkt, das besonders sexy sein soll; die Gesamtsituation scheint zwar unangenehm, aber nicht wirklich bedrohlich zu sein. In jedem Fall lässt sie sich nicht von ihrem Vorhaben auszugehen abbringen.

Der Gesichtsausdruck des Mannes im Auto wirkt eher hilflos-suchend als bedrohlich, offensichtlich kennt er sich nicht in der Stadt aus. Das Zusammentreffen der beiden wird eher harmlos-komisch sein, ganz der Leichtigkeit der Musik entsprechend.

Bei Filmausschnitt eins (Musik aus dem Horrorfilm) herrschen Geräusche und beklemmende Halbtonschritte bei spärlicher Melodieführung vor, die sofort ein Gefühl von Angst und Bedrohung hervorrufen. Der Gesamtkontext wird vom Betrachter generell eher negativ interpretiert. Da hier das Gespräch im Flur nicht gehört werden kann, bleibt eine Leerstelle, die der Zuschauer unter dem Einfluss der Musik selbst füllen muss. Da die junge Frau flieht, kann nur eine Bedrohung vorliegen, die möglicherweise mit Geld zu tun hat, da sie dieses sucht. Die Geräusche, die zu hören sind, während das Auto und das Gesicht des Mannes zu sehen sind, sind unangenehm und lassen seinen Blick nicht mehr hilflos-suchend, sondern bedrohlich erscheinen. Das Zusammentreffen der beiden – sofern es der Frau nicht gelingt zu entfliehen – kann nur zu ihrem Tod führen.

☑ Lösung Aufgabe 28.4 (S. 101)

In den gezeigten Ausschnitten wird die Musik leitmotivisch eingesetzt.

**Star Wars VI – Darth Vader 1:** Es erfolgt eine Zuordnung des musikalischen Themas zur Person Darth Vaders. Die Szene charakterisiert ihn als besonders bedrohlich, wobei im Dialog deutlich wird, dass er in Bezug auf Bösartigkeit nur noch vom Imperator übertroffen wird.
**Star Wars VI – Darth Vader 2:** Das Thema wird voll ausgespielt; obwohl zunächst nicht zu sehen weiß man, dass Darth Vader anwesend ist. Die Art und Weise, in der die Musik intoniert wird, impliziert eine weitere Charakterisierung dieses Protagonisten: er besitzt große Macht, visualisiert auch durch die militärische Präsenz.
**Star Wars VI – Darth Vader 3:** Die Intonierung des Themas offenbart eine andere Form von Bösartigkeit Darth Vaders: nicht nur physische und psychische Gewalt bestimmen sein Handeln, auch die Anwendung von Täuschungsmanövern gehört zu seinem Repertoire.
**Star Wars VI – Darth Vader 4:** Der Wechsel von der dunklen Seite der Macht zur guten ist vollzogen, das größte Geheimnis der 1980er-Jahre ist gelöst: Darth Vader ist der Vater von Luke Skywalker und hat im letzten Moment die Treue zu seinem Sohn über die Gefolgschaft zum Imperator gestellt. Die Wandlung manifestiert sich hier auch akustisch, indem das Thema nicht mehr von militärischen Blechbläsern *(vgl. Star Wars VI – Darth Vader 2)*, sondern durch zarte Intstrumentierung wie z. B. Geigen intoniert wird.

## B.3 Die Ton-Bild-Montage

☑ Lösung Aufgabe 29 (S. 101)

Beim Filmausschnitt **Goodfellas – Autoscheibe** handelt es sich um eine Tonbrücke im Dienst des Continuity-Systems. Der Ton der zersplitternden Autoscheibe ist einen kurzen Moment dem Bild der vorangehenden Szene unterlegt. Dies wird vom Zuschauer nur bei genauester Betrachtung bewusst wahrgenommen und fördert den flüssigen und kontinuierlichen Erzählablauf.

Beim Filmausschnitt **Antikörper – Herzschlag** handelt es sich um einen auditiven Match Cut *(vgl. Kapitel A.2.2.2.3 Match Cut)*. Die Tonbrücke ist deutlich für den Zuschauer wahrnehmbar. Der Ton des Herz-Lungen-Gerätes, das den Tod des Opfers des Serienkillers akustisch signalisiert, wird exakt auf der gleichen Tonhöhe und mit der gleichen Intonation – als Wecksignal des Weckers des Ermittlers Michael Martens (Wotan Wilke Möhring) in der sich anschließenden Einstellung wieder aufgenommen. Hier wird akustisch eine Verbindung geschaffen, die auch inhaltlich vorhanden ist, denn der Geweckte wird im Verlauf des Films auf Konfrontation mit dem gefangenen, aber noch nicht gebannten Killer gehen.

Beim Ausschnitt **Verbrechen – Stewardess** handelt es sich um eine Tonbrücke mit Klammerfunktion. Die fünf Einstellungen sind alle unterlegt mit dem ersten Gespräch zwischen dem Augenarzt Judah Rosenthal (Martin Landau) und der Stewardess Dolores (Anjelica Huston), die er auf einem Flug nach Boston kennen gelernt hat und die seine Geliebte geworden ist. Die Einstellungen zeigen frontal den Protagonisten im Auto fahrend, einmal unterbrochen von der sprechenden Stewardess, ein zweites Mal unterbrochen von den beiden, wie sie sich in einem Appartement leidenschaftlich küssen. Der Ton ist nur in der zweiten Einstellung synchron zum Bild, denn hier hat der Dialog seinen Ursprung; gezeigt wird nur die sprechende Frau, die Stimme des Protagonisten ist immer im Off. Durch die Verbindung der Einstellungen mittels der Tonklammer wird der Beginn, der Verlauf und das Ende der Beziehung innerhalb weniger Sekunden deutlich. Aufgrund des Gesichtsausdrucks des Protagonisten liegt die Vermutung nahe, dass er die Beziehung beenden möchte oder dass er dies bereits getan hat. Die Tonbrücke kann als Erinnerung Judah Rosenthals oder als Rückblende gedeutet werden, in jedem Fall erklärt sie die Bedeutung der beiden Zwischenblenden.

# C Filmisches Erzählen

## C.1.2.2 Handlungsbeginn

☑ Lösung Aufgabe 30 (S. 116)

**Antikörper – Anfang:** Von Beginn an wird eine beklemmende Grundstimmung erzeugt, die auf das Genre des Psycho-Thriller verweist. Es handelt sich nicht um eine Plansequenz, da zwei Handlungsstränge an verschiedenen Orten – der mit Blut malende Psychopath Gabriel Engel (André Hennicke) in seiner Wohnung und die in strömendem Regen ankommenden Polizisten – durch Parallelmontage miteinander verbunden werden. Von Beginn an weiß man, dass der Protagonist, der zu Beginn durch Voice Over zu Wort kommt, hochgefährlich ist – sein Kommentar offenbart bereits Abgründe, da er sich mit anderen Serienkillern assoziiert. Die Wahl von engen Einstellungsgrößen – es werden in Bezug auf diesen Protagonisten zunächst nur die Einstellungen Detail und Nah verwendet – verhindert zunächst, dass der Betrachter einen Überblick über das Aussehen der Hauptperson oder den Ort, an dem sie agiert, bekommt. Dies erzeugt Beklemmung und trägt zur Beunruhigung bei, die sich bei der Erweiterung des Blickfelds innerhalb der Wohnung noch verstärkt: Im Verlauf der Handlung an diesem Ort wird klar, dass der Protagonist sein Bild mit Menschenblut malt; dieses zapft er aus einem zunächst nicht gezeigten Opfer, welches in einer Art Operationsraum liegt. Der OP-Bereich ist steril mit high-key-Lichtgestaltung ausgeleuchtet, deren Sterilität einen wirkungsvollen Kontrast zur Grausamkeit der Handlung bildet. Die bedrückende Atmosphäre wird durch den zweiten Handlungsstrang, der Ankunft der Polizisten, verstärkt. Hier sind vor allem die low-key-Lichtgestaltung der Nachtaufnahme und das ausnehmend schlechte Wetter sowie die Location des heruntergekommenen Hauses Faktoren, die die Stimmung negativ beeinflussen. Spannung wird dadurch erzeugt, dass die beiden Handlungsstränge offensichtlich auf eine Konfrontation von Polizisten und Killer hinauslaufen, die tödlich für Erstere endet. Die Handlung nimmt ihren Lauf durch die Ankunft des Sondereinsatzkommandos und des leitenden Ermittlers Seiler (Heinz Hoenig). Letztendlich kann der Verbrecher nach einem letzten Fluchtversuch gefasst werden. Seine anfangs bedrohlich wirkende Nacktheit wirkt im Verlauf der Jagd zunehmend grotesk; der Wahnsinn dieses Protagonisten wird außerdem durch sein irres Lachen am Schluss unterstrichen. Es liegt hier der Focus auf den typischen Merkmalen des Psycho-Thrillers. Wichtig ist die Intensivierung einer durch low-key-Beleuchtung bestimmten beängstigenden Atmosphäre und die Gegenüberstellung der Antagonisten Kommissar und Psychopath (und damit die Klärung der wer-Frage). Die was-Frage (Mord an unschuldigen Menschen und ihre Aufdeckung) wird durch die Genre-Typik beantwortet. Das Warum, Wann und das Wo sind nicht handlungsrelevant und werden deswegen nicht explizit behandelt. Wichtig ist, dass hier der Film anfängt, wo der gewöhnliche Serienkiller-Thriller endet: Mit der Ergreifung des Täters. Dieser ungewöhnliche Einstieg erzeugt Neugier auf das, was nun kommen mag. Thema könnte die Vertiefung nicht behandelter W-Fragen sein (wie, warum, wer); in jedem Fall überzeugt der neue Ansatz des Plots.

Es liegt eine visuell-induktive Einleitung vor; die zu Beginn vorherrschenden Detail- und Nahaufnahmen des Killers erweitern sich sukzessive zur Halbtotalen. Schritt für Schritt erhält der Zuschauer mehr Informationen über Aussehen und Charakter dieses Protagonisten und gewinnt gleichsam mit dem Abstand der Kamera zur Person auch Abstand zum Gezeigten. Dieser wirkt nackt, im Regen liegend mit einer Pistole am Kopf am Ende der Einleitung wesentlich weniger bedrohlich als zu Beginn.

**Alien 1 – Anfang:** Dieser Ausschnitt zeigt tatsächlich nur den «Anfang des Anfangs» der Einleitung. Auch hier herrscht low-key-Beleuchtung vor; da es sich aufgrund der Location und des Settings eindeutig um einen Science-Fiction-Film handelt, liegt eine Kombination aus Horror- und Science-Fiction-Genre vor. Die Grundstimmung ist zunächst wenig anheimelnd; Musik und Geräusche sowie die Ausleuchtung der Szene und die lebensfeindliche Umgebung des Weltalls tragen dazu bei. Auch die Gestaltung des Raumkreuzers wirkt eher maschinell, funktional und abstoßend.

Durch die Einblendung der Schrift (hierzu *vgl. Kapitel A.1.1.1 Ausstattung Setting*) werden die wesentlichen w-Fragen in Kürze geklärt: Es handelt sich um einen Eisen verarbeitenden Industrie-Raumkreuzer auf dem Heimweg zur Erde mit sieben Besatzungsmitliedern. Die Hauptperson des Films Ellen Ripley (Sigourney Weaver) wird erst zum Ende der Einleitung eingeführt, noch später ihr Antagonist, das Alien-Monster.

Es handelt sich um eine visuell-deduktive Einleitung, die von der Weite des Raums in die Enge des Raumschiffs umschneidet; dieser Schnitt zeigt, dass keine

Plansequenz vorliegt. Auch die Handlung betreffend kann diese Einleitung als deduktiv klassifiziert werden, da zunächst ganz allgemeine Informationen vermittelt werden, die zunehmend im Verlauf des Anfangs präzisiert werden.

**Psycho – Anfang:** Der Panoramaschwenk markiert den Anfang vom Anfang der Filmhandlung. Es wird eine typische amerikanische Großstadt ohne besondere Merkmale gezeigt; insofern ist die Einblendung von Ort und Datum wichtig für die Orientierung des Zuschauers (Klärung der Frage wo). Auch die Uhrzeit wird explizit genannt (Klärung der Frage wann); Hitchcock äußert sich folgendermaßen zum Anfang von Psycho:

> Manchmal weise ich auch mit einem Titel darauf hin, dass wir uns in Phoenix oder in San Francisco befinden, aber das mag ich nicht besonders, das ist wirklich zu einfach [...]. Zu Beginn von Psycho hatte ich das Bedürfnis, den Namen der Stadt Phoenix auf die Leinwand zu schreiben, dazu den Tag und Stunde des Handlungsbeginns, um auf ein sehr wichtiges Faktum zu kommen: Es war siebzehn Minuten vor drei, nachmittags, und das ist der einzige Moment, an dem dieses arme Mädchen Marion mit Sam, ihrem Geliebten, schlafen kann. Der Hinweis auf die Zeit soll klar machen, dass sie, um mit ihm zu schlafen, aufs Mittagessen verzichten muss. [...] Und es erlaubt dem Publikum zum Voyeur zu werden.[12]

Atmosphäre und Stimmung werden also in o.g. Absicht durch wenige Bilder geprägt; die Protagonistin der ersten Filmhälfte Marion Crane (Janet Leigh) wird eingeführt. Außerdem liegt eine visuell-deduktive Einleitung vor: Von der Totalen des Panoramaschwenks verengen sich die Einstellungsgrößen sukzessive bis hin zur Nahaufnahme des Tabletts mit dem unverzehrten Mittagessen der Protagonistin. Diese Verengung ist geprägt durch mehrfache Überblendungen, die aufgrund der Konzentration des Zuschauers auf die Handlung jedoch kaum wahrgenommen werden *(vgl. Kapitel A.2.2.1 Der unsichtbare Schnitt)*. Es handelt sich also hierbei nicht um eine Plansequenz. Auch die Handlung betreffend ist die Einleitung deduktiv: Vom Allgemeinen (Überblick über Phoenix, Arizona) wird zum Besonderen hingeleitet (heimliches Liebespaar, Protagonistin).

**First Contact – Anfang:** Dieser «Anfang des Anfangs» beginnt mit einer rasanten, computeranimierten Kamerarückfahrt als Eye-Catcher. Die visuelle Anziehungskraft dieser Fahrt erhöht sich um ein Vielfaches bei einer Präsentation im Kino. Ausgehend vom Auge eines der Protagonisten, dem Captain der Enterprise Jean-Luc Picard (Patrick Stewart) erweitert sich die Detail-Einstellung hin zur Panorama-Einstellung, die das gesamte Borg-Raumschiff zeigt. Zum einen wird deutlich, dass es sich hier um einen Science-Fiction handelt, zum anderen liegt eindeutig eine visuell induktive Einleitung vor. Die Atmosphäre eröffnet sich nach einigen Umschnit-

12 Truffaut 1995[18], S. 260ff.

ten (es handelt sich hier nicht um eine Plansequenz) als eher beklemmend; gezeigt wird, wie der Protagonist zum Borg umgewandelt wird. Besonders unangenehm für den Zuschauer ist in diesem Zusammenhang das Durchstechen des Auges des Protagonisten mit einer Nadel. Der Umschnitt auf den offensichtlich unversehrten Protagonisten rückt die Eingangssequenz in ein anderes Licht; entweder handelt es sich hier um einen Traum oder um eine Erinnerung. Klären werden sich die angerissenen wer-/bzw. was-Fragen erst im Verlauf der sich anschließenden Filmhandlung.

## C.2.1 Erzählperspektive

☑ Lösung Aufgabe 31 (S. 120)

**Die tödliche Maria – Telefon:** Die durch die Kameraführung bestimmte Erzählform ist eine auktoriale: Indem die Kamera das Telefon fokussiert und ganz ins Zentrum des Bildausschnittes rückt, wird dem Zuschauer noch vor der Protagonistin klar, dass es gleich klingeln wird. Der Erzählstandort sowie die Erzählhaltung sind eher als distanziert einzustufen. Aufgrund der Kameraführung besteht ein Wissensvorsprung des Betrachters vor der unscharf im Hintergrund verbleibenden Hauptfigur.

**Barry Lyndon – Anfang:** Die neutrale Kameraführung wird gekoppelt mit einer auktorialen Voice Over aus dem Off. Dieser auktoriale Er-Erzähler organisiert die Elemente von einem Standort außerhalb der erzählten Welt. Er beginnt mit der Vermittlung von Hintergrundwissen über Barry Lyndons Eltern, wobei das Verhalten der Mutter kommentiert wird mit den Worten «Nach dem Tod ihres Mannes lebte Barrys Mutter auf eine Art und Weise, die über jeden Zweifel erhaben war.» Im weiteren Verlauf stellt der auktoriale Erzähler allgemeine Reflexionen über die erste Liebe an. In jedem Fall wird der Betrachter spürbar durch die Geschichte geleitet und nimmt das Geschehen von einem distanzierten point of view wahr; noch ist das Zuschauerwissen mit dem des Figurenwissens gleich, aber es steht zu erwarten, dass der auktoriale Erzähler die Informationsvermittlung zu Gunsten des Zuschauers erweitern wird. Auch die Erzählhaltung ist eine distanziert-beobachtende.

**Rebecca – Manderley:** Vermittelt durch die Bildgestaltung, die Musik und die schwebende Kamerafahrt sowie die explizite Erklärung der Voice Over aus dem Off wird deutlich, dass es sich um eine personale Ich-Erzählerin handelt, die eine absolut subjektive Innensicht auf den Traum der Protagonistin vermittelt. Der Betrachter hat durch das erlebende Ich keine Distanz zum Geschehen, sodass der Erzählstandort von großer Nähe geprägt ist. Die Erzählerin und der Betrachter wissen gleich viel, sodass eine Grundspannung aufgebaut wird. Die Erzählhaltung ist extrem anteilnehmend.

**Tatort – Bombenanschlag:** Es liegt schwerpunktmäßig ein personales Erzählverhalten vor, wobei aus der Sicht verschiedener Personen erzählt wird. Zunächst zeigt die Kamera das Geschehen allerdings von einem neutralen Standpunkt aus. Nach der

Explosion wird dies durch die Filmmusik aus dem Off relativiert, da hierdurch das Erzählverhalten ins Personale wechselt und die Betroffenheit der Kommissare Franz Leitmayr (Udo Wachtveitl) und Ivo Batic (Miroslav Nemec) deutlich wird, weil ein Mann im Auto verbrennen muss und sie ihn nicht retten können. Der personale Kamerablick des Verbrennenden durch die Windschutzscheibe des brennenden Autos auf die hilflosen Polizisten verringert drastisch die anfängliche Distanz der Erzählhaltung; natürlich ist auch der Erzählstandort durch große Nähe geprägt, weil die Szene durchgehend aus dem unmittelbaren Geschehen heraus erzählt wird. Dies setzt sich in der personalen Kameraführung fort, wenn die Augen der Kommissare, die im Krankenwagen behandelt werden, zunächst nur im Detailausschnitt sichtbar werden. Der Zuschauer wird durch die Tonspur unmittelbar ins Geschehen hineingezogen, da er die Welt mit den Ohren Leitmayrs wahrnimmt, der nach der Explosion an einer vorübergehenden Beeinträchtigung des Hörvermögens leidet. Zu Gunsten der Fortsetzung der Erzählung wird das personale Erzählverhalten für eine neutral vermittelte Geschichte aufgegeben; in dem sich anschließenden Gespräch der Kommissare mit ihrem Mitarbeiter Carlo Menzinger (Michael Fitz) werden sachlich bestimmte Fakten vermittelt, die für die Klärung des Falls von Bedeutung sind.

**Freitag der 13. – Autofahrt:** Dieser Ausschnitt ist geprägt von einem Wechsel zwischen neutralem und personalem Erzählverhalten. Dies wird vor allem durch die Kameraführung deutlich: Zunächst zeigt die Kamera von einem neutralem Standpunkt aus, wie der Jeep des Mörders an einem Straßenabzweig vorbeifährt. Dann deckt sich die Kameraperspektive mit der des Zuschauers, der in die Position des Mörders versetzt und dessen Gesicht dadurch nicht gezeigt wird. Insofern weiß das Opfer mehr als der Zuschauer, da es dem Verbrecher direkt ins Gesicht sieht. Durch den von der Kamera eingenommenen Standpunkt des personalen Ich-Erzählers wird der Zuschauer unmittelbar am Geschehen beteiligt, der Erzählstandort ist von großer Nähe geprägt. Im Folgenden wechseln qua Kameraeinstellung die Sicht des personalen Ich-Erzählers und des neutralen Erzählers miteinander ab; dadurch – und auch durch die Musik aus dem Off, die wiederum die subjektiv empfundene Gefahr des Opfers akustisch umsetzt, sodass auch der Betrachter sie empfindet – wird einerseits Spannung aufgebaut, andererseits erhält der Zuschauer immer wieder einen Überblick über das Geschehen und die räumliche Orientierung innerhalb der Szene. Aufgrund der geringen Distanz zum Geschehen wird dieser Wechsel vom Betrachter jedoch nicht wahrgenommen.

**Dracula – Lucy's Verführung:** Es liegt je nach Kameraführung eine Mischung aus personalem, auktorialem und neutralem Erzählverhalten vor. Die erste Einstellung des Filmausschnitts zeigt aus neutraler Sicht die Ankunft der Demeter im Hafen von London. Die sich anschließende Kamerafahrt zum Anwesen der Familie Westenra vollzieht sich aus der Sicht des personalen Ich-Erzählers Dracula; um klarzustellen, in wessen Rolle der Zuschauer hier geschlüpft ist, schließt sich ein neutraler Kamerablick auf das Monster (Gary Oldman) an. Es folgt ein neutraler Blick auf die im Garten entschwindende Lucy (Sadie Frost). Durch die Farbe Rot – und wie im Verlauf der Szene deutlich wird, auch durch die Form – ihres Kleides, dessen tiefe Einblicke gewährende Korsage mehr einem aufreizenden Abendkleid als einem Nachthemd entspricht, wird sie im Sinne einer auktorialen Erzählhaltung klar als Draculas Opfer ausgewiesen. Dies wird noch verstärkt durch die Tatsache, dass Mina (Winona Ryder) Lucys Kettchen mit dem Kreuz – ihr einziger Schutz gegen den Vampir – in ihrem Bett findet. Mina wird vordergründig als Gegensatz zu Lucy stilisiert durch ein rein weißes, hoch geschlossenes Kleid, welches zunächst verhüllende Funktion besitzt und nur unterschwellig aufreizt. Auch die Filmmusik aus dem Off hat auktorialen Charakter; der vorgegebene Rhythmus deutet im Voraus an, dass der Vollzug des Geschlechtsaktes zwischen Lucy und Dracula unvermeidbar ist. Die Einstellung der in das Gartenlabyrinth entschwindenden Lucy zeigt nun die personale Ich-Sicht Minas, die mit der neutralen Ansicht der rufenden und Lucy folgenden Mina abwechselnd geschnitten wird.

Die Verfolgung Lucys durch Mina im Labyrinth ist primär neutral geprägt. Der Betrachter nimmt hier u. a. durch die Vogelperspektive einen Standpunkt ein, den er in der Realität nicht einnehmen könnte. Die Sicht auf Lucy ist auktorial geprägt durch die Wahl der Bildausschnitte, die primär ihre laszive Weiblichkeit focussieren und damit auf das kommende Ereignis vorausdeuten. Der finale Geschlechtsakt bzw. das vampirische Blutsaugen wird aus der personalen Ich-Perspektive Minas gezeigt, gemischt mit der neutralen Sicht auf ihr entsetztes Gesicht. Dann wechselt die personale Ich-Perspektive in die Draculas, der Mina zunächst als blutdurchpulstes Opfer wahrnimmt. Dann aber wechselt seine Sicht auf Mina – visualisiert wird diese Einstellung durch die sekundenhafte Einblendung des menschlichen Antlitzes Draculas – und er entscheidet, für Mina unsichtbar zu bleiben und gleichsam als Monster vollständig aus ihrer Erinnerung getilgt zu werden. Das Verlöschen von Minas Erinnerung an alles Gesehene wird durch die Weißblende symbolisiert. Danach setzt die Musik aus und es sind nur noch die Wettergeräusche hörbar. Aus neutraler Sicht wird gezeigt, wie Mina Lucy beruhigt und ins Haus zurückführt. Dabei werden alle übernatürlichen Phänomene durch das angebliche Schlafwandeln bzw. die Albträume Lucys erklärt. Symbolhaft bleibt ihr rotes Tuch auf dem Steintisch, auf dem sie sich Dracula hingab, zurück. Allein die letzte Einstellung der Szene ist auktorial, da hier der Graf in Gestallt des knurrenden Ungetüms sichtbar wird.

Der Erzählstandort ist wechselseitig von Nähe und Distanz geprägt, je nachdem, ob der Zuschauer einen Überblick über das Geschehen erhalten und sich innerhalb der Szene orientieren, oder ob er sich in eine handelnde Person der Szene hineinversetzen soll. Es besteht generell ein Wissensvorsprung des Zuschauers vor den Personen, sodass Spannung erzeugt wird. Auch die Erzählhaltung ist hoch emphatisch, der Zuschauer vermag – gerade wegen der vielen Wechsel der Erzählperspektive – ganz in der erzählten Welt zu versinken.

**Ferris – Krankheit:** Zu Beginn des Ausschnitts wechselt die Sicht des personalen Ich-Erzählers zwischen Ferris (Matthew Broderick) (räumlich motivierte Froschperspektive auf die Eltern) und seinen Eltern (Cindy Pinkett, Lyman Ward) (räumlich motivierte Perspektive hoch auf Ferris im Bett) hin und her, je nach Sprechanteil im Dialog. Danach beschränkt sich die Erzählperspektive auf den personalen Ich-Erzähler aus der Sicht Ferris'. Eine solche Leseransprache, in der Ferris sein Verhalten und das seiner Eltern kommentiert und allgemeine Reflexionen über das amerikanische Schulwesen anstellt, ist sonst nur dem auktorialen Er-/Sie-Erzähler vorbehalten. Das Besondere daran ist allerdings, dass er sich in direkter Ansprache an den Betrachter wendet; verdeutlicht wird dies durch die deckungsgleiche Handlungs- und Kameraachse *(vgl. Kapitel A.1.2.4.4 Objektbewegungen/Achsenverhältnisse).* Dadurch, dass sich der Protagonist direkt an das Publikum wendet, weiht er den Zuschauer vertrauensvoll als Komplizen in seine Aktionen ein; der Betrachter wird dazu aufgerufen, die Handlung aus Ferris' Sicht wahrzunehmen und seine Gedanken und Gefühle zu teilen. Insofern handelt es sich hier trotz der Leseransprache um einen personalen Ich-Erzähler; der Verlauf des Films zeigt, dass direkt aus dem Geschehen heraus erzählt wird. Hier manifestiert sich ein entscheidender Unterschied zur Erzählweise in epischen Printtexten. Der Erzählstandort im Film ist von der Nähe zum Protagonisten geprägt, die Erzählhaltung ist – aus der Sicht Ferris' – zuweilen humorvoll und teilweise auch distanziert.

**Casino – Anfang:** Es handelt sich um einen auktorialen Ich-Erzähler, der mittels Voice Over aus dem Off aus zeitlicher Distanz als erinnerndes Ich über das erinnerte Ich erzählt. Der Protagonist Sam Rothstein (Robert De Niro) erzählt von sich und seinem Werdegang und stellt die Fakten der Geschichte aus seiner Perspektive dar, sodass der Zuschauer die Geschichte zunächst durch ihn vermittelt bekommt. Durch den zeitlichen Abstand zwischen der Zeitebene der Erzählstimme und der gezeigten Geschichte wird dem Zuschauer die gezeigten Bilder als Vergangenheit bewusst. Dass die Geschichte mit dem Ende beginnt und nach dem Vorspann von einer davor liegenden Vergangenheit erzählt, wird erst zum Schluss des Films deutlich, wenn klar wird, dass Rothstein bei der Explosion der Autobombe nicht getötet wird, weil er eine Stahlplatte in sein Auto hat einbauen lassen. Interessant ist auch, dass der auktoriale Ich-Erzähler innerhalb des Films wechselt und Passagen aus der auktorialen Ich-Perspektive von einer weiteren Figur der Handlung, Nicky Santoro (Joe Pesci), erzählt werden.

## C.2.2 Darbietungsformen des Erzählens

☑ Lösung Aufgabe 32 (S. 122)

**Vom Winde verweht – Kriegsverlauf:** Bei diesem Filmausschnitt handelt es sich um eine Erzählerrede. Ein auktorialer Erzähler meldet sich via Schriftinserts zu Wort. Es handelt sich hier um eine berichtende Montage, denn die hier zusammengeschnittenen Inserts informieren gerafft an bestimmten Stellen der Handlung über den jeweils augenblicklichen Zustand des Ortes Atlanta bzw. seiner Bevölkerung (die Stadt steht hier symbolisch für ihre Bewohner) im Verlauf der Beendigung des amerikanischen Bürgerkriegs. Grundlegende Informationen über den Kriegsverlauf und die Truppenbewegungen bzw. über einen wichtigen Handlungsort, Tara, die Plantage der O'Haras, werden zum besseren Verständnis der Geschichte dargelegt. (Zur Schrift im Film *vgl. auch Kapitel A.1.1.4 Schrift*).

**Doppeltes Lottchen – Oper:** Es handelt sich bei diesem Filmausschnitt um eine Figurenrede. Obwohl die Voice Over von Erich Kästner gesprochen wird, handelt es sich um einen inneren Monolog des Zwillings Lotte (Jutta Günther), um dem Betrachter die innersten Gedanken des Kindes zugänglich zu machen:[13] Lotte weiß bis zu dem Moment, in dem ihr Vater, der Kapellmeister Ludwig Palfy (Peter Mosbacher) seiner Geliebten Irene Gerlach (Senta Wengraf) zuwinkt, die neben ihr in der Opernloge Platz nimmt, nichts von dem Verhältnis ihres Vaters. Nun wird ihr klar:«Er hat gar nicht mir zugewinkt, sondern ihr. Wieso hat Luise nichts von ihr erzählt? Ich muss ihr sofort schreiben. Postlagernd. Vergissmeinnicht. München 18.» Durch den Einsatz der Voice Over wird das stumme, grammatisch korrekte Selbstgespräch des Kindes für den Betrachter hörbar. Lottes bewegte Emotionen bezüglich ihrer für sie überraschenden Entdeckung werden auch durch die Musik, die diegetisch in der Filmwelt verankert ist durch die Aufführung der Ouvertüre von «Hänsel und Gretel», verdeutlicht.

**Gatsby – Pool:** Bedingt durch die Kameraführung, vor allem aber durch die Bild-Ton-Montage liegt hier eine Erzählerrede bzw. eine kommentierenden Montage vor. Erzählt wird der Mord an Jay Gatsby (Robert Redford) und der sich anschließende Selbstmord seines Mörders George Wilson (Scott Wilson). Eingeleitet wird die Szene durch eine Totale, die dem Betrachter einen Überblick über den Handlungsort – der Luxuspool Gatsbys – verschafft. Die musikalische Untermalung der Szene- zunächst im On, später im Off – ist diegetisch motiviert, da Gatsby beim Anstellen des Grammophons gezeigt wird. Die Musik im Film – der seichte Unterhaltungsschlager aus den 1920er-Jahren – wird kurz während der Erinnerung des auf einer Luftmatratze im Pool treibenden Protagonisten an seine Geliebte, die er sehnlichst erwartet, ausgeblendet zu Gunsten der einsetzenden Filmmusik. Gatsby erinnert sich an das Liebesbekenntnis Daisys (Mia Farrow) in Form der indirekten Wiedergabe von Gesagtem («Ich liebe dich, Jay»); somit werden seine Sehnsucht und seine Erwartungshaltung deutlich. Doch nicht Daisy, sondern sein Mörder betritt die Szene. George Wilson glaubt, Gatsby sei verantwortlich für den Unfalltod seiner Frau und wird ihn deswegen erschießen. Seine ärmliche und schmutzige Kleidung steht im Kontrast zum gepflegten Setting. Die Musik im Film setzt parallel zum Erscheinen des Mörders wieder ein. Ab der Visualisierung des Revolvers als Mordwaffe steht sie in ihrer Belanglosigkeit in einem die furchtbare und verzweifelte Tat kommentierenden Kontrast: Der Mörder erscheint nicht kaltblütig-berechnend, sondern in seinem Zögern vielmehr verzweifelt und innerlich zerrissen. Im Gegensatz zur tiefen Trauer über den

13 Vgl. Ingo Toronov: *Erich Kästner und der Film*, München 1998, S. 57.

Tod seiner Frau – den im Übrigen Daisy zu verantworten hat – und sein dadurch zerstörtes Leben steht die Oberflächlichkeit der Musik und kommentiert damit das Geschehen als gesellschaftliche Ungerechtigkeit: Wer Geld hat, wird nicht zur Rechenschaft gezogen, wer keines hat, muss zum Mörder werden um sich Gerechtigkeit zu verschaffen. Besonders schockierend ist außerdem die Tatsache, dass der Verzweifelte den Falschen richtet. Mit dem vollzogenen Mord ist die kommentierende Musik im Film zu Ende; es setzt eine Bedeutung tragende Stille ein; die Abwesenheit von jedwedem Geräusch außer dem Kratzen der Grammophonnadel auf der Schellackplatte unterstreicht den Höhepunkt der Szene, als der Mörder sich angesichts seines nun vollends sinnentleerten Lebens selbst erschießt. (Zur genaueren Analyse des Tons *vgl. die Lösung zu Aufgabe 22 Gatsby – Pool, Kapitel B.1 Die Herkunft des Tons*) Der eigentliche Akt der Selbsttötung wird durch einen wehenden Vorhang verborgen, sodass der Betrachter sich ihn ergänzt qua intellektueller Montage *(vgl. Kapitel A.2.2.2.1 Intellektuelle Montage)* des Bildes vom weißen Vorhang und den die Stille zerschneidenden Schuss.

**Citizen Kane – Frühstück:** Bei dieser Montagesequenz liegt eine Erzählerrede mit erzählender Montage vor. Es wird der Wandel der Beziehung zwischen Emily und Kane über mehrere Jahre gezeigt. Welles hat dafür einen festen Schauplatz ausgewählt, der als räumliche Klammer zur Einheit der Sequenz beiträgt: Charles Foster Kane (Orson Welles) und seine Frau Emily (Ruth Warrick) am Frühstückstisch. Diese Situation bleibt während der ganzen Sequenz unverändert. Vor diesem statischen Hintergrund wird an der wechselnden Kleidung und den immer kühler werdenden Dialogen das Voranschreiten der Zeit und die damit zunehmende Entfremdung der Protagonisten wahrnehmbar.

Von einer Naheinstellung, die Kane zeigt, wird überblendet zu einer Totalen, die Emily am Frühstückstisch zeigt. Kane, im Abendanzug, kommt ins Bild. Er spielt den Kellner, bedient seine Frau, küsst sie auf die Stirn. Die Kamera fährt langsam vor bis Halbnah, während die beiden sich unterhalten. Die folgende Bildserie besteht aus einer Folge von Szenen, in denen Emily und Kane abwechselnd in Nahaufnahmen zu sehen sind. Am Ende schließt die Sequenz symmetrisch ab: von einer Nahaufnahme von Kane fährt die Kamera langsam zurück.

Diese Folge von Szenen ist mehr als nur eine Aneinanderreihung. Jeder Vorgang ist in der vorangegangenen Szene schon angelegt. Der Schnitt lässt dann die gesamte Sequenz als Einheit erscheinen. Jeder Übergang von einem Frühstück zum anderen geschieht mit einer Art flackerndem Reißschwenk. Jedes Mal ist es ein Wechsel von Emily zu Kane, eigentlich nur eine Variante des normalen Shot-Reverse Shot-Schnitts *(vgl. Kapitel A.2.2.1.2 Dialogische Szene)*. Viel wichtiger ist für den erzählerischen Zusammenhang, der die Entwicklung der Beziehung verdeutlicht, die Ton-Bild-Montage: Emilys Worte werden bei jedem Übergang fortgesetzt, wodurch letztendlich der Eindruck fortschreitender Entfremdung evoziert wird. Die sich verändernde Stimmung wird durch den Dialog transportiert, der im Verlauf der Sequenz immer knapper wird und schließlich ganz verstummt.

**Doppeltes Lottchen – Hänsel und Gretel:** Wie durch den mittels Voice Over zu Wort kommenden Erzähler angekündigt, liegt hier eine Figurenrede in Form einer Traumsequenz vor. In diesem inneren Erleben des Kindes Lotte (Jutta Günther) mischen sich die Bühnengeschehnisse aus der Oper «Hänsel und Gretel» mit den Erlebnissen und Ängsten der Protagonistin. Es besteht in mehrfacher Hinsicht ein Bezug zum «realen» Filmgeschehen, da einerseits Lotte am gleichen Abend vor dem Einschlafen die Oper gesehen hat, andererseits in diesem Traum die Trennung der Eltern bzw. der Geschwister Thema ist. Die dramatische Musik, die traumhaft-irreale Handlung, das sich verändernde Bildformat sowie die Unschärfe der Bilder und das stilisierte Setting zeigen, dass es sich bei der Bildfolge eindeutig um einen Traum Lottes handelt, in dem die Geliebte des Vaters (Senta Wengraf) als Hexe auftritt, die den Kindern vergiftete Schokolade präsentiert. Sie symbolisiert die Zerstörung der Familieneinheit, die die Zwillingsschwestern Lotte und Luise (Isa Günther) wiederherstellen wollen. Die Mutter – als rettende Kraft – bringt den Kindern den Hunger stillendes Brot. Sie, die die beiden nicht trennen will, steht damit für ein einfaches, aber ehrliches Leben ohne Allüren. Der dazu im Gegensatz auftretende, überdreht wirkende Vater hingegen sägt das Kinderbett, in dem die beiden durch den Traum fahren, auseinander und nimmt eines der Mädchen mit in das Lebkuchenhaus der Geliebten, in dem er verschwindet. Der Betrachter kann sich nun in Lottes Trennungsängste direkt hineinversetzen und empfindet mit ihr; das tatsächliche Trennungsgeschehen der Eltern wird subjektiv durch das Traumgeschehen negativ kommentiert. Insofern wird beim Zuschauer eine Haltung initiiert, die die Wiedervereinigung der Familie favorisiert; er schließt sich also gleichsam der subjektiven Betrachtungsweise der kindlichen Protagonistin an.

**Zweifel – Santa Rosa:** Bei dieser Montagesequenz liegt eine Erzählerrede mit beschreibender Montage vor. Zu Beginn nennt der telefonierende Onkel Charlie (Joseph Cotten) den Namen seines Reiseziels, die Kleinstadt Santa Rosa in Kalifornien. Dieser Ort wird durch die folgenden Bilder, die von der Filmmusik und den Geräuschen des Verkehrs als zusammengehörig gekennzeichnet werden, beschrieben. Gezeigt wird eine typische amerikanische Kleinstadt in den 1940er-Jahren, ein verschlafener Ort mit viel Grün auf den Straßen, mit moderatem Verkehr und einem imposanten Rathaus; es herrschen Recht und Ordnung, symbolisiert durch den den Verkehr regelnden Polizisten (gezeigt in Nahaufnahme). Bestimmend für die Stadt ist das amerikanische Kleinbürgertum mit Haus, repräsentativem Vorgarten und Veranda. Der Zuschauer wird hierdurch an einen vordergründig harmlosen und idyllischen Ort geführt, an dem die Handlung des Films ihren Lauf nimmt.

**2001 – Ende:** Bei diesem Ausschnitt handelt es sich um eine Figurenrede in Form eines Stream of Consciousness. Durch die Musik und die assoziativ gereihten, abstrakten Bildfolgen werden die subjektiven Empfindungen des Astronauten angesichts einer unverständlichen außerirdischen Erscheinungsform visualisiert. Nicht eine Geschichte in Form von Handlung wird präsentiert, vielmehr werden dem Betrachter des Films subjektive Eindrücke des Protagonisten vermittelt, die sich nicht mehr in Worte fassen lassen.

**Die Nacht des Jägers – Powell:** Es handelt sich um eine Figurenrede in Form von szenischem Erzählen. Der falsche Wanderprediger Powell (Robert Mitchum) wird während einer Autofahrt im monologisch angelegten Zwiegespräch mit Gott gezeigt; in seinen Äußerungen und seinem Verhalten in einer Peepshow wird deutlich, dass es sich um einen gefährlichen Witwenmörder und Frauenhasser handelt, der dem Wahnsinn verfallen ist. Er benutzt Gott als Vorwand für seine schrecklichen Taten «Nicht, dass du etwas gegen das Töten hättest, in der Bibel werden viele getötet.» Seine Faszination für Frauen einerseits und seine abgrundtiefe Abneigung gegen Frauen andererseits wird deutlich bei dem Besuch eines Varietés: Er beobachtet eine Tänzerin, gleichzeitig wird deutlich, dass auf die Finger seiner linken Hand die Buchstaben H – A – T – E eintätowiert sind. Mit dieser Hand greift er in die Tasche und es öffnet sich ein Springmesser, welches seinen Anzug zerschneidet. Symbolhaft manifestiert sich hier der gesamte wahnhafte Abgrund, der sich hinter dem «Wolf im Schafspelz» verbirgt: «Es gibt zu viele davon, ich kann nicht die ganze Welt töten.»

Das szenische Erzählen setzt sich fort, indem Powell im Theater von einem Polizisten wegen seines Autos angesprochen wird.

## C.3.1 Erzählzeit versus Erzählte Zeit

### ☑ Lösung Aufgabe 33 (S. 124)

**Matrix 1 – Schießerei:** Die Erzählte Zeit ist kürzer als die Erzählzeit, Ereignisse werden ausführlich und detailreich in Zeitlupe gefilmt. Neo (Keanu Reeves) vollbringt das Unmögliche, er weicht den Projektilen aus der Waffe des Agenten aus. Dieser Vorgang kann vom Zuschauer nur in Zeitlupe wahrgenommen werden, in Echtzeit wäre die Sache in einer Sekunde vorbei. So wird der Vorgang künstlich gestreckt und erhält dadurch besondere Bedeutung. Erst als der Protagonist getroffen wird, setzt ruckartig – gleich einem Schockmoment für den Zuschauer – die Echtzeitdarstellung wieder ein.

**Zweifel – Zeitung:** Hier handelt es sich um eine Ellipse im Continuity-System, die einen kurzweiligen, unterhaltsamen Plot gewährleistet und langweilige Begebenheiten ausspart.

Onkel Charlie (Joseph Cotten) bastelt aus einer Zeitungsseite ein Papierhaus – natürlich nur, um eine Meldung zu verbergen, die auf die Spur seiner kriminellen Handlungen führt. Die Vorbereitungen dazu, also das Einreißen der Zeitungsseite, werden in Echtzeit gezeigt. Das letztendliche Falten bis zur Fertigstellung des Hauses wird allerdings – ohne dass man die Aussparung großartig bemerkt – ausgelassen.

**Die Zeitmaschine – Reise:** Es handelt sich um eine filmspezifische Sonderform der Raffung, um einen Zeitraffer. Der Filmausschnitt beginnt mit den in Echtzeit gefilmten Vorbereitungen zum Start der Zeitmaschine. Kleidung und Setting verweisen auf den Beginn des 20. Jahrhunderts. Einmal in Gang gesetzt, werden zwei Zeitebenen offenbar: einerseits der sich nicht verändernde Raum innerhalb der Lichtkugel der Zeitmaschine, der eine zeitunabhängige Gegenwart schafft und den Reisenden David Filby (Mark Addy) nicht altern lässt, und andererseits der Umraum, der in einem sich beschleunigenden Zeitraffer gezeigt beständigen Veränderungen unterliegt, sodass der langsame Prozess z. B. des Wachsens von Efeu in kurzer Zeit vor den Augen des Zuschauers abläuft, ohne dass ein Schritt davon in der Darstellung fehlt. Zum Schluss werden die gerafften Zeiträume immer größer. Anhand der technischen Entwicklung von Flugobjekten und der Kamerarückfahrt hinaus ins Weltall bis hin zum Mond zeigt sich, dass die Gegenwart der Filmbetrachter überschritten wird in eine Zukunft hinein, in der die Menschen den Mond bewohnen und Flüge dorthin stattfinden, die offensichtlich die Selbstverständlichkeit des Luftverkehrs des 21. Jahrhunderts besitzen. Der Ausschnitt endet mit der signifikanten Bildzeile «The future is now», die dem Betrachter durch Inhalt und Design zeigt, dass sowohl er als auch der Protagonist in einer vom Beginn der Zeitreise am Anfang des 20. Jahrhunderts weit entfernten Zukunft angekommen sind.

Es sei angemerkt, dass es sich hier um einen Ausschnitt aus dem Remake des gleichnamigen Originals von George Pal (USA 1960) handelt, in dem zwei Dingsymbole, denen im Original noch größere Bedeutung zugestanden wird, übernommen werden. Zum einen ist der Bedienungshebel dem des im Original gezeigten sehr ähnlich; ohne diesen kann die Maschine (und damit auch die Handlung) nicht in Gang gesetzt werden. Zum anderen wird auch hier eine Schaufensterpuppe mit wechselnder Mode gezeigt. Im Original rückt das Erstaunen David Filbys (Alan Young) über das Kürzerwerden der Damenröcke gegen Ende des 20. Jahrhunderts in den Vordergrund – ein moralischer Aspekt, der 42 Jahre nach der Entstehung des Originals im Remake keine Rolle mehr spielt.

**Zweifel – Dialog 1:** Erzählte Zeit und Erzählzeit sind deckungsgleich, der Dialog wird in Echtzeit gefilmt und dauert exakt so lange wie man braucht, um ihn sich anzusehen.

**Die Unbestechlichen – Kinderwagen:** Es handelt sich um eine Zeitdehnung zur Erzeugung von Spannung. Die Frau mit dem Kinderwagen (Melody Rae) stellt sich umständlicher an, als es nötig ist, und braucht allein dadurch schon mehr Zeit als jemand, der effektiv erst die Koffer nach oben trägt, um dann den Wagen die Treppe hinaufzuziehen. Der Vorgang wird dadurch gedehnt, dass beim Heraufziehen des Kinderwagens durch Eliot Ness (Kevin Costner) die Handlung nach den harten Schnitten nicht dort ansetzt, wo sie der Echtzeit zufolge weitergehen müsste, sondern vorher, dass also Wiederholungen gezeigt werden – wenn auch aus einem anderen Blickwinkel. Dies erzeugt eine Dynamik, die den Zuschauer die

Wiederholung nicht als langweilig, sondern als spannungsvoll wahrnehmen lässt. Bis Ness mit dem Baby oben an der Treppe angekommen ist, vergeht mehr Zeit als tatsächlich benötigt würde. Verstärkt wird die Spannung des Zuschauers dabei durch die Betonung der Geräusche (Knallen der Räder auf der Treppe, Babyweinen) gegenüber der gesprochenen Sprache. Der Kinderwagen braucht mit Hilfe der oben erklärten Schnitttechnik auch sehr viel länger, um die Treppe wieder hinunterzurollen, als es in Echtzeit der Fall wäre. Dies dehnt die – für den mit der Mutter mitfühlenden Zuschauer – qualvoll verlängerte Handlung, bei der immer die Frage bleibt, ob das Baby durch eine Kugel getroffen wird bzw. was mit ihm geschieht, wenn der Wagen ungebremst am Fuß der Treppe aufschlägt. Unterstützt wird die Spannung auch durch die Geräuschkulisse: Man hört nur die Musik, Schüsse und die Räder des Wagens auf der Treppe. Sprache wird ausgeblendet; dieses Gegenteil vom lautem Rufen, im Besonderen sichtbar bei der Mutter, der man den Schrei «My Baby!» von den Lippen ablesen kann, bewirkt eine intensive Einfühlung des Zuschauers in die Handlung. Außerdem werden ausgewählte Einstellungen der Schießerei in einer leichten Zeitlupe gezeigt, was ebenfalls die Spannung erhöht. Aufgelöst wird die Szene visuell, indem der Kinderwagen durch Ness' Partner George Stone (Andy Garcia) kurz vor der Katastrophe gestoppt wird. Das akustische Signal, das den Zuschauer aus der Sorge um das Kind entlässt, ist der Wechsel von spannungsgeladener, durch Geigen intonierte Musik, die die Zeitdehnung auf der Tonebene spiegelt, zu der Musik einer Kinderspieluhr in Kombination mit fröhlichen Lauten des Babys.

Es sei angemerkt, dass es sich hier um ein Filmzitat handelt. Zitiert wird der Film Panzerkreuzer Potemkin von Sergeij Eisenstein (R 1925). Auch hier wird die Treppe unendlich gedehnt, die Kamera ist immer wieder oben. Es kommt insbesondere die Wirkung verschiedener Einstellungsgrößen zum Tragen.

**Billy Elliot – Wand:** Es handelt sich um eine Ellipse mit deutlichem Zeitsprung. Der Ausschnitt umfasst ca. ein halbes Jahr – vom (Hoch)Sommer bis zum Weihnachtsfest. Was dazwischen geschieht, wird ausgelassen. Der Übergang kommt für den Zuschauer überraschend, denn die Schneeflocken werden erst nach und nach wahrgenommen. Dass Billy (Jamie Bell) nun eine Jacke trägt, die er sich über die Schultern zieht, als er gerufen wird, ist geschehenslogisch kohärent und dennoch überraschend für den Zuschauer, der in der folgenden Einstellung die vormals hochsommerliche Straße tief verschneit zu sehen bekommt.

**Terminator 2 – Hasta la vista, Baby!:** Es handelt sich um eine Zeitdehnung durch Mehrfacheinstellungen. Der «gute» Terminator (Arnold Schwarzenegger) zerschlägt nach vielen Niederlagen scheinbar endgültig seinen machtvollen Kontrahenten (Robert Patrick). Der Vorgang der Zerstörung des einen Roboters durch den anderen ist deshalb so wichtig, weil damit – scheinbar – der die Handlung des Films bestimmenden Flucht der Protagonisten vor dem nahezu unbesiegbaren T1000 endlich ein Ende gesetzt wird.

## C.3.2 Verschiedene Zeitebenen

☑ Lösung Aufgabe 34.1 (S. 125)

Die Gegenwart, in der Rose (Gloria Stuart) ca. Mitte neunzig ist und kurz vor ihrem Tod steht, wird mit einer durch einen harten Schnitt eingeführten Rückblende mit der Vergangenheit verschränkt, in der sie (Kate Winslet) ungefähr siebzehn ist. Beide Zeitebenen werden auf visueller Ebene durch das Dingsymbol der einzigartigen Diamantenkette verbunden, die Rose in den Nordatlantik wirft. Diese ist für den Plot des Films von zentraler Bedeutung, da die Suche nach ihr die zentrale Handlungsmotivation in der Film-Gegenwart ist, die den Rahmen für die in Rückblenden erzählte Liebesgeschichte bildet. Die durch den harten Schnitt ausgesparte Zeit von der Ankunft der Überlebenden in New York bis zu Roses Tod wird anschließend mit Hilfe von ineinander überblendeten Fotos zusammengefasst; diese «Standbilder» markieren wichtige Punkte in Roses Leben bis zur Gegenwart und fassen ca. 75 bis 80 Jahre in wenigen Sekunden zusammen.

☑ Lösung Aufgabe 34.2 (S. 125)

Der Filmausschnitt beginnt damit, dass Vicki Anderson (Faye Dunaway) und Thomas Crown (Steve McQueen) am Lagerfeuer sitzen. Diese im Vollbild präsente Gegenwart der noch bestehenden Beziehung zwischen den beiden wird in die linke obere Ecke des Split Screens verkleinert und friert ein. Das sehr viel größere Doppelbild zeigt den von Crown geplanten und gegen den Willen Andersons am folgenden Tag durchgeführten zweiten Bankraub. Jetzt sind synchron zwei Zeitebenen zugleich zu sehen: Die Vergangenheit des Lagerfeuers und die Zukunft des Überfalls. Der Überfall wird vermehrt im Vollbild gezeigt, während im dazwischen geschnittenen Split Screen das kleine Bild des Paares am Lagerfeuer unscharf gezogen wird. Die Beziehung wird also zur endgültigen Vergangenheit, während der Überfall in der Gegenwart stattfindet und dort – auf der ästhetischen Ebene durch das Vollbild markiert – die Beziehung verdrängt und zerstört.

# D Filmzitat

☑ Lösung Aufgabe 35 (S. 127)

Filmzitat 1

**Original:** Nicholas Roeg; Hilary Mason: Wenn die Gondeln Trauer tragen (GB/I 1973) mit Julie Christie, Donald Sutherland
**Zitat:** P.J. Hogan: Wer tötete Victor Fox? (USA 2002) mit Rupert Everett, Kathy Bates

*Es handelt sich – unter anderem – um ein ironisch-parodistisches Zitat.*

Mit Wenn die Gondeln Trauer tragen schuf Nicholas Roeg einen erotischen Horror-Klassiker, der auch nach 30 Jahren nichts von seiner Qualität verloren hat. Ähnlich wie The Sixth Sense von M. Night Shyamalan (USA 1999) überzeugt er mit rätselhaftem Horror und einem überraschenden Ende, welches den ganzen Film noch einmal neu überdenken lässt. Das eindringliche Spiel von Sutherland/Christie, die Farbdramaturgie und die Bilder Venedigs tragen dazu bei, dass dieser Film als zeitloses Meisterwerk gilt.

Der «rote Zwerg» ist im Original ein ernst zu nehmendes Horror-Element; im Zitat (welches übrigens gleichzeitig dialogisch-visuell ist) wird eben dieser Ernst ironisiert. Die Zwergin, die sich mit Absicht in ein auffälliges rotes Lackcape gekleidet hat, ist eine sehr durchsetzungsstarke Person, die ihre Kleinwüchsigkeit zu ihren Gunsten einzusetzen vermag (an anderer Stelle verschafft sie sich unerlaubterweise Zugang zu einem Tatort mit den Worten «Gehen Sie zur Seite, ich bin behindert!»). Indem sie die Assoziation mit dem Mörder aus dem Originalfilm bewusst herbeiführt, gleichzeitig aber eine völlig andere Persönlichkeit ist, entsteht eine ironisch-parodistische Diskrepanz, die den das Original kennenden Zuschauer schmunzeln lässt.

Im Übrigen ist zu Beginn des Filmausschnittes ein anderes, audio-visuelles Zitat vorgeschaltet: Das Geräusch, die blinkende rote Lampe, die Form des hochfahrenden Tores, die Location und die Art und Weise, in der die Protagonisten die Bühne betreten, zitiert die Alien-Filme (vornehmlich Teil 2 und 3).

### Filmzitat 2

**Original**: Jonathan Mostow: Terminator 3 – Rebellion der Maschinen (USA 2003), Arnold Schwarzenegger, Nick Stahl

*Es handelt sich um einen Verweis auf einen anderen Kontext.*

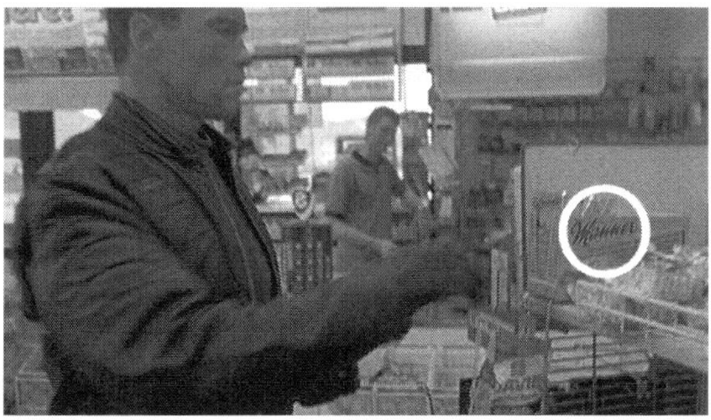

**135** Österreichische Manner-Schnitten im amerikanischen Blockbuster

Für dieses Zitat muss man wissen, dass der Terminator von dem Schauspieler Arnold Schwarzenegger gespielt wird, der in Österreich geboren wurde. Weiterhin ist es erforderlich zu wissen, dass die Österreicher eine nationale Süßigkeit besitzen, die von jeder Altersstufe konsumiert wird und einen Bekanntheitsgrad hat wie etwa in Deutschland die Prinzenrolle. Dieses mit hauchdünner Cremefüllung verschiedenster Geschmacksrichtungen gefüllte Waffelgebäck heißt Manner-Schnitte, besteht aus einem u.a. rosa verpackten Quadrat mit blauem Schriftzug und ist eigentlich nur in Österreich erhältlich. In Wien gibt es einen Manner-Laden, in dem man das Produkt und alle Arten von Devotionalien wie Taschen, T-Shirts und dergleichen kaufen kann.

Die Geschichte des Terminators ist in jeder Hinsicht – kulturell, filmtechnisch, von der Konzeption des Plots her sowie landeskundlich – tief in den USA verwurzelt. Dass der Terminator in einer Tankstelle in der verlassenen Wüste der USA unter allen amerikanischen Süßigkeiten ausgerechnet diese österreichische Spezialität ergreift *(vgl. Abb. 135)*, ist mehr als ein Augenzwinkern: Hier wird mit Selbstironie auf Schwarzeneggers europäische Herkunft verwiesen und zugleich ein Seitenhieb auf das im Film verbreitete Product-Placing verteilt: Manner-Schnitten sind in den USA weitestgehend unbekannt.

### Filmzitat 3

**Original:** Richard Donner: SUPERMAN – DER FILM (GB 1978) mit Christopher Reeve, Gene Hackman, Marlon Brando
**Zitat:** Sam Raimi: SPIDERMAN (USA 2002) mit Tobey Maguire, Kirsten Dunst

*Es handelt sich um ein dialogisches Zitat.*

Natürlich ist der junge Mann nicht Superman – Oma müsste sich aber eigentlich keine Sorgen um ihren Enkel machen. Er wird sich schon nicht überanstrengen, denn schließlich ist der junge Mann ja Spiderman und vollbringt, wenn auch mit anderen Fähigkeiten ausgestattet, prinzipiell die gleichen Taten wie das von Großmutter zitierte Vorbild.

### Filmzitat 4

**Original:** Richard Donner: SUPERMAN – DER FILM (GB 1978) mit Christopher Reeve, Gene Hackman, Marlon Brando
**Zitat:** Andy und Larry Wachowski: MATRIX RELOADED (USA 2003) mit Keanu Reeves, Carrie-Anne Moss, Laurence Fishburne

*Es handelt sich um ein dialogisch-visuelles Zitat.*

Der 1978 entstandene SUPERMAN-Film ist die Mutter aller Superhelden-Filme und hat innerhalb des Genres die gleiche Bedeutung wie METROPOLIS für den Science-Fiction-Film. Hier wurde spektakulär ein Comic-Held auf die Kinoleinwand gebracht; es folgten BATMAN von Tim Burton (USA 1989) und weitere Sequels[14] sowie SPIDERMAN und SPIDERMAN 2 von Sam Raimi (USA 2004). Der vorerst letzte Versuch ist DAREDEVIL von Mark Steven Johnson (USA 2003) mit Ben Affleck; die Pixar-Studios haben mit DIE UNGLAUBLICHEN von Brad Bird (USA 2004) eine großartige humorvolle Hommage an das Genre geschaffen. Die Titelsequenzen von SPIDERMAN und SPIDERMAN 2 zeigen deutlich, dass die Verfilmung ihren Ursprung im Comic hat *(vgl. Kapitel A.1.1 Bildinhalt)*.

Das vorliegende audio-visuelle Zitat zeigt die Bedeutung, die der Superman-Stoff bis heute hat; in der düster-coolen Low-Key-Welt von MATRIX, in der die Menschheit von Maschinen bedroht wird und es kaum noch einen Ausweg zu geben scheint, wird – mit einem Augenzwinkern – auf den Unmögliches vollbringenden Retter

14 vgl. www.imdb.com/title/tt00968958/ (28.4.2006)

verwiesen, der positiv und gut gelaunt der Menschheit eine strahlende und sichere Zukunft beschert.

### Filmzitat 5

**Original:** Fritz Lang: METROPOLIS (D 1926) mit Brigitte Helm, Alfred Abel
**Zitat 1:** Ridley Scott: BLADE RUNNER (USA 1982) mit Harrison Ford, Rutger Hauer, Sean Young
**Zitat 2:** Luc Besson: DAS FÜNFTE ELEMENT (USA 1997) mit Bruce Willis, Gary Oldman, Ian Holm
**Zitat 3:** Kerry Conren: SKY CAPTAIN AND THE WORLD OF TOMORROW (USA 2005) mit Gwyneth Paltrow, Jude Law, Angelina Jolie

*Es handelt sich um ein visuelles Zitat.*

Das Original von Fritz Lang hat in jeder Hinsicht Filmgeschichte geschrieben und kann als der Archetypus des Science-Fiction-Films bezeichnet werden. Visuelle Reminiszenzen an dieses Meisterwerk der Filmkunst finden sich vielfach. Die futuristische Stadt an sich wird immer wieder gezeigt: der «neue Turm Babel», den Lang bereits als Fluglandeplatz konzipiert hat, oder auch die tiefen Straßenschluchten. In BLADE RUNNER kommt das bewegliche Element Flugauto hinzu, DAS FÜNFTE ELEMENT zitiert dann sowohl METROPOLIS als auch BLADE RUNNER und erhöht die Geschwindigkeit rasant. SKY CAPTAIN zeigt wiederum die «neue Langsamkeit» im Stil der Filme der 1940er-Jahre, die als bewusster Kontrapunkt zum sich immer weiter verschnellernden (Video)schnitt gesetzt wird.

### Filmzitat 6

**Original:** Alfred Hitchcock: PSYCHO (USA 1960) mit Anthony Perkins, Janet Leigh, Vera Miles
**Zitat:** Andrew Stanton; Lee Unkrich: FINDET NEMO (USA 2003)

*Es handelt sich um ein auditives Zitat.*

Die Duschszene von PSYCHO wird oft sowohl visuell als auch auditiv zitiert. Hier tut dies der Kinder-Animationsfilm FINDET NEMO auf eine für Kinder nicht wahrzunehmende Weise, indem einem Bild aus FINDET NEMO die Musik aus der Duschszene von PSYCHO unterlegt wird. Damit wird für die Erwachsenen ein komischer Wiedererkennungseffekt geschaffen. Dies macht eine der Qualitäten der Pixar-Animationsfilme aus, die damit nicht nur für Kinder ein Erlebnis sind: Die Erwachsenenwelt ist in den kindgerechten Plot miteinbezogen (FINDET NEMO zitiert vielfach Erwachsenenfilme, u. a. DER WEISSE HAI und ALIEN, und immer wieder gibt es gelungene Seitenhiebe auf Disney-Filme), damit ist die Gefahr für die Erwachsenen, sich bei der Rezeption eines Kinderfilms zu langweilen, gebannt.

Natürlich birgt dieses Zitat auch Ironie: Im Original wird durch die Musik akustisch der gewaltvolle Tod durch Messerstiche unterstützt; in FINDET NEMO begleitet die Musik ein Kind, das die Angewohnheit hat, Fische so lange in der Tüte zu schütteln, bis sie Bauch oben im Wasser treiben.

# V Protokoll eines Filmtextes

In Bezug auf die Protokollierung eines Films müssen zwei Fragen geklärt werden: Erstens, wann die Erstellung eines Protokolls überhaupt sinnvoll ist, und zweitens, welche Arten des Protokolls es gibt und mit welcher Zielsetzung sie eingesetzt werden können.

Zunächst einmal werden Filmprotokolle vorwiegend bei der pädagogischen Arbeit mit dem Filmtext oder als Hilfsmittel zur wissenschaftlichen Untersuchung eingesetzt. Im Rahmen der alltäglichen Wahrnehmung von Filmen wird sich deren Reflexion eher ausschnitthaft auf einzelne filmsprachliche Mittel beziehen, die besonders auffällig verwendet werden oder mit denen sich der Betrachter gerade auseinander gesetzt hat. Für diese Art der reflektierten Bedeutungsfindung sind Protokolle nicht nötig.

Im Bereich von Schule und Universität erweist es sich als günstig, den jeweiligen Film als komplexen Großtext gemäß seiner Zeichen-, Inhalts- und Themenstruktur in Untereinheiten zu zerlegen, die dann entsprechend zu untersuchen sind.[1] Natürlich ist es für die Klärung spezieller Fragen an den Filmtext sinnvoll, ein Protokoll zu erstellen, jedoch ist von der minutiösen Transkription aller Einstellungen im Sinne eines **ausführlichen Filmprotokolls** unbedingt abzuraten. In vielen Lehrbüchern wird die Anfertigung desselben als Analysegrundlage vorausgesetzt. Der Auffassung, man könne einen Film durch minutiöse Verschriftlichung aller technischen, ästhetischen und dramatischen Abläufe der jeweiligen Einstellung wieder lesbar machen, liegt eine eklatante Verkennung des Mediums und seiner spezifischen Sprache bzw. seiner Wirkungsmechanismen zugrunde. Außer einer diffusen empirischen Materiallage erbringen solche Protokolle keine nennenswerten Erkenntnisse.[2]

Die Unterteilung des Großtextes im Blick auf zu bearbeitende Untereinheiten im Sinne eines **Sequenzprotokolls** muss immer mit einer konkreten Fragestellung erfolgen. Oftmals bieten die Parameter Orts-/Zeit-/Personenwechsel gute Anhaltspunkte. Die Sequenzierung des Films unterliegt dem Blickwinkel, aus dem er betrachtet wird, und kann dementsprechend verschieden ausfallen.[3] Einen ausführlichen Fragenpool, der in dieser Hinsicht genutzt werden kann, bietet Lothar Mikos in seinen neun Einheiten zur struktur-funktionalen Filmanalyse.[4] In diesem Rah-

1 Vgl. Gast Filmanalyse 1996, S. 17.

2 Vgl. Hickethier 1993, S. 37.

3 Vgl. Gast Filmanalyse 1996, S. 18.

4 Die genaue Literaturangabe für Teil 1 bis 8 findet sich im Literaturverzeichnis. Vgl. Lothar Mikos: Von möglichen und realen Welten. Struktur-funktionale Film- und Fernsehanalyse Teil 9. In: *Medien praktisch. Zeitschrift für Medienpädagogik.* Heft 1 (2000), S. 57–59.

| | | | 1. | Montage | 2. | Montage | 3. | Montage | ... |
|---|---|---|---|---|---|---|---|---|---|
| Zeit | | | | | | | | | |
| wer / was | | | | | | | | | |
| Ton | On | Geräusch | | | | | | | |
| | | Sprache | | | | | | | |
| | | Musik | | | | | | | |
| | Off | Geräusch | | | | | | | |
| | | Sprache | | | | | | | |
| | | Musik | | | | | | | |
| Licht | | normal | | | | | | | |
| | | high key | | | | | | | |
| | | low key | | | | | | | |
| Kamera | | Einstellungsgröße | | | | | | | |
| | | Bewegung | | | | | | | |
| | | Perspektive | | | | | | | |

**136** Beispiel für ein mögliches Einstellungsprotokoll

men kann auch die Schwierigkeit thematisiert werden, Filme in Abschnitte zu unterteilen *(vgl. Kapitel C. Filmisches Erzählen, insbesondere die Ausführungen zum Unterpunkt Akt - Sequenz - Szene - Einstellung)*. Ein Sequenzprotokoll sollte die tatsächlich abgelaufene Zeit des Films beinhalten, die sich mit dem DVD-Player, dem Windows Media Player oder auch mit dem Windows Movie Maker problemlos ermitteln lässt. Darüber hinaus enthält es die Handlungszeit des Films *(vgl. Kapitel C.3 Zeitgestaltung)* sowie eine Skizze des Inhalts, ggf. auch der Plot Points *(vgl. Kapitel C. Filmisches Erzählen)*.[5]

Das Sequenzprotokoll ist dem Bereich der Makroanalyse eines Films zuzuordnen. Mit seiner Hilfe kann der Filmtext so eingegrenzt werden, dass für die Mikroanalyse infrage kommende Filmausschnitte besser lokalisiert werden können.[6] Das Einstellungsprotokoll ist der Ebene der Mikroanalyse zuzuordnen. Es dient dazu, einen kurzen Filmausschnitt oder eine einzelne Einstellung in ihre verschiedenen Zeichensysteme zu zerlegen und diese dann in ihren Beziehungen untereinander zu bestimmen. Dies schärft die Wahrnehmung gerade solcher visuellen und auditiven Codes, die für die Rezeptionslenkung und die Bedeutungskonstitution entscheidend mitverantwortlich sind und die man bei der häufigen Fixierung auf Inhalte, Personen und Handlung als Rezipient kaum bewusst registriert.[7]

Durch die präzise Fragestellung, unter der das Einstellungsprotokoll angefertigt wird, wird deutlich, was damit erreicht werden soll, denn letztendlich ist es nicht

5 Vgl. Hickethier 1993, S. 39.
6 Vgl. Gast 1993, S. 53.
7 Vgl. Gast 1993, S. 54.

sinnvoll, jede Kleinigkeit zu protokollieren. Wichtig für Analyse und Interpretation erscheinen zumeist die auffälligen Abweichungen vom gängigen Filmbrauch.[8]

Wie viele und welche Kategorien ein Einstellungsprotokoll enthalten soll, hängt von der Zielsetzung ab, die damit verfolgt wird, und vom Vorwissen derjenigen, die es anfertigen sollen. Schnitte werden durch senkrechte Trennlinien gekennzeichnet, Beobachtungen zur Montage können in Spalten zwischen den einzelnen Einstellungen eingetragen werden *(vgl. Abb. 136)*.

Das selbstständige Herstellen eines solchen Transkripts in Tabellenform ist ein Bestandteil der Analyse, die sich natürlich nicht in der Protokollierung erschöpfen darf. Kein Protokoll ersetzt den Filmtext selbst, es ist immer Hilfsmittel auf dem Weg der Erkenntnisgewinnung sowie Arbeitsmittel für die analytische Durchdringung des Films und Material, auf dem eine Interpretation aufbauen kann. Die Verfügbarkeit des Films ist dabei unabdingbar, denn er veranschaulicht Bewegungsabläufe und audiovisuelles Zusammenspiel besser als jedes Protokoll.[9]

Letztendlich wird deutlich, dass bei einer fundierten Filmanalyse und -interpretation der Gebrauch des PCs unerlässlich ist. Jeder, der Filmanalyse betreibt, muss den Filmtext mit der Geschwindigkeit und Intensität lesen können, die für ihn individuell nötig ist. Genau wie beim Printtext, der dem Leser vorliegt, kann am PC im Filmausschnitt vor- und zurücknavigiert bzw. ein und derselbe Abschnitt beliebig oft gesehen, gestoppt und wiederholt werden. Dies setzt allerdings Kenntnisse für die Bearbeitung von Filmmaterial am PC voraus: um als Schüler produktiv mit dem Medium arbeiten zu können, um als Lehrer Filmausschitte für den Unterricht zu bearbeiten oder um als Student Filmausschnitte und Standbilder in einer Hausarbeit verwenden zu können. *Kapitel VII Filmmaterial am Computer bearbeiten* widmet sich deswegen einer kurzen Einführung in ein gängiges Schnittprogramm.

8 Vgl. Hickethier 1993, S. 39.

9 Vgl. Hickethier 1993, S. 37 ff.

# VI Selbst einen Film drehen

Bei der Erstellung eines Films, sei es zu privaten Zwecken oder aber mit Schülern, gibt es je nach Zielsetzung zwei Möglichkeiten der Annäherung an das Thema.

**Erstens:** Das zentrale Anliegen bei der Herstellung des Films ist es, die vorab erarbeiteten Grundkategorien der Filmsprache produktionsorientiert zu festigen. Es wird auf eine detaillierte Organisation des Drehs bzw. auf die Erstellung eines Drehbuchs verzichtet, die Filmherstellung erfolgt im Rahmen der Vorgaben spontan und ungeplant. Hierfür ist pro Gruppe eine Video- oder Digitalkamera nötig.

Dazu müssen die Vorgaben möglichst einfach sein; sinnvoll ist es ein Thema zu wählen – im privaten Bereich kann dies der Urlaubsfilm sein. Im schulischen Bereich nimmt man eins, das der Altersstufe und den handlungsleitenden Themen der Schülerschaft, mit der man arbeitet, gerecht wird und das sich möglichst einfach, ohne aufwändige Requisiten oder Locations realisieren lässt, etwa «Zwei Liebende treffen sich wieder, nachdem sie sich lange Zeit nicht gesehen haben». Die Lerngruppe wird dann in Kleingruppen aufgeteilt; das Grundthema ist für jede Gruppe gleich, das zentrale filmische Gestaltungsmittel, auf dem der Fokus liegt, ist bei arbeitsteiliger Gruppenarbeit von Gruppe zu Gruppe verschieden. Mögliche Arbeitsaufträge sind dann:

- Stelle einen Film her zu dem Thema «Nach zehn Jahren treffen sich zwei ehemals Liebende zufällig wieder». Dein zentrales Gestaltungsmittel sind die Einstellungsgrößen.
- Stelle einen Film her zu dem Thema «Nach zehn Jahren treffen sich zwei ehemals Liebende zufällig wieder». Dein zentrales Gestaltungsmittel ist die Montage.
- Stelle einen Film her zu dem Thema «Nach zehn Jahren treffen sich zwei ehemals Liebende zufällig wieder». Dein zentrales Gestaltungsmittel ist das Licht.
- Stelle einen Film her zu dem Thema «Nach zehn Jahren treffen sich zwei ehemals Liebende zufällig wieder». Dein zentrales Gestaltungsmittel ist …

Bei arbeitsgleicher Gruppenarbeit gibt es nur ein zentrales Gestaltungsmittel, das alle Gruppen bearbeiten. Bevor mit dem Dreh begonnen wird, muss festgelegt werden, ob das Endprodukt am PC geschnitten werden darf oder nicht; dies erfordert dann eine entsprechende Arbeitsweise der Gruppe.

**Zweitens:** Das Ziel bei der Herstellung des Films ist es, Einblicke in den Produktionsprozess eines Films zu gewinnen, indem dieser Prozess von den Schülern nachvollzogen wird. Es wird ein Drehbuch erstellt und ein detaillierter Drehplan entworfen. Hierfür ist zunächst eine Information über die drei Phasen des Produktionsprozes-

| Phase | Arbeitsbereich | Aufgaben | benötigtes Material | Zeitrahmen | Verantwortliche |
|---|---|---|---|---|---|
| Präproduktion | Produzent | Finanzplan erstellen, Sponsoren finden | | | |
| | Drehbuchautor | Drehbuch schreiben | | | |
| | Storyboard Zeichner | Storyboard zeichnen | | | |
| | Produktionsleiter/ Aufnahmeleiter | Drehplan erstellen | | | |
| | Aufnahmeleiter | Drehort aussuchen | | | |
| | Kostümbildner | Kostüme entwerfen | | | |
| | Maskenbildner | Maske planen | | | |
| | Kulissenbauer | Kulisse bauen | | | |
| | Besetzungschef | Darsteller bestimmen | | | |
| | Requisiteur | Requisiten beschaffen | | | |
| | Darsteller | Text lernen, Rollen proben | | | |
| | Regisseur | Storyboard, Drehplan analysieren, Absprachen mit allen Beteiligten treffen | | | |

**137** Mögliche Organisation der Gruppenarbeitsphase «Präproduktion»

ses (Präproduktion, Produktion, Postproduktion) sowie der in der jeweiligen Phase beteiligten Personen und ihrer Aufgaben notwendig. Die gesamte Schülergruppe sollte für jede der drei Phasen Arbeitsbereiche festlegen, für die bestimmte Arbeitsschritte definiert werden. Außerdem muss das benötigte Material beschafft sowie die Verantwortlichen für den jeweiligen Arbeitsbereich festgelegt werden. Je nach Umfang des Projektes und nach Anzahl der Schüler müssen die Planungsraster pro Phase den Bedürfnissen und Gegebenheiten angepasst werden. Sinnvoll ist es, dass die gesamte Gruppe alle drei Phasen durchläuft, damit die Schüler den Produktionsprozess nicht nur ausschnitthaft kennen lernen. Nach Beendigung der Präproduktionsphase werden die Aufgaben neu verteilt für die Produktionsphase und so fort.

Das Planungsraster für eine Filmproduktion *(vgl. Abb. 137 bis 139)* bietet Anhaltspunkte zur Umsetzung eines solchen Projektes.[1]

Diese Art der Filmproduktion bietet eine gute Grundlage für die Behandlung von Medienkritik; allerdings ist die Herstellung eines Films auf diese Weise sehr zeitaufwändig und eignet sich eher für Projektarbeit oder einen Literaturkurs.

1 Mit freundlicher Genehmigung von Susanne Schneider-Badstieber, Essen. Materialien für die Arbeit mit Film in der Sekundarstufe [Fachmoderation Deutsch, Bezirksregierung Düsseldorf]. Folgende Literatur gibt diesbezüglich weiteren Aufschluss: Biebl 1987, Manthey 1998, Bd. 1 und 2, Monaco 2001.

| Phase | Arbeitsbereich | Aufgaben | benötigtes Material | Zeitrahmen | Verantwortliche |
|---|---|---|---|---|---|
| Produktion | Regisseur | Team beim Dreh koordinieren, | | | |
| | Regieassistent | Drehplan abarbeiten, Analyse und Auswahl brauchbaren Filmmaterials vornehmen | | | |
| | Kameramann | Einstellungsgröße, | | | |
| | Kameraassistent | Kameraperspektive, Kamerabewegung entsprechend dem Drehplan beachten | | | |
| | Beleuchter | Lichtverhältnisse mit Kameramann absprechen | | | |
| | Tontechniker | Ton aufnehmen und | | | |
| | Geräuschemacher | bearbeiten, Geräusche simulieren und aufzeichnen | | | |
| | Produktionsdesigner | „Bühne" mit allen | | | |
| | Requisiteur | benötigten Gegenständen | | | |
| | Kulissenbauer | aufbauen | | | |
| | Darsteller | Schauspielerische Umsetzung der Rolle | | | |
| | Maskenbildner | Schminken der Darsteller | | | |
| | Kostümbildner | Kleiden der Darsteller | | | |
| | Schnittmeister | Auswahl brauchbaren Filmmaterials treffen | | | |
| | Skriptgirl | Protokoll der Drehtage | | | |

**138** Mögliche Organisation der Gruppenarbeitsphase «Produktion»

| Phase | Arbeitsbereich | Aufgaben | benötigtes Material | Zeitrahmen | Verantwortliche |
|---|---|---|---|---|---|
| Postproduktion | Regisseur | Analyse des gesamten Filmmaterials, Betreuung der endgültigen Fertigstellung | | | |
| | Schnittmeister | Schnitt und Montage des Filmmaterials | | | |
| | Tonmeister | Zusammenfügen der Tonaufnahmen, Übertragung der Tonspur auf geschnittenes Filmmaterial | | | |
| | Komponist | Auswahl passender Musik zu Filmszenen | | | |
| | Titel Designer | Kreative Gestaltung des Vor- und Nachspanns | | | |
| | Marketing Experten | Plakate zum Film entwerfen, Werbung für den Film machen, Premiere organisieren, Einladungen verschicken | | | |

**139** Mögliche Organisation der Gruppenarbeitsphase «Postproduktion»

# VII Filmmaterial am Computer bearbeiten

Wenn Filme als Texte betrachtet werden, dann ist jedes Filmschnittprogramm als Textverarbeitungsprogramm anzusehen. In manchen Bundesländern ist das Erlernen des Umgangs mit einem solchen Programm für Schüler der Sekundarstufe I obligatorisch, und es ist hilfreich zu wissen, dass man im Rahmen der Filmanalyse mehrere obligatorische Forderungen gleichzeitig abdecken kann. Natürlich können so einerseits Filmausschnitte für Klassenarbeiten und Klausuren bearbeitet werden, andererseits können die Schülerinnen und Schüler produktionsorientiert mit dem Medium arbeiten und damit ihre Medienkompetenz erweitern.

Der Markt bietet eine Fülle von Schnittprogrammen, die zur Bearbeitung von Filmmaterial am PC verwendet werden können. Im Folgenden werden zwei Möglichkeiten ausgewählt und vorgestellt, die für Privatleute, Schülerinnen und Schüler sowie Lehrer eine praktikable Lösung darstellen. Zum einen kann der **Windows Movie Maker** von Microsoft kostenlos genutzt werden; dieser ist nicht das professionellste Programm, aber leicht zu handhaben. Seit einiger Zeit wird er zwar nicht mehr als Teil des Betriebssystems Windows angeboten, kann aber auf der Windows-Seite kostenlos als Bestandteil der Windows Essentials heruntergeladen werden:

http://windows.microsoft.com/de-de/windows-live/movie-maker

Bei der Installation muss möglicherweise der PC neu gestartet und Microsoft.NET Framework 3.5 Service Pack 1 heruntergeladen werden, worauf das Windows Essentials aber automatisch verweist. Anschließend ist bei der manuellen Installation nur Windows Movie Maker auszuwählen.

Zum Anderen wird als etwas professionellere Alternative das Programm Magix Video DeLuxe (Schulversion) der Firma Magix empfohlen. Die Vollversion kann man kaufen, die Schulversion wird Schulen gegen eine entsprechende Vorlage des Schulstempels und der Schulnummer verbilligt zur Verfügung gestellt.

Andere semiprofessionelle Schnittprogramme, die im Preis unter 100 EUR liegen sind

- **PowerDirector** (www.cyberlink.de)
- **Adobe Premiere Elements** (www.adobe.de)
- **Videostudio** (www.videostudiopro.com/de)
- **Pinnacle Studio** (www.pinnaclesys.com)
- **Vegas Movie Studio** (www.vegascreativesoftware.com/de)

Die folgenden neun Schritte sind eine Einführung in die Basisfunktionen des Microsoft Windows Movie Makers. Das Erkunden weiterführender Funktionen bleibt dem Benutzer überlassen.

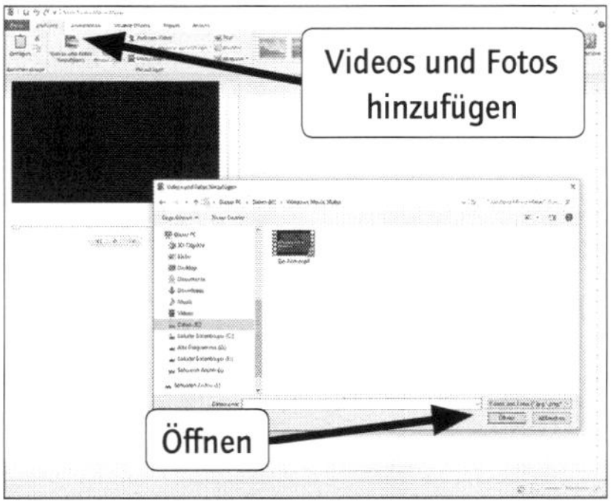


**140** Video importieren

1. Schritt: Video importieren

Klicken Sie im Bereich «Startseite» auf **Video und Fotos importieren**. Danach wählen Sie aus Ihrem Verzeichnis die gewünschte Videodatei (*.avi oder *.mpg) aus und klicken auf **Öffnen** *(vgl. Abb. 140)*.

Analog verfahren Sie, um Audio- oder Musikdateien (*.wav, *.mp3 oder *.ogg) zu importieren.

2. Schritt: Video teilen

Klicken Sie mit der Maus auf dem Filmstream im Storyboard an die **gewünschten Schnittstelle**. Die entsprechende Szene wird im Vorschaufenster angezeigt. Klicken Sie dann auf **Teilen**. Der Filmstream wird so in zwei Teile zerlegt. Wiederholen Sie den Schritt ggf. an weiteren Stellen. Um die Szenen/Clips, die Sie nicht benötigen, zu löschen, klicken Sie diese mit der Maus an und betätigen dann die Entf-Taste *(vgl. Abb. 141)*.

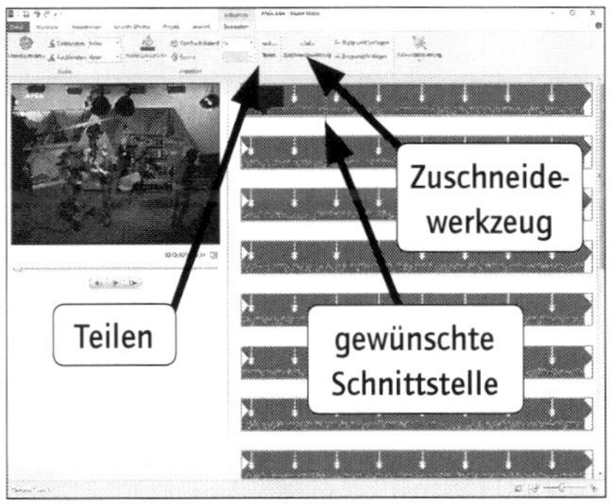


**141** Video teilen

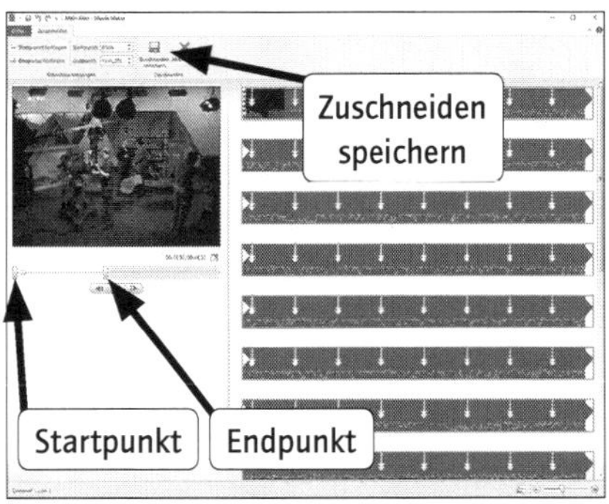


**142** Szene aus einem Clip herausschneiden

3. Schritt: Szene aus einem Clip herausschneiden

Alternativ klicken Sie auf **Zuschneidewerkzeug** *(vgl. Abb. 141)* und bestimmen mit dem rechten Regler unter dem Vorschaufestern den **Start**- und mit dem linken Regler den **Endpunkt** der gewünschten Szene. Mit **Zuschneiden speichern** führen Sie den Schnitt aus. *(vgl. Abb. 142)*.

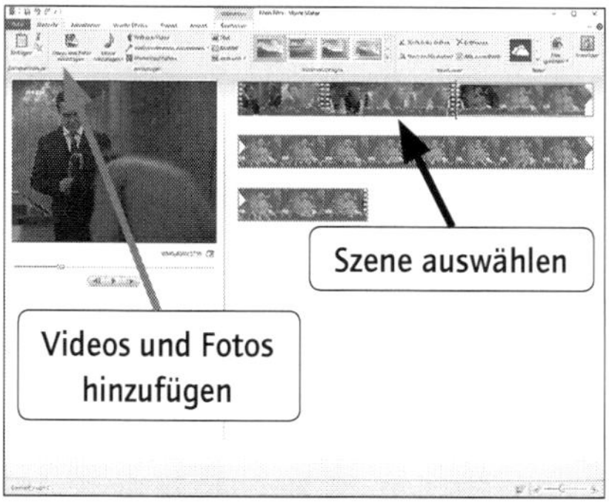


**143** Hinzufügen einer weiteren Videodatei

### 4. Schritt: Hinzufügen einer weiteren Videodatei

Wählen Sie mit der Maus die Szene aus, hinter der die neue Videodatei eingefügt werden soll. Gehen Sie dann wie in Schritt 1 beschrieben vor. Die neue Videodatei erscheint dann automatisch im Storyboard. Verfahren Sie so mit allen gewünschten Videodateien *(vgl. Abb. 143)*.

### 5. Schritt: Videoübergänge gestalten

Klicken Sie auf auf die Szene, an deren Anfang der Effekt eingefügt werden soll. Klicken Sie dann auf **Animationen** und wählen Sie den gewünschten Videoübergang aus, indem Sie daraufklicken. Mit dem Play-Button können Sie sich den Übergang sofort anschauen und ggf. ändern *(vgl. Abb. 144)*.

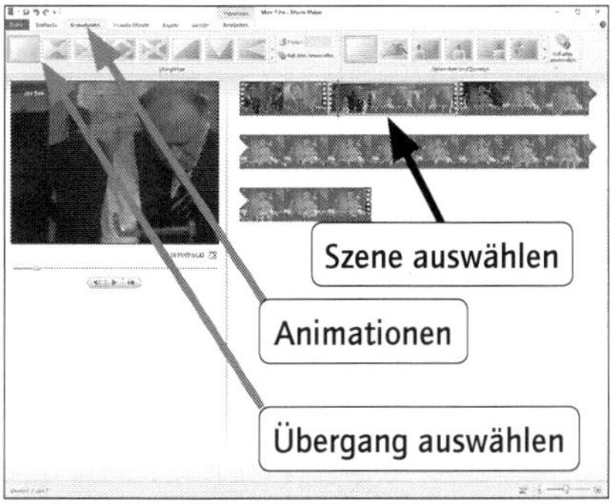


**144** Videoübergänge gestalten

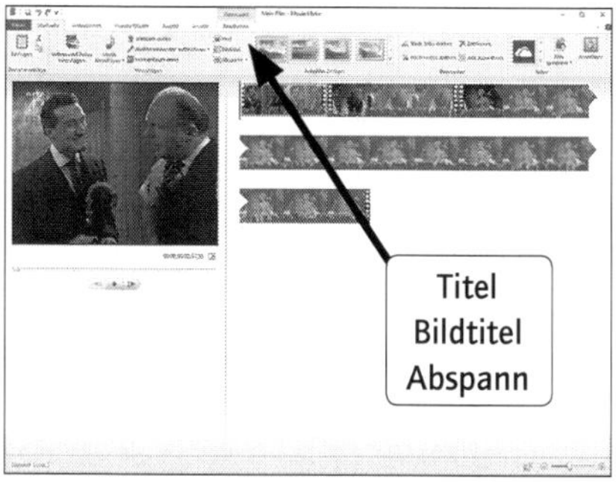


**145** Vorspann, Texteinblendung oder Nachspann erstellen

### 6. Schritt: Vorspann, Texteinblendung oder Nachspann erstellen

Wählen Sie für den Vorspann mit der Maus die erste Szene aus und klicken Sie im Bereich «Startseite» auf **Titel**. Für eine Einblendung während des Films wählen Sie in der entsprechden Szene mit der Maus die betreffende Stelle aus und klicken dann auf **Bildtitel**. Für den Nachspann wählen Sie die letzte Szene aus und klicken auf **Abspann**. Überlegen Sie sich einen Titel bzw. den Text, den Sie hinzufügen wollen und geben Sie ihn anschließend ein. Sie können danach die Titelanimation sowie Schriftart und -farbe des Textes ändern *(vgl. Abb. 145)*.

## 7. Schritt: Hinzufügen einer Audiodatei

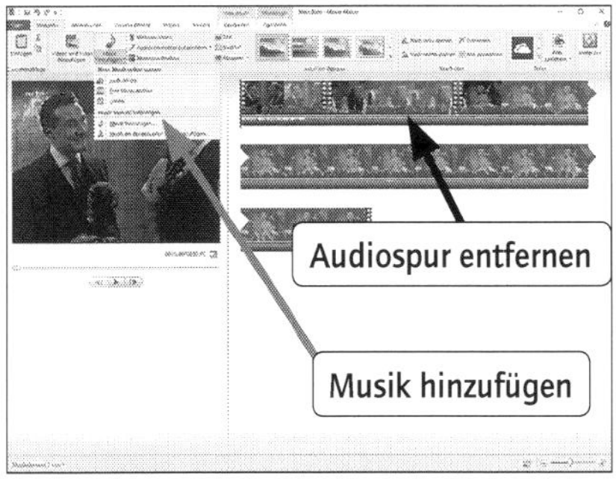

**146** Hinzufügen einer Audiodatei

Klicken Sie im Bereich «Startseite» auf **Musik hinzufügen** und wählen Sie eine Audiodatei aus. Sie erscheint unter dem Filmstream im Storyboard. Jetzt laufen der Ton des Films und der Audiodatei parallel. Um die Audiodatei zu löschen, klicken Sie sie mit der rechten Maustaste an und wählen beim erscheinenden Menü **Entfernen** *(vgl. Abb. 146)*.

Weitere Möglichkeiten der Audiobearbeitung gibt es nicht, weshalb es sich empfiehlt, Musik vorher mit einem anderen Programm bspw. auf die gewünschte Länge zu bringen.

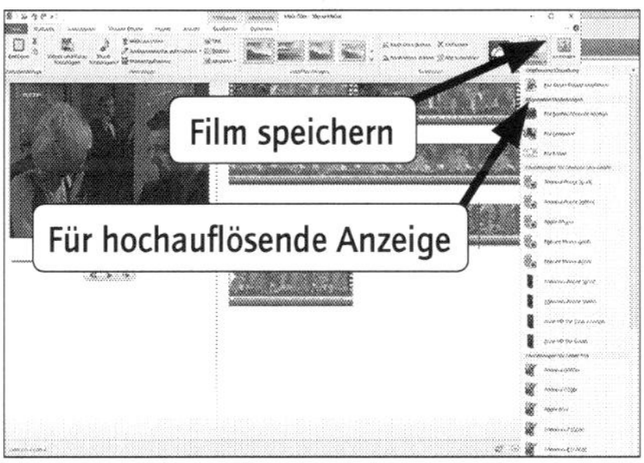

**147** Film speichern

## 8. Schritt: Film speichern

Klicken Sie im Bereich «Startseite» auf **Film speichern**. Es werden Ihnen Auswahlmöglichkeiten für verschiedene Endgeräte angezeigt (Computer, Handys, Tablets). Klicken Sie für optimale Qualität auf **Für hochauflösende Anzeige**, geben Sie Ihrem Film einen Namen und wählen Sie einen Speicherort aus. Klicken Sie auf «Speichern» *(vgl. Abb.147)*.

An der erzeugten Datei können Sie nichts mehr ändern. Um am Projekt später ggf. noch Änderungen vorzunehmen, klicken Sie anschließend unter «Datei» auf «Projekt speichern unter».

## 9. Schritt: Einzelbild erzeugen und weiterverarbeiten

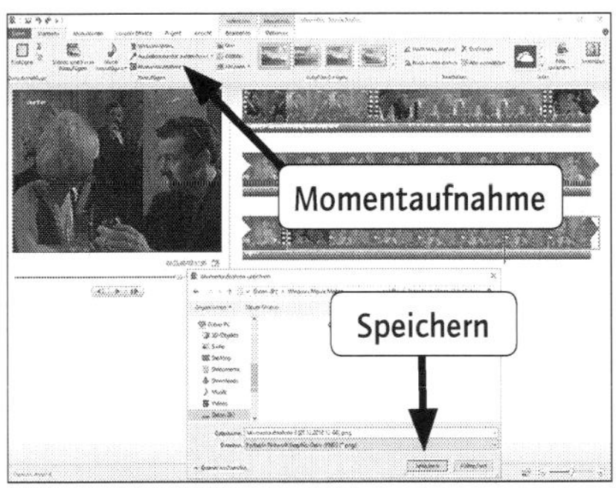

**148** Einzelbild erzeugen und weiterverarbeiten

Um ein Bild aus dem Film für andere Programme (z. B. Word, PowerPoint etc.) nutzbar zu machen oder als Titelbild des Films beim Hochladen auf YouTube oder Vimeo verwenden zu können, wählen Sie ein Einzelbild aus und klicken Sie auf den Button **Momentaufnahme**. Wählen Sie den Speicherort aus, geben dem Einzelbild einen Dateinamen und klicken auf **Speichern** (*.jpg oder *.tif). *(vgl. Abb. 148)*.

# VIII Informationen im Internet[1]

Im Folgenden wird eine kleine Auswahl an Internetadressen vorgestellt, die sich mit dem Thema Film befassen. Weiterführende Informationen lassen sich über die gängigen Suchmaschinen finden.

## Filmtheorie und Filmanalyse: Auswahlbibliografie

*www.uni-ak.ac.at/culture/withalm/LV_wit/Wit_filmbibl.html*

## Film und Schule

*www.lernort-kino.de/*
Homepage des Instituts für Kino und Filmkultur; Hefte mit Unterrichtsmaterialien zu Filmen als kostenlose pdf-Downloads; Literaturverfilmungen, themenbezogene Filme, Filme in Originalsprache, Filmklassiker; Kino als kultureller Erlebnisort, Kinobesuche mit Klassen, Schulfilm-Wochen; Fortbildungen für Lehrer.

*www.medienberatung.schulministerium.nrw.de/lernenmitmedien/*
Informationen rund um die Medienpädagogik; unter «Mit Medien lernen» und «Lehrerfortbildung» viele Informationen und Links rund um Medien im Unterricht.

*www.flimmo.de/*
Fernsehen mit Kinderaugen: Unter «Flimo sieht fern» finden Sie Besprechungen von aktuellen Sendungen. Sie können Sendungen nach Tagen, Sendern oder Genres sortiert auswählen oder eine Sendung direkt suchen; einige Besprechungen sind mit weiterführenden Texten über «flimmo hilft durchblicken» verlinkt. Hier finden Sie medienpädagogisches Know-How, Ratschläge und Tipps zur Fernseherziehung sowie Interessantes rund ums Fernsehen.

*www.film-kultur.de/*
Versteht sich als Vermittler zwischen Kino und Publikum sowie als Schnittstelle zwischen Filmbranche und Bildungsbereich; Filmbildung; Kino als Lernort.

## Filmmuseen (Auswahl)

*www.duesseldorf.de/filmmuseum/*
*www.filmmuseum-berlin.de/*
*deutsches-filminstitut.de/filmmuseum/*
*www.muenchner-stadtmuseum.de/sammlungen/filmmuseum.html*
Homepages der verschiedenen Filmmuseen; Bibliotheken, Videotheken, Fototheken, Filmplakate, Sonderausstellungen; Veranstaltungen und Fortbildungen für Lehrer; Ausstellungen und Filmvorführungen für Schulklassen.

## Beschaffung von DVDs, Büchern und Zeitschriften zum Thema Film

### DVD

*www.medienzentrum-rheinland.lvr.de/*
Filme zum Ausleihen und Zeigen in der Schule (Vorreservierung möglich). Siehe auch den Link «Verleih online»: Hier unter Suchbegriff «DVD» eingeben, dann erscheint eine Liste ausleihbarer Medien.

1 Für alle genannten Internetadressen gilt das Datum 28.4.2006.

*www.kino-zeit.de/*
Portal für Film-Kultur: Filme, Events, DVD/VHS, Bücher, weitere Informationen: Links.

*www.absolutmedien.de/edition/58/ARTE+EDITION*
Zusammenarbeit mit arte: Nicht-Mainstream-Filme auf DVD und VHS (Filmkunst, Filme in Originalsprache); weiterführende Links nicht nur zur Filmbeschaffung.

*www.komplett-media.de/index.php?cp_sid=1469843956679&cp_tpl=5501*
Beschaffungsmöglichkeit für BBC-Dokumentationen und -produktionen.

*www.arthaus.de/*
Keine Mainstream-Filme: Filme, Dokumentationen, Seh-Buch (Verbindung von Buch und DVD); Linkliste.

## Bücher

*www.filmbuch.de/*
Verlage für Film und Medien, Zeitgeschehen, Sozialwissenschaft, wichtige und fundierte Reihen zur Genre-Forschung, zur Produktion, Distribution, Rezeption, Vermarktung, Merchandising, Psychologie u. a.

*www.zweitausendeins.de/*
Preiswerte Bücher; eigener Bereich zum Thema Film.

## Zeitschriften online

*www.montage-av.de/*
Zeitschrift für Theorie & Geschichte audiovisueller Kommunikation; Schwerpunkt auf Film und Fernsehen, Diskussion richtungsweisender Forschungsansätze, interdisziplinäre Theoriebildung, moderne Medienausbildung.

*www.filmbulletin.ch/*
Plattform für die kritische, historisch und theoretisch fundierte Beschäftigung mit Film; keine Tagesaktualität, sondern Beiträge zur Filmdiskussion; Linkliste.

*www.epilog.de/science-fiction/*
Online-Magazin für Science Fiction und Fantasy; Filme, Rezensionen, Interviews, Bücher, Artikel u.v.m.

## Filme kaufen

*www.jpc.de/*
*www.amazon.de*
Alles, was das Herz begehrt: manchmal lohnt sich ein Preisvergleich.

## Mainstream

*www.cinemaxx.de/*
Das (örtliche) Großraumkino mit entsprechendem Soundsystem: Präsentation der Mainstream-Kinowelt von heute; aktuelle Kinoprogramme online; Filmtipps; Kinokarten online bestellen.

*www.apple.com/trailers/*
Trailer aktueller US-amerikanischer Kinofilme (vor Betrachten der Trailer geleiteter Download des QuickTimePlayers nötig).

*www.movies.yahoo.com/*
Trailers und Stars.

# IX Literatur

## A Printmedien


Albersmaier, Franz-Josef: *Texte zur Theorie des* Films, Stuttgart 1999[5].

Albrecht, Gerhard: Die Filmanalyse – Ziele und Methoden. In: Everschor, Franz (Hg.): *Filmanalyse*. Bd. 2. Düsseldorf 1964, S. 230–259.

Balázs, Béla: *Der sichtbare Mensch* (1924). Frankfurt am Main 2001.

Bauer, Karl W.: Mediatisierung der Gesellschaft und Perspektiven schulischer Medienpädagogik. In: *Diskussion Deutsch* 140 (1994), S. 365–373.

Bauer, Roland: *Schülergerechtes Arbeiten in der Sekundarstufe I: Lernen an Stationen*. Berlin 2005.

Bazin, André: *Was ist Film?* Berlin 2002.

Begleiter, Marcie: *Storyboards. Vom Text zur Zeichnung zum Film*. Zweitausendeins 2003.

Biebl, Elmar: *Hinter den Kulissen*. Hamburg 1987.

Bienk, Alice: Wahre Liebe, edle Abenteuer – reflexive Koedukation im medienintegrativen Deutschunterricht am Beispiel von William Goldmans Brautprinzessin. In: Heidrun Hoppe; Petra Josting (Hrsg.): *Medienkompetenz und Geschlecht*. München 2006, [im Druck].

Blumensath, Heinz; Lohr, Stephan: Verfilmte Literatur – literarischer Film. In: *Praxis Deutsch* 57 (1983), S. 10–19.

Chatman, Seymour: *Narrative Structure in Fiction and Film*. Ithaca, London 1980.

Dähnike, Iris: Cultural Studies und ihre Bedeutung für eine geschlechterbewusste Medienforschung. In: Renate Luca (Hg.): *Medien. Sozialisation. Geschlecht. Fallstudien aus der sozialwissenschaftlichen Forschungspraxis.* München 2003, S. 27–38.

Diekhans, Johannes (Hg.): *Filmanalyse im Unterricht. Zur Theorie und Praxis von Literaturverfilmungen*. Paderborn 2004.

Erlach, Dietrich; Schurf, Bernd (Hrsg.): *Literaturverfilmung: Adaption oder Kreation?* Berlin 2001.

Eschenauer, Barbara: Deutschunterricht – ein Kernfach für Medienpädagogik in der Schule? In: *Diskussion Deutsch* 140 (1994), S. 374–379.

Faulstich, Werner: *Einführung in die Filmanalyse.* Tübingen 1994.

Faulstich, Werner: *Grundkurs Filmanalyse.* München 2002.

Fehr, Wolfgang: Grundprobleme der Filmanalyse im Deutschunterricht. In: *Der Deutschunterricht* (Velber), Heft 3 (1997), S. 86–92.

Felix, Jürgen: *Moderne Film-Theorie.* Mainz 2002.

Field, Syd; Märthesheimer, Peter; Wolfgang Längsfeld u. a.: *Drehbuchschreiben für Fernsehen und Film. Ein Handbuch für Ausbildung und Praxis.* München 1988.

Gast, Wolfgang: Filmanalyse. In: *Praxis Deutsch* 140 (1996), S. 14–25.

Gast, Wolfgang: *Grundbuch. Einführung in Begriffe und Methoden der Filmanalyse.* Frankfurt am Main 1993. [Film und Literatur. Analysen, Materialien, Unterrichtsvorschläge]

Gast, Wolfgang: Medienpädagogik, Medienkompetenz, Fachdidaktik. In: *Praxis Deutsch* 140 (1996), S. 10-13.

Gross, Lynne S.; W. Ward, Larry: *Electronic Moviemaking.* Belmont, California 1991.

Hickethier, Knut: *Film- und Fernsehanalyse.* Stuttgart, Weimar 1993.

Josting, Petra: Medienkompetenz im Literaturunterricht. In: Heidi Rösch (Hg.): *Kompetenzen im Deutschunterricht. Beiträge zur Literatur-, Sprach- und Mediendidaktik.* Frankfurt am Main 2005, S. 71- 90.

Kamp, Werner; Rüsel, Manfred: *Vom Umgang mit Film.* Berlin 1998.

Katz, Steven D.: *Die richtige Einstellung. Handbuch zur Bildsprache des Films.* Frankfurt am Main 20024.

Korte, Helmut: *Einführung in die systematische Filmanalyse.* Berlin 2004[3].

Kracauer, Siegfried: *Theorie des Films.* Frankfurt am Main 2001.

Kreft, Jürgen: Die pragmatische Dimension der Textinterpretation. In: *Diskussion Deutsch* 15 (1974), S. 82-95.

Krützen, Michaela: *Dramaturgie des Films. Wie Hollywood erzählt.* Frankfurt am Main 2004.

Kuchenbuch, Thomas: *Filmanalyse. Theorien, Modelle, Kritik.* Wien 2005[2].

Lange, Günther: Film- und Fernsehspiel im Unterricht. In: Günther Lange (Hg.): *Taschenbuch des Deutschunterrichts* Bd. 2. Baltmannsweiler 1994, S. 676-699.

Liebelt, Wolf: *The Language of Film. Fachausdrücke, Interpretationsfragen und Redemittellisten für die Arbeit mit Filmen im Englischunterricht.* Niedersächsisches Landesinstitut für Fortbildung und Weiterbildung im Schulwesen und Medienpädagogik (NLI), Hildesheim 2000. [Tipps für die Medienpraxis 6]

Luca, Renate: Mediensozialisation. Weiblichkeits- und Männlichkeitsentwürfe in der Adoleszenz. In: Renate Luca (Hg.): *Medien. Sozialisation. Geschlecht. Fallstudien aus der sozialwissenschaftlichen Forschungspraxis.* München 2003, S. 39- 54.

Manthey, Dirk (Hg.): *«Making of...» - wie ein Film entsteht*, Bd. 1 und 2. Hamburg 1996.

Marner, Terence St. John: *Filmregie.* Hanau 1980.

Marschall, Susanne: *Farbe im Kino.* Marburg 2006.

Mikos, Lothar: Aus weiter Ferne so nah. Struktur-funktionale Film- und Fernsehanalyse Teil 3. In: *Medien praktisch. Zeitschrift für Medienpädagogik.* Heft 1 (1997), S. 44-49.

Mikos, Lothar: Bilderfaszination und Kommunikation. Struktur-funktionale Film- und Fernsehanalyse Teil 1. In: *Medien praktisch. Zeitschrift für Medienpädagogik.* Heft 3 (1996), S. 52-56.

Mikos, Lothar: Die Geschichte im Kopf des Zuschauers. Struktur-funktionale Film- und Fernsehanalyse Teil 2. In: *Medien praktisch. Zeitschrift für Medienpädagogik.* Heft 2 (1997), S. 57-62.

Mikos, Lothar: Erlebnisse im intertextuellen Universum der Populärkultur. Struktur-funktionale Film- und Fernsehanalyse Teil 8. In: *Medien praktisch. Zeitschrift für Medienpädagogik.* Heft 3 (1999), S. 44-48.

Mikos, Lothar: Helden, Versager und andere Typen. Struktur-funktionale Film- und Fernsehanalyse Teil 7. In: *Medien praktisch. Zeitschrift für Medienpädagogik.* Heft 4 (1998), S. 48-54.

Mikos, Lothar: Kontinuität durch Schnitt und Montage. Struktur-funktionale Film- und Fernsehanalyse Teil 6. In: *Medien praktisch. Zeitschrift für Medienpädagogik.* Heft 1 (1998), S. 45–50.

Mikos, Lothar: Licht und Schatten. Struktur-funktionale Film- und Fernsehanalyse Teil 4. In: *Medien praktisch. Zeitschrift für Medienpädagogik.* Heft 2 (1997), S. 57–62.

Mikos, Lothar: Monster und Mutanten im CinemaScope. Struktur-funktionale Film- und Fernsehanalyse Teil 5. In: *Medien praktisch. Zeitschrift für Medienpädagogik.* Heft 3 (1997), S. 53–56.

Mikos, Lothar: Von möglichen und realen Welten. Struktur-funktionale Film- und Fernsehanalyse Teil 9. In: *Medien praktisch. Zeitschrift für Medienpädagogik.* Heft 1 (2000), S. 57–59.

Ministerium für Schule, Jugend und Kinder des Landes Nordrhein-Westfahlen (Hg.): *Kernlehrplan für das Gymnasium – Sekundarstufe I in Nordrhein-Westfahlen. Deutsch.* Frechen 2004.

Möllers, Christiane: Analyse von Spielfilmen. In: *Praxis Schulfernsehen* 235 (1996), S. 23–29.

Monaco, James: *Film und neue Medien. Lexikon der Fachbegriffe.* Hamburg 2000.

Monaco, James: *Film verstehen. Kunst, Technik, Sprache, Geschichte und Theorie des Films und der Medien.* Mit einer Einführung in Multimedia. Hamburg 2000[3].

Paech, Joachim (Hg.): *Schülerfernsehen – Schüler machen Filme. Didaktik der Massenkommunikation* 3. Stuttgart 1977.

Pawlik, Johannes; Straßner, Ernst: *Bildende Kunst. Begriffe und Reallexion.* Köln 1979.

Rother, Rainer (Hg.): *Sachlexikon Film.* Hamburg 1997.

Schleicher, Harald; Alexander Urban: *Filme machen. Technik – Gestaltung – Kunst.* Frankfurt am Main 2005.

Schneider, Norbert: *Jan Vermeer 1632–1675. Vermittlung der Gefühle.* Köln 1993.

Silbermann, Alphons; Michael Schaaf; Gerhard Adam: *Filmanalyse: Grundlagen, Methoden, Didaktik.* München 1989.

Theunert, Helga: Geschlecht und Medien – der Umgang von Jungen und Mädchen mit Medien. In: Günther Anfang (Hg.): *Von Jungen, Mädchen und Medien. Theorie und Praxis einer geschlechtsbewussten und -sensiblen Medienarbeit.* München 2005 [Materialien zur Medienpädagogik 6].

Toronov, Ingo: *Erich Kästner und der Film.* München 1998.

Truffaut, François: *Mr. Hitchcock, wie haben Sie das gemacht?* München 1995[18].

Vineyard, Jeremy: *Crashkurs Filmauflösung. Kameratechniken und Bildsprache des Kinos.* Frankfurt am Main, 2001[2].

Wagner, Wolf-Rüdiger: Kommunikationskultur und Allgemeinbildung – Plädoyer für eine integrative Medienpädagogik. In: Wolfgang Schill; Gerhard Tulodziecki, Wolf-Rüdiger Wagner (Hrsg.): *Medienpädagogisches Handeln in der Schule.* Opladen 1992, S. 135–150.

Wermke, Jutta: Medienpädagogik und Fachdidaktik. Teil I: Integration als Prozess. In: *Der Deutschunterricht* 49 (Berlin), H. 9 (1996), S. 440–451.

Winter, Rainer: Faszination Video. Die Aneignungspraktiken von Jugendlichen. In: *Der Deutschunterricht* (Velber), Heft 3 (1997), S.48–55.

Winter, Reinhard: Wenn Jungen fernsehn tun... Was bedeutet Gender für die pädagogische Arbeit mit Jungen? In: Günther Anfang (Hg.): *Von Jungen, Mädchen und Medien. Theorie und Praxis einer geschlechtsbewussten und -sensiblen Medienarbeit.* München 2005 [Materialien zur Medienpädagogik 6], S. 33–40.

## B Internetlinks

www.lili.uni-osnabrueck.de/forschung/medienerziehung/agm/index.html (28.4.2006)

www.dieseher.de/index.php (5.3.2006)

www.imdb.com/ (5.3.2006).

www.de.wikipedia.org/wiki/Split_Screen (28.3.2006)

www.de.wikipedia.org/wiki/Bild_im_Bild (28.3.2006)

www.imdb.com/title/tt0090264/ (30.3.2006).

de.wikipedia.org/wiki/Farbe# Psychologische_Wirkung (7.4.2006)

www.imdb.com/title/tt0096895/ (28.4.2006).

*Weitere Internetlinks siehe Kapitel VIII.*

# X Verwendete Filmausschnitte

Die Informationen bezüglich der Filme wurden - bis auf die Timecodes - alle der International Movie Database entnommen.[1] Weicht der deutsche Titel vom Originaltitel ab, so wird er hinter dem Originaltitel verzeichnet. Die Timecodes wurden mit verschiedenen Programmen ermittelt und können dementsprechend um wenige Sekunden divergieren.

Die Rechte liegen bei den jeweiligen Filmproduzenten bzw. DVD-Verleihern.

| Film | Name des Filmausschnitts | Timecode |
|---|---|---|
| Allen, Woody: **Crimes and Misdemeanors (Verbrechen und andere Kleinigkeiten)** (USA 1989) [FSK 12] | Verbrechen - Stewardess<br>Verbrechen - Dialog 5<br>Verbrechen - Dialog 4 | 00:01:58-00:02:09<br>00:12:31-00:12:55<br>01:08:10-01:09:24 |
| Allen, Woody: **Everyone Says I love you!** (USA 1996) [FSK 6] | I love you - Tischgespräch | 00:15:17-00:17:58 |
| Alvart, Christian: **Antikörper** (D 2005) [FSK 16] | Antikörper - Anfang<br>Antikörper - Herzschlag | 00:00:16-00:07:24<br>00:07:39-00:08:31 |
| Báky, Josef von: **Das doppelte Lottchen** (D 1950) [FSK 6] | Doppeltes Lottchen - Oper<br>Doppeltes Lottchen - Hänsel und Gretel | 00:47:07-00:49:55<br>00:53:14-00:56:43 |
| Besson, Luc: **The fifth Element (Das fünfte Element)** (USA 1997) [FSK 12] | Filmzitat 5 (Zitat 2) | 00:29:09-00:30:15 |
| Buñuel, Luis: **Un chien andalou (Ein andalusischer Hund)** (F 1929) [o.A.] | Andalusischer Hund - Auge | 00:01:37-00:01:44 |
| Burton, Tim: **Edward Scissorhands (Edward mit den Scherenhänden)** (USA 1990) [FSK 6] | Edward - Anfang | 00:03:00-00:05:27 |
| Cameron, James: **Terminator 2 - Judgment Day** (USA 1991) [FSK 16] | Terminator 2 - Hasta la vista Baby!<br>Terminator 2 - Pflegeeltern | 01:27:26-01:27:41<br>00:41:33-00:41:55 |
| Cameron, James: **Titanic** (USA 1997) [FSK 12] | Titanic - Tanz<br>Titanic - Schluss<br>Titanic - Rose | 01:05:52-01:06:07<br>02:58:32-02:00:12<br>02:47:02-02:58:32 |

1 Vgl. www.imdb.com/ (31.01.2006)

| Film | Name des Filmausschnitts | Timecode |
|---|---|---|
| Carpenter, John: **John Carpenter's The Fog (The Fog – Nebel des Grauens)** (USA 1980) | Nebel des Grauens – Prolog<br>Nebel des Grauens – Credit | 00:00:49-00:03:24<br>00:03:24-00:11:34 |
| Chaplin, Charles: **Modern Times (Moderne Zeiten)** (USA 1936) [FSK 6] | Moderne Zeiten – Menge | 00:01:11-00:01:22 |
| Clayton, Jack: **The great Gatsby (Der grosse Gatsby)** (USA 1974) [FSK 12] | Gatsby – Pool | 02:13:48-02:17:35 |
| Coen, Joel: **Fargo** (USA 1996) [FSK 16] | Fargo – Gespräch | 00:19:54-00:22:17 |
| Conren, Kerry: **Sky Captain and the World of tomorrow** (USA 2004) [FSK 12] | Filmzitat 5 (Zitat 3) (geschnitten) | 00:02:06-00:02:48 / 00:03:16-00:03:38 |
| Coppola, Francis Ford: **Bram Stoker's Dracula** (USA 1992) [FSK 16] | Dracula – Backstorywound<br>Dracula – Lucy's Verführung | 00:00:24-00:05:34<br>00:38:35-00:41:53 |
| Cunningham, Sean S.: **Friday the 13th (Freitag der 13.)** (USA 1980) [FSK 18] | Freitag der 13. – Autofahrt | 00:19:55-00:21:08 |
| Daldry, Stephen: **Billy Elliot** (GB 2000) [FSK 6] | Billy Elliot – Wand | 00:59:56-01:01:29 |
| De Palma, Brian: **Mission: Impossible** (USA 1996) [FSK 12] | Mission Impossible – Gespräch | 00:26:51-00:29:37 |
| De Palma, Brian: **The Untouchables (Die Unbestechlichen)** (USA 1987) [FSK 16] | Die Unbestechlichen – Kinderwagen | 01:26:56-01:30:31 |
| Donen, Stanley: **Charade** (USA 1963) [FSK 12] | Charade – Briefmarke<br>Charade – Briefumschlag | 01:30:23-01:30:27<br>01:20:58-01:21:03 |
| Donner, Richard: **Maverick (Maverick – Den Colt am Gürtel ein As im Ärmel)** (USA 1994) [FSK 12] | Maverick – Postkutsche | 00:38:39-00:40:20 |
| Donner, Richard: **Super-Man: The Movie (Superman – Der Film)** (GB 1978) [FSK 6] | Filmzitat 4 – Original<br>Filmzitat 3 – Original | 01:54:06-01:55:05<br>01:39:16-01:40:41 |
| Fincher, David: **Alien³** (USA 1992) [FSK 16] | Alien3 – Verfolgungsjagd | 01:54:06-01:55:05 |

| Film | Name des Filmausschnitts | Timecode |
|---|---|---|
| Fleming, Victor / Cucor, George: **Gone with the Wind (Vom Winde verweht)** (USA 1939) [FSK 12] | Vom Winde verweht - Credit<br>Vom Winde verweht - Kriegsverlauf (geschnitten) | 00:02:25-00:05;45<br>00:46:43-00:47:03/ 00:56:14-00:56:32/ 00:59:06-00:59:26/ 01:07:44-01:08:05/ 01:46:43-01:49:03 |
| Frakes, Jonathan: **Star Trek First Contact** (USA 1996) [FSK 12] | First Contact - Anfang | 00:02:41-00:03:50 |
| Glen, John: **A View to a Kill (James Bond 007 - Im Angesicht des Todes)** (GB/USA 1985) [FSK 12] | James Bond - Anfang | 00:00:00-00:08:56 |
| Godard, Jean-Luc: **A bout de souffle (Ausser Atem)** (F 1960) [FSK 18] | Ausser Atem - Les Champs Elysées<br>Ausser Atem - Autofahrt<br>Ausser Atem - Autoklau | 00:10:52-00:11:25<br>00:21:50-00:22:20<br>00:00:50-00:01:40 |
| Hitchcock, Alfred: **Rebecca (Rebekka)** (USA 1940) [FSK 16] | Rebecca - Manderley<br>Rebecca - Anfang | 00:01:34-00:03:23<br>00:03:23-00:04:19 |
| Hitchcock, Alfred: **Suspicion (Verdacht)** (USA 1941) [FSK 16] | Verdacht - Milchglas | 01:28:39-01:30:21 |
| Hitchcock, Alfred: **Shadow of a Doubt (Im Schatten des Zweifels)** (USA 1943) [FSK 16] | Zweifel - Noseroom<br>Zweifel - Leadroom<br>Zweifel - Headroom<br>Zweifel - Cadrage<br>Zweifel - Suppe<br>Zweifel - Dialog 1<br>Zweifel - Dialog 2<br>Zweifel - Dialog 3<br>Zweifel - Santa Rosa<br>Zweifel - Langeweile<br>Zweifel - Balkon<br>Zweifel - Zeitung | 00:55:16-00:55:28<br>00:55:54-00:55:57<br>01:19:15-01:19:23<br>01:31:25-01:32:08<br>01:02:48-01:03:14<br>00:22:31-00:23:36<br>00:18:28-00:19:09<br>00:27:33-00:28:55<br>00:06:50-00:07:14<br>00:07:14-00:07:28<br>01:28:51-01:29:10<br>00:29:19-00:29:56 |
| Hitchcock, Alfred: **Rear Window (Das Fenster zum Hof)** (USA 1954) [FSK 12] | Fenster Hof - Anfang | 00:03:09-00:03:51 |
| Hitchcock, Alfred: **North by Northwest (Der unsichtbare Dritte)** (USA 1959) [FSK 12] | Dritte - Dialog | 01:06:16-01:08:48 |

| Film | Name des Filmausschnitts | Timecode |
|---|---|---|
| Hitchcock, Alfred: **Psycho**<br>(USA 1960) [FSK 16] | Psycho - Anfang<br>Filmzitat 6 - Original | 00:01:56-00:02:53<br>00:46:20-00:49:11 |
| Hitchcock, Alfred: **The Birds (Die Vögel)** (USA 1963) [FSK 16] | Die Vögel - Spaziergang | 0:45:52-00:49:35 |
| Hogan, P.J.: **Unconditional Love (Wer tötete Victor Fox?)**<br>(USA 2002) [FSK 6] | Filmzitat 1 (Zitat) | 01:16:27-01:16:53 |
| Hughes, John: **Ferris Bueller's Day Off (Ferris macht blau)**<br>(USA 1986) [FSK 12] | Ferris - Krankheit | 00:02:05-00:04:22 |
| Jewison, Norman:<br>**The Thomas Crown Affair (Thomas Crown ist nicht zu fassen)**<br>(USA 1968) [FSK 12] | Thomas Crown - Anfang-Ende (geschnitten)<br>Thomas Crown - Überfall 2<br>Thomas Crown - Sauna<br>Thomas Crown - Kuss<br>Thomas Crown - Überfall 1 (geschnitten)<br>Thomas Crown - Gasbombe (geschnitten)<br>Thomas Crown - Polospiel<br>Thomas Crown - Schach | 00:00:18-00:02:30/<br>01:37:01-01:37:39<br>01:31:15-01:32:19<br>01:23:20-01:25:37<br>01:12:16-01:12:38<br>00:05:18-00:05:45/<br>00:12:19-00:12:37/<br>00:23:43-00:24:06<br>00:18:37-00:18:59/<br>01:32:57-01:33:21<br>00:45:54-00:47:51<br>01:06:08-01:11:06 |
| Kapur, Shekhar: **Elizabeth**<br>(GB 1998) [FSK 12] | Elizabeth - Lord Robert | 01:17:14-01:17:37 |
| Kubrick, Stanley: **2001: A Space Odyssey**<br>**(2001 - Odyssee im Weltraum)**<br>(USA 1968) [FSK 12] | 2001 - Stewardess<br>2001 - Zimmer<br>2001 - Neandertaler<br>2001 - Ende | 00:33:24-00:34:32<br>02:06:30-02:07:39<br>00:18:30-00:19:26<br>01:56:52-02:06:45 |
| Kubrick, Stanley:<br>**The Shining**<br>**(Shining)**<br>(USA 1980) [FSK 16] | Shining - Hausverwalter<br>Shining - Flur 1<br>Shining - Flur 2<br>Shining - Zoom out | 01:06:45-01:09:47<br>00:27:22-00:27:57<br>00:34:48-00:35:36<br>00:52:02-00:53:01 |
| Kubrick, Stanley: **Barry Lyndon**<br>(UK 1975) [FSK 12] | Barry Lyndon - Anfang<br>Barry Lyndon - Kerzenlicht | 00:00:53-00:03:19<br>00:39:27-00:41:51 |
| Lang, Fritz: **Metropolis**<br>(D 1927) [o.A.] | Filmzitat 5 - Original | 00:16:06-00:17:03 |
| Laughton, Charles:<br>**The Night of the Hunter**<br>**(Die Nacht des Jägers)**<br>(USA 1955) [FSK 12] | Nacht des Jägers - Prolog / Epilog (geschnitten)<br>Nacht des Jägers - Powell<br>Nacht des Jägers - Verfolger | 00:01:31-00:02:48/<br>01:28:10-01:29:42<br>00:02:48-00:04:47<br>00:59:51-01:02:18 |

| Film | Name des Filmausschnitts | Timecode |
|---|---|---|
| Leone, Sergio: **C'era una volta il West (Spiel mir das Lied vom Tod)** (I/USA 1968) [FSK 16] | Lied vom Tod - Frank (geschnitten)<br>Lied vom Tod - Anfang | 01:29:56-01:31:02/ 01:40:04-01:40:56/ 02:36:35-02:45:18<br>00:03:46-00:13:24 |
| Lucas, George: **Star Wars: Episode VI - Return of the Jedi (Star Wars Episode VI - Die Rückkehr der Jedi-Ritter)** (USA 1983) [FSK 12] | Star Wars VI - Darth Vader 1<br>Star Wars VI - Darth Vader 2<br>Star Wars VI - Darth Vader 3<br>Star Wars VI - Darth Vader 4<br>Star Wars VI - Ortswechsel im All | 00:03:06-00:04:47<br>00:36:28-00:36:56<br>00:53:49-00:54:36<br>01:54:42-01:56.59<br>00:36:11-00:36:22 |
| Marshall, Garry: **Pretty Woman** (USA 1990) [FSK 12] | Wirkung Musik 1 (Freitag der 13.)<br>Wirkung Musik 2 (Original) | 00:04:50-00:06:16<br>s.o. |
| Miller, Frank; Rodriguez, Robert: **Sin City** (USA 2005) [FSK 18] | Sin City - Anfang<br>Sin City - Geständnis<br>Sin City - Kuss<br>Sin City - Autos<br>Sin City - Vorspann | 00:00:22-00:03:11<br>00:40:33-00:40:49<br>00:02:02-00:02:11<br>00:14:06-00:14:10<br>00:01:43-00:03:06 |
| Mostow, Jonathan: **Terminator 3: Rise of the Machines (Terminator 3 - Rebellion der Maschinen)** (USA 2003) [FSK 16] | Filmzitat 2 | 00:40:48-00:41:09 |
| Mulcahy, Russell: **Highlander (Highlander - Es kann nur einen geben)** (USA 1986) [FSK 18/12] | Highlander - Garage<br>Highlander - Schlachtfeld<br>Highlander - Polizei<br>Highlander - Plakat<br>Highlander - Aquarium | 00:09:49-00:10:26<br>00:15:17-00:15:42<br>00:16:35-00:17:01<br>00:33:26-00:34:08<br>00:38:58-00:39:31 |
| Murnau, Friedrich Wilhelm: **Nosferatu - Eine Sinfonie des Grauens** (D 1922) [FSK 12] | Nosferatu - Boot | 00:59:13-00:59:56 |
| Pollack, Sydney: **Three Days of the Condor (Die drei Tage des Condors)** (USA 1975) [FSK 16] | Condor - Geräuschkulisse | 00:15:47-00:16:06<br>00:16:34-00:18:09 |
| Polson, John: **Hide and Seek (Hide and Seek - Du kannst dich nicht verstecken)** (USA 2005) [FSK 16] | Hide and Seek - Anfang | 00:00:37-00:01:03 |
| Probst, Peter: **Tatort Nr. 677: Der Traum von der Au** (D 2007) [FSK 12] | Tatort - Bombenanschlag | 00:52:14-00:54:05 |

| Film | Name des Filmausschnitts | Timecode |
|---|---|---|
| Raimi, Sam: **Spider-Man (Spiderman)** (USA 2002) [FSK 12] | Spiderman 1 - Schluss<br>Filmzitat 3 (Zitat) | 01:50:35-01:51:15<br>01:33:39-01:33:43 |
| Raimi, Sam: **Spider-Man 3 (Spiderman 3)** (USA 2007) [FSK 12] | Spiderman 3 - Anfang | 00:00:20-00:03:02 |
| Roeg, Nicolas: **Don't Look Now (Wenn die Gondeln Trauer tragen)**(GB/I 1973) [FSK 16] | Filmzitat 1 (Original) | 01:39:24-01:40:40 |
| Scorsese, Martin: **Casino** (USA/F 1995) [FSK 16] | Casino - Anfang<br>Casino - Verhaftungen | 00:00:36-00:03:36<br>02:30:54-02:34:30 |
| Scorsese, Martin: **Goodfellas (GoodFellas - Drei Jahrzehnte in der Mafia)** (USA 1990) [FSK 16] | Goodfellas - Autos<br>Goodfellas - Autoscheibe | 00:07:30-00:08:23<br>00:07:25-00:07:30 |
| Scott, Ridley: **Alien (Alien - Das unheimliche Wesen aus einer fremden Welt)** (GB 1979) [FSK 16] | Alien 1 - Anfang<br>Alien 1 - Erwachen<br>Alien 1 - Dialog | 00:01:52-00:02:55<br>00:04:29-00:06:22<br>00:03:40-00:04:25 |
| Scott, Ridley: **Blade Runner (Der Blade Runner)** (USA 1982) [FSK 16] | Filmzitat 5 (Zitat 1) | 00:10:18-00:11:12 |
| Scott, Ridley: **Gladiator** (UK / USA 2000) [FSK 16] | Gladiator - Germanien<br>Gladiator - Nordafrika<br>Gladiator - Erinnerung 1<br>Gladiator - Erinnerung 2 | 00:02:03-00:02:51<br>01:08:49-01:09:46<br>00:01:35-00:02:30<br>02:15:46-02:20:15 |
| Sonnenfeld, Barry: **Men in Black** (USA 1997) [FSK 12] | MIB - Universum | 01:26:34-01:27:13 |
| Spielberg, Steven: **Jurassic Park** (USA 1993) [FSK 12] | Jurassic Parc - Elektrozaun | 01:35:09-01:40:29 |
| Spielberg, Steven: **Jaws (Der weisse Hai)** (USA 1975) [FSK 16] | Der weisse Hai - Angriff (geschnitten)<br><br>Der weisse Hai - Strand<br>Der weisse Hai - Schrecksekunde | 00:03:14-00:04:39/<br>00:25:02-00:26:34/<br>00:56:17-00:56:31<br>00:14:01-00:14:40<br>00:16:27-00:16:39 |
| Spielberg, Steven: **Catch Me If You Can** (USA 2002) [FSK 6] | Catch me if you can - Credit | 00:00:21-00:02:58 |
| Stanton, Andrew; Unkrich, Lee: **Finding Nemo / Findet Nemo** (USA 2003) [o.A.] | Filmzitat 6 (Zitat) | 01:12:24-01:12:39 |

| Film | Name des Filmausschnitts | Timecode |
|---|---|---|
| Stone Oliver:<br>**Natural Born Killers**<br>(USA 1994) [FSK 18] | Natural Born Killers - Drug Zone<br>Natural Born Killers - Autofahrt | 00:48:00-00:48:46<br>00:35:08-00:36:24 |
| Tykwer, Tom: **Die tödliche Maria** (D 1993) [FSK 16] | Die tödliche Maria - Telefon | 00:15:34-00:15:42 |
| Tykwer, Tom: **Der Krieger und die Kaiserin** (D 2000) [FSK 12] | Krieger und Kaiserin - Storyboard | 00:17:42-00:18:38 |
| Wachowski, Andy und Larry:<br>**The Matrix (Matrix)**<br>(USA 1999) [FSK 16] | Matrix 1 - U-Bahn<br>Matrix 1 - Schießerei<br>Matrix 1 - Duell | 01:53:05-01:53:45<br>01:42:04-01:42:27<br>01:49:58-01:50:26 |
| Wachowski, Andy und Larry:<br>**The Matrix Reloaded (Matrix Reloaded)**<br>(USA 2003) [FSK 16] | Filmzitat 4 - Zitat<br>Matrix R - Flug | 00:10:16-00:11:21<br>01:32:31-01:32:53 |
| Webber, Peter:<br>**Girl with a Pearl Earring (Das Mädchen mit dem Perlenohrring)**<br>(USA/GB/L 2003) [FSK 6] | Das Mädchen mit dem Perlenohrring | 01:15:08-01:18:11 |
| Welles, Orson:<br>**Citizen Kane**<br>(USA 1941) [FSK 12] | Citizen Kane - Glas<br>Citizen Kane - Schluss<br>Citizen Kane - Tagebuch<br>Citizen Kane - Frühstück | 01:31:25-01:32:06<br>01:49:08-01:50:00<br>00:17:04-00:17:44<br>00:49:45-00:51:47 |
| Welles, Orson: **Touch of Evil (Im Zeichen des Bösen)**<br>(USA 1958) [FSK 18] | Im Zeichen des Bösen - Anfang | 00:00:55-00:04:08 |
| Wells, Simon: **The Time Machine (Die Zeitmaschine)**<br>(USA 2002) [FSK 12] | Zeitmaschine - Reise | 00:23:27-00:26:28 |
| Wilder, Billy: **Some like it hot (Manche mögen's heiss)**<br>(USA 1958) [FSK 16] | Heiss - Continuity (geschnitten)<br>Heiss - Kuss-Tango | 00:13:40-00:16:40/<br>00:30:08-00:30:19<br>01:21:11-01:24:40 |

# XI Abbildungen

| Abb.-Nr. | Quelle |
|---|---|
| 1 | Schaubild gestaltet in Anlehnung an Monaco *Film verstehen* 20003, S. 449. |
| 2 | Ridley Scott, BLADE RUNNER (USA 1982), 00:05:37 |
| 3 | Scott 1982, 00:08:07 |
| 4 | Scott 1982, 00:08:24 |
| 5 | Victor Fleming / George Cukor, VOM WINDE VERWEHT (USA 1939), 00:34:12 |
| 6 | Stanley Kubrick, BARRY LYNDON (UK 1975), 00:00:43 |
| 7 | Kubrick 1975, 01:38:35 |
| 8 | Kubrick 1975, 02:53:56 |
| 9 | Scott 1982, 00:02:44 |
| 10 | John Carpenter, THE FOG (USA 1980) |
| 11 | Ridley Scott, ALIEN (GB 1979), 00:02:10 |
| 12 | Scott 1982, 00:03:07 |
| 13 | Fleming/Cukor 1939, 00:59:21 |
| 14 | Francis Ford Coppola, DRACULA (USA 1992), 00:04:23 |
| 15 | Alfred Hitchcock, IM SCHATTEN DES ZWEIFELS (USA 1943), 01:31:57. Visualisierung der Drittelung durch die Autorin. |
| 16 | Hitchcock 1943, 00:55:55. Visualisierung des Leadrooms durch die Autorin. |

| Abb.-Nr. | Quelle |
|---|---|
| 17 | Hitchcock 1943, 00:55:17. Visualisierung des Noserooms durch die Autorin. |
| 18 | Hitchcock 1943, 01:19:16. Visualisierung des Headrooms 1 durch die Autorin. |
| 19 | Hitchcock 1943, 01:19:24. Visualisierung des Headrooms 2 durch die Autorin. |
| 20 | Sergio Leone, SPIEL MIR DAS LIED VOM TOD (I/USA 1968), 00:08:46 |
| 21 | Fritz Lang, M – EINE STADT SUCHT EINEN MÖRDER (D 1931), 01:02:36 |
| 22 | Sergej Eisenstein, PANZERKREUZER POTEMKIN (UdSSR 1925), 00:03:07 |
| 23 | Lang 1931, 00:10:14 |
| 24 | Orson Welles, CITIZEN KANE (USA 1941), 01:31:31 |
| 25 | Lang 1931, 00:50:25 |
| 26 | Alfred Hitchcock: DER UNSICHTBARE DRITTE (USA 1959), 01:07:04 |
| 27 | Kubrick 1975, 00:06:55 |
| 28 | Eisenstein 1925, 00:18:16 |
| 29 | Eisenstein 1925, 00:18:37 |
| 30 | Eisenstein 1925, 00:40:44 |
| 31 | Eisenstein 1925, 00:21:17 |

| Abb.-Nr. | Quelle |
|---|---|
| 32 | Kubrick 1975, 01:02:33 |
| 33 | Kubrick 1975, 00:06:34 |
| 34 | Kubrick 1975, 01:08:55 |
| 35 | Lang 1931, 00:08:15 |
| 36 | Lang 1931, 00:15:13 |
| 37 | Lang 1931, 00:06:56 |
| 38 | Hitchcock 1959, 01:04:10 |
| 39 | Eisenstein 1925, 00:36:12 |
| 40 | Godard, Jean-Luc: AUSSER ATEM (F 1960), 00:00:53. |
| 41 | Johannes Vermeer: Mädchen mit dem Perlenohrring. In: *Norbert Schneider: Jan Vermeer 1632–1675. Vermittlung der Gefühle.* Köln 1993, S. 68. |
| 42 | Peter Webber: DAS MÄDCHEN MIT DEM PERLENOHRRING (USA/GB/L 2003), 01:18:11. |
| 43 | Stanley Kubrick: SHINING (USA 1980), 00:35:36. |
| 44 | http://de.wikipedia.org/wiki/Split_Screen (28.3.2006). |
| 45 | Paech 1977, S. 217. |
| 46 | Paech 1977, S. 218. |
| 47 | Paech 1977, S. 218. |
| 48 | Paech 1977, S. 219. |
| 49 | Paech 1977, S. 220. |
| 50 | Paech 1977, S. 220. |
| 51 | Paech 1977, S. 221. |
| 52 | Paech 1977, S. 222. |
| 53 | Paech 1977, S. 223. |

| Abb.-Nr. | Quelle |
|---|---|
| 54 | Wolf Liebelt: *The Language of Film. Fachausdrücke, Interpretationsfragen und Redemittellisten für die Arbeit mit Filmen im Englischunterricht.* Niedersächsisches Landesinstitut für Fortbildung und Weiterbildung im Schulwesen und Medienpädagogik (NLI), Hildesheim 2000, [Tipps für die Medienpraxis 6], Titelseite, englische Fachausdrücke ins Deutsche übersetzt von der Autorin. |
| 55 | Vineyard 2001², S. 17. |
| 56 | Vineyard 2001², S. 3. |
| 57 | Vineyard 2001², S. 2. |
| 58 | Monaco *Film verstehen* 2000³, S. 207. |
| 59 | Abbildung von der Autorin gestaltet nach der Vorlage von Paech 1977, S. 230. |
| 60 | Abbildung von der Autorin gestaltet nach der Vorlage von Paech 1977, S. 230. |
| 61 | Abbildung von der Autorin gestaltet nach der Vorlage von Paech 1977, S. 231. |
| 62 | Abbildung von der Autorin gestaltet nach der Vorlage von Paech 1977, S. 231. |
| 63 | Vineyard 2001², S. 6. |
| 64 | Gross/Ward 1991, S. 126. |
| 65 | Kamp/Rüsel 1998, S. 62. |
| 66 | Manthey 1996 Bd.1, S. 134. |
| 67 | Hitchcock 1943, 00:22.35. |
| 68 | Hitchcock 1943, 00:22:49. |
| 69 | Hitchcock 1943, 00:22:57. |
| 70 | Gross/Ward 1991, S. 98. |

| Abb.-Nr. | Quelle |
|---|---|
| 71 | Hitchcock 1943, 00:27:43. |
| 72 | Hitchcock 1943, 00:22.35. |
| 73 | Hitchcock 1943, 00:22:49. |
| 74 | Hitchcock 1943, 00:22:57. |
| 75 | Hitchcock 1943, 00:18:31. |
| 76 | Hitchcock 1943, 00:18:47. |
| 77 | Hitchcock 1943, 00:18:50. |
| 78 | Hitchcock 1943, 00:18:58. |
| 79 | Katz 2002[4], S. 435. |
| 80 | Field 1988, S. 104. |
| 81 | Graphische Darstellung Alice Bienk. |
| 82 | Graphische Darstellung Alice Bienk. |
| 83 | Graphische Darstellung Alice Bienk. |
| 84 | Graphische Darstellung Alice Bienk. |
| 85 | Kubrick 1980, 00:35:36. Visualisierung der Drittelung durch die Autorin. |
| 86 | Stanley Donen: CHARADE (USA 1963), 01:30:23. |
| 87 | Donen 1963, 01:20:59. |
| 88 | Leone 1968, 00:03:46 |
| 89 | Leone 1968, 00:13:56 |
| 90 | Leone 1968, 00:04:03 |
| 91 | Leone 1968, 00:04:08 |
| 92 | Leone 1968, 00:04:12 |
| 93 | Leone 1968, 00:07:22 |
| 94 | Leone 1968, 00:07:49 |
| 95 | Leone 1968, 00:05:42 |

| Abb.-Nr. | Quelle |
|---|---|
| 96 | Leone 1968, 00:09:10 |
| 97 | Leone 1968, 00:09:26 |
| 98 | Leone 1968, 00:09:36 |
| 99 | Leone 1968, 00:11:04 |
| 100 | Leone 1968, 00:11:12 |
| 101 | Leone 1968, 00:11:19 |
| 102 | Leone 1968, 00:11:24 |
| 103 | Leone 1968, 00:11:26 |
| 104 | Leone 1968, 00:12:54 |
| 105 | Leone 1968, 00:13:55 |
| 106 | Andy und Larry Wachowski: MATRIX (USA 1999), 01:53:35. |
| 107 | Wachowski 1999, 01:53:36. |
| 108 | Wachowski 1999, 01:53:39. |
| 109 | Wachowski 1999, 01:53:39. |
| 110 | Wachowski 1999, 01:53:42. |
| 111 | Billy Wilder: MANCHE MÖGEN'S HEISS (USA 1958), 00:14:02. |
| 112 | Wilder 1958, 00:14:58. |
| 113 | Wilder 1958, 00:16:15. |
| 114 | Wilder 1958, 00:16:32. |
| 115 | Kubrick 1980, 01:07:09. |
| 116 | Kubrick 1980, 01:07:13. |
| 117 | Kubrick 1980, 01:09:06. |
| 118 | Kubrick 1980, 01:09:26. |
| 119 | Alfred Hitchcock: DIE VÖGEL (USA 1963), 00:45:57 |
| 120 | Hitchcock 1963, 00:46:15 |
| 121 | Hitchcock 1963, 00:46:45 |
| 122 | Hitchcock 1963, 00:47:16 |

| Abb.-Nr. | Quelle |
|---|---|
| 123 | Hitchcock 1963, 00:47:51 |
| 124 | Hitchcock 1963, 00:49:35 |
| 125 | Scott 1979, 00:03:52. |
| 126 | Scott 1979, 00:03:56. |
| 127 | Scott 1979, 00:03:58. |
| 128 | Scott 1979, 00:04:06. |
| 129 | Hitchcock 1959, 01:06:18 |
| 130 | Hitchcock 1959, 01:07:04. |
| 131 | Hitchcock 1959, 01:07:15. |
| 132 | Hitchcock 1959, 01:07:25. |
| 133 | Hitchcock 1959, 01:08:03. |

| Abb.-Nr. | Quelle |
|---|---|
| 134 | Hitchcock 1959, 01:08:44. |
| 135 | Jonathan Mostow: TERMINATOR 3 - REBELLION DER MASCHINEN (USA 2003), 00:41:01. |
| 136 | Einstellungsprotokoll: Alice Bienk. |
| 137 | Organisation Präproduktion: Susanne Schneider-Badstieber. |
| 138 | Organisation Produktion: Susanne Schneider-Badstieber. |
| 139 | Organisation Postproduktion: Susanne Schneider-Badstieber. |
| 140-148 | Screenshots aus dem Microsoft Windows Moviemaker, Version 5.1 für Windows XP, Home Edition. |

# XII Register

## Begriffe

## Personen

## Filme, Serien, Unterhaltungsshows

# Dank

An dieser Stelle danke ich allen, mit denen ich mich über Filme austauschen konnte, sowie denjenigen, die mich mit gutem Rat bei der Veröffentlichung des Buches begleitet haben.

Namentlich danke ich

Denise Schumacher, die mir mit fachlichem und juristischem Rat kritisch zur Seite gestanden und sowohl Manuskript als auch DVD einer strengen Prüfung unterzogen hat.

Christiane Schönbohm und Marc Wardenbach für die Korrektur des Manuskripts. Gudula Streit für die mehrfache Korrektur des Manuskripts sowie der sorgfältigen Endkorrektur der Druckfahne.

Antonio Caramia für die umfassende und zeitaufwändige Betreuung in Bezug auf alle Probleme die Hard- und Software betreffend.

Zu guter Letzt danke ich meinem Mann Mark Bienk, der meine Arbeit von Beginn an unterstützend begleitet und mich sicher durch die Untiefen der Technik geleitet hat.

*Alice Bienk*
*im Juni 2008*